Sathya Sai Baba · Bhagavad Gītā

Sathya Sai Baba

BHAGAVAD GĪTĀ

Vorträge des Avatars

Sammlung und Überarbeitung
Alvin Drucker

Sathya Sai Vereinigung e.V., Bonn

Diese Reden wurden von Shrī Sathya Sai Baba im August 1984 im Tempel von Prashānti Nilayam, Andhra Pradesh, in der Landessprache Telugu gehalten und simultan ins Englische übersetzt. Von den dabei entstandenen Tonbandaufzeichnungen ist im März 1988 eine erste Niederschrift in Buchform mit dem Titel „Discourses on the Bhagavad Gītā“ erschienen. Die vorliegende deutsche Übersetzung stammt von einer zweiten, überarbeiteten Fassung, die der Sathya Sai Vereinigung vom Herausgeber Alvin Drucker zugeleitet wurde.
Übersetzung aus dem Englischen: Philippa Durst
Umschlaggestaltung Hartmut Balzer

Die Deutsche Bibliothek – CIP-Einheitsaufnahme

Sathya Sai Baba:
Bhagavad Gītā : Vorträge des Avatars / Sathya Sai Baba.
Sammlung und Überarb. Alvin Drucker. Sathya-Sai-Vereinigung
e.V., Bonn. [Übers. aus dem Engl.: Philippa Durst]. – Bonn : 2. Auflage,
Sathya-Sai-Vereinigung 1994
Einheitssacht.: Discourses on the Bhagavad Gītā <dt.>
ISBN 3-924739-42-0
NE: Drucker, Alvin [Hrsg.]

2. Auflage, 1994

Sathya Sai Vereinigung e.V., Buchzentrum Grenzstraße 43, D-63128 Dietzenbach
Herstellung: Richarz Publikations-Service, D-53757 St. Augustin

INHALT

DER WEG DES RECHTEN HANDELNS

EINFÜHRUNG

Bhagavad Gītā bedeutet wörtlich „Gesang des Herrn“. Das Lehrgedicht der Bhagavad Gītā ist das Herzstück indischer Spiritualität. Diese heilige Schrift lehrt den Menschen, seine niederen Impulse zu beherrschen und das volle Potential der Menschenwürde zu erkennen. Die Bhagavad Gītā fordert ihn auf, sich als das Unsterbliche, den *ātman*, zu erkennen, der eins ist mit dem Göttlichen. Lord Krishna übergab dieses Wissen vor fünftausend Jahren seinem leiblichen Schwager, dem Kriegshelden Arjuna am Vorabend der großen Schlacht im Mahābhārata-Krieg. Dieser Krieg wurde zum Symbol des fortwährenden Kampfes der Kräfte des Guten gegen die Kräfte des Bösen im Herzen des Menschen – eines Kampfes, der bis zum heutigen Tage unvermindert anhält. Von diesen Auseinandersetzungen erzählt die Gītā. Ihre Lehren haben Zeit und Raum überdauert und sind für Menschen aller Prägungen heute so gültig wie gestern. Für westliche Leser, welche die Gītā noch nicht kennen, folgt im Anschluß eine kurze Zusammenfassung des geschichtlichen und geistigen Hintergrundes.

Im August und September 1984 hielt Shrī Sathya Sai Baba 34 Vorträge über die Bhagavad Gītā vor Schülern, Studenten und westlichen Besuchern im Ashram von Prasānthi Nilayam (Andhra Pradesh, Südindien). In diesen Reden bezieht sich Sai Baba auf zwei besondere Kapitel der Gītā: Das zwölfte, in dem der Weg der Hingabe dargelegt wird, und das zweite, das den Weg der Weisheit und des rechten Handelns aufzeigt. Jeder Vortrag baut auf den Aussagen des anderen auf und ist doch ein in sich abgeschlossenes Ganzes. Der Leser kann bei einem beliebigen Vortrag beginnen und wird durch Praktizieren der einzelnen Lehren erleben, wie sich eine erhöhte spirituelle Wahrnehmung in seinem Leben bemerkbar macht.

Krishna lenkt den Streitwagen Arjunas so zwischen die feindlichen Linien, daß Arjuna nicht umhin kann, in der gegnerischen Aufstellung seine eigenen Verwandten zu erkennen. Beseelt von tiefem Mitgefühl ruft er aus: „O Krishna, ich kann nicht kämpfen! Ich fühle mich machtlos! Ich weiß nicht, was mir meine Pflicht gebietet! Ich flehe Dich an: Sag mir, was für mich zu tun richtig ist. Ich bin Dein Schüler! Ich ergebe mich Dir ganz und gar. Ich bitte Dich, lehre mich!“

Darauf antwortet der gepriesene Herr: „Arjuna, schüttle diese Verzagtheit ab. Sie ist deiner nicht würdig. Gib dieser Schwäche nicht nach. Du ängstigst dich um etwas Nichtiges, etwas, das sich nicht auf Wahrheit gründet. Erkenne die Wahrheit des Ewigen *(ātman)*, Arjuna! Ebenso wie man abgetragene Kleider von sich wirft und frische, saubere anzieht, so entledigt sich die Seele *(ātman)* des alten Körpers und geht in einen neuen ein. Körper werden geboren, und was geboren wird, muß sterben. Der ewige *ātman* aber wird niemals geboren und stirbt nicht. Waffen können ihn nicht verletzen, Feuer kann ihn nicht brennen, Wasser kann ihn nicht netzen, und der Wind kann ihn nicht ausdörren. Er ist nicht identisch mit dem vergänglichen Körper. Er ist vielmehr das unvergängliche Selbst in jedem Menschen. Wenn du dies erkannt hast, warum sorgst du dich noch? Der Weise ist nicht besorgt – weder um die Toten, noch um die Lebenden.

Dieser *ātman* bin Ich, Arjuna. Ich bin der höchste Herr aller Wesen und wohne in jedem Herzen. Ich bin der Vater dieser Welt und auch ihre Mutter und der Erhalter. Ich bin Anfang, Mitte und Ende. Alles ist aus Mir geschaffen. Alles ist von Mir durchdrungen. Kein Lebewesen kann ohne Mich existieren. Wo Menschen auch wandeln mögen – es ist Mein Weg. Welchen Weg sie auch wählen – Ich bin ihr Ziel. Von Ewigkeit her bin Ich ohne Geburt und unverändert, und doch verkörpere Ich Mich von Zeitalter zu Zeitalter. Sobald die Rechtschaffenheit unter den Menschen vom Untergang bedroht ist und das Böse überhandzunehmen scheint, nehme Ich Gestalt an, um das Gute zu beschützen und das Böse zu vernichten.

Verhüllt wie Ich bin durch Meine unerklärbare Vorstellungskraft *(māyā)*, werde Ich von der Welt nicht erkannt. Und obwohl die Menschen Mich nicht kennen, Arjuna, kenne Ich sie alle – sowohl ihre Vergangenheit, als auch ihre Gegenwart und ihre Zukunft. Die Unwissenden verstehen nicht das Transzendentale Meines Wesens und halten Mich, der Ich seit jeher unmanifestiert, formlos und unvergänglich bin, für einen gewöhnlichen Sterblichen. In Verkennung Meiner Wirklichkeit verstricken sie sich in vergebliche Hoffnungen, vergebliches Tun und vergebliches Wissen. Gefangen in den Maschen der Illusion *(māyā)* lassen sie sich wie Marionetten in einem Karussell herumwirbeln.

Diese Meine Täuschungskraft ist schwer zu besiegen. Unter Tausenden von Menschen kämpft vielleicht ein einziger darum, Meine Wahrheit zu erkennen, und unter denen, die es versuchen, wird es vielleicht einem einzigen gelingen, Mich in Meiner Wirklichkeit zu erfassen. Er ist wahrhaftig ein Yogi von beständiger Weisheit. Darum, Arjuna: Werde ein Yogi! Nimm Zuflucht bei Mir allein, mit ganzem Herzen, und du wirst durch Meine Gnade höchsten Frieden empfangen. Halte deine Gedanken von diesem Augenblick an fest auf Mich gerichtet, der Ich in deinem Herzen wohne. Sei Mir ergeben, beuge dich tief vor Mir, verehre Mich, der Ich immer in dir lebe, und du wirst bald eins mit Mir werden. Wahrhaftig, das verspreche Ich dir, Arjuna, denn du bist Mir sehr lieb.

Arjuna, wer für Mich wirkt und sich Mich als höchstes Ziel vorgenommen hat, wer Mir ergeben und frei von Bindungen ist und keinerlei Bosheit irgendeiner Kreatur gegenüber hegt, der wird bald zu Mir gelangen. Wer um Meine göttliche Herkunft und Meine göttliche Aufgabe weiß, wird nach seinem Tod nicht wieder geboren werden. Er sieht überall Mich, den Unvergänglichen inmitten des Vergänglichen, als den in allen Lebewesen Wohnenden. Nicht verliert er Mich aus den Augen, noch Ich ihn. Ich trage die Last derer, die Mich immer vor ihrem geistigen Auge haben und Mir standhaft und in Liebe dienen, und gebe ihnen, was sie brauchen. Es macht sie glücklich und zufrieden, über Mich zu sprechen. Aus Liebe für sie schärfe Ich ihr Unterscheidungsvermögen, und mit der Lampe der Weisheit beseitige Ich das Dunkel der Unwissenheit, das ihren Blick trübt. Indem sie ihre Sinne zu beherrschen lernen, gelangen sie zu höchstem Wissen; durch die Befreiung vom Übel erlangen sie den Zustand höchster Seligkeit; durch das Transzendieren des Reichs des Todes und des Zerfalls erlangen sie Unsterblichkeit.

Arjuna, wer Mir in Liebe ein Blatt von einem Baum, eine Blume, eine Frucht oder auch nur etwas Wasser opfert und dies aus ganzem Herzen gibt, dessen Opfer werde Ich gewiß annehmen. Was du auch tust, was du auch ißt, opferst oder anderen schenkst; was für eine Art der Enthaltsamkeit du auch übst – tue es Mir zuliebe. Dann wirst du befreit sein von den Folgen deines Tuns, und schon bald werden deine Gedanken zur Ruhe kommen und du wirst entsagen können. Gleichmütig und ohne Blick auf die Früchte deines Tuns wirst du ein für alle Mal frei sein vom Zyklus der Wiedergeburten. Weihe darum jede Handlung Mir. Halte deinen Geist fest auf Mich gerichtet. Ich werde alle deine Handlungen durch dich ausführen und dich von allen Sünden befreien. Fürchte nichts. Durch Meine Gnade wirst du alle Hindernisse überwinden.

Wenn du aber aus Überheblichkeit nicht auf Mich hörst, wirst du mit Sicherheit zugrunde gehen. Du magst denken: ‚Ich kämpfe nicht', aber dein eigenes Pflichtgefühl wird dich zum Handeln zwingen. Was du aufgrund der Selbsttäuschung nicht tun willst, wirst du trotz der Einwände deines kleinen Ichs tun. Erhebe dich, Arjuna! Zerschlage deine Unwissenheit und die Illusion, die aus ihr stammt und die Wahrheit deines Göttlichseins bezweifelt, mit dem Schwert des Wissens, das Ich dir gegeben habe. Arjuna, steh auf und erringe den Sieg! Du hast das Gelübde getan, die Rechtschaffenheit hochzuhalten. Die Mächte des Bösen sind außer Rand und Band geraten. Du mußt dich ihnen entgegenstellen und sie vernichten. Nimm Zuflucht bei Mir, Arjuna. Denke unentwegt an Mich und KÄMPFE! Nicht du bist es, der jene Recken besiegen wird, sondern Ich. Ich bin der Schöpfer der Welt und ihr Erhalter, aber Ich bin auch die mächtige, weltenzerstörende Zeit, die alles vertilgt. Jene Recken im feindlichen Lager sind bereits von Mir geschlagen.

Arjuna, du bist nur das Werkzeug, durch das Ich handle. Sieh, Ich gebe dir einen Anblick Meiner kosmischen Form! In ihr kannst du das Einssein alles Geschaffenen erkennen. Sei dir Meiner göttlichen Kraft bewußt! Sei dir des Universums bewußt, des bewegten und des unbewegten, das als Ganzes in Mir vereint ist!"

Überwältigt vor Staunen senkte Arjuna in tiefer, demütiger Verehrung sein Haupt und antwortete mit gefalteten Händen: „O Gott über allen Göttern! Ehre und Preis sei Dir! Heil und nochmals Heil! Selbst wenn sich die Leuchtkraft von tausend Sonnen am Himmel vereinte, wäre ihre Herrlichkeit gering im Vergleich zu Deinem Glanz! Du bist das Höchste Wesen, der unsterbliche Wächter der ewigwährenden göttlichen Ordnung *(dharma)*. Du bist alles, was es zu erkennen gibt. Im Anblick Deiner wunderbaren kosmischen Form erschauert die Welt in Ehrfurcht, und so erschauere ich. So wie alle Flüsse zum Meer hin fließen, so strömen jene Recken der Menschenwelt in Deine flammenden Münder!"

Daraufhin nahm der gepriesene Herr wieder Seine anmutige menschliche Gestalt an und sprach: „Aus Gnade habe Ich die unendliche, ursprüngliche Form Meines Wesens offenbart. Was du gesehen hast, ist schwer zu erlangen. Weder durch Studium der Schriften noch durch Askese, Almosengeben oder Opfer, sondern nur durch ungeteilte Hingabe kann Ich so geschaut werden. Die Erfahrung, die Ich dir geschenkt und das Wissen, das Ich dich gelehrt habe, sind der kostbarste aller Schätze. Bist du Mir aufmerksam gefolgt, Arjuna? Ist die Illusion, die von deiner Unwissenheit verursacht wurde, beseitigt? Überdenke alles, was Ich dir gesagt habe. Überlege gründlich, und dann tu, was dir Frieden schenkt."

Arjuna antwortete: „O Herr der Schöpfung! Deine kraftvollen, wunderbaren Worte sind voll höchster Weisheit, und Du hast sie mit so viel Liebe geäußert! Dank Deiner Gnade ist die Unwissenheit von mir gewichen. Frei von allem Zweifel stehe ich vor Dir. Bitte, unterweise mich! Ich werde tun, was Du befiehlst!"

DER WEG
DER HINGABE

LIEBE UND PFLICHTERFÜLLUNG – DER WEG ZUR VOLLENDUNG

Wenn du glücklich und in Frieden leben willst, mußt du in Liebe leben.
Nur durch Liebe wirst du inneren Frieden finden.
Nur durch Liebe wirst du wahres Glück erfahren.
Wachse deshalb in deiner Liebe, tauche ein in die Liebe.
Liebe lebt vom Geben und Vergeben.
Diese Worte Sais sind selbst ein Strom der Liebe, der zu euch hinfließt.

Verkörperungen der Liebe,

es gibt viele Arten von Wissen in dieser Welt. Doch jenseits allen weltlichen Wissens besteht das Wissen um den *ātman*, das Selbst. Selbsterkenntnis ist das höchste Wissen und heilig. Weltliches Wissen wird euch dazu verhelfen, einige Annehmlichkeiten zu erlangen, aber nur durch Selbsterkenntnis werdet ihr imstande sein, den inneren Frieden und die nichtendende Freude zu erfahren, die euer wahres Wesen ist.

Gotteserkenntnis ist Selbsterkenntnis

Gotteserkenntnis ist nicht verschieden von Selbsterkenntnis. Sie sind ein und dasselbe spirituelle Wissen. Dieses Wissen versetzt euch in die Lage, Einheit in all der Verschiedenheit zu sehen, die um euch herum ist. Es macht es euch möglich, über diese weltliche Existenz hinauszugehen und die Unsterblichkeit zu erlangen, nach der ihr euch sehnt.

Welches ist das Fundament für dieses höchste Wissen? Das Fundament ist die Reinheit des Herzens. Ihr reinigt euer Herz, indem ihr eure Zeit mit geheiligtem Tun verbringt. Wenn ihr euch spirituellen Menschen anschließt, im täglichen Leben gute Führung zeigt und Gutes tut, wird euer Denken und Fühlen rein. Dann könnt ihr zwischen Ewigem und Vergänglichem unterscheiden und zwischen dem, was eurem spirituellen Fortschritt förderlich und was ihm abträglich ist. Die Heiligen Schriften dienen uns dafür als Wegweiser. Durch aufmerksames Studieren ihrer Lehren und durch ihre Verwirklichung im täglichen Leben werden eure Handlungen zu guten, heiligen Handlungen. Ihr mögt im weltlichen Sinn des Wortes sehr gebildet sein, große Akademiker und Gelehrte sein, doch alle Titel, die ihr erworben haben mögt, können euch nicht wahre Weisheit geben. Um wahrhaft weise zu sein und den Gram aus euren Herzen zu verbannen, müßt ihr euch selbst erkennen. Ihr müßt das unsterbliche Selbst kennenlernen. Auf keine andere Weise läßt sich euer Kummer vertreiben. Nur die Kenntnis des Selbst erlaubt euch, alles Leid und alles Elend zu überwinden. Selbsterkenntnis schenkt euch alles Glück! Wenn ihr in *ātmavidyā* – die Selbsterkenntnis – erst einmal eingetaucht seid, werdet ihr für immer glücklich sein.

Wer verdient nun, dieses heilige Wissen zu besitzen? Darf man es auch ein Kind lehren, oder sollte es ausschließlich alten Menschen vorbehalten sein? Sollte es nur Männern erlaubt sein, oder dürfen auch Frauen es erwerben? Die Wahrheit ist: Alle sind berechtigt, die höchste Weisheit zu erlangen.

Durch Kenntnisse auf weltlichem Gebiet könnt ihr zwar berühmt werden und euch materielle Wünsche erfüllen, aber mit der Erkenntnis des *ātman* werdet ihr zu Menschen, die die Gnade Gottes verdienen und sie auch ernten. Ihr werdet die allerhöchste Seligkeit genießen. Um diese Erkenntnis zu erwerben, sind Gesellschaftsschicht (Kaste), Glaubensbekenntnis, Hautfarbe oder Geschlecht gleichgültig. Zu welcher Kaste gehörte der Weise Vālmīki, der in jungen Jahren ein Straßenräuber war? In welche Familie wurde denn Nārada hineingeboren? War seine Mutter nicht eine Magd? Gott, der Herr, kommt zu dem, der Hingabe zu Ihm zeigt; Er schaut auf das Herz, nicht auf den äußeren Status.

Wen Gott besonders liebt

Die Philosophie der Liebe nimmt einen wichtigen Platz im Leben ein. Lord Krishna sagte: „Diejenigen Meiner Jünger, die Mir mit Liebe und Hingabe dienen, sind Mir sehr lieb.“ Das heißt nicht, daß ihr das weltliche Wissen vernachlässigen sollt. Auch in diesem Bereich solltet ihr sehr genau sein und ordentlich lernen. Habt Vertrauen in euch selbst, vertraut, daß ihr imstande seid, die Aufgabe zu erfüllen, für die ihr einen menschlichen Körper angenommen habt. „Selbstvertrauen und Gottvertrauen sind das Geheimnis wahrer Größe“, sagte Vivekananda. Als erstes entwickelt Selbstvertrauen, das heißt: Vertrauen in eure eingeborene Göttlichkeit.

Weltliches Wissen kann euch nur Nahrung und ein Dach über dem Kopf verschaffen, während *ātmavidyā* – das Wissen vom Selbst – euch das Kostbarste vermittelt: die Verwirklichung eures wahren Wesens. Und dennoch – ohne einige Kenntnis von der Welt werdet ihr das Wissen um das Unsterbliche nicht erlangen. Ihr solltet also im Bereich der weltlichen Wissensgebiete nicht nachlässig sein. Neben euren spirituellen Studien solltet ihr auch eure kulturelle Bildung und euer weltliches Wissen entsprechend vorantreiben. Vālmīki und Vyāsa waren große Gelehrte auf weltlichem Gebiet und wurden von allen verehrt. Sie verfaßten so heilige Schriften wie das Rāmāyana und das Mahābhārata, waren aber gleichzeitig in allen weltlichen Dingen bewandert – wie hätten sie auch sonst so große klassische Werke schreiben können?

Alles in der Welt stammt aus dem Göttlichen, wird aus Ihm abgeleitet. Da nun alles aus Ihm kommt, was könnt ihr Ihm noch opfern? Alles, was ihr Ihm geben könnt, ist eure Liebe. Das ist alles, was Es von euch erwartet. Darum sang ein großer Dichter:

„Geliebter Herr! Du bist die allesdurchdringende Wahrheit.
Das gesamte Universum ist von Dir erfüllt:
Wie könnte ich Dir einen Tempel bauen?
Du strahlst wie Millionen und Abermillionen Sonnen:
Wie könnte ich Dir auch nur das kleinste Licht anzünden?
Du wohnst als eingeborene Wahrheit in allen Geschöpfen:

Wie könnte ich Dich bei einem bestimmten Namen nennen?
Da das ganze Weltall in Deinem Leib enthalten ist:
Wie könnte ich Dir Speise opfern?
Alles, was ich Dir opfern kann, ist meine Liebe
und daß ich mich selbst in Dich einmünden lasse, der Du das Meer der Liebe bist."

Aus eurem menschlichen Bedürfnis nach Befriedigung heraus gebt ihr dem Herrn Namen und Form; in Wirklichkeit hat Er keine. Und doch nimmt Er eine Form an, damit ihr Ihn anbeten könnt und Ehrfurcht, Achtung und Liebe für Ihn empfindet und dadurch eure spirituellen Bedürfnisse erfüllt. Zu eurer eigenen Befriedigung verseht ihr Gott mit Namen und Formen und benutzt sie dazu, Ihn zu verehren. Welchem göttlichen Vorbild ihr auch folgen mögt – alle, die Ihn mit liebendem Herzen verehren, werden ewigen Ruhm ernten.

Die Hingabe großer Seelen

Rāmakrishna Paramahamsa war in weltlichen Dingen nicht bewandert, tatsächlich konnte er kaum schreiben. Doch er war mit Leib und Seele ständig damit beschäftigt, der Göttlichen Mutter zu dienen, und sein Herz floß über vor Liebe zu ihr. Er hatte kein Interesse an irgendeiner anderen Art von Bildung. Er weihte sein ganzes Leben der Anbetung der Göttlichen Mutter und lebte von fünf Rupien im Monat – das reichte ihm für seine Bedürfnisse. Und obwohl er so wenig weltliches Wissen besaß, verehrt ihn heute die gesamte spirituelle Welt, und überall gibt es Rāmakrishna-Missionen.

In ähnlicher Weise wurde aus Ratnākara, dem Räuber, der große Vālmīki, und zwar wegen seiner Liebe zu Gott. Prahlāda war der Sohn eines Dämonen. Dennoch wurde er leuchtend und rein durch die heilige Liebe, die er für Gott empfand. Hanuman errang großen Ruhm durch die ständige Wiederholung des Namens Rāma und wird in ganz Indien verehrt. Jatāyu war ein Vogel, ein Freund von Rāmas Vater Dasharatha; dank seiner großen Liebe zu Rāma wurde er eins mit dem göttlichen Prinzip, als er aus dem Leben schied. Es gibt keine Unterschiede, wenn es um die Hingabe an das Göttliche geht. Kaste, Glaubensbekenntnis, Geschlecht oder welche Zuordnung auch immer – jeder ist in gleichem Maße berechtigt und befähigt.

Das zwölfte Kapitel ist das wichtigste Kapitel der Bhagavad Gītā. Darum haben wir heute damit begonnen. Es ist das Kapitel über *bhaktiyoga*, den Weg der hingebungsvollen Liebe. *Bhakti* ist nicht nur das Wiederholen des Namens Gottes. Es ist „Hingabe", das heißt eine nichtendende und reine Liebe zu Gott. Sie ist vollkommen selbstlos in ihrem Wesen, aller weltlichen Wünsche entkleidet. Sie ist rein, beständig und ewig. Diese göttliche Art der Liebe sollt ihr ununterbrochen in eurem Leben üben.

Seid ihr der Körper?

Als erstes müßt ihr wissen, wer ihr in Wahrheit seid. Seid ihr der Körper? Wenn das so wäre, warum sagt ihr dann: „Das ist mein Körper"? Da ihr ihn als „euren" Körper bezeichnet, müßt ihr etwas anderes sein als dieser. Wenn ihr sagt: „Das ist mein Herz", dann bedeutet das, daß ihr etwas von diesem Herzen Verschiedenes seid. Euer Herz ist ein Gegenstand, etwas, das euch, die ihr die Eigentümer seid, gehört. Im weltlichen Sinn sagen wir: „Das ist mein Bruder, das ist meine Schwester, das ist mein Verstand, mein Körper, mein Intellekt." Was dabei unverändert bleibt, ist „mein". Das wahre „Ich", das die Ursache dieses „mein" ist, ist das wahre, tiefe bewußte Sein, das in jedem Menschen und in allen Dingen vorhanden ist. Es ist *caitanya* – göttliches Bewußtsein.

Bewußtsein durchdringt alles. Es ist in dir, um dich herum, unter dir, über dir und neben dir. Es *ist* wahrhaftig du. Es ist überall, in allen Dingen der Schöpfung. Aber um das zu erkennen, muß sich das Denken nach innen konzentrieren. Ihr müßt euch nach innen ausrichten und eure Wahrheit herausfinden, indem ihr erkennt, daß ihr weder dies noch jenes seid: *neti, neti, neti*! Ihr seid nicht das Denken, ihr seid nicht der Körper, den ihr habt, ihr seid nicht der Intellekt. Wer seid ihr dann? Es kommt die Antwort: „Ich bin Ich...*aham, aham.*" Auf diesem Weg werdet ihr euch selbst erkennen. Dieser Weg kann sich nur aus der Liebe heraus ergeben, aus der hingebungsvollen Liebe zu Gott. Es gibt keinen anderen, wenn ihr wirklich nach Gott strebt.

Stufen auf dem Weg der Hingabe

Wohin ihr auch schaut, überall hat das Eigenschaftslose Eigenschaften angenommen. Gott ist überall anwesend, aber ohne die Hilfe von Namen und Formen ist es unmöglich, das Eigenschaftslose, Formlose zu begreifen. Nārāyana ist in allem, allgegenwärtig, aber bevor ihr dies erfahren dürft, müßt ihr Liebe entwickeln zu der Gottheit, die Gestalt angenommen hat. Deshalb beginnt ihr euren *bhakti*-Weg auf der niedrigsten Stufe und verehrt den Herrn, der unter einem Namen und einer Form erscheint. Dann steigt ihr stetig, Zentimeter für Zentimeter eine Stufe höher. Ihr löst euer Denken und Fühlen von der äußeren Welt ab und verehrt das Formlose, bis ihr schließlich erkennt, daß ihr selbst die Wahrheit seid. Das ist Selbstverwirklichung.

Ohne Blüte wird es nie eine Frucht geben. Der Weg zur Selbstverwirklichung ist wie das Reifen von der Blüte zur unreifen, dann zur reifen Frucht. Während der Blütezeit ist der Weg von *karman* gekennzeichnet; es ist die Zeit des Tätigseins. Den Abschnitt des Weges, der mit dem Eintritt ins Stadium der unreifen Frucht beginnt, nennt man den *bhakti*-Pfad, den Pfad der Hingabe. Wenn die Frucht reif und voll des süßen Nektars der Weisheit ist, beginnt der Pfad des *jnāna*, der Pfad der Selbsterkenntnis. Zu diesem Zeitpunkt hat sich die Blüte des *karman* durch Liebe und Hingabe in die süße Frucht der Weisheit verwandelt. Durch gute Werke und die Verehrung Gottes schreitet ihr fort zur inneren Losgelöstheit von Bindungen und zur Weisheit. Deshalb ist es wichtig, daß ihr zusätzlich zur Anbetung des Herrn auch einige gute Werke verrichtet. Ihr müßt dahin kommen, daß ihr jede Handlung aus Liebe zu Gott ausführt und alles, was ihr tut, Ihm als Opfer darbringt.

Solange ihr in dieser Welt seid, solltet ihr euch das Wissen dieser Welt aneignen und das Gelernte auch ausüben. Handeln ist für den Menschen sehr wichtig, denn er lernt dabei seine Gedanken, Worte und Handlungen in Einklang zu bringen. Für eine große Seele – *mahātman* – ist Denken, Sprechen und Tun immer eins. Zunächst werdet ihr nach dem Lohn eurer Handlungen trachten. Im Anfang, wenn noch viel Wunschdenken vorhanden ist, werdet ihr nicht imstande sein, *nishkāmakarman* zu praktizieren, das heißt zu handeln, ohne nach den Früchten des Tuns zu trachten. Aber im Lauf der Zeit werdet ihr selbstlos, und die Früchte eures Handelns werden euch nicht mehr im geringsten interessieren. Auf diese Weise wird euer Tun Schritt für Schritt in Gottesdienst verwandelt. Ihr tut dann alles nur noch aus Liebe zu Gott.

Stufen der Entwicklung

Die Wahrheit ist eine und ungeteilt. Das Göttliche ist Einheit, Es ist immer Eins. Doch die Weisen geben Ihm viele Namen. Aus dem Einen ist das Viele geworden. Wenn ein Kind geboren wird, nennt man es „Baby"; wenn es heranwächst: „Jugendlicher". Nach dem zwanzigsten Lebensjahr wird es zum „Erwachsenen" und später zu einem „Vater" oder einer „Mutter" und noch später zu einem „Großvater" oder einer „Großmutter". Und doch ist es immer ein und dasselbe Wesen. Ähnlich ist es mit der Wirklichkeit – sie ist immer ein und dieselbe. Um die Entfaltung des Einen in die Vielfalt zu begreifen, das trotz der Vervielfältigungen nie sein Einssein verliert, müßt ihr euch ständig in der Kontemplation der Einheit-in-der-Verschiedenheit üben. Nur wenn ihr diese Einheit, dieses Einssein in allen veränderlichen Namen und Formen erkennt, werdet ihr etwas wahrhaft Lohnendes erreicht haben.

Inhalt der Gītā

Ihr müßt die Bhagavad Gītā recht verstehen. Was ist der Wesenskern der Lehren der Gītā? Einige meinen, es sei *karmayoga*, der Weg der guten Werke; andere sagen, es sei *bhaktiyoga*, der Weg der liebenden Hingabe, wieder andere, es sei *jnānayoga*, der Weg der Weisheit. Alle diese Aussagen sind Teilwahrheiten. Um die wahre menschliche „Person" zu erkennen, müßt ihr eine vollständige Sicht der Wahrheit gewinnen. Wenn ihr nur die Füße seht, könnt ihr nicht die ganze Person erkennen. Die Bhagavad Gītā beginnt mit einem Vers, dessen erstes Wort *dharmakshetra* ist. Sie beginnt also mit *dharma*, was in diesem Zusammenhang „rechtes Handeln" oder „Pflicht" bedeutet. Sie endet mit einem Vers, dessen letztes Wort *mama* ist, was „mein" heißt. Wenn ihr das letzte und das erste Wort zusammenfügt, erhaltet ihr *mamadharma* – also „mein Weg, meine Arbeit, meine Pflicht". Das umspannt die gesamten Lehren der Gītā. Es bedeutet, daß ihr euer Menschenmögliches tun müßt, um die für euren Lebensstand vorgeschriebenen Pflichten vollkommen und auf die bestmögliche Weise zu erfüllen.

Seid ihr Studenten, so lernt eure Lektionen gut. Seid ihr im Stand eines Familienvaters oder einer Hausfrau, so kommt euren Verpflichtungen gegenüber eurer Familie und eurer Arbeit sorgfältig nach. Seid ihr im Ruhestand, so erfüllt die Pflichten, die für diesen Stand angemessen sind, und wenn ihr der Welt entsagt habt, um euch der Kontemplation eures wahren Seins hinzugeben, dann bleibt diesem Pfad treu. Wenn ihr eurem *dharma* in der bestmöglichen Weise nachkommt und eure Pflichten aufrichtig und gewissenhaft erfüllt, wird es keine Verwirrung und kein Elend geben. Die Pflicht rief Arjuna auf das Schlachtfeld, aber Arjuna war voller Bindungen und vorgefaßter Ideen und fühlte sich deshalb elend. Lord Krishna lehrte ihn, wie er sich aus dem Gefängnis der Bindungen und Täuschungen befreien konnte: nämlich durch das Festhalten am *svadharma* – an der für ihn vorgezeichneten Pflicht des Kämpfers. Als Krishna mit Seiner Lehre geendet hatte, fragte Er Arjuna: „Sind deine Bande gelöst, deine Vorstellungen gewichen?“ Arjuna antwortete: „Die Verblendung ist mir genommen. Alle Vorstellungen sind verschwunden.“

In Sanskrit heißt „Verblendung“ *moha*, und „Befreiung“ *moksha*. Solange ihr der Verblendung oder Täuschung unterliegt, werdet ihr gebunden sein. *Moksha* hat nichts im weltlichen Sinne Angenehmes an sich. Es ist kein Raum mit Klimaanlage und kein Plüschsofa. *Moksha* ist die Vernichtung der Täuschung und der Bindung an diese. *Moksha* setzt sich zusammen aus *moha* und *kshaya*. *Kshaya* bedeutet Zerstörung. Mit anderen Worten: *moksha* ist die vollständige Ausrottung von *moha*, das Verbrennen zu Asche aller diesseitigen Wünsche, alles Verlangens und aller Illusionen.

Zeit ist Gott

Ihr alle müßt Vorbilder für die Menschheit werden und eure Pflicht zur Perfektion erfüllen. Lernt diese Verse der Gītā auswendig und handelt im Sinne ihrer edlen Lehren, dann werdet ihr gesegnet sein mit Gnade. Viele, die sich auf den spirituellen Weg begeben, vergeuden nur ihre Zeit. Tut das nicht! Ändert euch von heute an. Zeit ist Gott. Lernt jeden Tag einen Vers der Gītā auswendig, und während ihr ihn wiederholt, verweilt innerlich bei seinem tiefen Sinn. Wenn ihr diesen erkannt habt, lebt entsprechend diesem tiefen Sinn, setzt ihn in die Praxis um. Nur auf diese Weise werdet ihr imstande sein, die höchste Vollendung zu erlangen, die das Merkmal eines wahren Menschen ist.

SICH GOTT SCHENKEN – DIE UMWANDLUNG DES MENSCHEN IN GOTT

Krishna erklärt in der Gītā: „Wer sich Mir vollkommen überläßt und Zuflucht in Mir sucht, wird von Mir beschützt werden. Ich werde alle seine Sünden von ihm nehmen und ihn zur Selbstverwirklichung geleiten." Diese Worte Krishnas müßt ihr in eurem Herzen wohl bewahren. Schreitet stetig fort auf dem Weg der vollkommenen Auslieferung an Gott. Dann werdet ihr das Ziel eures Lebens mit Sicherheit erreichen.

Verkörperungen der Liebe,

Gottes Macht ist unermeßlich und unbegrenzt. Die enorme Vielfalt, die ihr im Universum wahrnehmt, ist das Resultat des Wirkens von *māyā*, der Macht der Täuschung. Der grobstoffliche Aspekt des Universums, den das menschliche Auge wahrnehmen kann, ist ein winziger Teil der Allmacht Gottes. Alle Sonnensysteme zusammen können am Bruchteil der Länge eines Fußes des Herrn gemessen werden. Es ist unmöglich, die Größe des Herrn zu begreifen, der das gesamte Universum durchdringt – das grobstoffliche wie das feinstoffliche. Es gibt keinen Ort, wo Er nicht wäre.

Die Schöpfung ist der Körper des Herrn. Ihr müßt ernsthaft versuchen, das Prinzip zu verstehen, auf das sich diese Welt gründet: Der Mond ist Hunderttausende von Meilen entfernt, die Sonne viele Millionen von Meilen. Der allernächste Stern ist Abermillionen Meilen entfernt, und jenseits von ihm, in den mit bloßem Auge nicht mehr erreichbaren Winkeln des Universums, gibt es Sterne, die noch milliardenmal weiter weg sind. Dieser grobstoffliche Aspekt des Universums, den wir das physische

Die drei Welten

Weltall – in Sanskrit *bhūtākāsha* – nennen, das in unseren Augen so unendlich groß erscheint, ist nur der winzigste Teil des feinstofflichen oder geistigen Aspektes des Universums, den wir *cittākāsha* nennen. In diesem feinstofflichen *cittākāsha* ist dieses gigantische Weltall nicht größer als vergleichsweise ein Atom.

Das feinstoffliche Universum, das gemessen an der physischen Welt riesengroß ist, ist seinerseits nur ein mikroskopisch kleiner Teil eines viel, viel größeren Aspektes des Universums, den man als „kausales Universum" oder *cidākāsha* bezeichnen kann. Es heißt „kausales Universum", weil aus diesem ultrafeinen Aspekt die feinstoffliche und die grobstoffliche Welt ständig neu entstehen. Jede dieser drei Welten, die grobstoffliche oder physische, die feinstoffliche oder mentale und die kausale sind so enorm in ihrer Ausdehnung, daß die Schriften erklären, sie könnten vom menschlichen Verstand unmöglich begriffen oder mit Worten beschrieben werden. Sie übersteigen jegliches Vorstellungsvermögen. Und doch steht hinter ihnen allen noch das göttliche Prinzip, das der Urgrund des Ganzen – *mahākārana*, der große Ursprung – ist.

Gott ist jenseits des Grobstofflichen, des Feinstofflichen und des Kausalen. Doch als Herr gebietet Er über alle diese Welten. Er ist Herr über die Zeit der Vergangenheit, der Gegenwart und der Zukunft. Menschliche Wesen sind mit begrenzten Fähigkeiten ausgestattet, und so ist es euch unmöglich, das göttliche Prinzip zu verstehen. Der einfachste Weg ist deshalb der der Hingabe – *bhaktiyoga*. Krishna nannte Arjuna drei Schritte auf diesem Weg. Der erste und wichtigste ist:

Gott ist jenseits des Kausalen

„Tue dein Werk für Mich!" – *matkarmakrit!*

Ihr müßt erkennen, daß die Werke, die ihr auf der physischen Ebene verrichtet, von Anfang an bereits mit dem Herrn in Verbindung stehen, denn Er ist der höchste Herrscher der Welt. Betrachtet jede Handlung, die ihr beginnt, in diesem Wissen als Handlung für Gott. Der zweite Schritt ist:

„Um Meinetwillen allein!" – *matparamo!*

Bis zu diesem Zeitpunkt habt ihr nur an euch gedacht. Aber wer seid ihr? Krishna sagt: „Ich bin es, der in dir erscheint." Dieses Wort „Ich" bezieht sich nicht auf den Körper. Es entströmt dem höheren Selbst, dem *ātman*. Dieses „Ich" sollte niemals mit dem Körper, dem Denken und Fühlen, der Intuition oder irgendeinem anderen Wesensaspekt des Menschen gleichgesetzt werden, denn es transzendiert alle diese Begrenzungen und steht nur in Beziehung zum unbegrenzten *ātman*.

Das begrenzte Selbst, das sich mit diesem „Ich" zusammengetan hat, ist nichts als eine Spiegelung des einen *ātman*. Was ihr auch bisher getan habt – ihr habt es allein um des *ātman* willen getan. Diese heilige Wahrheit habt ihr nicht gekannt und euch dafür von der Illusion zum Besten halten lassen. Krishna sagte zu Arjuna: „Was du auch tust, tue es um Meinetwegen, um Mich zu befriedigen. Tue alles, was du tust, für Mich. Führe alle deine Handlungen an Meiner Statt aus, als Mein Beauftragter." Dieses „Ich" und „Mich" und „Mein" bezieht sich auf den *ātman*. Der dritte Schritt ist dieser:

„Sei nur Mir ergeben!" – *matbhakta!*

Bemüht euch darum, das tiefe Geheimnis, das in dieser Anweisung enthalten ist, zu verstehen. Hingabe ist die Ausdrucksform der Liebe. Das Gefühl, das man „Liebe" nennt, entströmt dem *ātman*. Liebe ist gleichbedeutend mit *ātman*. Liebe hat nichts zu tun mit weltlichen Gefühlen und materiellen Dingen. „Liebe" ist nur ein anderes Wort für „Hingabe". Liebe ist der wahre Name des *ātman*. Dieses Prinzip der Liebe, das aus dem Innersten des Herzens kommt, muß jede Handlung, jedes Wort und jeden Gedanken durchtränken. Das geschieht, wenn ihr alles, was ihr tut, sagt oder denkt, nur verrichtet, um dem Herrn Genüge zu tun.

Das Gefühl, das man Liebe nennt

Im Wachbewußtsein mag es euch erscheinen, daß ihr alles um eures Körpers willen tut oder um euren Vorstellungen zu genügen. Im Tiefschlaf dagegen seid ihr euch eures Körpers oder eurer Gedanken nicht bewußt. Um wessentwillen genießt ihr dann die Ruhe und den Frieden des Schlafes? Um des *ātman* willen! Schlafen, essen, all die Tätigkeiten, die ihr jeden Tag verrichtet, werden nur aus Liebe zum „Ich" durchgeführt. Ihr glaubt, alles käme eurem kleinen persönlichen Ich zugute, aber das Ich entspringt

Das Ich entspringt dem ātman

tatsächlich dem *ātman*, von dem es nicht verschieden ist.

In der Brihadāranyaka Upanishad beschreibt der Weise Yajnavalkya diese Erkenntnis seiner Gattin Maitreyī und erklärt ihr die tiefere Bedeutung der verschiedenen Beziehungen des Menschseins. Er sagt: „Um wessentwillen liebst du mich? Eine Ehefrau liebt ihren Ehemann nicht um seinetwillen. Sie liebt ihn um ihres Selbst willen. Wir glauben, die Mutter liebt ihr Kind um des Kindes willen, aber so ist es nicht. Sie liebt es um ihres Selbst willen. Man sagt, der *guru*, der Lehrer, liebt seinen Schüler um des Schülers willen, aber in Wirklichkeit liebt er ihn hauptsächlich um seines Selbst willen."

Die Liebe Gottes

In diesem Zusammenhang könnt ihr hinter all den spirituellen Übungen, die ihr durchführt, eine tiefere verborgene Wahrheit sehen: Der *sādhaka* – der spirituell Strebende – liebt Gott, aber nicht um dessentwillen, sondern um seines Selbst willen. Gott hingegen liebt Seinen Jünger um des Jüngers selbst willen. Er kennt keinen Unterschied, kein Gefühl der Individualität oder daß einige Dinge Ihm gehören und andere jemand anderem. Wo es ein Gefühl des Unterschiedes und der Individualität gibt, erheben sich Selbstsucht und das Gefühl von „Ich" und „Mein". Aber Gott kann nicht nur auf eine Form begrenzt werden. Er hat keine Selbstsucht, kein trennendes Gefühl von „Mein" und „Dein". Deshalb sind die drei Schritte „Arbeite für Mich", „Um Meinetwillen allein" und „Sei nur Mir ergeben" alle für den *sādhaka* gegeben. Sie zu befolgen heißt, alle Spuren der Selbstsucht entfernen und auf dem Weg zur Selbstverwirklichung weiterkommen. Leider verstehen nur sehr wenige Schüler die große Wahrheit dieser Worte.

Wenn ihr einen kühlen Luftzug wünscht, könnt ihr ihn mit einem Fächer erzeugen. Aber wenn ein Wirbelsturm an der Meeresküste entsteht, erzeugt er riesige Wellen und entwurzelt selbst die größten Bäume. Die Brise, die ihr mit dem Fächer hervorruft, ist sehr schwach, die Urkraft Gottes dagegen furchtbar und unbegrenzt. Nehmt ein paar andere Beispiele: Wenn ihr Wasser aus einem Brunnen pumpt, werdet ihr nur eine kleine Menge fassen. Aber bei einem wolkenbruchartigen Regen schwellen die Flüsse zu reißenden Strömen an, und zusammen mit dem Ozean werden sie zu einer einzigen großen Flut. Das eine entspringt der sehr begrenzten menschlichen Kraft, das andere der grenzenlosen Allmacht Gottes.

Was geschieht, wenn ihr zu Hause Licht anzünden wollt? Ihr zündet eine Kerze an oder knipst eine elektrische Lampe an. Wenn aber die Sonne am Morgen aufgeht, durchflutet sie die ganze Stadt und auch die Wälder im Handumdrehen mit ihrem Licht. Das kleine Licht eurer Lampe ist sehr schwach im Vergleich zur Leuchtkraft der Sonne, die ihren Glanz überallhin verbreitet. Wieder habt ihr hier die unbegrenzte göttliche Kraft und dort die begrenzte menschliche. Wie könnt ihr die unbegrenzte göttliche Kraft erreichen? Wie können die begrenzten Fähigkeiten eines menschlichen Wesens in die grenzenlose Allmacht Gottes umgewandelt werden? Die Methode heißt „Selbstaufgabe", „Sich Gott überlassen".

Der Herr erklärt in der Gītā: „Ich werde alle deine Sünden zunichte machen und dich zu der höchsten Stellung erheben, die Meine ist." Wie ist das möglich? Die physische Welt, die ihr mit euren menschlichen Augen seht, ist der gröbste Aspekt des Universums, genannt *bhūtākāsha*. Wenn dieser grobstoffliche Aspekt im Geist eine feinstoffliche Form annimmt, habt ihr den feinstofflichen Aspekt des Universums, *cittākāsha*. Und wenn dieser geistige Aspekt eine noch feinere Form im Herzen annimmt, habt ihr den kausalen Aspekt des Universums, *cidākāsha*. Der ewige, grenzenlose Gott, der jenseits aller Welten und das Größte vom Größten ist, wird zum Kleinsten des Kleinen und richtet sich im *cidākāsha*, im Herzen des Gott liebenden Menschen ein. Die wunderbare Wahrheit ist, daß der so unbegrenzt große und allmächtige Herr sich bereitwillig im Herzen Seines Jüngers einsperren läßt. Die folgende kleine Geschichte erläutert das:

Nārada und der Fuß des Herrn

Eines Tages, als Nārada sich in der Gegenwart des Herrn aufhielt, fragte ihn dieser: „Nārada, hast du auf deinen Reisen durch die Welt herausfinden können, welches das Geheimnis ist, auf dem das Universum beruht? Wohin du auch schaust, findest du die großen fünf Elemente: Erde, Wasser, Feuer, Luft und Äther. Welchem dieser Elemente, glaubst du, gebührt der erste Rang? Was ist von allem, was im Universum existiert, das wichtigste?“ Nārada dachte eine Weile nach und antwortete dann: „Herr, das wichtigste der fünf Elemente ist sicher die Erde, denn sie ist das dichteste und schwerste.“ Der Herr entgegnete: „Wie kann das Element Erde das wichtigste sein, wenn doch drei Viertel der Erde mit Wasser bedeckt sind und nur ein Viertel Land ist? Diese ach so große Erde wird vom Wasser förmlich verschlungen. Was ist größer – das, was verschlungen wird, oder das, welches verschlingt?“ Nārada mußte einsehen, daß das Wasser größer sein mußte, da es die Erde verschlungen hat. Der Herr fragte weiter: „Aber Nārada, es gibt doch die alte Legende, daß sich die Dämonen einst im Wasser versteckt hielten und daß der Weise Agastya auf der Suche nach ihnen den ganzen Ozean mit einem Schluck austrank. Wer war wohl größer: Agastya oder der Ozean?“ Nārada gab zu, daß Agastya ohne Zweifel größer sein mußte als das Wasser, das er getrunken hatte. „Aber“, fuhr der Herr fort, „es wird gesagt, daß derselbe Agastya in einen Stern verwandelt wurde, als er seinen Körper verließ. Nun erscheint so ein Großer wie Agastya als winziger Stern am unendlich ausgedehnten Himmel. Wer ist nun größer: Agastya oder der Himmel?“ Nārada antwortete: „Herr, der Himmel ist sicherlich größer als Agastya.“ Darauf fragte ihn der Herr: „Aber wir wissen, daß Gott eines Tages in der Gestalt des Zwerges Vamana als Avatar auf die Erde kam. Er dehnte sich so enorm aus, daß Er imstande war, Himmel und Erde mit einem Seiner Füße zu bedecken. Was ist nun größer: Gottes Fuß oder der Himmel?“ „Oh, der Fuß des Herrn ist mit Sicherheit größer“, antwortete Nārada. Der Herr fragte weiter: „Wenn der Fuß des Herrn so groß ist, wie steht es dann mit Seiner unendlichen Form?“ Nārada ahnte, daß sie nun beim Kern der Sache angelangt waren. „Ja“, sagte er voller Freude, „der Herr ist der größte von allen und von allem. Er ist jenseits alles Meßbaren. In keiner der Welten gibt es etwas Größeres als Ihn.“ Aber der Herr hatte noch eine Frage: „Was ist mit dem Gott-Ergebenen, der es geschafft hat, diesen unendlich großen Gott in sein Herz zu schließen? Sag, Nārada, wer ist größer: der Gott-Ergebene, der den Herrn in seinem Herzen eingeschlossen hat, oder der Herr, der von Seinem

Ergebenen eingeschlossen wurde?" Nārada mußte gestehen, daß derjenige, welcher Gott ergeben ist, größer ist als der Herr selbst und deshalb in der Rangordnung an erster Stelle stehen muß – selbst über Gott.

Solche ungeheure Kraft, die imstande ist, selbst den Herrn zu binden, ist in Reichweite eines jeden Gott-Ergebenen. Wie groß oder stark eine Kraft auch sein mag – wenn sie durch irgendetwas anderes gebunden werden kann, so ist das Bindende als stärker anzusehen. Die ehrfurchtgebietende Macht des Herrn wird durch die Macht der Liebe gebunden. Es ist also auf dem Weg der liebenden Hingabe möglich, Gott selbst zu binden und Ihn in eurem Herzen als Gefangenen zu halten.

Das Bindende ist das Stärkste

Ein Tropfen Wasser aus dem Ozean, den ihr in der Handfläche haltet, ist im Vergleich zum Ozean, aus dem er kommt, sehr, sehr klein. Aber laßt den Tropfen zurück in den Ozean fallen – sogleich wird er ein Teil des unendlich großen Ozeans. Wenn eure Kleinheit als menschliche Wesen sich mit der riesigen Kraft des Göttlichen verbindet, werdet ihr unendlich groß und allmächtig. Ihr werdet eins mit Gott. In den heiligen Schriften heißt es: „Brahmavid brahmaiva bhavati", was bedeutet: „Wer Brahman erkannt hat, wird wahrhaftig selbst zu Brahman". Mit anderen Worten: Der Vorgang des Erkennens des Göttlichen selbst vereint euch mit Gott, transformiert euch in Gott. Dieser Vorgang, der euch und Gott zusammenschweißt, ist *bhakti*, der Pfad der liebenden Hingabe.

Unglücklicherweise ziehen es heute viele Menschen vor, die Existenz Gottes zu leugnen. Sie verlassen sich lieber auf ihre eigene begrenzte Kraft und lassen sich nur von menschlichen Errungenschaften beeindrucken. Sie sind bereit, sich tief vor dem Dorfschulzen oder einem kleinen Beamten zu verneigen, aber sie weigern sich, der allmächtigen Kosmischen Person Demut und Gehorsam zu erweisen, die Herr über das ganze Universum ist. Gott, der Ursprung und Grund alles Sichtbaren und Unsichtbaren, wird nicht beachtet. Dieser traurige Zustand rührt daher, daß viele nicht imstande sind, die Wahrheit zu begreifen, die diesem riesengroßen manifesten Universum zugrundeliegt. Kleine Geister folgen nur den Nebenstraßen. Wenn ihr verstündet, daß alles nur ein Abbild der Einen Göttlichkeit ist, würdet ihr niemals falsche Wege gehen.

Die Himmelskuh

Wenn ihr schon einen wunscherfüllenden Baum in eurem Garten habt – warum sucht ihr dann nach wilden Früchten im Wald? Wenn ihr schon die Himmelskuh Kāmadhenu in eurem Stall stehen habt – warum lauft ihr dann zum Markt, um Milch zu kaufen? Wenn ihr die unfaßbaren Wohltaten begreifen würdet, die eine solche Himmelskuh bedeutet, würdet ihr niemals anderswohin schauen und euch mit trivialen Dingen abgeben. Kleinen Geistern erscheinen selbst kleine Dinge sehr groß. Ihr bekommt, was ihr verdient: Denkt klein, und ihr werdet klein. Kleinliche Gedanken gebären kleinliche Charaktere. Ihr werdet von kleinen Dingen angezogen, weil ihr glaubt, daß eure Kraft begrenzt ist. Aber in Wirklichkeit ist eure Kraft unendlich.

Ihr bleibt klein, weil ihr euch mit dem Körper identifiziert. Ihr denkt: „*Aham dehāsmi* – Ich bin dieser Körper da". Dieser Gedanke hält euch in einem Zustand des Kleinseins. Schreitet fort vom *aham dehāsmi* zum *aham jīvāsmi* – von „Ich bin dieser Körper“ zu „Ich bin die Seele, ein Funke der Göttlichkeit“. Steigt auf von der Stufe der Dualität – *dvaita* – zur Zwischenstufe der bedingten Nicht-Zweiheit – *vishishtādvaita*. Dann müßt ihr von *aham jīvāsmi* zu *aham brahmāsmi* – von „Ich bin die Seele, ein Teil des Göttlichen“ zu „Ich bin die Göttlichkeit selbst, ich bin nichts anderes als Gott, Gott und ich sind immer eins“ aufsteigen. Das ist die höchste Stufe der Spiritualität, die der vollkommenen Nicht-Dualität *(advaita)*. Das Gefühl, mit dem ihr den Weg beginnt – daß ihr mit dem Körper, den ihr habt, identisch seid – ist von dualistischem Denken geprägt. Das ist die Brutstätte allen Kummers. Solange ihr in der Dualität verhaftet seid, ist alles Kummer und Sorge. Sobald ihr euch aber mit dem *ātman* identifiziert, wird alles Seligkeit und Freude.

Von der Dualität zur Einheit

Ihr müßt euer Denken anheben, euch immer mit dem *ātman* eins wissen und die falsche Vorstellung der Identität mit dem Körper aufgeben. Das ist die richtige Verehrung und Anbetung des Herrn! Anbetung heißt in Sanskrit *upāsana*, was soviel bedeutet wie: „nahe bei sitzen“. Aber es ist nicht genug, nur nahe zu sein. Der Frosch sitzt zwar auf dem Lotosblatt, aber hat er etwas von dem süßen Nektar in der Lotosblüte? Nur nahe sein bringt keinen Nutzen, man muß dem Herrn auch lieb werden (Wortspiel im Englischen: „Become dear and near“). Ihr müßt imstande sein, den Honig zu saugen.

Eure Nachbarn mögen sehr nahe bei euch wohnen, aber wie groß ihre Probleme und Sorgen auch sein mögen – sie betreffen euch nicht näher. Wenn sich dagegen euer Ehepartner oder Sohn auf der anderen Seite der Weltkugel aufhält und ihr bekommt über eine Woche lang keinen Brief von ihm, fangt ihr an, euch Sorgen zu machen. In diesem Fall ist der Körper zwar sehr weit entfernt, aber eure gegenseitige Liebe bringt euch einander nahe. Die Beziehung zu den Nachbarn ist nicht so liebevoll, obwohl sie sehr nahe sind. Ein anderes Beispiel: In einem Haus gibt es Ameisen und Mäuse, aber nennt ihr sie deswegen eure Freunde? Die physische Nähe muß von Herzlichkeit begleitet sein. Es muß ein tiefes Gefühl der Liebe in euch wachsen und die Beziehung durchtränken. *Upāsana* bezieht sich auf das Nahe- und gleichzeitig Liebsein.

Was bringt euch das Nahe- und Liebsein? Wenn ihr nahe der Lampe sitzt, profitiert ihr von der Helligkeit, die sie verbreitet, und mit Hilfe der Beleuchtung seid ihr imstande, auch nachts noch zu arbeiten. Wenn ihr unter dem Ventilator sitzt, spürt ihr den kühlen Luftzug und vergeßt die Hitze, die euch vorher zugesetzt hat. Während der kalten Jahreszeit sitzt ihr am Feuer, und seine Wärme wird euch vor der Kälte, die euch vielleicht zu schaffen macht, beschützen. In jedem Fall wird eine Eigenschaft beseitigt, und eine andere tritt an ihre Stelle. So ist es auch, wenn ihr nahe beim Herrn seid: Wenn ihr Ihm lieb werdet, bekommt ihr Seine Liebe, und bald werden alle schlechten Eigenschaften von euch abfallen und durch gute ersetzt werden, die Gott verkörpern. Vermehrt eure Liebe so, daß ihr dem Herrn immer näher und näher kommt und Ihm lieber und lieber werdet. Der einfachste Weg, Gott näher zu kommen, ist, sich ständig an Ihn zu erinnern in allem, was ihr seht, was ihr tut und was ihr sagt. Denkt nur an Gott und wie ihr Ihm näher sein und Ihm lieber werden könnt.

Auf dem Weg der Hingabe ist es nicht genug, Gott zu lieben, ihr müßt euch auch mit Dingen beschäftigen, die dem Herrn gefallen, so daß ihr Seine Liebe erweckt und Seine Liebe zu euch auch fühlen könnt. Es gibt eine Reihe von Merkmalen, die ein Gott-Ergebener haben sollte, um ihn Gott gefällig zu machen: Betrachtet Tadel und Lob, Kälte und Hitze, Gewinn und Verlust, Freude und Kummer, Ehre und Verachtung oder was für Gegensatzpaare es noch geben mag, mit Gleichmut. Fühlt euch nicht herabgesetzt, wenn man euch kritisiert, und nicht erhöht, wenn man euch lobt. Jubiliert nicht, wenn ihr vom Glück begünstigt werdet; seid nicht niedergeschlagen, wenn es euch verläßt. Bleibt gleichmütig der Hitze wie der Kälte gegenüber: Beide können euch auch Freude bereiten.

Im Winter werdet ihr wollene Kleidung als wohltuend empfinden, während ihr im Sommer dünne Kleidung vorzieht und etwas Kühle euch willkommen wäre. Zu manchen Zeiten schenkt die Hitze Wohlbehagen, zu anderen die Kälte. Es liegt an der Art, wie ihr sie gebraucht, ob ihr daran Freude habt oder nicht. Hitze und Kälte, Gewinn und Verlust und alle anderen Gegensatzpaare und überhaupt alles in der Welt hat seinen Nutzen. Jedes Ding ist für einen bestimmten Zweck erschaffen worden. Ihr müßt es nur in der Weise benutzen, die eurem Leben und eurem Entwicklungsstand entspricht.

Anderen Freude bereiten

Es wäre reiner Unsinn, einem Kind einen goldenen Becher zu schenken oder einem Wahnsinnigen ein Schwert in die Hand zu geben. Der wertvolle goldene Becher sollte nur einem Menschen gegeben werden, der seinen Wert zu schätzen weiß. Dieser Mensch würde sich sehr an dem Becher freuen und ihn richtig behandeln. So ist es auch mit der Hingabe: Wer den Wert der Hingabe kennt, wird sich ihrer bedienen, um sich und den anderen reine Freude zu bereiten. Wahre Liebe wird niemals irgendjemandem Kummer machen, nie dazu führen, daß der eine den anderen haßt. Die wünschenswerten Eigenschaften des Gott-Ergebenen sind im zwölften Kapitel der Gītā angeführt. Sie beginnen mit *adveshtā sarvabhūtānām*...: „Wer keinem Wesen Leid zufügt, ... “. Wie ein Papagei sich ständig vorzusagen: „Herr, ich liebe Dich“ und gleichzeitig anderen das Leben schwer machen – das ist keine Hingabe.

Ihr werdet dann zu einem Gottsucher voller Liebe und Hingabe, wenn ihr euch Ihm vollkommen überlaßt und bereit seid, jeden Seiner Befehle auszuführen. Arjuna war verzagt, weil Stolz und Egoismus in ihm waren; aber nachdem er den Rat des Herrn vernommen hatte, fiel er Ihm zu Füßen und sagte: „Herr, ich bin Dein Schüler. Lehre mich, was gut für mich ist. Ich übergebe mich Dir ganz und gar.“ Bis zu diesem Zeitpunkt waren sich die beiden wie Schwäger begegnet. Aber als Arjuna sagte: „Ich will tun, wie Du sagst, ich will Deine Befehle ausführen“, wurde er zum Jünger. Die Veränderung fand in seinem Denken statt, als sich seine Schwager-Beziehung in die des Schülers verwandelte, der den Herrn zum Lehrer hat. Diese geistige Umwandlung ist absolut notwendig für den Sucher auf dem spirituellen Weg. Ohne diese Umwandlung wird eure Hingabe, gleich, wie nahe ihr euch dem Herrn fühlt, frucht- und nutzlos bleiben.

Seid euch dieser hohen Lehre bewußt und tut eure Pflicht im Leben. Bleibt gleichmütig und vergewissert euch, daß die Arbeit, die ihr tut, gut ist und daß sie den jeweiligen Umständen angemessen ist. Ihr solltet die Verse der Gītā nicht nur auswendig lernen, sondern sie auch in die Praxis umsetzen. Nur wenn ihr sie im täglichen Leben praktiziert und ihre tiefe Bedeutung ganz begreift, wird sich euer Kummer auflösen, und eure Sorgen werden verschwinden. Wenn ihr sie falsch versteht und die Verse nur hersagt, werden eure Schwierigkeiten möglicherweise noch größer werden.

VERDIENT EUCH DIE LIEBE DES HERRN

Der Herr sagt in der Gītā: „Wer stetige und unverrückbare Hingabe zu Mir hat, der ist Mir sehr lieb.“

Verkörperungen der Liebe,

in der Welt gibt es viele Arten von Früchten zu ernten: Ihr könnt Wohlstand und Eigentum erreichen, Ehren und Ansehen. Ihr könnt Rang und Macht erlangen. Aber der Herr hat in der Gītā erklärt, daß all diese Dinge vorübergehender Natur sind und keinen bleibenden Wert haben. Das einzig Wertvolle und Beständige, das ihr in dieser Welt erringen könnt, ist die Liebe Gottes. Sie ist etwas Außergewöhnliches und wird niemals mit einem Preis beziffert werden können. Sie ist ein Schatz, der über alles Meßbare hinausgeht. Ihr müßt alles daran setzen zu entdecken, mit welchen Mitteln ihr euch diese kostbare Liebe des Herrn verdienen könnt. Welchem Weg müßt ihr folgen, um sie zu erringen?

Wenn ihr Samen aussät, ohne vorher das Unkraut ausgerissen und das Feld gut vorbereitet zu haben, könnt ihr keine gute Ernte erwarten. So ist es auch mit dem Feld, das euer Herz darstellt. Wenn ihr nicht all die schlechten Aspekte der Selbstsucht vorher entfernt habt, werdet ihr keine gute Ernte bekommen. Die Gītā sagt uns: Das Unkraut, das zuerst aus dem Acker des Herzens entfernt werden muß, sind die Bindungen und Anhaftungen und die Identifikation mit dem Körper. Auch jetzt, in diesem Augenblick, mögt ihr euch zwar vorstellen, daß ihr Gott liebt, aber es ist nur ein Gedanke; euch diesen Gedanken nur durch den Kopf gehen zu lassen wird euch keine nennenswerten Ergebnisse bringen. Das wäre so, als ob man gute, keimfähige Samen auf unbearbeiteten, steinigen Boden sät. Das wichtigste ist herauszufinden, ob Gott *euch* liebt. Wenn Gott euch nicht liebt, wird euch eure Hingabe nicht sehr weit tragen.

Welcher Weg ist nun der richtige, um Gottes Liebe zu erlangen? Ihr findet die Antwort in der Bhagavad Gītā in dem Kapitel über *bhaktiyoga*, den Weg der liebenden Hingabe. *Bhaktiyoga* bedeutet, in ständiger Verbindung mit Gott zu stehen. Er lehrt die Notwendigkeit, unter allen Umständen stetigen Gleichmut zu bewahren. Er handelt von der Entschlossenheit, sich selbst dazu zu verpflichten, im täglichen Leben nur das zu praktizieren, was die spirituellen Lehren von euch verlangen; und er lehrt auch *santripti*, die wahre Freude, ständig zufrieden zu sein.

Befriedigung und wahre Freude

Es ist ein erheblicher Unterschied zwischen Befriedigung *(tripti)* und wahrer Freude, die aus der Zufriedenheit *(santripti)* kommt. Um das besser zu verstehen, betrachtet einmal den Unterschied, der zwischen *kīrtan* und *samkīrtan* besteht: *kīrtan*, also Musik, die man mit der Stimme macht, kommt nur von den Lippen, während *samkīrtan* ganzheitliche Musik ist, die aus dem tiefsten Herzen kommt – frei, spontan und mit viel Freude. Ähnlich ist es mit *tripti*, der Befriedigung, die ihr aus weltlichen Dingen bezieht – das heißt, die Freude, die euch Gegenstände und Phänomene dieser Scheinwelt bereiten. *Santripti* dagegen ist die wahre Freude, die aus den Tiefen des Herzens kommt. Sie ist an die Wahrheit gebunden, sie ist immerwährend, unabhängig und unberührt von allem, was die vergängliche Welt betrifft; sie ist die Manifestation des Einsseins des Geistes. *Santripti* wird sich niemals verändern, denn es gibt nichts, das man wahrer Freude hinzufügen könnte. Sie ist an sich wahr und vollständig.

Der tiefere Sinn des Ganzen ist, daß sich ein Adept auf dem spirituellen Weg nicht von weltlichen Dingen ablenken lassen und diesen auch keinerlei Bedeutung beimessen sollte. Verwendet eure Zeit und eure Kraft darauf, die Schwankungen und das Umherschweifen eurer Gedanken unter Kontrolle zu bringen und entwickelt geistige Ausgerichtetheit. *Santripti* ist die wahre Freude, die aus der Ausgeglichenheit kommt, jenem gleich, der immer derselbe bleibt – im Sieg wie in der Niederlage, ob Gewinn oder Verlust, Freude oder Kummer. Als *santripti* – wahre Freude – bezeichnet man also das gleichbleibende Gefühl der Liebe und Zufriedenheit und nicht die Freude an Dingen, die zeitabhängig und deshalb Veränderungen unterworfen sind. Nehmt alles, was auch geschieht, was immer euch begegnet, als ein Geschenk Gottes an, das mit Zufriedenheit entgegenzunehmen ist. Betrachtet es als ein Geschenk der Liebe, das zu eurem Wohl gesandt wird. Ein Herz, das allen Mitmenschen und allen Dingen und Umständen mit Gleichmut begegnet, kann als wahrhaft fröhlich – voller *santripti* – bezeichnet werden.

Entschlossenheit

Was die Eigenschaft der Entschlossenheit betrifft: Es ist absolut natürlich für euch, Beständigkeit, Mut und unverrückbare Entschlußkraft zu besitzen. Ihr könnt diese Qualitäten auf vielfache Weise in eurem Leben zur Geltung bringen. Ihr könnt sie zum Beispiel dazu benutzen, auf Berge zu steigen. Mit demselben Abenteuergeist und demselben Mut könnt ihr einen Ozean überqueren oder euch durch einen Dschungel kämpfen. Ihr könnt euch auch genau so mutig und entschlossen daran begeben, zu Wohlstand zu kommen, viel Geld zu verdienen und Besitztümer anzuhäufen. Es könnte aber auch vorkommen, daß ihr euch zwar tapfer und mutig, aber auf gnadenlose Weise durchsetzt; daß ihr alle edlen Eigenschaften der Menschlichkeit und des Göttlichen außer acht laßt und stattdessen dämonische Charakterzüge annehmt. Entschlossenheit und Standfestigkeit können auf gute oder schlechte Weise eingesetzt werden – es steht bei euch.

Als Vālmīki, der berühmte Weise, noch Ratnākara, der Räuber, war, benutzte er all seinen Mut, seine Entschlossenheit und Verwegenheit auf üble Weise. Als er sich aber den sieben Weisen anschloß und sich ihren Lehren öffnete – sie unterwiesen ihn darin, ständig den Namen des Herrn zu wiederholen – war er imstande, sein Leben zu ändern und seine Bestimmtheit und seine großen Kräfte zum Wohl der Menschheit einzusetzen. Schon bald lernte er, den Namen Rāmas ununterbrochen im Munde zu führen. So wurde er der Verfasser des Rāmāyana! Vergeudet also eure Standfestigkeit und Entschlußkraft nicht mit üblen Dingen, ja nicht einmal mit den gewohnten weltlichen Dingen! Nutzt Mut und Entschlossenheit lieber dazu, die Gnade des Herrn zu erlangen.

Das Kapitel über *bhaktiyoga* beschreibt ausführlich die beiden Arten der Verehrung des Herrn mit Form und Gestalt und die des formlosen Gottes. Die Gītā vergleicht beide miteinander und erklärt, welche die bessere ist, welche im jeweiligen Stadium des spirituellen Fortschritts leichter und sicherer ist. Sie erklärt, daß es unmöglich ist, das formlose und merkmalslose göttliche Prinzip zu erkennen, wenn man nicht zuvor durch das Stadium der Anbetung des Göttlichen mit Form und Eigenschaften hindurchgegangen ist. Solange ihr der Vorstellung eurer eigenen Körperlichkeit anhaftet und in Körperbewußtsein wie untergetaucht seid, seid ihr nicht imstande, den formlosen Aspekt des Allerhöchsten zu erreichen. Ihr erlangt die Qualifikation, die nötig ist, um den Formlosen zu verehren, nur, wenn ihr die Bindung an euren Körper, an die Welt und all eure anderen Abhängigkeiten überwunden habt.

So lange braucht ihr die Form

Solange ihr euch also selbst mit dem Körperlichen identifiziert und glaubt, daß ihr eine besondere Form habt, müßt ihr euch Gott auch in einer Form vorstellen.

Deshalb beginnt ihr eure spirituelle Reise, indem ihr Gott in einer Seiner besonderen Verkörperungen mit bestimmten, erkennbar göttlichen Eigenschaften huldigt. Nachdem ihr diesen Weg eine Zeitlang gegangen seid, könnt ihr schrittweise eure Übung abändern und den formlosen Aspekt des Allerhöchsten verehren. Es gibt Menschen, die glauben, dem Formlosen zu dienen, indem sie zu der „universalen" Form Gottes beten – zum *vishvasvarūpa*. Doch auch das ist noch Form! Die kosmische Form des Herrn ist mit dem *bhūtākāsha* identisch, dem grobstofflichen Aspekt des Universums. Wir sagten schon, daß die ganze Welt „die Form" Gottes ist. Entsprechend zu dieser universalen physischen Form gibt es die geistige Form des Herrn, die das Reich der Gedanken ist – *cittākāsha*, der feinstoffliche Aspekt des Universums. Diese beiden, *bhūtākāsha* und *cittākāsha*, haben mit den Sinnen und dem Denken zu tun. Wenn Gedanken und Sinne transzendiert werden, befindet man sich im *cidākāsha*, dem kausalen Aspekt des Universums, der die subtilste Manifestation der Materie darstellt und in dem die „Samen" aller Namen und Formen potentiell enthalten sind.

Während des Wachens sind die Auswirkungen der Verstandestätigkeit und der Sinne sehr stark. Auf der Ebene des Träumens ist vielleicht die Auswirkung der Sinnestätigkeit nicht vorhanden, die der Verstandestätigkeit aber sehr wohl. Beim Übergang in den kausalen Zustand des Tiefschlafs *(sushupti)* löst sich die Verstandestätigkeit auf. Die Welt der Erscheinungen, die an die Sinne gekoppelt ist, ist *bhūtākāsha*. *Cittākāsha* bezieht sich auf den Traumzustand oder den Vorstellungsbereich, die Einbildung. Die *sushupti*-Ebene des Tiefschlafs ist die, in der weder Verstand noch Sinne wirken. Dies ist das Reich des *cidākāsha*. Nur im *sushupti*-Bereich, in dem Verstand und Sinne nicht aktiv sind, ist es möglich, den form- und attributlosen Aspekt des Göttlichen zu erfahren.

Ihr könnt nicht immer bei der Erfahrung des mit Namen und Form manifestierten Gottes bleiben. Form und Formloses sind gleichermaßen wichtig für den Aspiranten. Es ist wie beim Gehen, für das man zwei Beine braucht, oder wie beim Fliegen, für das man zwei Flügel braucht. Das Ziel kann mit den zwei Beinen des Formhaften und des Formlosen erreicht werden, indem man einen Fuß vor den anderen setzt, wobei das eine Bein „Gott mit Form" darstellt, das von dem anderen, „Gott ohne Form", unterstützt wird. Es ist wichtig zu erkennen, daß die formhafte Manifestation des Herrn nur vorübergehend ist, während der formlose Aspekt des Göttlichen ewig ist – allgegenwärtig und unveränderlich. Hierzu ein kleines Beispiel:

In diesem Augenblick sitzen etwa tausend Menschen hier im Tempel von Prashānti Nilayam und hören diesen Vortrag. Außer den Aspiranten, die hier versammelt sind, ist auch Swami anwesend. Das spielt sich auf der Ebene des Grobstofflichen – *bhūtākāsha* – ab und dauert etwa ein bis zwei Stunden. Diese Erfahrung ist an eine bestimmte Zeit und eine bestimmte Tätigkeit gekoppelt, kann aber im Geist jederzeit wiederholt werden, selbst wenn ihr längst wieder zu Hause seid. Sooft ihr daran denkt, wird es in eurem *cittākāsha*, in eurer Gedankenwelt gegenwärtig sein: tausend Menschen, Swami, der Tempel in Prashānti Nilayam und der Vortrag. Eure Augen und eure Wach-Erfahrung sagen euch jetzt, daß ihr alle hier in der Halle von Prashānti Nilayam sitzt. Was geschieht, wenn ihr wieder zu Hause seid? Ihr erlebt, daß Prashānti Nilayam in eurem Herzen ist und von eurem Verstand dort jederzeit in die Erinnerung heraufgeholt werden kann.

Die Form ist einprägsam

Eine Stunde lang wart ihr hier in Prashānti Nilayam, aber dieses Erlebnis kann ein bleibendes sein, auch nachdem ihr fortgegangen seid. Nachdem ihr die physische Erfahrung im grobstofflichen Bereich – *bhūtākāsha* – gemacht habt, wird diese zu einer bleibenden Erinnerung im kausalen Bereich – *cidākāsha*, die später in den mentalen – *cittākāsha* – „abgerufen" werden kann. Ohne den anfänglichen „Eindruck" in eurem Herzen, den ihr später in euren Gedanken wieder erleben könnt – ohne daß es notwendig wäre, tatsächlich in der Halle zu sitzen und Swamis physische Form zu sehen. Genauso ist es, wenn ihr Gott zunächst in physischer Form erlebt: Ihr werdet später mit Sicherheit in der Lage sein, dadurch den formlosen Gott zu verwirklichen. Die Form ist vergänglich, das Formlose ewig. Aber dieses Formlose wird nur dann für euch ewig Bestand haben, wenn ihr vorher eine Form des Göttlichen durch Verehrung und Hingabe in euer Herz eingegraben habt.

Nehmt ein anderes Beispiel: Angenommen ihr wollt einem kleinen Kind das Wort „Stuhl" erklären. Wenn ihr das Wort „Stuhl" nur aussprecht, wird ihm nicht klar, was damit gemeint ist. Aber ihr könnt ihm einen Stuhl zeigen und ihm sagen, es soll ihn sich genau ansehen. Dann wird das Kind später jedesmal, wenn es einen Stuhl sieht, an das Wort erinnert werden, das mit der Form zusammenhängt, die ihr ihm gezeigt habt, und wird für sich wiederholen: „Stuhl". Die Form des Stuhles, mit der ihr ihn die Bedeutung des Wortes gelehrt habt, mag vergänglich sein, aber das Wort „Stuhl" und die Art Gegenstand, für die es steht, werden bleiben. Ohne die zeitgebundene, vergängliche Form gesehen zu haben, wird das Kind das zeitunabhängige Wort „Stuhl“ nicht lernen. Das Ewige, Zeitlose wird durch das Vergängliche verstanden. Das ist der Grund, weshalb ihr das Göttliche mit einer bestimmten Form in Zusammenhang bringen müßt: um sein formloses Wesen zu verstehen.

Viele Menschen haben keinen festen Glauben an die Existenz Gottes. Ihr Geist ist die meiste Zeit unstet, und sie fragen sich, ob es diesen Gott wirklich gibt. Ein eiserner Wille ist absolut notwendig, um beständigen Glauben an Gott zu kultivieren. Von einem unsteten Geist zu einem festen kann man nur durch die Anbetung des formhaften Gottes gelangen. Hier ist ein weiteres Beispiel dafür:

Fester Wille ist notwendig

Das Kissen und die Baumwolle

Dieses Kissen ist mit loser Baumwolle gefüllt. Und was bedeckt das Kissen außen? Ein Stück Stoff. Ihr habt also außen ein Stück Stoff und innen Baumwolle. Aber in Wirklichkeit ist innen und außen dieselbe Substanz: Baumwolle. Die „formlose“ Baumwolle hat die Form eines Fadens angenommen. Aus dem Faden wurde Stoff, und dieser Stoff umhüllt die „formlose“ Baumwolle. Der Stoff ist die Form, und die ungesponnene Baumwolle ist das Formlose. Vom Formlosen zur Form und dann wieder von der Form zum Formlosen – das sind die Verwandlungen, in denen das Göttliche sich zeigt. Um ein Kissen herzustellen, braucht man mehr als nur lose Baumwolle. Zuerst muß man die Baumwolle zu Stoff verarbeiten, dann kann man mit dem „formhaften“ Stoff die „formlose“ Baumwolle bedecken. So lange ihr im Körperbewußtsein festsitzt und glaubt, daß ihr der Körper seid, könnt ihr diesen Aspekt der Formhaftigkeit unmöglich aufgeben.

Der Überlieferung nach könnt ihr die Verehrung des formhaften Gottes mit jeder der sechzehn Arten der rituellen Anbetung anfangen. Ihr schenkt Gott Blumen. Ihr badet Seine Statue in Weihwasser. Ihr brennt Räucherstäbchen für Ihn ab – und vieles mehr. Das gibt euch einige Befriedigung: Die Verehrung der Form gewährt *tripti* – Befriedigung. Äußerlich betet ihr die Form an, aber wenn ihr Ihn erst einmal fest in eurem Herzen verankert habt, könnt ihr durch die Blumen eurer Vorstellungskraft und eures Gefühls den formlosen Gott verehren, der in eurem Herzen wohnt. Es ist derselbe Gott, den ihr nun durch die Blumen des Gefühls verherrlicht, sobald das Körperbewußtsein und die Illusion, die damit verbunden ist, vernichtet worden sind.

Solange ihr Gott in einer Form verehrt, werdet ihr „echte“ Blumen verwenden. Aber Rosen und Jasmin sind vergänglich, und der Körper, der die Opferhandlung vornimmt, ist genauso vergänglich. Wenn ihr den formlosen Gott in eurem Herzen verehren wollt, sind die Blumen andere: Es sind ewige Blumen. Diese acht Blumenarten sind die edlen Eigenschaften, die ihr in eurem Herzen entwickelt und dem Herrn opfert. Es sind die Blumen der Gewaltlosigkeit, der Sinnenkontrolle, der Wahrhaftigkeit, der Geduld, des Ertragenkönnens, der Liebe und der Barmherzigkeit, der Mildtätigkeit und der Opferbereitschaft. Diese Blumen sind zur innerlichen Verehrung bestimmt. Um euch auf das Niveau der Verehrung des Formlosen zu erheben, müßt ihr diese Blumen des Herzens zur Entfaltung bringen und sie für euren Gottesdienst benutzen. Dann wird sich euch *santripti*

Die acht Blumen eures Herzens

offenbaren – die unaussprechliche, immerwährende Freude des Geistes – und euch auf den Weg heim zu eurem göttlichen Ursprung geleiten.

Im zwölften Kapitel der Gītā lehrt Krishna also die wesentlichen Merkmale, die ein wahrer Jünger des Herrn haben muß. Diese gilt es zu pflegen, wenn ihr wollt, daß Gott euch liebt. Als erstes müßt ihr, die ihr Jünger des Herrn werden wollt, inneren Frieden und Entschlußkraft entwickeln. Ihr solltet allezeit zufrieden sein, niemals dem Kummer Raum geben und keinem Schmerz erlauben, euer Herz zu betreten und es aus der Ruhe zu bringen.

Prahlādas Hingabe

Im Shrīmad Bhāgavatam, dem großen Werk über die Hingabe, wurde Prahlāda als der ideale Jünger verewigt, denn er besaß all diese Eigenschaften. Obwohl Prahlāda der Sohn des Dämonenkönigs war, erlaubte er dem Schmerz niemals, sein Herz in Unruhe zu versetzen, gleichgültig, welchen Qualen und Foltern er ausgesetzt wurde. Er hörte nicht auf, den Namen des Herrn zu wiederholen und suchte Zuflucht bei Ihm, seinem Beschützer und Retter. Auch in der größten Not vergoß er keine Träne. Darum wurde Prahlāda als derjenige bezeichnet, der vollständig im *yoga*, der Einheit mit Gott, gefestigt war. Obwohl er in der äußeren Welt lebte, ließ er es nicht zu, daß Wünsche oder Neigungen in sein Herz eindrangen.

Ein wahrer Jünger des Herrn kennt keine schlechten Wesensmerkmale wie Haß, Eifersucht, Zorn oder Gier. Diese sind die Haupthindernisse auf dem Weg zur Hingabe, die euer Wesen verunreinigen. Ihr müßt das Gefühl des Einsseins mit allen Menschen entwickeln. Wenn Haßgefühle beziehungsweise Abneigungen gegen irgendjemanden in euch hochkommen, haßt ihr den Herrn selbst, den ihr doch so verehrt. Es ist euer aufgeblähtes Ego, das euch gegeneinander aufbringt und bewirkt, daß Haß, Eifersucht und Zorn entstehen. Deshalb ist die wichtigste Warnung der Bhagavad Gītā: *adveshtā sarvabhūtānām*, was soviel bedeutet wie: „Haß gegenüber keinem Wesen".

Bevor ihr nicht das Feld von Unkraut befreit und es für die Saat vorbereitet habt, wird eure Saat keine gute Ernte bringen. Ebenso werden alle eure spirituellen Bemühungen fruchtlos sein, wenn ihr das Unkraut „Ego" nicht aus eurem Herzen entfernt. Das wichtigste, was ihr aus dem Kapitel über *bhaktiyoga* lernen könnt, ist, daß ihr nicht nur Gott, sondern auch alle anderen Wesen lieben und wie Gott selbst behandeln sollt. Gott verehren und gleichzeitig anderen Schaden zufügen, kann nicht Hingabe genannt werden. Es legt bloß die Abgründe eurer Unwissenheit offen. Solche Menschen werden auf dem spirituellen Pfad niemals Fortschritte machen.

Behandelt alle Wesen wie Gott

In den kommenden Tagen werdet ihr Wege gezeigt bekommen, wie ihr euren Glauben stärken und euer Leben durch gutes Tun heiligen könnt. Wenn ihr diese wünschenswerten Eigenschaften entwickelt und in eurem täglichen Leben praktiziert, werdet ihr die Liebe und die Gnade des Herrn auf euch ziehen.

ERREICHE DEN HERRN, UND DU HAST ALLES ERREICHT

Meditation bedeutet, sich ständig und fortgesetzt in der Kontemplation des Herrn zu üben. Sie ist die wichtigste spirituelle Aktivität, die die Gītā dem Suchenden auf dem spirituellen Pfad empfiehlt. Sich nur dann und wann an den Herrn zu erinnern, kann nicht als Meditation gelten. Meditation ist das Denken an den Herrn unter allen Umständen, zu jeder Zeit und an allen Orten. Meditation ist ein stetiger, ununterbrochener Prozeß.

Verkörperungen der Liebe,

die spirituelle Übung, die darin besteht, die Gedanken ununterbrochen auf den Herrn gerichtet zu halten, wird im Sanskrit *abhyāsayoga* – Anbindung an Gott durch wiederholte Übung – und auch *dhyāna* – Meditation, Versenkung – genannt. Das Wort *dhyāna* stammt von einem Sanskrit-Ausdruck, der soviel wie „sich an Gott erinnern" bedeutet. Es bezeichnet die Methode, mit der man das Denken ständig nach innen richtet, um eins zu werden mit dem Göttlichen in sich.

Jede Art von Konzentration, die ihr periodisch übt, ist gewöhnlich auf ausgewählte Gegenstände gerichtet und an einen bestimmten Ort und eine bestimmte Zeit gebunden. Wahre Meditation aber ist völlig unabhängig von jeglichen Gegenständen, unabhängig auch von räumlichen und zeitlichen Bedingungen. Deshalb heißt es in der Gītā, daß das kontinuierliche Meditieren allen anderen periodisch durchgeführten spirituellen Übungen überlegen ist. Doch höher noch einzustufen als das Meditieren ist Weisheit erlangen. Weisheit entsteht aus dem ständigen Erforschen des Inneren, *vicarana*, es ist das Hineinschauen in das innerste Wesen, in das Herz aller Dinge. Wenn ihr im festen Vertrauen diesen Weg geht, werdet ihr Stufe für Stufe den höchsten Zustand des höchsten Friedens und der Seligkeit erreichen. Dies ist das einzigartige Ziel des menschlichen Lebens, und alle Menschen werden es eines Tages erreichen.

Höher als Meditation

Drei Stadien zur höchsten Seligkeit

Es gibt drei Stadien, die man durchwandern muß, um dieses Ziel des Friedens zu erreichen. Als erstes müßt ihr in ein Stadium eintreten, das *jijnāsu* genannt wird, das Stadium des spirituellen Suchers. Von diesem schreitet ihr weiter zum Stadium des Schülers oder Jüngers (*sādhaka*), in dem ihr euch ganz dem Umsetzen der spirituellen Lehren ins tägliche Leben widmet. Danach erlangt ihr die letzte Stufe, *ārūdha*, auf der ihr das Glück und die Seligkeit des Gottverwirklichten genießt. Um es leichter verständlich zu machen: Vergleicht das Stadium des *jijnāsu* mit dem Lebensabschnitt, in dem ihr zur Schule geht. In dieser Zeit seid ihr hauptsächlich damit beschäftigt, euch Wissen anzueignen. Als Gottsucher (*jijnāsu*) wollt ihr die Allgewalt und das Geheimnis Gottes erforschen. Ihr sucht das Prinzip *tat tvam asi* (DAS bist DU) zu begreifen. Diese Aussage bezieht sich auf die Anstrengung, die der Gottsuchende macht, die Identität von „DAS“ und „DU“ aufzudecken. *Tat*, (DAS), meint das ewige Prinzip, das wir „Gott“ nennen und *tvam*, (DU), meint den unsterblichen *ātman*, der das eine wahre Selbst in jedem Menschen ist. Im Stadium des *jijnāsu* sucht ihr, diese beiden Entitäten miteinander zu versöhnen, sie in Einklang zu bringen.

Zuerst einmal müßt ihr lernen, daß es ein allem Existierenden Zugrundeliegendes gibt. Nachdem euch das bewußt geworden ist, müßt ihr damit beginnen, euer Leben eurer Erkenntnis entsprechend zu leben, indem ihr diese große Wahrheit in eure täglichen Verrichtungen einbringt. So kommt ihr in das Stadium des Jüngers *(sādhaka)*. Dieses Stadium kann mit dem Lebensabschnitt verglichen werden, in dem ihr in einem Arbeitsverhältnis steht und Geld mit eurem Beruf verdient. Wenn ihr aber zuvor eure Ausbildung nicht beendet und es versäumt habt, euch zu qualifizieren, werdet ihr keine geeignete Stellung finden. Ihr sollt euch auf der Stufe des Suchers *(jijnāsu)* eine gute Ausbildung und umfassendes Wissen aneignen, damit ihr dann im anschließenden Stadium des *sādhaka* in die Praxis umsetzen könnt, was ihr gelernt habt, und es einsetzt, um eurer Lebensaufgabe gerecht zu werden.

Das dritte Stadium, *ārūdha*, kann mit dem späteren Lebensabschnitt verglichen werden, in dem ihr im Ruhestand seid und Rente bezieht. Eure Rente erhaltet ihr erst dann, wenn ihr die Anzahl der Arbeitsjahre erfüllt habt, ebenso wie ihr erst dann eine Berufslaufbahn einschlagen könnt, wenn ihr eure Ausbildung beendet habt. Dies sind also die drei Stadien sowohl eurer spirituellen Suche als auch eures Lebensweges: Schüler, Berufstätiger und Rentner. Im letzten Stadium, *ārūdha*, kommt ihr in den Genuß vollkommenen Seelenfriedens und lebt in der Erkenntnis der Einheit alles Erschaffenen. Um diesen Seelenfrieden und den Zustand nichtendender innerer Freude auf Dauer zu genießen, müßt ihr vorher ein Forschender gewesen sein und alle Verhaftung an die Dinge der Welt aufgegeben haben.

Teilzeit-Jünger

Heutzutage begeben sich sogenannte „spirituelle Sucher“ zuerst in Abhängigkeiten und versuchen dann später, ins Stadium der Selbsterforschung überzuwechseln. Sie nennen sich „Bruder“ und „Schwester“ und glauben, bereits dadurch *sādhakas* zu werden, daß sie „Einheit“ untereinander praktizieren, wobei sie aber nur neue weltliche Bindungen schaffen. Bestenfalls könnte man sie „Teilzeit-Jünger“ nennen. Die Bhagavad Gītā läßt keine Teilzeit-Hingabe gelten. Die Gītā lehrt vollkommene Hingabe an Gott. In dem Prinzip, das sich hinter der vollkommenen Hingabe verbirgt, spielt der Faktor „Zeit“ eine wichtige Rolle.

Zeit

Gott ist nicht der Zeit unterworfen. Er steht nicht unter dem Bann der Zeit – Er ist im Gegenteil ihr Herr. Der durch die Zeit Gebundene ist der Mensch; der die Zeit Transzendierende ist Gott. Der Sterbliche ist der Mensch, der Unsterbliche ist Gott. Nur wenn ihr im Göttlichen Zuflucht sucht, werdet ihr die Dimension der Zeit transzendieren können. Tatsächlich ist einer der Namen Gottes *kālakāla*, was „Zeit-Zeit“ bedeutet, oder „Herr über die Zeit". Die Zeit verzehrt den Menschen, während Gott die Zeit verzehrt. Die Zeit ist dasjenige, was ursächlich den Fortschritt oder den Niedergang eines Menschen bedingt, sein Wohl oder sein Verderben, sein Verdienst und seine Schuld. Darum findet sich in den Upanishaden folgendes Gebet:

„O Gott, Du bist die Verkörperung der Zeit selbst. Bitte, hilf mir, mein Tun zu heiligen und meine Zeit im Bewußtsein Deiner Gegenwart zu verbringen, so daß ich Deine Lotosfüße sicher erreiche."

Die gesamte Welt ist auf nicht mitteilbare Weise durch die Zeit gebunden. Es ist unmöglich, gegen das Element „Zeit" anzukämpfen. Die Zeit wartet auf niemanden. Der Mensch muß der Zeit folgen; nicht sie folgt dem Menschen. Die Zeit kann mit einem großen Fließen verglichen werden. Alle Menschen und alle Lebewesen werden vom Strom der Zeit weggeschwemmt. Ein Mensch, der von einer Flutwelle weggerissen wird, findet keinen Schutz und keine Rettung bei etwas, das selbst von ihr fortgerissen wird. Sucht ihr trotzdem Schutz bei dem, was selbst schutzlos ist, so gleicht ihr einem Blinden, der sich von einem anderen Blinden führen läßt: Am Ende habt ihr euch beide verirrt. Wenn ihr euch aber von jemandem helfen laßt, der am festen Ufer steht, werdet ihr mit Sicherheit gerettet werden.

Fluten der Zeit

Der Eine, der am Ufer steht und von den Fluten unbeschadet bleibt, ist Gott. Wer in Gott Zuflucht nimmt, wird sich von allen Nöten und Sorgen, die mit dem Prinzip „Zeit" verbunden sind, befreien können. Gott verkündete das Prinzip der Hingabe und wies auf seine Wichtigkeit hin, indem Er dem Menschen sagte: „O Mensch, du bist dabei, von den Fluten der Zeit erfaßt zu werden. Der einzige, der dich davor bewahren kann, bin Ich. Flüchte dich zu Mir, und Ich werde dich retten." Der Mensch, der dieser göttlichen Aufforderung folgt und sich selbst, sein Vermögen, seinen Besitz und seine ganze Familie dem Herrn zu Füßen legt und sich Ihm vollkommen überantwortet, wird mit Sicherheit gerettet werden.

Dieses Gesetz der Hingabe ist verhüllt von einem dichten Vorhang, der Mensch und Gott trennt. Dieser Vorhang ist schuld daran, daß der Mensch zweifelt und verwirrt ist und glaubt, es sei unmöglich, sich vollständig hinzugeben. Dieser Vorhang ist die Illusion *(māyā)*. Was bedeutet „Illusion"? Der Ausdruck Illusion (lat. illusio = Ironie) bezieht sich auf etwas Nicht-Existierendes. Daß man sich vorstellt, es existiere etwas, was in Wirklichkeit nicht ist, ist die Auswirkung von *māyā*. Das, wovon ihr denkt, es existiere, ist in Wirklichkeit nicht. Das, wovon ihr nicht denkt, daß es existiere, das ist die Wirklichkeit. Es gibt nur eines, das wirklich wahr *ist*, und das ist Gott, das Eine-ohne-ein-Zweites. Diese Welt, die aus vielen Dingen zu bestehen scheint, kann nicht wahr sein; folglich ist sie nicht wirklich.

Das Seil und die Schlange

Ihr seht ein Seil da liegen und denkt, es sei eine Schlange; doch in Wirlichkeit ist keine Schlange da. Ihr geratet in Spannung und Angst, weil ihr eine Schlange seht, die es gar nicht gibt. Was ist der Grund für eure Angst? Sich Dinge einzubilden, die in Wirklichkeit gar nicht da sind, ist die Ursache für Angst. Dieses Gefühl ist für alle eure Probleme verantwortlich.

Wenn ihr die Situation mit vollem Gewahrsein anschauen würdet, würdet ihr erkennen, daß es da gar keine Schlange gibt, sondern bloß ein Seil. Dann würdet ihr euch nicht fürchten; ihr würdet euch nicht scheuen, es anzufassen, es in der Hand zu halten und damit zu spielen, denn euch wäre klar: Alles, was da ist, ist ein Seil.

Ihr habt viel Kummer, weil ihr vergeßt, daß die gesamte Welt die Verkörperung Gottes ist. Die Welt ist nicht so, wie ihr denkt. Ihr seht die Welt nur so, wie sie euch oberflächlich erscheint und hinterfragt sie nicht. Ihr betrachtet sie nicht mit dem Auge des Forschenden. Tätet ihr es, so würdet ihr erkennen, daß sie nur ein Strom sich ständig verändernder Erscheinungen ist. Dieser anhaltende, ununterbrochene Strom des Wandels ist das Grundmerkmal der Erscheinungswelt. Das Wasser eines Flusses fließt andauernd. Das Wort *nadī*, Fluß, heißt genau genommen „ständiges Fließen". Es bedeutet auch: „Strom der sich wandelnden Wahrheit", einer Wahrheit, die eigenschaftsbehaftet und darum nur beschränkt gültig ist. Es ist dies eine Mischung aus reiner Wahrheit, die immer unveränderlich ist, und Unwahrheit, die allen veränderlichen Dingen eigen ist.

Das ununterbrochene Fließen des Wassers in einem Fluß vermittelt den Anschein, daß das Strömen etwas Beständiges ist, etwas, das nicht aufhört. Und doch – jeden Augenblick und an jeder Stelle des Flusses sind die Moleküle des vorbeirauschenden Wassers andere. Obwohl der Strom selbst von Dauer zu sein scheint, verändert sich seine Zusammensetzung ständig. So ist es auch mit den Lebewesen: Sie werden geboren und sterben, und obwohl sie kommen und gehen, ist das Leben in der Welt von Dauer. Das Leben selbst ist „Wahrheit", aber die Lebewesen, aus denen sich das Leben zusammensetzt, wandeln sich ständig und sind daher „Unwahrheit". Darum auch der Vergleich des Lebens mit dem Fluß, in dem sich die Wahrheit mit der Unwahrheit, der Veränderung, verbunden hat. Im Vedanta wird dieser Zustand *sat-asat* (Wahrheit-Unwahrheit) genannt, also eine Mischung oder Kombination, in der Wahrheit und Unwahrheit nebeneinander bestehen. Was wir im allgemeinen als *sādhana*, spirituelle Übung, bezeichnen, ist der Vorgang, in dem wir Wahrheit von Unwahrheit trennen und nur die Wahrheit zurückbehalten. Im Wissen um diese Zusammenhänge können wir uns näher befassen mit *māyā*, der Vorstellung, es gäbe eine Welt außerhalb unseres Selbst und Gott.

Unwissenheit, Natur, Welt, Dunkelheit, Illusion, Vorstellung – alle diese Begriffe bezeichnen das gleiche. Sie alle sind *māyā*. Māyā ist direkt gekoppelt an die drei *gunas*, die drei Grundeigenschaften: Trägheit *(tamas)*, Aktivität *(rajas)* und Harmonie *(sattva)*, unter die alle Gegebenheiten des Lebens eingeordnet werden können. Zu glauben, daß Dinge existieren, die in Wirklichkeit nicht sind, und unter ihren Einfluß zu geraten – das ist *māyā*. Viele wiederholen den Satz: „Gott ist wahr, aber die Welt ist unwahr" – „brahma satyam jagad mithyā"; aber diesen Ausspruch muß man richtig verstehen. Nur unsere irregeführte Wahrnehmung und unser Erleben der Welt sind unwahr, die Welt selbst ist wahr. Denn *brahman* ist der eine unwandelbare Ursprung dieser Welt voll Unwahrem *(mithyā)*. Die Welt ist in Wahrheit *brahman* und nur *brahman*.

Die Welt ist wahr

In der Bhagavad Gītā sagt Krishna zu Arjuna: „Arjuna, du unterwirfst dich dem Element „Zeit“; du läßt dich von ihren Fluten mitreißen und entfernst dich weit, weit von Mir. Überlaß dich ganz Mir, und alle deine Sorgen werden bald verschwunden sein.“ Wenn ihr mit Gott verbunden seid, wenn ihr Ihm nahe seid, kann euch die Täuschung *(māyā)* nichts anhaben. Hier ist ein kleines Beispiel dafür:

Der Wachhund

In den Häusern reicher Leute gibt es meistens einen Hund, der am Tor Wache hält. Es ist nicht irgendein dahergelaufener Straßenköter, sondern ein Hund, der von seinem Besitzer mit großer Fürsorge aufgezogen wurde. Ein solcher Hund bellt nicht, solange die Leute nur draußen vorübergehen. Aber sobald sich jemand dem Tor nähert und hereinzukommen versucht, fängt er an zu bellen. Die meisten, die von dem Hund angebellt werden, drehen sich um und gehen weg. Andere aber, die fest entschlossen sind, den Hausherrn zu sprechen, bleiben stehen und rufen laut nach ihm. Irgendwann wird der Hausherr aus dem Fenster gucken, um zu sehen, wer am Tor steht. Wenn er in dem Wartenden einen Freund erkennt, wird er aus dem Haus herauskommen, den Freund am Tor abholen und ihn mit ins Haus nehmen.

Wenn dieser scheinbar Fremde, der da am Tor gestanden hat, als Freund des Hausherrn erkannt wird, wird der Hund aufhören zu bellen und nach ihm zu schnappen. Der Hund weiß nun, daß dieser Mensch vom Hausherrn selbst die Erlaubnis hat, einzutreten. *Māyā*, die Täuschung, ist wie dieser Hund. Er bewacht das Haus der Befreiung, *moksha*, das Tor der Selbsthingabe und der Seligkeit. Denjenigen, der kein Freund des Hausherrn ist und hier nichts zu suchen hat, aber trotzdem herein will, wird der Hund fassen. Die meisten befürchten, vom Hund angefallen zu werden, und laufen davon.

Doch einer, der den festen Willen hat, den Hausherrn zu erreichen, schreckt vor dem Hund nicht zurück. Er bleibt am Tor stehen und zieht so die Aufmerksamkeit des Hausherrn auf sich, und er wartet solange, bis dieser herauskommt. Für den beharrlich Wartenden ist das Bellen des Hundes sogar hilfreich, denn es läßt den Herrn im Innern des Hauses aufhorchen. Nur wer fest entschlossen ist – nur wer beschlossen hat, auszuharren, gleichgültig wie wild sich der Hund auch gebärdet – wird es schaffen, den Herrn zu sehen und in sein Haus einzutreten.

Aus diesem Grund sagte Krishna zu Arjuna: „Arjuna, du hängst an so vielen Dingen; darum wirst du durch die Ereignisse aus der Fassung gebracht. Es ist dir noch nicht gelungen, Konzentration zu lernen, und es ist dir auch noch nicht gelungen, Mich fest in deinem Herzen zu verankern. Bemühe dich weiterhin, deine Gedanken ständig bei Mir zu haben, bei Mir, der in deinem Herzen wohnt, und du wirst deinen Geist auf einen Punkt ausrichten können.

Nur durch Konzentration

Denn nur durch die Konzentration deines Geistes wirst du imstande sein, dich Mir ganz zu überlassen. Denke immer und überall an Mich. Welche Arbeit du auch tust, denke an Mich und Mich allein. Denke an Mich in Liebe und treuem Glauben.

Selbst wenn du in den Krieg ziehen mußt, denke an Mich und kämpfe. Dies ist kein gewöhnlicher Krieg. Der Kampf, in den du nun verwickelt wirst, ist nicht einfach eine Auseinandersetzung zwischen dir und anderen Personen. Was du vor allem zu bekämpfen hast, sind deine eigenen Schwächen, deine schlechten Eigenschaften, deine Begrenztheit und deine Zweifel. Denk an Mich, zieh in diesen inneren Krieg und sei siegreich! Denk daran: Du kämpfst nicht gegen andere, du kämpfst gegen deine eigenen Sinne. Gib nicht auf, bis du den Sieg errungen hast und sie vollkommen beherrschst."

Auch Prahlāda sprach von diesem inneren Kampf zu seinem Vater, dem mächtigen König der Dämonen, Hiranyakashipu. Er sagte: „Vater, du hast viele Kriege und die Herrschaft über viele Welten gewonnen, aber es ist dir nicht gelungen, den Sieg über deine eigenen Sinne zu erringen. Durch den Sieg über die äußerlichen Welten bist du ein mächtiger Herrscher geworden, doch erst wenn du deine eigenen Sinne zu beherrschen gelernt hast, wirst du der König eines ganzen Universums sein. Wenn du dich weiterhin von deinen Sinnen unterjochen läßt – wie willst du dann jemals deine Feinde da draußen besiegen? Wenn du deine inneren Feinde bezwungen hast, kannst du leicht mit den äußeren fertig werden."

Wie kann das geschehen? Nur durch die Hingabe, die Auslieferung an die Gottheit. Ihr sagt: „Meine Sachen", „meine Person", „meine Landsleute". Solange ihr so denkt und fühlt, wird es euch nicht gelingen, euch vollständig hinzugeben. Dies alles hat mit der Ebene der Materie *(bhūtākāsha)* zu tun. Aber ihr müßt nicht nur diese materielle Ebene überwinden, sondern auch die der Psyche *(cittākāsha)*. Und schließlich müßt ihr die Ebene des reinen Beobachters *(cidākāsha)* erreichen. Wenn es euch gelungen ist, euch vollkommen zu ergeben und die Ebene des Beobachters, des Zeuge-Seins, zu betreten, dann wird für alles selbsttätig gesorgt werden, und ihr braucht euch um keine Lasten und Verantwortungen mehr zu kümmern.

Das Gepäck im Zug ablegen

Bis zum Bahnhof müßt ihr euer Gepäck mit dem Taxi oder einem anderen Transportmittel befördern. Und wenn euch keines zur Verfügung steht, müßt ihr euer Gepäck selbst tragen. Seid ihr aber erst einmal in den Zug eingestiegen, könnt ihr eure Sachen ablegen, wo ihr wollt. Ihr könnt euch zurücklehnen und die Mühen mit dem Gepäck vergessen, denn der Zug wird euch samt eurem Gepäck befördern. Aber es gibt ein paar Unbelehrbare, die selbst im Zug ihr Gepäck noch nicht loslassen wollen. Wenn ihr euch dem Herrn vollkommen überantwortet und Ihm alles zu Füßen legt, was zu tun ist, wann es zu tun ist und wie es zu geschehen hat, wird Er sich um alles kümmern. Um diesen Grad der Hingabe zu erreichen, darf kein Rest von Ichhaftigkeit übriggeblieben sein, es darf kein Gefühl der Ichbezogenheit mehr in euch geben.

Wie sich diese Selbstlosigkeit äußert, wird im Rāmāyana durch Lakshmana, Rāmas Bruder, besonders deutlich. Laßt uns die Geschichte an der Stelle anschauen, wo Rāma, Sītā und Lakshmana die Anhöhe von Citrakuta erreichen. Wie ihr wißt, inszeniert der Herr immer wieder ein *līlā*, ein göttliches Spiel. Er ist der vollkommene Schauspieler. Er kennt weder Kummer noch Schmerz, was auch geschieht, aber manchmal tut Er so, als hätte Er derartige Gefühle. Immer wenn Gott in menschlicher Gestalt auf die Erde kommt, verhält Er sich so, daß Er wie ein ganz normaler Mensch wirkt. Er nimmt die Gestalt eines Menschen an, damit sich die Menschen Ihm leichter annähern können. An jenem Tag also tat Rāma so, als sei Er sehr müde. Er wischte sich den Schweiß von der Stirn und klagte: „Lakshmana, Ich bin müde. Ich glaube, Ich kann nicht mehr weiter gehen. Bau doch bitte hier irgendwo eine Hütte, damit wir ein bißchen ausruhen können."

Lakshmanas Hingabe

Lakshmana fragte: „Bruder, wo soll die Hütte stehen?" Rāma antwortete: „Du kannst selbst entscheiden, welcher Platz geeignet ist. Nur zu." Aber Lakshmana rief: „Rāma, Rāma! Was habe ich getan? Was habe ich falsch gemacht? Was für eine Sünde habe ich begangen, daß ich solche Worte hören muß? Bitte, sag mir, warum Du so zu mir gesprochen hast!" Nun kannte Rāma Lakshmanas Gemüt und wußte, warum er so reagierte, aber damit Sītā das volle Ausmaß von Lakshmanas Ergebenheit begreifen konnte, fragte Er zurück: „Lakshmana, sag Mir, was bedrückt dich? Womit habe Ich dich gekränkt?"

Lakshmana antwortete: „Ich habe alles aufgegeben – meine Frau, meine Mutter, meinen Vater, das Königreich – alles. Ich bin mit Dir gegangen in dem Gefühl, daß Du der Vater bist, daß Sītā die Mutter ist, und daß überall, wo Du bist, unsere herrliche Hauptstadt Ayodhyā ist. Ich bin mitgegangen, um als Werkzeug Deinen Willen zu erfüllen. Ich habe meinen eigenen Willen restlos aufgegeben, und nun bittest Du mich, eine Hütte zu bauen und zwar an einem Ort, den *ich* auswählen soll. Dabei ist Dein Befehl alles, was ich denken kann. Ich kann nichts anderes mehr denken. Was Du befiehlst, werde ich tun. Meine einzige Pflicht ist die, Dir zu gehorchen. Mein einziges Ziel, mein Ein und Alles bist Du, Du selbst." Sītā erkannte die Tiefe von Lakshmanas Ergebenheit und bat Rāma, Lakshmana seinen Kummer zu nehmen und selbst den Platz für die Hütte zu bestimmen.

Die wichtigste Lehre dieser Geschichte ist die, daß man keinerlei Wünsche haben sollte. Alles ist Gottes Sache und nur Gottes. Mit „Hingabe" ist gemeint, daß man den Geboten Gottes bedingungslos gehorcht. Das ist auch gemeint mit der Aufforderung: „Kommt, setzt euch in Meinen Zug, und Ich werde für euch sorgen. Laßt euer Ich-Gefühl und eure Wünsche los. Stellt euer Gepäck ab und hört auf zu leiden." In diesem Sinne lehrte Krishna die Hingabe als höchste und wichtigste Stufe der Liebe zu Gott. Wenn ihr euch erst einmal ganz dem Herrn übergeben habt, werdet ihr Seine Gnade gewinnen. „Wo immer ihr seid – in der Stadt, im Dorf, im Wald oder in den Lüften – Ich werde eure Zuflucht sein. Kommt und überlaßt euch Mir!" Das ist das Gebot Gottes, aber auch Sein Versprechen. Wenn ihr erst einmal die Seinen seid, wird Er euch Zuflucht gewähren und vor allem Schaden beschützen.

Überall werde Ich eure Zuflucht sein

Scheut keine Anstrengung, den Weg zu finden, wie ihr euch in rechter Weise hingebt. Heiligt dadurch euer Leben und erreicht das Ziel!

FINDE GOTT IN DEINEM HERZEN

Der Herr erklärt in der Gītā: „Wenn du aller Selbstsucht, allen Anhaftungen und Bindungen entsagst, Freude und Leid gleichmütig begegnest und unter allen Umständen duldsam bleibst, bist du Mein Jünger und Mir sehr lieb."

Verkörperungen der Liebe,

es ist für den durchschnittlichen spirituellen Sucher sehr schwierig, sich von allen Anhaftungen und dem Ich-Gefühl frei zu machen und stets gleichmütig zu sein. Für Menschen mit Haus und Familie ist solcher Gleichmut beinahe unmöglich zu erreichen. Sie können Gott durch die sechzehn Arten der Verehrung verherrlichen, die in den Schriften niedergelegt sind. Aber es ist für sie extrem schwierig, ihr Ego zu vernichten und das Gefühl ihrer Individualität zu beseitigen. Warum wohl? Das Ego läßt sich schwer ausschalten, solange ihr einen Unterschied macht zwischen eurem eigenen Willen und dem Willen und Gebot Gottes. Aber wenn ihr erst einmal die allesdurchdringende Einheit des Herrn erkannt habt, werdet ihr keine Schwierigkeiten mehr haben, Ihm zu folgen. Wenn ihr erkannt habt, daß Gott in der Form einer Flamme gegenwärtig ist – als ewig leuchtendes Licht in allen Menschen überall – wird es euch möglich sein, eures Egos und eurer Anhaftungen Herr zu werden. Diese aus eigener Kraft leuchtende Flamme lebt in eurem Körper. Seit urdenklichen Zeiten sucht man zu erforschen, ob Gott existiert oder nicht. Der Eine, der alle Menschen beschützt, ist ein fester Bestandteil eurer eigenen körperlichen Form. Sobald ihr euch von Seiner Existenz überzeugt habt, ist der nächste Schritt der, herauszufinden, auf welchem Weg ihr Ihn erreichen könnt. Das Problem, wie und wo Gott zu finden ist, ist heute so aktuell wie in alten Zeiten und ist zu einer Frage geworden, vor der die Menschen sprachlos dastehen. Angesichts dieses Problems faßten die vielen Weisen der Vergangenheit den festen Entschluß, alle ihre Künste und ihre ganze Opferbereitschaft zu seiner Lösung einzusetzen. Diese Weisen sagen uns, an welchen Orten sie gesucht haben und wie sie von der Existenz des strahlenden Herrn aller Dinge erfuhren. Schließlich gaben sie der ganzen Welt folgende Erklärung ab:

Gleichmut

„Hört, ihr Leute, es ist uns gelungen, das Prinzip wahrzunehmen, das hinter und jenseits der sichtbaren erschaffenen Welt besteht. Es wird sich euch nicht in der äußeren Welt offenbaren oder in den äußeren Räumen, sondern nur in eurem eigenen inneren Selbst. Ihr könnt es in eurem Innern sehen, in eurer Seele, im Heiligtum eures Herzens, in eurem tiefsten Selbst. Dort wohnt der glückselige Herr."

Dies war ihre große Entdeckung: Daß Gott im Körper selbst wohnt. Das Sanskritwort *sharīra* bedeutet: „Das, was vergeht". Es bezieht sich auf den Leib. Und Gott wurde *sharīrin*, der Unvergängliche – derjenige, welcher im vergänglichen Körper lebt – genannt. Und auch *dehin* – der Eine, welcher im Körper *(deha)* lebt – wurde Er genannt: also dasjenige, welches eine vorübergehende Form annimmt. In der Gītā wird Gott *kshetrajna* genannt, der Kenner des Feldes *(kshetra)*, das der Körper ist – der träge, unbeweglich ist und sich selbst nicht kennt. Um den Schleier der Unwissenheit *(māyā)* zu zerreißen, der eure Wahrheit verbirgt, müßt ihr euch bemühen, den unsterblichen Herrn, der strahlend in eurem sterblichen Körper wohnt, zu entdecken. Und ihr müßt auch eine Anstrengung machen, den Herrn als die wahre Grundsubstanz alles Erschaffenen zu erkennen, als innewohnenden Herrn der fünf Urelemente Raum, Luft, Feuer, Wasser und Erde.

Um einen Diamanten zu finden, müßt ihr tief in der Erde schürfen. Ihr werdet ihn nicht an einem Baum hängen sehen. Und diesen allerkostbarsten Diamanten, welcher der Herr ist, werdet ihr auch nicht irgendwo draußen herumliegen sehen, leicht erkenntlich für alle. Ihr müßt euch – mit Hilfe der Lehren der *mahātmas* (großer Seelen) – bemühen, den Herrn im Innern zu finden. Der Körper ist nichts Gewöhnliches, Alltägliches. Er ist der Tempel Gottes, er ist ein Wagen, der den Herrn befördert. Man könnte sich die Welt als ein großes Dorf vorstellen, durch welches der Herr in einem Wagen, genannt „Körper", wie in einer Prozession hindurchgefahren wird.

Der Tempel Gottes

Es ist nicht richtig, dem Körper gegenüber gleichgültig zu sein, ihn zu vernachlässigen oder auf unangemessene und unrechte Weise zu gebrauchen. Der Körper darf nur für Tätigkeiten eingesetzt werden, die selbstlos und heilig sind. Ihr müßt ihn gut pflegen und durch gute Werke heiligen. Zweifellos ist der Körper etwas Träges, doch in ihm lebt das Prinzip, das reines Bewußtsein ist. Er kann mit einem Boot verglichen werden, das uns hilft, den Ozean des weltlichen Daseins *(samsāra)* zu durchqueren. Es war nicht leicht für euch, ihn zu bekommen. Durch unzählige Verdienste, die ihr euch in früheren Inkarnationen erworben habt, konntet ihr einen menschlichen Körper erlangen. Ihn auf falsche Weise zu gebrauchen, würde bedeuten, alle Verdienste aus früheren Leben zu vergeuden.

Es ist euer außergewöhnliches Glück, daß ihr imstande wart, eine Geburt als menschliche Wesen zu erlangen. Darum muß das heilige Boot, das euch ans Ziel bringen kann, äußerst sorgfältig gepflegt werden, so daß ihr den Ozean des weltlichen Daseins sicher durchqueren könnt. In diesem Ozean tummeln sich furchterregende Krokodile und alle möglichen sonstigen Kreaturen, die euch großen Schaden zufügen können. Diese gefährlichen Krokodile sind die sechs Erzfeinde des Menschen – nämlich die Lust, der Zorn, die Gier, die Verblendung, der Stolz und die Eifersucht. Sie hausen in allen Schichten des unauslotbar tiefen Ozeans der weltlichen Existenz. Der Ozean selbst ist eine Mischung aus Gegensätzen wie Freude und Kummer, Anziehung und Abstoßung. Seid ihr erst einmal auf hoher See, ist es sehr schwierig vorauszusagen, wann euch das Glück lacht und wann ihr dem Kummer ausgesetzt werdet.

Die sechs Erzfeinde des Menschen

Da ihr es also mit so vielen Krokodilen zu tun habt, ist die beste Methode, die Reise sicher zu beenden die, in allem die Einheit zu sehen. Ihr müßt fest daran glauben, daß das göttliche Prinzip, die Gottheit in der Form der aus eigener Kraft leuchtenden Flamme jedem Menschen und jedem Ding innewohnt. Wenn ihr erst einmal die Gegenwart Gottes in jedem Menschen erkannt habt – wenn ihr erst einmal die Einheit in all der scheinbaren Verschiedenheit erkannt habt – werdet ihr niemanden mehr hassen können. Darum wird in der Gītā der Aufforderung: *adveshtā sarvabhūtānām* der erste Platz eingeräumt. Übersetzt bedeutet sie: „Haß gegenüber keinem Wesen."

Sobald ihr erkannt habt, daß Gott in allen Herzen wohnt, erscheinen die verschiedenen religiösen Handlungen wie etwa das Singen zum Lobe Gottes und die Namenswiederholung sehr unbedeutend im Vergleich zu dieser Erkenntnis. Nur wenn ihr die große Wahrheit nicht kennt, erachtet ihr diese Praktiken für wichtig. Solange ihr die Kunst des Schwimmens noch nicht beherrscht, braucht ihr verschiedene Schwimmhilfen zu eurer Unterstützung. Sobald ihr schwimmen könnt, sind diese Hilfen nicht länger notwendig. Genauso ist es mit den verschiedenen religiösen Gebräuchen: Sie sind solange notwendig, bis ihr den Sinn der Gītā richtig verstanden habt. Wenn ihr ihren süßen Kern verinnerlicht habt, werden sie euch ziemlich nebensächlich vorkommen.

Im Kapitel über *bhaktiyoga* – den Pfad der liebenden Hingabe – sind alle edlen Eigenschaften beschrieben, die dem Herrn gefallen und die Ihm Seinen Jünger lieb werden lassen. Mit Nachdruck wird darauf hingewiesen, daß alle wünschenswerten Eigenschaften erblühen werden, sobald die sechs Erzfeinde des Menschen unter Kontrolle gebracht sind. Ob das einfach ist? Ja. Die sechs Erzfeinde können leicht besiegt werden, wenn ihr die Wahrheit erkennt, daß der eine Gott in den fünf Urelementen gegenwärtig ist und daß Er es ist, der alle Wesen bewegt. Bevor ihr dies nicht erkannt und erfahren habt, wird euch keine echte Befriedigung zuteil – gleichgültig, was ihr unternehmen mögt.

Das Salz ausspucken

Wenn ihr Salz im Mund habt, wird euch jeder noch so süße Saft salzig schmecken. Erst wenn ihr das Salz ausgespuckt und den Mund gut ausgespült habt, kommt ihr in den uneingeschränkten Genuß der Süße. Und nur wenn ihr imstande seid, das Ego zu zerstören, indem ihr alle schlechten Charaktereigenschaften, die ein Teil von euch geworden sind, ablegt, werdet ihr die Süße der Barmherzigkeit, des Opfers, der Mildtätigkeit, des Mitgefühls und der göttlichen Liebe kosten.

Versucht zunächst zu verstehen, was mit *bhakti* (Hingabe) wirklich gemeint ist. *Bhakti* bedeutet „Liebe zu Gott". Das Wort *bhakti* setzt sich zusammen aus den Silben *bha*, welche für *bhagavān*, „Herr", steht, und *kti*, welche für *anurakti*, „Liebe", steht. Wenn Liebe und Gott miteinander verbunden werden, ergibt das die wahre Hingabe, wie sie im Wort *bhakti* zum Ausdruck kommt. Wenn ihr Hingabe pflegt, entwickelt ihr das Vermögen, euch selbst aufzuopfern. Ihr wachst in Liebe. Alles, was ihr notwendig braucht, wird euch dann gegeben werden. Liebe ist der wahre Lebensatem des Menschen. Ohne Liebe kann man nicht leben. Wie

Yajnavalkya in den Upanishaden erklärt, liebt man nur um des *ātman*, des göttlichen Selbst, nicht um anderer willen. Aber heute ist die heilige Liebe anstatt zum göttlichen Selbst auf den Körper gerichtet. Überall auf der Welt finden wir die Krankheit der Identifikation mit dem Körper *(bhāvaroga)*.

Die meisten Erfahrungen, die ihr im Laufe eures Lebens macht, sind eher Formen des Krankhaften als Quellen der Freude. Nehmt zum Beispiel die Krankheit „Hunger": Essen ist dafür die Medizin. Wenn ihr die Medizin „Essen" gegen die Krankheit „Hunger" gebt, verschwindet sie. Ihr meint, Essen sei ein Genuß, aber in Wirklichkeit ist es ein Heilmittel. Ihr kocht köstliche Speisen und freut euch an ihrem Geschmack, aber darin liegt nicht der wahre Grund, weshalb ihr Nahrung zu euch nehmt. Wie ihr wißt, werden Medikamente manchmal in Form von Mischungen verabreicht, die etwas enthalten, was ihren Geschmack versüßt. Ebenso bekommt ihr gegen die Krankheit „Hunger" eine Mischung leckerer Speisen, aber letzten Endes kann man Nahrung nur als jene Medizin ansehen, welche die Krankheit „Hunger", die euch befallen hat, heilt.

Auch Durst ist eine Krankheit. Wenn ihr Durst habt, trinkt ihr etwas kühles Wasser, und die Symptome verschwinden. So ist es auch mit den sechs Erzfeinden Lust und Verlangen *(kāma)*, Zorn und Haß *(krodha)*, Geiz und Gier *(lobha)*, Verblendung und Anhaftung *(moha)*, Egoismus und Stolz *(mada)* und Eifersucht beziehungsweise Neid *(mātsarya)*: Sie können ebenfalls als tiefverwurzelte Krankheiten betrachtet werden. Nur wenn ihr spirituelle Übungen macht, die diesen Krankheiten entgegenwirken, werden sie nachlassen und endlich ganz verschwinden. Ein Leben lang habt ihr in der falschen Vorstellung gelebt, daß ihr verschiedene Vergnügen genießt, in Wirklichkeit aber seid ihr mit diesen Krankheiten behaftet. Ehe ihr nicht erkennt, daß der Bewohner eures Körpers Gott ist, werdet ihr nicht aufhören, euch mit solchen Krankheiten und den Leiden, die sie mit sich bringen, zu belasten.

Alle spirituellen Übungen brauchen den Körper zur Durchführung. Eure Bildung und eure Erziehung habt ihr über das Mittel eures Körpers erhalten. Von der Herrlichkeit Gottes und Seinen außerordentlichen Merkmalen habt ihr erfahren, weil euer Körper euch dazu die Möglichkeit bot. Nehmt euren Körper als Basis und strengt euch an, den Herrn darin zu sehen. Denkt nicht, Gott lebe irgendwo in einer anderen Welt. Er ist tatsächlich im Körper selbst gegenwärtig. Auch Sünde ist nicht etwas, das in einer entfernten Welt existiert; sie hängt von den Handlungen ab, die ihr mit diesem eurem Körper ausführt. Beides – Verdienst und Schuld – sind Folgen der Dinge, die ihr mit Hilfe eures Körpers getan habt. Ihr müßt unaufhörlich und ernsthaft danach trachten, Gott im Innern dieses eures Körpers zu entdecken.

Es heißt: „Wer sucht, der findet." Wenn ihr Ihn im Innern eures Körpers mit aller Ernsthaftigkeit sucht, werdet ihr Ihn mit Sicherheit finden. In einem Raum, in dem eine Unmenge von Dingen aufbewahrt werden, werdet ihr nur durch sorgfältiges Suchen das Gewünschte finden. Ohne zu suchen,

Ihr müßt anklopfen

werdet ihr niemals finden. Nur wenn ihr anklopft, wird der Meister im Innern die Tür öffnen. Auch eure Mutter gibt euch nur dann zu essen, wenn ihr es von ihr erbittet. Darum müßt ihr bitten und wie ein König voranschreiten. Ihr müßt an die Tür klopfen und nicht aufhören zu klopfen, forschen und nicht aufhören zu forschen, suchen und nicht aufhören zu suchen.

Vielleicht habt ihr das Gefühl, daß ihr das schon seit langer Zeit tut, und es ist euch nicht geöffnet worden. Findet aber zuerst einmal heraus, ob ihr an die richtige Tür geklopft habt. War es die Tür zur Befreiung oder die der Verhaftung? Habt ihr an die Tür geklopft, hinter welcher der Herr wohnt, oder an die Tür, hinter der die Teufel hausen? Zu wem geht ihr? Bei wem sucht ihr Zuflucht? Bittet ihr den barmherzigen Einen, den, der als Mensch auf die Erde kommt und euch durch Sein eigenes Leben ein Beispiel gibt? Bittet ihr die Mutter des Universums? Bittet ihr die Mutter um Essen, oder den Teufel?

Es mag ja sein, daß ihr nach dem Herrn sucht, aber ihr bittet nicht um das Göttliche selbst. Kein Zweifel, daß ihr zu Gott betet, aber ihr bittet um nichtswürdige weltliche Dinge. Ihr steht vor dem Wunschbaum, und worum bittet ihr? Um so lächerliche Dinge wie Kaffeepulver. Statt dessen müßt ihr den Wunschbaum bitten, er möge euch mit dem transzendentalen Prinzip beschenken, das euch mit ewiger Freude erfüllt.

Eure Hingabe muß wachsen und Fortschritte machen, mit dem festen Glauben im Herzen, daß Gott in eurem eigenen Körper wohnt. Wenn ihr Ihn dort drinnen ausfindig machen wollt, müßt ihr euren Blick nach innen richten. Auf welche Weise sollt ihr nach Gott verlangen? Wie ein Kalb nach seiner Mutter schreit, die es stehengelassen hat und mit der Herde weitergezogen ist. Oder wie eine treue Frau, die ihren Mann verloren hat und im Schmerz der Trennung laut nach ihm weint. Ihr sollt nach Ihm rufen wie ein kinderloses Ehepaar, das Gott anfleht, Er möge ihnen ein Kind schenken. So sollt ihr zum Herrn beten – voller Hingabe und voller Sehnsucht, Seine Gegenwart in euch zu erfahren.

Wie das Kalb nach der Mutter schreit

Aber heutzutage sind eure Gebete meist voller pompöser Worte ohne Gefühl. Ihr denkt etwas und sagt etwas anderes. Nur wenn ihr die Gedanken in eurem Kopf mit den Worten aus eurem Mund in Übereinstimmung bringt, können eure Worte zu Gebeten werden und wirksam sein. Dann müßt ihr eure Gebete noch in die Praxis umsetzen. Wenn eure Handlungen im täglichen Leben mit euren Gedanken und euren Worten übereinstimmen, können eure Gebete zu Gottesdienst werden. Wer die volle Einheit von Tat, Wort und Gedanke lebt, wird zu einer Großen Seele, einem *mahātman.*

Ihr müßt euch selbst prüfen, ob ihr dem Pfad der Harmonie zwischen Gedanke, Wort und Tat folgt. Wenn ihr ehrlich seid, so werdet ihr wahrscheinlich feststellen, daß diese drei Komponenten in drei verschiedene Richtungen laufen und daß keine Einheit zwischen ihnen herrscht. Wenn eure Gedanken anders sind als eure Worte und diese wieder anders als euer Tun, dann besitzt ihr die Merkmale eines Dämonen *(durātman)* statt einer großen Seele *(mahātman)*. Solche Unstimmigkeit wird euch nicht guttun und euch dem Herrn nicht lieber werden lassen.

Wie eure Gedanken, so werden die Früchte sein. Die Größe eines Kuchens hängt von der Menge des Mehls ab. Der Nachgeschmack in eurem Mund hängt von dem Essen ab, das ihr zu euch genommen habt. So ist es auch mit Gedanken und Gefühlen: Was immer ihr fühlt und denkt, wird sich in eurer Ausdrucksweise und eurer Art zu handeln niederschlagen. Zuallererst müßt ihr eure Gefühle reinigen. Macht eure Liebe rein. Dazu müßt ihr die Tugend des Ertragenkönnens *(kshamā)* entwickeln, jene heitere Gelassenheit und jene Zurückgenommenheit, die unter allen Umständen gewahrt werden muß und durch die ihr allen Gutes tut – auch denen, die euch schaden wollen. Es gibt nichts Größeres als diese Fähigkeit des Ertragenkönnens und Erduldens. Sie ist gleichbedeutend mit der Wahrheit selbst, sie ist das Herz der Rechtschaffenheit, die Essenz der Veden. Das Erduldenkönnen ist praktizierte Gewaltlosigkeit, Zufriedenheit, Selbstgenügsamkeit, Erbarmen – wahrhaft alles in den drei Welten. Nur nachdem ihr gelernt habt, geduldig ertragen zu können, werdet ihr imstande sein, den Herrn zu erreichen.

Ertragen können

Aber noch verliert ihr die Nerven wegen jeder Kleinigkeit und baut Spannungen auf. Ein solches Temperament ist gefährlich. Zorn kann euer Leben ruinieren. Wenn ihr unter Zorn leidet, werdet ihr nichts erreichen, was Wert hätte. Man wird euch verachten und sich über euch lustig machen. Ihr werdet euren Wohlstand einbüßen. Alle Ehren, die ihr genossen habt, werden sich in Rauch auflösen. Euer Zorn wird euch selbst von denen entfernen, die euch am nächsten stehen. Wegen ihres Zornes verlieren Menschen oft alles, was sie besitzen, und ihre Lebenszeit ist vergeudet. Darum lehrte Krishna in der Bhagavad Gītā das Prinzip der Liebe und die Notwendigkeit, Liebe zu pflegen, um dem Haß, der Eifersucht, dem Zorn und allen anderen schlechten Eigenschaften zu begegnen, die euch so sehr schaden.

Liebe kennt keinen Haß.
Liebe ist frei von Selbstsucht.
Liebe ist weit entfernt vom Zorn.
Liebe nimmt niemals; sie kennt nur das Geben.
Liebe ist Gott.

Lernt zu lieben

Wenn ihr Gott wollt, werdet ihr diesen heiligen Charakter der Liebe entwickeln müssen. Nur durch Liebe werdet ihr imstande sein, Ihn zu erfahren, der die Liebe selbst ist. Um den Mond zu sehen, braucht man weder eine Kerze noch eine Taschenlampe. Das Licht des Mondes selbst reicht aus, um ihn zu betrachten. Wenn ihr Gott sehen wollt, müßt ihr euch nur in die Liebe versenken. Füllt euch an mit Liebe, und es wird euch sicher gelingen, Gott zu finden. Aber solange diese Liebe noch nicht fest und klar in euch ist, braucht ihr spirituelle Übungen wie Lobgesang, Namenswiederholung und andere Formen der Verehrung. Sobald Liebe da ist, sind diese Übungen nicht mehr notwendig. Wenn ihr die Augen geschlossen habt, könnt ihr den Mond nicht sehen, auch wenn er noch so hell scheint. Und damit eure Augen nicht verschlossen bleiben für die liebeerfüllte Gegenwart des innewohnenden Herrn, sollen euch gute Taten – einschließlich der spirituellen Übungen – helfen, eure Augen zu öffnen und euren Blick zu klären, so daß ihr den Herrn sehen und euch an Ihm freuen könnt. Das ist der Sinn der Lehren Krishnas in der Bhagavad Gītā.

Nur wenn ihr erhebenden Worten wie diesen lauscht, sie richtig versteht und in die Tat umsetzt, werdet ihr euer göttliches Ziel erreichen. Swami hat euch diese Gelegenheit hier gegeben, damit ihr jeden Morgen wenigstens eine Stunde auf sinnvolle Weise verbringt und aus diesen heiligen Lehren Nutzen zieht.

DIE DREI STADIEN DER SPIRITUELLEN ENTWICKLUNG

„Arjuna, nur wenn dein Herz mit jener Hingabe erfüllt ist, die ausschließlich auf das eine Ziel gerichtet ist, wirst du Mich erkennen, Mich sehen, wie Ich wirklich bin, und in Mich eingehen und eins mit Mir werden.“

Verkörperungen der Liebe,

die drei Hauptstadien der spirituellen Entwicklung sind in der Gītā mehrfach beschrieben worden. Am Ende des 11. Kapitels, in dem Krishna Arjuna eine Vision Seiner kosmischen Form gewährt, findet ihr die drei Sanskritworte *jnātum*, *drashtum*, *praveshtum*. *Jnātum* bedeutet „Wissen von der Gegenwart des Herrn“, *drashtum* heißt „Ihn von Angesicht zu Angesicht schauen“, und *praveshtum* heißt „einswerden mit Ihm“. Diese Umschreibungen bezeichnen die Stadien, die ihr durchlaufen müßt, um das Ziel zu erreichen. Wenn ihr Befreiung sucht, müßt ihr diese drei Stufen erklimmen.

Im Stadium des *jnātum* erfahrt ihr durch die Worte der heiligen Schriften oder eines Lehrers, daß es Gott wirklich gibt. Aber dieses Wissen allein gibt keine unbegrenzte Freude. Ihr entdeckt, daß Gott hier ist, aber ihr erkennt auch, daß es eine Trennung gibt zwischen euch und Gott. Das entspricht der Lehre des Dualismus, *(dvaita)*. Aber die dualistische Auffassung kann die Vorstufe für weitere Schritte auf dem Pfad sein. Für sich selbst genommen wird sie keine bleibende Befriedigung gewähren.

Schrittweise steigert sich in euch der Wunsch, den Darshan des Herrn, das heißt ein direktes, persönliches Erleben durch den Anblick des Herrn zu bekommen. Aber wie könnt ihr das erreichen? Es wird nicht einfach geschehen, nur weil ihr es euch wünscht. Ihr müßt euch danach sehnen, ihr müßt ständig intensiv danach trachten, den Herrn zu sehen. Welche Form oder welchen Aspekt der Gottheit ihr auch immer in Erfahrung gebracht habt, durch Lesen, oder weil man euch davon erzählt hat – jetzt müßt ihr euch wünschen, Ihn zu sehen und direkt zu erleben. Wenn euer Sehnen aufrichtig ist, wird sich der Herr euch nach einiger Zeit auf individuelle Weise zu erkennen geben und euch die erflehte Vision schenken. Eine kleine Geschichte als Beispiel hierzu:

Der Hirtenjunge

Es war einmal ein armer Hirtenjunge, der einen starken Glauben und eine tiefe Sehnsucht nach dem Anblick des Herrn hatte. Eines Tages kam ein Pandit, ein Prediger, in das Dorf, in dem der Junge lebte, und sprach über Gott. Er sammelte Zuhörer um sich und fing an, die Herrlichkeit des Herrn und Seine großartigen Werke zu besingen. Die Arbeit erlaubte es dem Hirtenjungen aber nicht, an allen Treffen teilzunehmen. Am Abend jedoch, sobald er seine Kühe in den Stall gebracht hatte, ging er zum Prediger, um ihm zuzuhören. Er lauschte mit großer Andacht und Aufmerksamkeit allem, was gesagt wurde. An einem besonderen Abend erzählte der Pandit von den charakteristischen Merkmalen des Herrn in der Form Vishnus, wobei er wiederholt das überlieferte Bild des Herrn „von dunkler Hautfarbe" beschrieb, der ein weißes Zeichen auf Seiner Stirn hat und auf einem weißen Adler geflogen kommt. Er erklärte auch, daß Lord Vishnu allzeit bereit ist, denen zu Hilfe zu kommen, die bei Ihm Zuflucht suchen, und daß Er alles als Opfergabe annimmt, was Ihm im vollen Vertrauen und Glauben geopfert wird. Die Ausführungen des Pandits hinterließen einen unauslöschlichen Eindruck im Herzen des Jungen. Er sagte auch, daß Gott die Musik besonders liebt und daß Er durch die Gebete gewonnen wird, die man Ihm in der Form von Gesang aus tiefem, ergebenem Herzen darbringt.

Der kleine Hirte trug wie üblich etwas Essen mit sich, das er für gewöhnlich mittags aß. Ab diesem Tag opferte er jeden Bissen dieses Essens mit tiefster Hingabe dem Herrn und flehte Ihn an, etwas davon zu nehmen. Seine Gebete begannen mit dem Gesang: „Oh, dunkelhäutiger Herr, Du kommst auf einem weißen Adler, so hat man mir gesagt. Komm! Bitte, komm zu mir und nimm dieses Essen an!" So betete er unablässig eine Woche lang. Er selbst rührte das Essen nicht an, weil der Herr nichts davon nahm. Am Ende der Woche war er sehr geschwächt, und neben seiner physischen Schwäche befiel ihn auch eine große Angst: Er hatte das Gefühl, daß er vielleicht nicht auf die richtige Weise zum Herrn gebetet hatte, und daß dies der Grund war, weshalb der Herr nicht antwortete. Er war fest davon überzeugt, daß der Herr wegen seiner eigenen Unzulänglichkeit nicht gekommen war und von der Speise nichts genommen hatte, weil er zu gering war. Also fuhr er mit noch größerer Hingabe und noch festerer Entschlossenheit mit seinem Singen fort und war voller Zuversicht, daß er am Ende doch noch die Gnade des Herrn erlangen würde.

In diesem geschwächten Zustand erreichte er den Wald. Er fühlte sich vollkommen ausgezehrt, war aber entschlossen, nichts zu essen, solange der Herr seine Opfergabe nicht angenommen hätte. Sein flehentlicher Gesang entströmte seinem Herzen jetzt noch süßer. In dem Augenblick, als vollkommene Übereinstimmung zwischen Gefühl, Melodie und Inhalt des Liedes eintrat, kam Gott herab. Aber wie erschien Er dem Hirtenjungen? Als Junge seines Alters und in den Kleidern eines Brahmanen.

Der Hirte fragte den Jungen, der vor ihm stand: „Bitte, lieber Freund, darf ich wissen, wer du bist? Bist du ein Wanderer, der durch diesen Wald will?" Der Brahmanenjunge antwortete: „Ich bin der Herr. Ich bin Nārāyana. Du hast darum gebeten, Mich zu sehen, und so bin Ich gekommen, um dir Meinen Anblick zu gewähren." Da er sich erinnerte, daß der Herr den süßen Klang der Musik liebt, kleidete der Hirte seine Fragen an den Brahmanen in den lieblichsten Gesang: „Aber Du siehst gar nicht so aus, wie man mir den Herrn beschrieben hat: dunkel, mit einem weißen Zeichen auf der Stirn und auf dem Rücken eines weißen Adlers sitzend! Der Pandit hat gesagt, daran könne man den Herrn erkennen. Es scheint nicht zu stimmen. O Lieber, wenn Du wirklich der segensreiche Herr bist, bitte, zerstreue meine Zweifel und laß mich Dich in Deiner wahren Form schauen!"

Der Hirte hatte eine bestimmte Beschreibung gehört, und nun wollte er den Herrn auch genauso sehen und erleben, wie er Ihn beschrieben bekommen hatte. Doch Gott hat keinen bestimmten Namen und keine bestimmte Form. Er hat tausend Augen, tausend Ohren, tausend Hände und tausend Füße. Aber um Seine Anhänger, die sich nach Seinem Anblick sehnen, zu befriedigen, nimmt Er die besondere Form an, um die ernsthaft gebetet wurde. Diese Stufe ist *drashtum*, diejenige, in der der Jünger sich nach dem Darshan des Herrn sehnt. Aber selbst diese Vision vermittelt nicht die wahre Form Gottes, sondern lediglich die erflehte. Gott gefallen aufrichtige, aus tiefstem Herzen kommende Gefühle, und Er gibt darum, in Einklang mit den Gefühlen Darshan in der Form, die der Jünger sich am meisten wünscht. Um dem kleinen Hirten seinen Wunsch zu erfüllen, erschien Er nun in der strahlenden Gestalt Vishnus und nahm von dem Essen und dem Getränk, das der Junge so voller Liebe geopfert hatte.

Gott hat tausend Formen

Als der Herr seinem Blick wieder entschwunden war, sagte sich der Junge: „Erst bekam ich eine Beschreibung von Ihm, dann betete ich um Seinen Anblick. Nun ist Er gekommen, und ich durfte Ihn von Angesicht zu Angesicht erleben. Wie kann ich Ihn aber erreichen und immer mit Ihm sein?"

Von Ihm hören

Das Hören von Gott allein befriedigt den Gott-Liebenden nicht. Auch der Anblick Gottes wird ihn nicht vollkommen befriedigen. Wenn er eine Vision gehabt hat, sehnt er sich nach der vollständigen Vereinigung mit Ihm. Nur dann wird er ewigwährende Seligkeit genießen. In unserer Geschichte vom Hirtenjungen hatte der Herr ihm Seinen Anblick gewährt und war dann wieder verschwunden. Von dem Augenblick an trug der Junge das Bild des Herrn in der Form Vishnus unauslöschlich in seinem Herzen. Mit dieser lieblichen Gestalt vor seinem inneren Auge stellte er nun Nachforschungen an und dachte nur noch darüber nach, wie er Ihn erreichen und eins mit Ihm werden könnte. Diese Phase ist *praveshtum*.

Ihn sehen

Mit Ihm eins werden

Durch Lesen und Studieren der heiligen Schriften, durch Zuhören, wenn Gelehrte berichten, könnt ihr eine Ahnung davon bekommen, wie Gott ist. Aber letztlich wird es euch nicht befriedigen, denn es ist doch nur ein Stadium des Getrenntseins, der Dualität. Ihr müßt Anstrengungen unternehmen, um über dieses Stadium hinauszugehen. Der nächstfolgende Schritt ist der der bedingten Nicht-Zweiheit, der mit *vishishtādvaita* bezeichnet wird. Er entspricht dem tiefempfundenen Wunsch, Gott zu sehen und zu erfahren. Aber wie kommt ihr zu einer Vision des Göttlichen? Indem ihr euch in eurem Herzen die Form des Herrn vorstellt, die euch beschrieben wurde, und dann ununterbrochen an Ihn denkt und euch in diese Form versenkt. Was immer ihr auch tut, sagt, seht oder hört – ihr müßt eins werden mit dieser heiligen Form.

Die spezielle Form des Herrn, die ihr euch vorstellt, wird zu einer gedanklichen Struktur in eurem Geist. Diese gedankliche Struktur sollte dann mit dem Gefühl der liebenden Hingabe gesättigt werden, so daß sie zu einer Gefühlsform in eurem Herzen wird. Ganz allmählich vertiefen und verfestigen sich diese Gefühle, bis ihr eines Tages eine wirkliche Vision des Herrn erlangt. Also: Zuerst hört man vom Herrn und denkt an Ihn. Dann sehnt man sich intensiv nach Seinem Anblick, und schließlich zeigt Er sich in einer Form und kann unmittelbar erlebt werden. Mit anderen Worten: Der Gedanke verdichtet sich zu einer Grundstruktur eurer Gefühlswelt, die zu einem wirklichen Erleben führt. Das beschreibt das zweite Stadium, *drashtum*. Ihr erhaltet nicht nur den persönlichen Darshan des Herrn, um den ihr gebetet habt, sondern ihr bekommt auch die Gelegenheit, von Angesicht zu Angesicht mit Ihm zu sprechen.

Nachdem ihr den Herrn gesehen und mit Ihm gesprochen habt, seid ihr schon etwas mehr befriedigt. Aber wenn ihr ein wahrer Anhänger des Herrn seid, wird euch selbst dieses kostbare Geschenk nicht die vollständige Freude bereiten. Ihr wollt nun Gott erreichen und eins mit Ihm werden. Ihr denkt: „Ich habe gehört...*jnātum*; ich habe gesehen...*drashtum*; nun muß ich Ihn erreichen und eins mit Ihm werden...*praveshtum*." Im Stadium des *jnātum*, in dem ihr erfahren habt, daß es Gott gibt, habt ihr das Gefühl, von Gott getrennt zu sein; es ist ein dualistisches Denken, *dvaita*, Zweiheit. Im *drashtum*-Stadium seht ihr Gott und habt das Gefühl, daß ihr ein Teil von Ihm seid. Das ist bedingte Nicht-Zweiheit, *vishishtādvaita*. Schließlich ist in euch das Gefühl: „Ich und der Herr sind ein und derselbe": das *advaita*-Stadium des vollkommenen Nicht-Dualismus. Das ist das Stadium, in dem ihr denkt: „Entweder ich muß eins mit Ihm werden oder Er eins mit mir!" Dann herrscht vollkommene Einheit.

Macht euch die Gefühle des Herrn zu eigen

Solange der Fluß noch gesondert vom Meer besteht, das sein Ursprung und sein Ziel ist, behält er seinen Eigennamen und seine individuelle Identität. Sobald er in das Meer eingemündet ist, bekommt er den Geschmack, die Form und auch den Namen des Meeres. Wenn ihr eins sein wollt mit dem Herrn, müßt ihr euch die Gefühle des Herrn zu eigen machen; ihr müßt die Form des Herrn annehmen und alle Seine heiligen Merkmale. Erst dann werdet ihr eins sein mit Ihm.

Ihr müßt fühlen, daß sich alle Eigenschaften des Herrn in euch manifestieren müssen. Sagt euch: „Die Großzügigkeit des Herrn ist in mir. Alle selbstlosen Gefühle des Herrn sind in mir. Die grenzenlose Liebe des Herrn ist in mir." Wenn ihr im vollen Vertrauen dieser Überzeugung lebt, werdet ihr schließlich zu der Erkenntnis gelangen, daß ihr und der Herr eins seid. Dann herrscht wirklich vollkommene Einheit. Nach diesem Gefühl des vollkommenen Einsseins müßt ihr ununterbrochen streben. Macht alle nur möglichen Anstrengungen, um es zu erreichen. Dann werdet ihr eines Tages Erfüllung finden. Sie ist das letztliche Ziel des menschlichen Lebens. Nur wenn ihr diesen Ort – der eure eigentliche Heimat ist – erreicht, wird euch wahre Erfüllung zuteil.

Die Mangos

Selbst im weltlichen Leben könnt ihr diese Stadien als notwendige Stufen zur Erlangung eines Zieles erkennen. Zum Beispiel: Nehmt einmal an, daß auf dem Markt eine Ladung Mangos angekommen ist und daß ihr Mangos gerne eßt. Vielleicht gibt es eine Sorte, die ihr besonders liebt. Nun kommt ein Freund und erzählt euch, daß genau diese Sorte Mangos angekommen ist. Schon der bloße Gedanke an die Mangos – selbst wenn ihr sie noch nicht gekauft, geschweige denn gegessen habt – befriedigt euch in gewisser Weise.

Ihr lauft schnell zum Markt, um nachzusehen, wo die Mangos verkauft werden und ob es überhaupt noch welche gibt. Ah, da sind sie noch! Ihr seht sie euch genauer an. Der Anblick erfreut euch noch mehr, aber so ganz glücklich seid ihr immer noch nicht. Ihr wählt ein paar von den Früchten aus, gebt sie in euer Einkaufsnetz und bezahlt. Auf dem Nachhauseweg denkt ihr nur an die Mangos und daran, was für ein Glück ihr doch hattet, so schöne Mangos zu finden. Der bloße Gedanke an den köstlichen Schmaus verleiht euch Flügel.

Ihr freut euch, wenn ein Objekt des Verlangens, das ihr gedanklich ständig genährt habt, eine konkrete Form annimmt, die ihr äußerlich wahrnehmen könnt. Aber in Wirklichkeit ist alles, was ihr äußerlich wahrnehmt, nichts als ein Abglanz, ein Reflex eurer Gedanken. Ihr trachtet stets danach, einen inneren Wunsch äußerlich in die Tat umzusetzen. Die Mangos werdet ihr gut waschen und schälen, um dann ihren nektargleichen Geschmack zu genießen. Die Frucht, die zuerst außerhalb von euch existierte, habt ihr euch einverleibt – und seid selig!

Was ist der Grund für diese Freude? Zunächst erfahrt ihr, daß eure Leibspeise in greifbare Nähe gerückt ist – das ist *jnātum*. Das nun geweckte Verlangen, sie zu genießen, treibt euch zum Markt. Das ist *drashtum*. Ihr kauft und eßt sie – das ist *praveshtum*: Einswerden mit dem Gegenstand des Verlangens.

Habt ihr solch ein intensives Verlangen auch nach Gott? Das ist das *eine* Verlangen, das ihr entwickeln müßt. Nachdem ihr so viele Vorträge gehört habt, so viel in den Schriften gelesen habt, nachdem ihr entdeckt habt, daß Gott wirklich existiert, müßt ihr den starken Wunsch verspüren, Ihn zu sehen, sonst waren alle Anstrengungen umsonst. Ihr müßt mit aller Kraft danach streben, den unmittelbaren Anblick – die Erscheinung – des Herrn zu erhalten.

Unter euch sind viele Schüler und Lehrer. Ein Schüler wird sich am Ende des ersten Schuljahres sicher nicht damit zufriedengeben, auf diesem Erkenntnisgrad stehenzubleiben. Er wird aufsteigen wollen. Wenn ein Schüler sitzenbleibt und dieselbe Klasse zweimal besuchen muß, verzagt er. Nicht nur verliert er den Mut, sondern er wird auch noch von seinen Schulkameraden gehänselt. Ebenso werdet ihr in den Augen anderer spirituell Strebender verlieren, wenn ihr auf der Stufe der dualistischen Anbetung stehenbleibt und in eurer Entwicklung nicht vorankommt. Die anderen werden sagen: „Sieh dir den an. Er hat so viele Jahre lang so viele Vorträge gehört und alle Schriften gelesen, aber was hat es gefruchtet? Er scheint überhaupt keine Fortschritte zu machen."

Dieses unglückliche Stehenbleiben auf der ersten Stufe ist ein Zeichen von *tamoguna*, der Eigenschaft der Trägheit, Unbeweglichkeit und Faulheit. Ihr müßt diese Trägheit abstreifen und vom dualistischen Stadium des *dvaita* aufsteigen zur bedingten Nicht-Zweiheit, *vishishtādvaita*, der Gotteserkenntnis. Durch die ununterbrochene Kontemplation des Göttlichen im Inneren sucht ihr den unmittelbaren Anblick Gottes in der von euch gewählten Form zu erfahren. Dank eures intensiven Verlangens werdet ihr die ersehnte Chance bekommen, den Herrn zu sehen, mit Ihm zu sprechen und Ihm auf unterschiedlichste Weise zu dienen.

Aber selbst dann solltet ihr noch nicht zufrieden sein, sondern danach trachten, das letzte und höchste Stadium zu erreichen. Ihr dürft keine Pause, keine Rast kennen und euch nicht zufrieden geben, bevor ihr nicht den Zustand des *advaita*, das völlige Einssein mit Gott, erreicht habt. In diesen Tagen strebt ihr nur nach Ruhe und Zufriedenheit. Aber das ist nicht gut. Ihr müßt den dauerhaften Frieden des *ātman* erreichen, welcher euer wahres unsterbliches Selbst ist. Wenn ihr mit ihm wiedervereinigt seid, werdet ihr zum Frieden selbst. Das Selbst, *ātman*, ist die wahre Verkörperung des Friedens. Das individuelle Selbst, *jīvātman*, muß eins werden mit dem universalen Selbst, *paramātman*; dann ist die lange Reise beendet und vollkommene Seligkeit hergestellt.

Der Fluß drängt zum Meer

Ein Fluß wird aus dem Meer geboren und endet im Meer. Aber wie ist er überhaupt entstanden? Im Anfang wurde etwas von dem Wasser des Meeres zu Wolken. Bei diesem Vorgang gibt es Trennung und Zweiheit. Die Wolken sind etwas Eigenständiges, Getrenntes, das Meer auch. Das Meerwasser ist salzig, das Wolkenwasser süß. Nun verwandelt sich das Wasser, das in der Wolke enthalten ist, in Regen. Man könnte es einen Regen der Liebe nennen, denn das Regenwasser wird zu einem Fluß und eilt mit großem Eifer dahin, um sich wieder mit dem Meer zu vereinen. Diesen Vorgang könnten wir *vishishtādvaita* oder *drashtum* nennen, in dem ein großes Bestreben herrscht, dem Ziel immer näher zu kommen. In diesem Stadium wünscht ihr euch sehnlichst, die Heimat, von der ihr getrennt wurdet, wieder zu erreichen. Das Wasser, das zum Fluß geworden ist, hat den Drang, zum Meer zurückzukehren, aus dem es gekommen ist. Wenn es dann endlich sein Ziel erreicht hat, herrscht der reine nicht-dualistische Zustand des *advaita*, der vollkommenen Einswerdung mit dem Ursprung: *praveshtum*.

Ihr wurdet als menschliche Wesen geboren und habt einen Teil eures Lebens als gewöhnliche Menschen verbracht. Aber dann habt ihr die Wahl getroffen, dem spirituellen Pfad zu folgen. Ihr seht euch damit beschäftigt, gute Gesellschaft *(satsangha)* ausfindig zu machen. Ihr lauscht den großen Ereignissen, von denen die Schriften berichten, die die heiligen Merkmale des Herrn offenbaren. Aber nun empfindet ihr, daß euch das alles nicht genügt. Es verlangt euch nach dem unmittelbaren Anblick des Herrn. Aber selbst dann seid ihr noch nicht zufrieden. Ihr habt Ihn gesehen und mit Ihm gesprochen und seid immer noch nicht restlos glücklich. Aber wenn ihr letztendlich ganz in Ihn eingegangen und mit Ihm vereint seid, habt ihr die vollkommene Erfüllung all dessen, wonach ihr gestrebt habt, denn dann seid ihr eins mit dem nichtendenden Frieden und der Seligkeit, die der Herr ist. Das war die Lehre, die Krishna Arjuna auf dem Schlachtfeld des Dharmakshetra gab.

Der Erringer des Bogens

In der Gītā benutzt Krishna eine Reihe von bestimmten Namen, wenn Er Arjuna anspricht. Der letzte Name, den Er ihm gibt, ist „Dhanamjaya".

Auch im weltlichen Bereich werden einigen Personen verschiedene Titel und Anreden zugeordnet. In der Gītā ist es die Verkörperung des Göttlichen selbst, Krishna, der Arjuna bestimmte Namen zuordnet. Krishna sagt zu Arjuna: „Arjuna, du bist kein Kind der Sterblichkeit. Du bist Gott selbst. Du bist der Sohn der Unsterblichkeit.“ Arjuna sah sich in seinem Leben vielen herausfordernden Umständen ausgesetzt, in denen er sich heldenhaft behauptete.

ÜBER DIE BEHERRSCHUNG DER ZUNGE – MÄSSIGKEIT IM SPRECHEN UND IM ESSEN

Die Übung, die euch mehr als alle anderen zur Einheit mit Gott führt, ist – in zweierlei Hinsicht – die Beherrschung der Zunge. Die Gītā erklärt, daß es ohne Kontrolle der eigenen Rede und der Nahrungsaufnahme unmöglich ist, den Pfad der Hingabe zu gehen und eins zu werden mit Gott.

Verkörperungen der Liebe,

wie die meisten Tiere auf der Erde und in der Luft haben auch die Menschen fünf Sinne. Mit diesen Sinnen müßt ihr sehr achtsam umgehen – immer mit einem Blick auf ihre Möglichkeiten und auf ihre Grenzen. Ihr müßt über sie die gleiche Kontrolle haben, die ihr auch über andere mächtige Energiequellen und Werkzeuge im täglichen Leben ausübt. So kann euch das Feuer auf unterschiedliche Weise dienen, aber auch sehr gefährlich werden, wenn es außer Kontrolle gerät. Oder denkt an die Schärfe des Messers oder an die Elektrizität: Wenn ihr damit richtig umgeht, sind sie eine Erleichterung im täglichen Leben, anderenfalls werden sie zu Gefahren. Es hängt also von der Art und Weise ab, wie und ob ihr sie mit Intelligenz handzuhaben versteht. Die Vedanta-Schule lehrt ausdrücklich, wie wichtig es ist, den rechten Gebrauch der Sinne zu kennen und dieses Wissen im täglichen Leben anzuwenden.

Die doppelte Funktion der Zunge

Jedes der Sinnesorgane ist einem besonderen Zweck zugeordnet – nur die Zunge hat eine doppelte Funktion und doppelte Fähigkeiten: die Fähigkeit, Worte zu formen und die Fähigkeit zu schmecken. Der Herr mahnt uns in der Gītā, diese Fähigkeiten mit großer Vorsicht einzusetzen, und lobt den Jünger, der vollkommene Kontrolle über seine Zunge erreicht hat. Ein solcher Jünger wird schnell die Tugenden der Reinheit und der Standhaftigkeit erlangen und die ständige Gegenwart des Herrn in seinem Herzen fühlen. Um solche Kontrolle zu erlangen, haben die Anhänger des spirituellen Weges seit jeher verschiedene Übungen praktiziert, wie das Einhalten von Schweigen, Kontrolle der Nahrungsaufnahme und vollständiges Fasten.

Fasten fördert die Gesundheit des physischen Körpers, und im mentalen Bereich schenkt es Freude und Glückseligkeit. Ungeregelte Nahrungsaufnahme und Völlerei sind für einen spirituellen Schüler sehr schädlich. Zu abwechslungsreiches und zu schmackhaftes Essen führt zu Schlaffheit und Trägheit. Es ist ausgesprochen dumm, zu glauben, man könne gottgefällig handeln und sich Seiner Nähe erfreuen, während man sich alle möglichen wohlschmeckenden Speisen genehmigt. Schlemmerei und Erreichen der Gottesnähe sind nicht miteinander vereinbar. Ihr müßt deshalb von Anfang an entschiedene Anstrengungen machen, eure Zunge beherrschen zu lernen. Wenn ihr dieses erste Ziel erreicht habt, werden sich die anderen Sinne ganz von selbst unter Kontrolle bringen lassen.

Die Aspiranten von heute unterwerfen sich allen möglichen Regeln und Kasteiungen, um ein diszipliniertes spirituelles Leben zu führen: Es gelingt ihnen aber nicht, ihre Essensgelüste zu zügeln. Dabei ist es gar nicht nötig, sich so sehr damit abzuplagen, die Sinne unter Kontrolle zu bringen. Es genügt, wenn die Zunge „in Ordnung kommt", dann werden es ihr alle anderen Sinne gleichtun. Die mangelhafte Disziplin dieses einen wichtigen „Werkzeugs" ist der Grund für viele Zweifel, Gefühlsaufwallungen, Widersprüche und Verwirrung.

Die Zunge beherrschen bedeutet auch die eigene Rede zügeln. Ihr müßt euch im klaren sein, daß es nichts Mächtigeres gibt als die Macht des Wortes. Seid streng im Überwachen eurer Rede!

Ihr werdet gemerkt haben, daß man im Leben auch für kleine Errungenschaften Opfer bringen muß. Alles hat seinen Preis. Selbst um kleiner, nutzloser, nichtswürdiger Dinge willen ist der Mensch bereit, oft sogar sein Leben aufs Spiel zu setzen. Doch um das über alle Maßen Wichtige, um dasjenige, welches alles andere beinhaltet und der Ursprung aller Dinge ist, bemüht man sich gar nicht erst. Der größte aller Schätze ist das göttliche Selbst *(ātman)*. Und ihr könnt nur etwas erreichen, wenn ihr etwas anderes dafür aufgebt. Wäre es nicht besser, alles andere aufzugeben, um dieses wichtigste und kostbarste aller Besitztümer zu erwerben? Solltet ihr nicht alles opfern können, um den *ātman* zu erreichen?

Der Preis des ātman

Wenn ihr auf dem Markt Gemüse einkauft, müßt ihr dafür mit Geld bezahlen. Ohne die Bereitschaft zu bezahlen und etwas von eurem Geld zu opfern, bekommt ihr das Gemüse nicht. Ihr gebt etwas her, bekommt aber etwas anderes dafür. Wenn ihr Tugenden erwerben wollt, müßt ihr die schlechten Eigenschaften dafür aufgeben. Nur indem ihr eure Vorlieben und Abneigungen aufgebt, könnt ihr gute Eigenschaften annehmen, und nur durch Aufgeben eurer schlechten Gedanken, Gewohnheiten und Verhaltensweisen könnt ihr gute Gedanken, gute Gewohnheiten und gute Verhaltensweisen erwerben.

Die Weisen haben geschrieben, daß die Zunge ständig danach lechzt, sich an guten Dingen zu erfreuen, und wie einfach alles wird, sobald der Mensch gelernt hat, sie zu beherrschen.

Noch ein Wort ist im Zusammenhang mit der Sinneskontrolle wichtig: das Schweigen. Schweigen bezieht sich nicht nur auf das Im-Zaum-halten der Zunge. Ihr solltet Schweigen nicht nur durch Nicht-Äußern von Gedanken üben, sondern auch bezüglich der Gedanken selbst. Euer Kopf sollte frei von *allen* Gedanken gehalten werden – das ist wahres Schweigen.

Wahres Schweigen

Mäßigkeit im Essen bedeutet, sich nicht alles zu erlauben, wonach es die Zunge gelüstet. Ihr müßt *buddhiyoga* üben, das heißt euer Unterscheidungsvermögen schärfen und es so einsetzen, daß ihr ständig auseinanderhalten könnt, was vergänglich und was unvergänglich, was wesentlich und was unwesentlich ist – das ist *buddhiyoga*, der Yoga der Intelligenz. Mit anderen Worten: Ihr müßt herausfinden, ob das, was ihr eßt, reiner, ausgewogener (sattvischer), aufputschender (rajasischer) oder beschwerender (tamasischer) Art ist. „Ist meine Nahrung wirklich rein?“ Fragt euch so. Benutzt euer Unterscheidungsvermögen, und nehmt sattvische Nahrung mit Vernunft in euch auf, dann werdet ihr von der Wertschätzung wie von der Geringschätzung eurer Mitmenschen nicht berührt, sondern bleibt seelisch immer im Gleichgewicht.

Wenn ihr dagegen unterschiedslos eßt – also ohne zu untersuchen, ob euch etwas zuträglich ist oder nicht – und nur daran denkt, wie ihr euren Hunger stillen könnt und was die Geschmacksknospen auf eurer Zunge befriedigen könnte, werdet ihr nicht imstande sein, eurer Anhaftungen und Gefühle Herr zu werden, sondern nachgeben und in Schwächlichkeit absinken. Wenn irgendjemand eine abfällige Bemerkung über euch macht, werdet ihr daraus sofort schließen, daß die ganze Welt gegen euch ist, und deprimiert sein. Eure Zufriedenheit schwindet dahin in dem Augenblick, da man euch kritisiert; Kummer befällt euch, und ihr empfindet das Leben als nutzlos. Oder umgekehrt bläht ihr euch vor Stolz auf und seid kaum noch zu bremsen, wenn man euch lobt. Woher dieser Mangel an innerem Gleichgewicht? Die Hauptursache für diese Art Schwäche ist die Beschaffenheit der Speisen, die ihr zu euch nehmt.

Achtet auf die Reinheit der Speisen

Die Gītā legt großen Wert auf die Auswahl der richtigen Nahrungsmittel. Sie bemerkt auch, daß die Kochtöpfe und die Kochutensilien sauber sein müssen, und daß beim Vorgang des Kochens und der Zubereitung der Speisen selbst auf Reinheit zu achten ist. Diese Reinheit bezieht sich nicht nur auf die physische Reinlichkeit, sondern auch auf die Art und Weise, wie die Kochutensilien und die Lebensmittel in den Besitz des Betreffenden gekommen sind. Ihr müßt darauf achten, daß diese mit rechten Mitteln und durch ehrliche Arbeit erworben wurden. Nahrungsmittel und Kochgegenstände, die nicht auf lautere Weise erstanden wurden, führen nicht nur zu schlechten Gedanken, sondern bringen euch auch vom rechten Weg ab. Als nächstes müßt ihr auch prüfen, ob der Vorgang des Kochens und der Essenszubereitung selbst rein ist, ob nämlich die Gedanken und Gefühle der Person, die gekocht hat, rein sind.

Es sind also drei Dinge, die ihr aufmerksam beobachten müßt. Normalerweise kümmert man sich höchstens um die Sauberkeit der Gefäße, nicht um die Reinheit der Person, die kocht, und um die Nahrung selbst. Ihr kennt nicht die Gefühle der Person, die gekocht hat, und ihr wißt auch nicht, ob der Händler die Lebensmittel rechtmäßig erworben hat oder nicht.

Das Gebet zur Reinigung

Deshalb solltet ihr vor dem Essen beten und die Mahlzeit Gott weihen. Damit reinigt und heiligt ihr sie. Ein Tischgebet dient nicht dem Wohl des Herrn, sondern eurem eigenen: Es reinigt eure Speisen dadurch, daß ihr Gottes Segen auf sie herabruft. Es gibt ein Gebet, das ihr gut dazu benutzen könnt: Es setzt sich zusammen aus Vers 24 des vierten Kapitels der Gītā und aus Vers 14 des fünfzehnten Kapitels der Gītā. Es lautet:

„brahmārpanam brahma havir brahmāgnau brahmanā hutam
brahmaiva tena gantavyam brahma karma samādhinā
aham vaishvānaro bhūtvā prāninām deham āshritah
pranāpāna-samāyuktah pacāmy annam caturvidham“

Das bedeutet: „Die Opferhandlung ist *brahman*, das Opfer selbst ist *brahman*, geopfert durch *brahman* im heiligen Feuer, das *brahman* ist. Nur der erreicht *brahman*, der in all seinen Handlungen ganz in *brahman* aufgeht. Ich bin *vaishvānaro*, die allesdurchdringende kosmische Energie, die in den Körpern der Lebewesen wohnt. Einsseiend mit dem Lebensodem, der in diese eingeht und sie wieder verläßt, verzehre ich alle vier Arten der Nahrung."

Bevor ihr dieses Gebet sprecht, ist das Essen lediglich Nahrungsmittel. Sobald ihr es dem Herrn geopfert habt, wird es *prasādam*, geweihte Speise. Das Gebet entfernt alle Mängel und Unreinheiten, die die Töpfe und die Lebensmittel vielleicht hatten, und ebenso die negativen Einflüsse, denen sie während der Zubereitung des Essens ausgesetzt waren. Gemäß den Worten der Gītā ist die Kontrolle der Zunge durch die Aufnahme sattvischer Nahrung in begrenzten Mengen für den spirituellen Sucher absolut unerläßlich.

Die Macht des gesprochenen Wortes

Kommen wir auf die zweite Funktion der Zunge, das Sprechen, zurück. Das Sprechen hat, wie bereits erwähnt, einen überaus mächtigen Einfluß auf das Gemüt und alle geistigen Vorgänge. Es kann das Denken verhindern, es kann ein Herz brechen, es kann sogar töten. Es kann aber auch ermutigen, ja sogar Leben schenken und euch beim Erreichen des Ziels behilflich sein. So unterschiedliche, ja entgegengesetzte Wirkungen liegen in der Macht des gesprochenen Wortes.

Durch den Gebrauch angemessener Worte ist es möglich, das gesamte Denken und Fühlen eines Menschen zu verwandeln. Unglücklicherweise glauben viele Wissenschaftler nicht an diese Tatsache. Sie denken: „Wie sollte es möglich sein, die Psyche eines Menschen durch bloße Worte zu verändern? Was für Experimente sind durchgeführt worden, die Beweise dafür liefern würden, daß die Sprache eine solche Macht hat? Worte sind doch nur grobstoffliche Schallwellen, die mit dem Ohr empfangen werden. Der menschliche Geist aber ist ein feinstoffliches, empfindsames „Organ". Wie können bloße Worte etwas so Subtiles wie den Geist eines Menschen transformieren? Das gibt es nicht!" Dazu eine kleine Geschichte:

Der Schulinspektor

Es gab in Indien einen Beamten des Verwaltungsdienstes, der so dachte wie diese Wissenschaftler. Er war für Erziehungsfragen zuständig, und als er eines Tages eine Schulklasse in einem bestimmten Distrikt besuchte, war der Lehrer gerade dabei, seinen Schülern die Veden zu erklären. Der Lehrer sprach mehrere Stunden ohne Unterbrechung. Der Beamte, der sich zu den Schülern gesetzt hatte und zuhörte, bekam dabei Kopfschmerzen. Schließlich sagte er zum Lehrer: „Mein Lieber, das hier sind kleine Kinder. Es ist nicht nötig und außerdem nutzlos, sie mit so langen Vorträgen zu belasten. Die tiefen Wahrheiten der Veden können von den Kindern sowieso nicht aufgenommen, geschweige denn verstanden werden." Der Lehrer antwortete, daß die Kinder nur dann auf den richtigen Weg gebracht werden könnten, wenn sie die edlen Werte, die die Veden vermitteln, in diesem zarten, formbaren Alter gelehrt würden. Er glaube, daß es die Herzen der Kinder von Zweifeln reinigen und sie auf den rechten Pfad brächte, wenn sie diese hohen Ideale von Anfang an mit auf den Weg bekämen. Der Beamte antwortete: „Ich glaube nicht an alle diese Worte. Wie können bloße Worte den Geist verändern? Ich kann nicht glauben, daß es so etwas gibt." Der Lehrer versuchte, ihn mit Erklärungen und Argumenten zu überzeugen, aber der Beamte hörte nicht zu und erlaubte den Worten des Lehrers nicht, in ihn einzudringen. Er war verstockt. Zu viel Schulwissen resultiert eben oft in Zynismus und Selbstgefälligkeit. Von da ist es ein kleiner Schritt zum Kalkül, und schon sind alle Tugenden unterwandert, und die Vernunft bleibt auf der Strecke.

Als der Lehrer erkannte, daß es ihm unmöglich war, seinen Standpunkt verständlich zu machen, wie sehr er sich auch bemühte, versuchte er es mit einer praktischen Lektion, die der Beamte mit Sicherheit begreifen würde. Er hieß den kleinsten seiner Schüler aufstehen und sagte zu ihm: „Kind, geh und wirf den Herrn Inspektor aus dem Klassenzimmer, und zwar sofort!" Als der Beamte diese Worte hörte, wurde er wütend und schrie: „Wer glaubst du eigentlich, wer du bist? Du hast einen Regierungsbeamten vor dir, den Sekretär für das Erziehungswesen des Distrikts! Und du befiehlst einem Kind, mich hinauszuwerfen?! Wie kannst du es wagen!"

Der Lehrer sagte darauf: „Nun, Sir, ich habe Sie weder gestoßen noch geschlagen; nicht einmal angefaßt habe ich Sie. Ich habe Ihnen absolut nichts getan. Sie scheinen sich allein wegen des Klangs meiner Worte so aufzuregen. Oder was könnte Sie sonst so wütend gemacht haben? Es sind diese paar Worte, die ich nicht einmal an Sie persönlich gerichtet habe, nicht wahr?" So bewies der Lehrer, wie mächtig Worte sein können, wie enorm ihre Fähigkeit ist, Schaden anzurichten oder Nutzen zu bringen, je nachdem, wie sie eingesetzt werden. Nach diesem Anschauungsunterricht verließ der Beamte, um einiges klüger geworden, den Raum.

Auch in den Schriften finden wir Hinweise, die herausstellen, wie mächtig Worte sein können, ja daß sie die ganze Welt zerstören könnten. Dort steht auch, daß, wenn wir einen Baum fällen, dieser immer noch Sprosse treiben kann, und daß ein Stück Eisen, das entzweibricht, vom Schmied wieder ganz gemacht werden kann: Der Schmied hält die beiden Stücke ins Feuer und schlägt sie solange zusammen, bis sie wieder eins sind. Aber wenn ihr ein Herz durch Worte vergiftet, könnt ihr es nicht wieder heilen. Worte können unendliche Schwierigkeiten bereiten wie auch grenzenlose Freude. Seid also überaus vorsichtig im Umgang mit Worten, damit ihr niemanden verletzt und niemandem Schmerz bereitet.

Wenn euer Körper ausrutscht und hinfällt, gibt es unter Umständen eine Verletzung, die euch eine Weile lästig ist. Aber so ein Sturz hat keine dauerhaften Folgen. Die kleine Wunde, die da vielleicht entsteht, verheilt schnell. Wenn aber eure Zunge ausrutscht und ihr mit harten Worten das Herz eines Menschen verletzt, bringt ihr ihm eine Wunde bei, die von keinem Arzt der Welt mehr geheilt werden kann. Gebraucht niemals Worte, die das Gefühl eines Menschen verletzen könnten! Eines Tages werden die Worte, die ihr benutzt habt, zu euch zurückkehren. Gebraucht nur gute, sanfte Worte.

Man sagt, die Zunge liebt Süßes. Ihr könnt also so mit ihr sprechen: „Liebe Zunge, du magst so gern Süßes – warum verweilst du nicht beim süßen Namen des Herrn? Zunge, du weißt genau, was wahrer Opfersinn

Die Zunge verkörpert Opfersinn

ist, du bist doch die Verkörperung des Opfersinns selbst. Laß dich nur dazu benutzen, den Namen Gottes zu singen. Singe von Nārāyana (dem Gott in allen Wesen), von Govinda (dem Herrn über die niedrigen Kräfte im Menschen), von Mādhava (dem Herrn der Schöpfung) und werde geheiligt!"

Warum sagen wir, daß sie weiß, was wahrer Opfersinn ist? Daß sie absolut selbstlos ist? Nun, es ist eine Erfahrung, die ihr jeden Tag machen könnt. Wenn ihr der Zunge Süßes zu kosten gebt, sagt sie sich: „Oh, ich will diese süßen Sachen an den Magen weitergeben, damit er auch etwas davon hat!" Wenn das, was sie zu kosten bekommt, aber nicht angenehm schmeckt – nehmen wir an, es ist etwas Bitteres – so wird sie wenig erfreut sein und das anmaßende, bittere Zeug nicht an den Magen weitergeben, sondern es ausspucken und ihn somit vor „Kummer" bewahren. Gut oder schlecht, süß oder bitter – die Zunge ist nicht bestrebt, irgendetwas für ihr privates Vergnügen zurückzubehalten. Sie lebt selbstlos, ehrlich und in Kenntnis ihrer Grenzen. Sie ist bereit, lebenslänglich im Mund eingeschlossen auszuharren. Kommt sie jemals heraus? Nein. Welche Arbeit sie auch verrichtet – sie tut sie ohne zu murren, eingesperrt im Mund.

Die Zunge ist geduldig

Noch ein wichtiger Aspekt der Zunge ist zu erwähnen: Sie hat eine erstaunliche Fähigkeit zu erdulden und auszuharren. Mit welchen Problemen sie es auch zu tun bekommt und wieviel Ärger ihr bereitet wird, sie bleibt bei sich, voller Geduld, und überschreitet nie ihre Grenzen. Sie lebt umzingelt von einer ganzen Reihe gefährlicher Gesellen, den scharfen und kräftigen Zähnen. Mit großem Geschick versteht sie es, von diesen aggressiven Mitbewohnern ihres engen Quartiers weder gebissen noch sonstwie verletzt zu werden. Sie kommt mit ihnen aus, ohne je zu Schaden zu kommen.

Sie kann euch also eine wichtige Lektion erteilen. Zum Beispiel, daß ihr unter Menschen leben könnt, mit denen schwer auszukommen ist. Wenn ihr eure ganze Vorsicht, Geduld und Geschicklichkeit benutzt, sollte es euch trotz allem möglich sein, euch eures Lebens zu freuen. Es gibt heutzutage sehr wenige, die einem solchen Beispiel folgen. In den meisten Fällen neigen die Menschen dazu, selbst üble Eigenschaften anzunehmen, wenn sie in schlechte Gesellschaft geraten. Alle guten Gefühle, alle guten Eigenschaften, guten Gedanken und das rechte Verhalten schwinden in einem Augenblick, und alle Verdienste und Tugenden gehen dadurch verloren. Damit ihr nicht auch in einen solchen Sog geratet, ist es notwendig, daß ihr eure Zunge zu beherrschen lernt.

Swami sagt Seinen Schülern und Studenten häufig: „Liebe Studenten, redet nicht so viel! Die göttliche Energie, die in euch ist, wird dadurch vergeudet. Wenn ihr so viel redet, nimmt euer Gedächtnis ab, und euer Körper wird schwach. Letztlich hat das vorzeitiges Altern zur Folge – abgesehen von dem schlechten Namen, den ihr euch damit einhandelt."

Viel reden macht früher alt

Angenommen, ihr besitzt eine Stereoanlage. Ihr schaltet das Radio ein, um die Nachrichten oder Musik zu hören. Dann verlaßt ihr das Zimmer, vergeßt aber, die Anlage wieder auszuschalten, und die Musik tönt sinnlos weiter. Wieviel teuren Strom, wieviel Energie verschwendet sie dabei – völlig nutzlos! Man könnte euren Körper mit einer solchen Anlage vergleichen und den Intellekt mit dem Knopf, an dem ihr sie eingeschaltet, aber auszuschalten vergessen habt. Euer Denken ist in diesem Fall der Ton, der sinnlos weiterläuft in Form des Geplappers, das ihr den ganzen Tag von euch gebt. Die heilige, göttliche Energie, die in euch ist, wird durch das endlose Reden verschwendet. Ihr redet vom frühen Morgen an, wenn ihr aufsteht, bis zum späten Abend, wenn ihr zu Bett geht – wenn nicht laut, so doch innerlich. Die Lautstärke ist vielleicht nicht immer auf Maximum gestellt, aber das Reden, der „Ton" in eurem Innern, läuft nonstop weiter, und die kostbare Energie des *ātman* wird vergeudet – sei es laut oder leise.

Dieses viele Reden ist der Hauptgrund für frühzeitiges Altern und Senilität. Es ist nicht gut. Ihr müßt Schweigen bewahren. Von Geburt an habt ihr Schweigen nie geübt. Ihr müßt es jetzt tun. Die beiden Funktionen der Zunge sind in Wirklichkeit eng miteinander verbunden, denn zuviel Reden führt zu unnatürlich viel Hunger. Wegen des vielen Redens verspürt ihr mehr Hunger, und ihr eßt daher auch mehr. Und durch dieses Mehr an Nahrungsaufnahme entstehen Gefühle, die sich wiederum in noch mehr Reden äußern. In dieser Reaktionskette wird Sinneskontrolle zu einem nahezu aussichtslosen Unterfangen.

Wenn man einem Pferd zuviel Futter gibt und es anschließend anbindet, wird es nervös und widerspenstig und kann nicht ruhig stehen. Ein Pferd, das kräftig gefüttert wird, braucht Arbeit. Auch ihr solltet hart arbeiten und euch körperlich bewegen, wenn ihr reichlich gegessen habt, sonst werdet ihr genauso ruhelos und nervös wie das Pferd, und obendrein entstehen egoistische Gefühle wie Selbstsucht und Stolz in euch. Angemessene Betätigung dagegen stärkt eure Gesundheit und hilft euch, negative Tendenzen zu beherrschen. Eines der Hauptziele der spirituellen Praxis besteht darin, darauf zu achten, daß die Nahrung, die ihr aufnehmt, in Dienst an der Gesellschaft umgewandelt wird. Ihr müßt fest entschlossen sein, immer Gutes zu tun. Sollten euch Widrigkeiten begegnen, dürft ihr nicht schwanken oder flackern wie eine Kerzenflamme im Wind. Euer Selbstvertrauen muß stark sein.

Beobachtet einmal einen kleinen Vogel, wie er angeflogen kommt und sich auf einen Zweig setzt. Er bleibt eine Weile sitzen. Wenn der Zweig durch den Wind in Bewegung gerät und vor und zurück schaukelt, ist der kleine Vogel nicht etwa ängstlich. Warum nicht? Weil er sich nicht auf den Zweig als seine einzige Stütze verläßt, sondern auf seine Flügel. Darum ist sein Selbstvertrauen stark, mag der Zweig noch so sehr schwanken oder sogar brechen – nichts würde ihn in Schwierigkeiten bringen oder abstürzen lassen. Der Mensch dagegen ängstigt sich heutzutage wegen der kleinsten Alltagsprobleme. Er besitzt nicht einmal das Selbstvertrauen eines kleinen Vogels. Warum wohl? Der Grund ist: zu reichliches Essen, tamasisches Essen, das schwerfällig und träge macht; Essen, das voller Abfallprodukte ist, und rajasisches Essen, das starke Gefühle, Leidenschaft und Zorn hervorruft. Die Folge davon ist, daß der Mensch keine Chance hat, die wahre, ausgeglichene, sattvische Natur seines Wesens kennenzulernen.

Der Grund für mangelndes Selbstvertrauen

Freiheit des Menschen

Die jungen Menschen werden heutzutage von vielen Zweifeln geplagt. Sie sehen, wie Vierbeiner und Vögel miteinander leben und sich großer Freiheit erfreuen und fragen sich, warum sie nicht die gleiche Freiheit und Unabhängigkeit wie die Tiere genießen dürfen. Die richtige Antwort darauf ist: Auch ihr habt ein Recht auf Freiheit, aber auf eine Freiheit, die einem menschlichen Wesen angemessen ist, nicht einem Tier. Die Tiere haben die Freiheit, die ihnen als Tieren zusteht. Ihr aber solltet euch der menschlichen Freiheit freuen, einer Freiheit, die dem menschlichen Wesen natürlich ist.

Lebt als wahrhaft menschliche Wesen, entwickelt die Eigenschaften, die für euch angemessen sind. Es kann nicht angehen, daß ihr euch Menschen nennt und die Freiheit eines Tieres genießen wollt. Wahrhaft menschliche Wesenszüge sind Opfersinn, Liebe, Barmherzigkeit, Freigiebigkeit, Mitgefühl, Gewaltlosigkeit und ähnliche edle Eigenschaften. Legt nicht Merkmale an den Tag, die man mit dem Tier in Zusammenhang bringt – wie Selbstsucht, Zorn, Haß, Eifersucht und ähnliches. Sie haben in einem menschlichen Wesen keinen Platz.

Insbesondere der Selbstsucht, dem Stolz und der Eifersucht solltet ihr niemals erlauben, sich bei euch einzunisten. Diese drei sind die schlimmsten der Charakterzüge, die einen Menschen verseuchen können. Wollt ihr nur gute, also menschliche Eigenschaften annehmen, so müßt ihr Herrschaft über eure Zunge erringen – sei es in Bezug auf das Essen, sei es auf den Gebrauch eurer Worte. Das ist der königliche Weg des Menschen. *Bhaktiyoga*, der Weg der Hingabe, verlangt von euch, daß ihr die Zunge in der richtigen Weise gebraucht: Geht sparsam und sorgsam um mit Nahrung und mit Worten.

In diesem *Kali*-Zeitalter ist es einfach, die Zunge zu heiligen, indem ihr den heiligen Namen des Herrn wiederholt. Anstatt eure kostbaren Energien und eure ebenso kostbare Zeit mit unnötigen Worten zu vertun, laßt die Zunge immerzu das Lob Gottes singen und Seinen heiligen Namen wiederholen – das ist die rechte Art, euer Leben zu verbringen. Heiligt eure Existenz; sättigt sie mit der Herrlichkeit und der Heiligkeit Seiner Allgegenwart.

NUR DURCH LIEBE KÖNNT IHR GOTT ERREICHEN

„Denk immer in Liebe an Mich. Ich werde dich mit der Einsicht (buddhiyoga) *segnen, die dich in den Stand des immerwährenden Einsseins mit Mir versetzt. Das ist Mein Versprechen an dich“. So spricht der Herr in der Gītā.*

Verkörperungen der Liebe,

buddhiyoga ist jene Einsicht, jenes Unterscheidungsvermögen, kraft dessen ihr das Ewige, Unvergängliche vom Wechselhaften und Vergänglichen und das Selbst vom Nicht-Selbst unterscheiden lernt. Dieses Unterscheidungsvermögen erschließt sich nur jenen, die die Hingabe der Heiligen besitzen und angefüllt sind mit Liebe zu Gott. Hingabe ist die königliche Straße zur Erlangung der Weisheit und der einzige Weg zum höchsten spirituellen Wissen. Im zwölften Kapitel der Gītā betont der Herr: „Wer sich Mir ganz hingibt, ist Mir lieb.“

Was aber ist Hingabe – *bhakti*? Hingabe ist beständige, zum Herrn hinfließende Liebe. Wenn Liebe auf vergängliche Dinge gerichtet ist, hat sie nichts mit Hingabe zu tun, sondern ist nur eine Form des Anhaftens. Doch wenn Liebe zu dem ewigen Einen hinfließt, wird sie zu Hingabe. Hingabe beginnt mit der Einstellung, daß ihr Diener des Herrn seid – *dāso 'ham*. Später steigt ihr auf zu der Stufe, auf der ihr euch direkt mit dem Herrn identifiziert; das ist die Stufe der Erkenntnis: „Ich bin Er. Der Herr und ich sind eins.“

Rituelle Hingabe

Hingabe kann, äußerlich betrachtet, zwei verschiedene Formen annehmen. Die eine ist die Form von Hingabe, die sich in unterschiedlichen rituellen Praktiken und Andachtsformen wie dem traditionellen Verehren des Herrn mit den sechzehn verschiedenen Arten von Opfergaben, dem Besuchen von Wallfahrtsorten, dem Baden in heiligen Flüssen und ähnlichem äußert. Dies sind Beispiele der allgemein üblichen rituellen Form der Hingabe, der *vaidhabhakti*. Aber in der Gītā lehrt der Herr, daß dies nicht die einzige Methode ist, um die wahre Hingabe zu lernen. Es gibt eine sehr viel höherstehende Form von Hingabe, die einhergeht mit der Entwicklung eines makellosen Charakters und dem ständigen Versenktsein in die Liebe Gottes. Das ist *parabhakti*, transzendentale *bhakti*, die wahre Hingabe.

Es besteht also ein deutlicher Unterschied zwischen *vaidhabhakti* und *parabhakti*. Was landläufig unter *bhakti* verstanden wird, bedient sich der Dinge der Erscheinungswelt, um den Herrn zu verehren – Blumen und Blätter zum Beispiel. Aber woher kommen diese Blumen und Blätter? Wart ihr imstande sie herzustellen, sie zu erschaffen? Nein. Sie alle stammen aus Gott. Wo bleibt das Opfer, die Entsagung, da doch die Dinge, die ihr opfert, vom Herrn selbst geschaffen wurden? Ein solches Blumen“opfer“

kann bestenfalls als recht grobe, mittelmäßige Art der Hingabe bezeichnet werden. Das Opfern der heiligen Blüte eures Herzens dagegen, die nichts mit der Welt im Sinn hat, das liebende Hingeben dieser Blüte an den Einen, der in eurem Herzen wohnt – das ist hohe Liebe, *parabhakti*. Nach dieser Art Hingabe sollt ihr trachten.

Höchste Hingabe

Diese höchste Hingabe kann als ununterbrochene Meditation, als Versenkung in Gott und nur Gott allein, beschrieben werden. Das volkstümliche Verständnis von „Meditation“ beschränkt sich auf die Übung der Konzentration auf einen Gegenstand, durch den das transzendente Ziel erreicht werden soll. Das ist aber nicht der rechte Ansatz zum Verständnis von Meditation. Wenn ihr das Wort *dhyāna* – Meditation – auf seinen Ursprung zurückverfolgt, werdet ihr feststellen, daß damit Meditation auf Gott und nur Gott gemeint ist. Das heißt: Meditation und Hingabe sind in Wirklichkeit ein und dasselbe. Beiden ist die Konzentration auf den Herrn gemeinsam, das ausschließliche Ausrichten der Gedanken auf Ihn und nichts anderes.

Ohne solche meditative Hingabe ist es unmöglich, der strahlenden Herrlichkeit Gottes gewärtig zu werden und spirituelle Erkenntnis zu erlangen.

Ihr sehnt euch nach den Früchten eurer Bemühungen, aber ohne Blüte gibt es keine Frucht. Hingabe ist wie die Blüte, und wenn ihr nicht zuerst eure Hingabe fördert und ihr erlaubt, voll zu erblühen, wird es euch unmöglich sein, die Frucht der Weisheit zu ernten. Auf der Stufe der Blüte muß sich der Jünger des Herrn als *dāso 'ham*, als Diener des Herrn betrachten. Allmählich schreitet ihr fort zur Stufe des *so 'ham* – „ich bin Er, ich bin *brahman*, ich bin Gott“. Auch der große Weise Vidyāranya begann seine spirituellen Übungen auf der Stufe des *dāso 'ham*. Nach einiger Zeit drang er dank dieser Übungen zum *so 'ham* vor.

Vidyāranya und der Herzensdieb

Als Vidyāranya einmal mit seinen Schülern über *sādhana* – die spirituelle Praxis – sprach, fragten ihn diese: „Herr, du hast uns immer gelehrt, ‚*dāso 'ham*‘ zu wiederholen, und heute sagst du auf einmal ‚*so 'ham, so 'ham*‘ und ‚*shivo 'ham, shivo 'ham*‘ – ‚ich bin Shiva, ich bin der Herr‘. Heißt das, daß du eine Änderung vorgenommen hast?“ Der Meister antwortete darauf: „Liebe Kinder! Ja, ich habe die ganze Zeit über immer ‚*dāso 'ham, dāso 'ham*‘ gebetet – ‚O Herr, ich bin Dein Diener, ich bin Dein Diener...‘ – Aber eines Tages kam der unwiderstehliche Dieb, der alle Herzen stiehlt, und stahl das *dā*. Er kam in mein Herz, nahm sich das *dā* von *dāso 'ham* und ließ mich mit *so 'ham* allein zurück. Später erschien Er mir im Traum und sprach: ‚Um dein *sādhana* zu beginnen, mußtest du ‚*dāso 'ham*‘ wiederholen, aber du bist Mir näher und näher gekommen. Nun bist du Mir sehr nahe und sehr lieb geworden. Du darfst nun *so 'ham, so 'ham*‘ sagen, denn du und Ich sind eins geworden.’“

Der Familienvater und der samnyāsin

Ein anderes Beispiel für diese Art von *sādhana* finden wir in der Geschichte von zwei Anhängern Rāmakrishna Paramahamsas. Der eine war ein Mann mit Haus und Familie und der andere ein *samnyāsin* (der der Welt entsagt hatte). Der Name des Familienvaters war Nāgamahāshaya und der des *samnyāsin* Vivekānanda. Nāgamahāshaya fühlte sich als Diener des Herrn und praktizierte *dāso 'ham*. Die Wirksamkeit dieses *dāso 'ham*-Status besteht darin, daß er die Übung der Demut und der Loslösung fördert, wodurch das Ego bald schwindet. Denn solange Ego besteht, werdet ihr nicht imstande sein, das heilige Wissen des *ātman* zu erreichen. Das Ego wartet um die Ecke. Sogar Arjuna, den eine lange Freundschaft mit Krishna verband und der von Krishna so viel Ermutigung bekommen hatte, war zeitlebens von Ego-Gefühlen verwirrt. Erst als Arjuna seinen Bogen niederlegte und er sich Krishna vollkommen unterworfen hatte und erklärte: „Befiehl mir, Herr, ich werde tun, was Du von mir verlangst", lehrte ihn Krishna die höchste Weisheit der Gītā. Solange noch Ichsucht vorhanden ist, könnt ihr den *ātman* nicht erreichen und die höchste Wahrheit nicht erfassen. Sobald ihr aber die Gnade des Herrn erlangt habt, kann keine Ichsucht mehr in euch weiterbestehen. Denn wie könnten Licht und Dunkelheit zugleich miteinander existieren?

Die Lebensumstände bestimmten den Weg

Nāgamahāshaya begann sehr demütig auf der Stufe des *dāso 'ham*. Vivekānanda dagegen entwickelte einen sehr weiten Horizont durch das ständige Wiederholen von *shivo 'ham, shivo 'ham* – „ich bin Shiva, ich bin Shiva, ich bin das Unendliche, ich bin Gott". Es waren die unterschiedlichen Lebensumstände, die die beiden Gottsuchenden verschiedene Wege gehen ließen, um die Macht der Täuschungskraft zu überwinden. Nāgamahāshaya wurde durch seinen Weg des Gott-Dienenden immer kleiner und kleiner, bis er schließlich so winzig war, daß er zwischen den Pranken des schrecklichen Tigers *māyā*, der Täuschungskraft, die ihn gefangen hielt, hindurchschlüpfen konnte. Er verlor dabei sein Ego und wurde frei. Für Vivekānanda brachen die Fesseln der *māyā*, die ihn gebunden hatte, entzwei, da er durch das ständige Wiederholen von „*shivo 'ham, shivo 'ham*" enorme Ausdehnung erfuhr.

Wenn ihr in euch ständig die heilige und erhabene Vorstellung „Ich bin Gott" hegt, kann euch nichts mehr erschüttern. Nichts kann euch mehr den Weg versperren. Es genügt natürlich nicht, lediglich die Worte auszusprechen; sie müssen aus einem echten Erleben kommen. Dazu müßt ihr euer Körperbewußtsein abstreifen und handfeste Sinneskontrolle üben. Dann werdet ihr, durch ständige Identifikation mit dem Herrn, nach einer angemessenen Zeitspanne die höchste Weisheit erlangen. Oder ihr folgt dem Weg des *dāso 'ham*, der die Ichsucht wirksam aus dem Herzen vertreibt und werdet von Seligkeit erfüllt.

Drei Stufen zur Einheit

Es gibt drei aufeinanderfolgende Bewußtseinszustände auf dem Weg der Gotteserkenntnis: *dvaita* – Dualität, *vishishtādvaita* – bedingte Nicht-Dualität und *advaita* – in der keine Dualität mehr besteht. Im Anfang werdet ihr finden, daß ihr „Jünger des Herrn" seid. Die Wesenheiten sind zwei: Gott und ihr. Ihr stellt euch Gott irgendwo weit entfernt vor, und euer Ansatz ist der, daß ihr Ihn ausfindig machen wollt und Ihm näher zu kommen und Ihm sehr lieb zu werden trachtet. Es ist ein stufenweises Voranschreiten, und zu angemessener Zeit werdet ihr den Herrn von Angesicht zu Angesicht schauen und zu Ihm sagen: „Herr, ich bin Dein Diener, ich bin Dir ergeben." Auf dieser zweiten Stufe steht ihr aufrecht vor dem Herrn und bezeichnet euch selbst als Ergebene des Herrn. Auf der dritten Stufe könnt ihr dann behaupten: „Ich bin Du, und Du bist ich. Wir sind eins.“

Auf der ersten Stufe, die durch die Feststellung „Ich bin ein Jünger des Herrn“ gekennzeichnet ist und Gott als weit entfernt existierend betrachtet, herrscht Dualität – *dvaita*. Die zweite Stufe, auf der ihr von Angesicht zu Angesicht zu Gott sagt: „Ich bin Dein Diener“ und Ihn in eurem Herzen fühlt, ist die Stufe der bedingten Nicht-Dualität – *vishishtādvaita*. Auf der dritten Stufe, auf der die Wahrheit heraufdämmert: „Herr, ich bin Du, und Du bist ich“, könnt ihr zwischen euch und Gott nicht mehr unterscheiden. Da ist keine Dualität mehr vorhanden – ihr seid im *advaita*. Es ist ein Aufstieg von der Dualität zur Einheit, vom Praktizieren des landläufigen Begriffs von Hingabe – dem Verehren des Herrn in einer Form und mit Eigenschaften durch Riten und äußere Anbetung – zum Formlosen, zum absoluten Aspekt des Göttlichen. Die Haltung des Dieners anzunehmen bewirkt den Einstieg in eure geistige Entwicklung, doch irgendwann werdet ihr euch eins mit Gott fühlen.

Der große und der kleine Kreis

Stellt euch einen sehr großen Kreis vor und etwas entfernt und getrennt von diesem einen weiteren, sehr viel kleineren Kreis. Der große Kreis steht für Gott und der kleine für *jīva* – die Einzelseele. In diesem Beispiel ist *jīva* verschieden von Gott. Das ist *dvaita* – Zweiheit, Dualität. Wenn ihr nun den kleinen Kreis in den großen hineinlegt, habt ihr *vishishtādvaita*, die bedingte Nicht-Zweiheit. *Jīva* ist nun ein Teil Gottes geworden – er existiert in Gott. Und wie sieht es aus, wenn *jīva* ganz in Gott aufgeht? Dazu muß der kleine Kreis sich ausdehnen und größer und größer werden, bis er die volle Größe des großen Kreises angenommen hat. Wenn dies geschieht, sind die beiden Kreise nicht mehr voneinander zu unterscheiden – *jīva* und *deva* sind eins geworden; der Mensch hat sich mit Gott vereint. Das ist *advaita*, vollständige Einheit, Nicht-Dualität.

Auf dem Pfad der Hingabe ist es die absolute Selbstaufgabe, die bewirkt, daß *jīva* sich ausdehnen und mit Gott eins werden kann. Es geschieht, sobald ihr eure begrenzte Individualität verlaßt und das Prinzip des Göttlichen erkennt, das in euch angelegt ist: Eure Schwächen fallen von euch ab, und ihr entwickelt die Geistesgröße, die schließlich im Einswerden mit dem Herrn gipfelt. Wie könnt ihr das Verständnis eurer göttlichen Natur erlangen? Wie die Göttlichkeit in euch erkennen? Durch stetiges Üben *(abhyāsayoga)*. Selbst für die kleinsten Fertigkeiten dieser Welt müßt ihr ständig üben und euch verbessern, sei es Lesen, Schreiben, Gehen oder Essen. Ihr fangt mit einem ersten Schritt an und tut irgendwann einen letzten. In unserem Fall bedeutet dieser letzte Schritt das Erreichen der höchsten Weisheit, die euch frei macht.

„Wissen“ und Wissen

Es gibt zwei Arten von Wissen. Das eine bezieht sich auf das Geistliche, das andere auf die Welt der Materie. Das gewöhnliche Wissen, das sich mit Dingen der Welt befaßt, betrifft die Untersuchung der diversen Eigenarten materieller Gegenstände. Geistliches oder spirituelles Wissen dagegen heißt, das innere Gesetz, die zugrundeliegende Ursache und den Zweck aller materiellen Gegenstände begreifen, die es in dieser Welt gibt und gegeben hat. Ohne Weisheit, das spirituelle Begreifen, wird es euch nicht möglich sein, wahres Wissen von der materiellen Welt zu erlangen. Es ist also selbst zum Verständnis der tieferen, materiellen Schichten der Welt nötig, sich spirituelles Wissen anzueignen.

Ohne Körper kann man keine Tätigkeit ausüben. Er wird für alle möglichen Arten von Tätigkeiten benötigt – er ist die Grundlage für alles Tun. Benutzt euren Körper dazu, euer Ziel zu erreichen und zur Ausübung von Tätigkeiten, die anderen nützen. Ich gebe euch ein kleines Beispiel dafür, damit die jüngere Generation, die hier auch vertreten ist, das leichter verstehen kann. Nehmt an, ihr geht zu einem Picknick in den Wald und habt alles mitgebracht, was ihr zum Kochen und Zubereiten des Essens braucht. Bevor ihr mit den Vorbereitungen beginnt, sucht ihr euch drei passende Steine und baut daraus einen einfachen Herd, auf den ihr den Kochtopf stellt. Als nächstes gebt ihr Wasser und anschließend den Reis in den Topf. Unter dem Topf, zwischen den Steinen, macht ihr Feuer. Wozu braucht ihr Feuer? Weil ihr durch die Hitze des Feuers den Reis kochen könnt, der sich im Topf befindet. Wenn ihr den Reis einfach ins Feuer geben würdet – das heißt, ohne Topf kochen wolltet – so würde nichts aus eurem Essen. Die Hitze des Feuers überträgt sich auf den Topf, vom Topf aufs Wasser und schließlich vom Wasser auf den Reis. So kann der Reis kochen, und ihr bekommt das Essen, das ihr euch gewünscht habt.

Das Picknick

In diesem Wald, der das Leben symbolisiert, sucht ihr nach Glück und Zufriedenheit, die ihr mit dem Essen gleichsetzen könnt. Die drei Steine sind die menschlichen Grundeigenschaften *sattva*, *rajas* und *tamas* (Ausgeglichenheit, Aktivität und Trägheit). Euren Körper könnte man mit dem Kochtopf vergleichen, eure Gefühle und Wünsche mit dem Wasser und eure spirituellen Sehnsüchte und Hoffnungen mit dem Reis. Das Feuer, das ihr zwischen den Steinen angezündet habt, ist das reinigende *sādhana*, das ihr benutzt, um Weisheit zu erlangen. Dieses reinigende Feuer muß an den Körper gelegt werden und durch den Körper an die Gefühle, Wünsche und Begierden. Dadurch werden diese ihrerseits „gekocht“ und in die höchsten spirituellen Sehnsüchte verwandelt, die schließlich in dem fertigen „Essen“, in *ātmajnāna* – dem Erkennen des Selbst – gipfeln, nach dem ihr gestrebt habt. Es ist unmöglich, spirituelles Wissen sofort und unmittelbar im Herzen zu erfahren, wenn ihr nicht vorher durch diesen „Kochvorgang“ hindurchgegangen seid. Durch den Körper und eure guten Taten verbrennt ihr eure Wünsche und Begierden und verwandelt sie in Sehnsucht nach geistigen Zielen, und das führt zur höchsten Weisheit.

Meditation – richtig verstanden – besteht im graduellen, allmählichen und dauerhaften Beherrschen aller Wünsche. Durch Beherrschen der Sinne und der Wünsche und Begierden wird es euch möglich, alle Tätigkeiten auf ganz natürliche und selbstverständliche Art auszuführen, ohne daß ihr für euch davon ein Resultat erwartet. Tatsächlich ist es unmöglich zu arbeiten, ohne damit ein Resultat, eine Wirkung zu erzielen. Jede Handlung, die ihr ausführt, wird notwendigerweise irgendeine Wirkung zur Folge haben – eben die Frucht der Tat. Es ist also nicht so, daß es gar keine Früchte geben wird. Die Gītā sagt lediglich, daß ihr das *Interesse am Ernten der Früchte* aufgeben sollt. Die Früchte werden sich von selbst ergeben, aber arbeitet nicht auf sie hin. Arbeitet, weil ihr es als eure Pflicht erachtet zu arbeiten.

Während ihr eure Pflichten erfüllt, werden hin und wieder Wünsche in euch hochkommen, und ebenso werden sich einige Früchte eurer Arbeit zeigen. Daraus ergibt sich kein Schaden für euren spirituellen Fortschritt. Erfüllt weiterhin eure Pflichten. Menschen, die nicht richtig verstanden haben, was mit dem „Opfern der Früchte des Handelns" gemeint ist, neigen dazu, das Handeln selbst aufzugeben. Doch Tätigkeit muß sein. Was die Gītā betont, ist der innere Verzicht während der Ausübung der Tätigkeit, nicht der Verzicht auf das Tätigsein selbst. Bis das Essen gekocht ist, wird das Feuer benötigt. Bis ihr das Geheimnis der Arbeit und des Opferns der Früchte der Arbeit verstanden habt, müßt ihr fortfahren, Tätigkeit auszuüben und eure Pflichten zu erfüllen.

Ein edler Charakter und ein tadelloses Verhalten künden von der inneren Wahrheit eines Menschen. Diese Wahrheit ist auf Liebe gegründet. Ob ihr euch mit *karmayoga* beschäftigt und auf die Früchte eurer Tätigkeit verzichtet oder mit *bhaktiyoga* und in die Allgegenwart des Herrn versunken seid oder mit *jnānayoga* und euere Seele erforscht und danach strebt, Weisheit zu erlangen – die Triebfeder all dieser sprituellen Übungen ist Liebe. Wahrheit, Rechtschaffenheit, Friede, Liebe und Gewaltlosigkeit – *satya*, *dharma*, *shānti*, *prema*, *ahimsā* – existieren nicht getrennt voneinander. Sie hängen ihrem natürlichen Wesen nach von der Liebe ab. Wenn Liebe in die Gedanken fließt, wird sie zu Wahrheit. Wenn sich Liebe in Form von Tätigkeit ausdrückt, wird sie zu Rechtschaffenheit. Wenn eure Gefühle mit Liebe gesättigt sind, werdet ihr zum Frieden selbst. Die wahre Bedeutung des Wortes Frieden ist Liebe. Wenn ihr euer Unterscheidungsvermögen mit Liebe erfüllt, habt ihr Gewaltlosigkeit. Liebe ausüben ist *dharma*, Liebe denken ist *satya*, Liebe fühlen ist *shānti*, und Liebe verstehen ist *ahimsā*. Für all diese Werte ist Liebe der Strom, der durch sie fließt und sie trägt und nährt. Im *buddhiyoga*, der in der Gītā im Kapitel über *bhaktiyoga* erläutert wird, heißt es: „Fülle dich an mit Liebe und benutze diese Liebe, um Mich zu erreichen. So wirst du beides, Meine Nähe und Meine Zuneigung, erreichen."

Liebe ist die treibende Kraft

Deine kleinen Hände

Lieber Suchender auf dem spirituellen Weg! Deine Hände sind sehr klein, und doch suchst du mit diesen beiden kleinen Händen Mir zu dienen. Deine Augen sind sehr klein, und doch suchst du mit diesen beiden kleinen Augen Meine gesamte Schöpfung zu sehen. Deine Ohren sind sehr klein, und doch suchst du mit diesen beiden kleinen Ohren Meinen Worten zu folgen. Du suchst mit deinen beiden kleinen Füßen, dich Mir zu nähern. Doch dadurch, daß du Mir mit deinen beiden kleinen Händen nur dienst, wirst du nicht viel erreichen. Nur Meine unendlich weite Schöpfung mit deinen beiden kleinen Augen anzuschauen, wird dir auch nicht viel nützen. Meine göttlichen Worte mit deinen beiden kleinen Ohren nur aufzunehmen, wird dich ebenfalls nicht viel weiterbringen. Und einfach nur mit deinen beiden kleinen Füßen in Meine physische Gegenwart zu gelangen, wird dir bei deinem Vorhaben auch nicht sehr viel weiter helfen. Aber es gibt etwas, das einen gewaltigen Einfluß, eine wirklich bedeutende Wirkung haben wird: Verankere Mich fest in deinem Herzen! Wenn du Mich erst einmal in dein Herz aufgenommen hast, werden dir alle anderen Tätigkeiten nicht mehr so wichtig erscheinen.

Welcher Art der Verehrung und des Gottesdienstes du dich auch durch den Gebrauch deiner Hände, Augen, Ohren, Füße widmest – sie hat dir im Grunde nur geholfen, deine Gedanken besser zu beherrschen. Wenn du jedoch den Herrn einlädst, in dein Herz zu kommen, wird das Beherrschen der Gedanken und Gefühle und der Sinne sehr einfach: Sie werden ganz von selbst still werden. Es wird keiner besonderen Anstrengung bedürfen, die Früchte eurer Tätigkeiten darzubringen. Krishna sagt: „Wenn du einmal damit begonnen hast, in Gedanken an Mich allein zu verweilen, dich nur dem Gedanken an Mich hinzugeben, werde Ich Mich – Meiner Natur entsprechend – um alles andere kümmern." Um diesen Stand zu erreichen, mußt du Entschlossenheit und unverrückbaren Glauben an den allgegenwärtigen Herrn entwickeln, der in deinem Herzen wohnt.

Gott ist in jedem Augenblick Fülle und Vollkommenheit. Um diese Fülle zu erreichen, müßt ihr vollen Glauben haben. Wenn ihr nicht erfüllt und vollkommen seid, wird sich die nötige Anziehungskraft, die euch und Gott zusammenschweißen soll, nicht herstellen lassen. Um die Fülle und die vollkommene Liebe, die der Herr ist, zu bekommen, müßt ihr die Fülle im Herzen haben – die Fülle des Glaubens und der Liebe. Wenn ihr stattdessen mit Zweifeln angefüllt seid, untergrabt ihr das reine Prinzip der Liebe, das euer wahres Wesen ist. Eure Zweifel besudeln euer Herz und entfernen euch vom allwissenden, allmächtigen, allgegenwärtigen Herrn, der sich jedes eurer Gedanken bewußt ist. Was für Gedanken auch kommen mögen – erfüllt sie mit Ihm. Denkt an Ihn mit einem Herzen, das von Liebe und Glauben übervoll ist, und ihr werdet Ihn sicher erreichen. Er sagt in der Gītā, daß ihr Ihm lieb sein werdet, wenn ihr Ihn aus tiefstem Herzen verehrt. Das heißt, Ihn überall und in allem wahrzunehmen. Die Gītā erklärt: *„Adveshtā sarvabhūtānām"* – „Hasse nichts und niemanden in der ganzen Schöpfung", denn Er ist in jedem Namen und in jeder Form. Wenn das Gefühl der Liebe euer ganzes Wesen durchpulst, werdet ihr Ihm sehr lieb sein.

In uns ist Fülle

Alle edlen Eigenschaften des Menschen sind bereits in Fülle in jedem menschlichen Wesen angelegt, aber sehr wenige machen den Versuch, sich dieser Fülle bewußt zu werden. Sie vergeuden ihre Zeit damit, ausschließlich weltlichen Tätigkeiten nachzugehen. Ihr müßt euch aber auch mit spirituellen Tätigkeiten beschäftigen, denn diese helfen euch, das Ziel des Menschseins zu erreichen. Ihr verehrt Gott durch äußere Rituale. Dient Gott auch innerlich, indem ihr Ihm die Blüte eures Herzens darbringt – dann werden Einigkeit und Harmonie in eurem Leben herrschen. Wenn ihr in all euren Tätigkeiten – den weltlichen wie den geistlichen – Harmonie und Einheit erreicht habt, wird euer Leben geheiligt sein, und ihr werdet Erfüllung in allem finden, was ihr beginnt.

Bhaktiyoga lehrt, daß die Liebe die Grundlage für alles ist. Sie ist die einzigartige, unvergleichlich wichtige Eigenschaft, die vor allen anderen gefördert werden muß. Alle eure Gedanken müssen in die Dimension

„Liebe“ getaucht sein – dann wird die Wahrheit von selbst in eure Herzen einkehren. Alle eure Handlungen müssen von Liebe durchtränkt sein. Dann wird sich *dharma* von selbst in all dem, was ihr tut, ausdrücken. All eure Gefühle müssen von Liebe durchtränkt sein. Dann werdet ihr imstande sein, unendlichen Frieden zu erfahren. Euer Unterscheidungsvermögen muß von Liebe durchtränkt sein. Dann werdet ihr niemanden und nichts mehr hassen oder verabscheuen. Daraus geht hervor, daß Liebe die wahre Grundlage des Friedens des Geistes und der Geburtsort der Wahrheit ist, die wahre Grundfeste der Rechtschaffenheit und der Gewaltlosigkeit. Das ist der Grund, weshalb Swami so oft sagt: „Liebe ist Gott, Gott ist Liebe“.

Die Essenz der Lehren des *bhaktiyoga* ist die Entwicklung und das Umsetzen selbstloser Liebe. Euer Herz wird dabei weit, und ihr werdet aus euch selbst heraus alle Größe verwirklichen, die in eurem Wesen seit jeher angelegt ist.

ZORN UND BEGIERDE SIND ZWILLINGSÜBEL

Nur wenn ihr eure Gedanken zum Schweigen bringt, werdet ihr eure Wünsche und Begierden besiegen können; nur wenn ihr diesen Sieg erringt, werdet ihr imstande sein, des Zornes Herr zu werden. Darum ist der erste Schritt im Kampf gegen Zorn und Begierden die Befreiung aus dem Strudel der Gedanken.

Verkörperungen der Liebe,

die Gedanken zum Schweigen zu bringen ist für jeden, nicht nur für den Menschen auf dem spirituellen Weg, eine wichtige Übung. Doch lehrt die Gītā im Kapitel über *bhaktiyoga*, daß es für einen Jünger des Herrn ganz besonders wichtig ist. Gedanken sind mit Energie und Leben geladen. Sie können mächtiger als die härteste Materie sein.

Das Denken beginnt mit dem Augenblick der Geburt. Die außerordentlich feine Materie, aus der die Gedanken bestehen, bildet sich aus der Nahrung, die der Mensch zu sich nimmt. Wenn ihr also nur gute, gottgeweihte Nahrung zu euch nehmt, werdet ihr nur heilige Gedanken haben. Ein Mensch, der nur heilige Gedanken hegt, wird nur heilige Dinge tun und nur heilige Worte in den Mund nehmen. Heilige Gedanken sind wie ein scharfes Messer oder Schwert. Damit könnt ihr schlechte Gedanken, Gefühle und Handlungen aufspüren und sie in Stücke hacken und zerschlagen. Wenn ihr dagegen schlechte Nahrung zu euch nehmt, werden schlechte Gedanken, Gefühle und Handlungen geradezu wuchern. Nicht nur das: Diese Art Nahrung schwächt euren Körper, und ihr verliert die Fähigkeit, richtig zu verdauen, und bekommt alle möglichen körperlichen Gebrechen. Der Herr legt in der Gītā großen Wert auf die Feststellung, daß sowohl für das Wohlergehen der Welt wie auch für die Entfaltung des im einzelnen angelegten geistigen Potentials ein gesunder, reiner Körper die Voraussetzung ist. Darum ist es sehr wichtig, dem Körper nur gute Nahrung zuzuführen und sie vor dem Essen dem Herrn zu weihen, damit sie gesegnet wird.

Die Nahrung bestimmt die Art der Gedanken

Die Gedanken und der Denkvorgang selbst sind bereits die wahre Gestalt des Denkvermögens. Wenn sich Gedanken mit der Welt der Erscheinungen und den Dingen, die mit ihr verbunden sind, einlassen, so drehen sie sich um Besitz und Reichtum, denn das sind die Grundlagen des Lebens in dieser Welt. Das Wort Reichtum bezieht sich für gewöhnlich auf die weltlichen Besitztümer Geld und Gold, Haus und Grund und die Zahl der Kinder. Eine weitere Art von Reichtum ist euer Ruf, eure Position und euer Rang in der Gesellschaft. Aber für die Bhagavad Gītā sind weder weltliche Güter, noch der persönliche Status wahrer Reichtum, sondern vielmehr euer guter Charakter, eure korrekte Lebensführung und das Wissen um den *ātman*.

Weltlicher Name, Ruf, Besitz und Familie sind unbedeutende, kurzlebige Erscheinungen. Schon zu Lebzeiten können sie euch verlassen. Unheil und Mißgeschick können dazu führen, daß ihr Rang und Namen, Besitz und Familie verliert, und was noch schwerer wiegt: Keines dieser Güter wird euch über den Tod hinaus begleiten. Ein guter Charakter aber, korrekte Lebensführung, das Wissen vom *ātman* und ähnliche edle Eigenschaften werden nicht nur zeitlebens, sondern auch noch darüber hinaus um euch sein – ständig bereit, euch zu helfen auf dem Weg zur Einswerdung mit dem Herrn.

Ein guter Ruf baut nicht auf körperlicher Schönheit oder Anziehungskraft auf; auch nicht auf Gütern oder Körperkraft, sondern einzig und allein auf einem edlen Charakter. In den Schriften findet ihr die Geschichte von Vishvāmitra, der beschlossen hatte, sich an dem Weisen Vasishta zu rächen, und dazu auf seine Körperkraft vertraute. Vasishta dagegen bezog seine Kraft einzig aus dem Göttlichen. Er war ein *brahmarishi*, eine hohe Seele, die ständig im Gottesbewußtsein lebt, und trug den unsichtbaren Schild des *brahmatattva* – jenen Schutz, der aus diesem ständigen Versenktsein in das göttliche Prinzip herrührt.

Vishvāmitras Pfeile

Als er von den tödlichen Pfeilen und Geschossen Vishvāmitras – zu jener Zeit ein mächtiger und unbarmherziger Herrscher – getroffen wurde, blieb der Weise unerschütterlich. Vishvāmitras Pfeile blieben wirkungslos, so als seien sie gegen eine Felswand abgeschossen worden. Alle seine Geschosse brachen in dem Augenblick, da sie Vasishtas Körper berührten, in Stücke und fielen kraftlos zu Boden.

Physische Kraft

Physische Kraftanwendung ist in Wirklichkeit Schwäche. Nur Kraft, die im Göttlichen begründet ist und die Energie der Rechtschaffenheit besitzt, ist wahre Stärke. Als Vishvāmitra dies erkannte, begann er mit ernsthaften Bußübungen und hoffte, damit die gleichen erhabenen spirituellen Höhen wie der Weise zu erreichen. Nach langer Askese gelang es ihm schließlich, *brahman* zu erkennen, so daß Vasishta selbst ihn zum *brahmarishi* erklärte.

Die Kaurava-Brüder waren hundert an der Zahl. Auch sie gründeten ihre Stärke auf physische Kraft, Geld und die Militärmacht verschiedener Könige, die ihre Verbündeten waren. Letzten Endes starben sie alle in dem Krieg, den sie selbst angestiftet hatten, und nicht ein einziger der Söhne blieb übrig, der die Bestattungsrituale hätte vornehmen können, als die Eltern starben. Was für ein schreckliches Schicksal! Anstatt göttliche Hilfe zu suchen, nahmen Duryodhana und die übrigen Kaurava-Brüder nur zu materieller Macht, zu Geld und zu der Kraft einzelner Menschen Zuflucht. Die Pāndavas dagegen überließen restlos alles Krishna und suchten nichts als Seine Gnade.

Krishna freute sich sehr, als Arjuna Ihm in vollkommener Ergebenheit zu Füßen fiel. Er zog Arjuna zu Sich hoch und sagte: „Steh auf,

Wahre Stärke

Dhanamjaya. Wahre Stärke liegt im Glauben. Am Ende wird immer die Gerechtigkeit siegreich bleiben und die Selbstsucht untergehen. Das ist das eine, unveränderliche Gesetz des *dharma*, das für jedes Zeitalter gilt."

Krishna versicherte Arjuna am Tag des Kampfes, daß jeder, der im Herrn Zuflucht sucht, dessen Gnade erreichen und in allem, was er unternimmt, erfolgreich sein wird. Wer aber den Schutz des Herrn ablehnt, wird Seine Gnade nicht gewinnen und am Ende sein Ziel verfehlen und untergehen.

Wenn ihr danach trachtet, die Gnade des Herrn zu erringen, müßt ihr eure weltlichen Wünsche und Begierden beherrschen lernen. Alle Auswirkungen eurer Tätigkeiten im *bhūtākāsha* – der Erscheinungswelt, die ihr im Wachzustand erfahrt – sind nicht wahrer als eure Träume. Die Häuser und Paläste, die ihr in euren Träumen seht, verschwinden schlagartig, sobald ihr die Augen öffnet. Sie sind nicht wahr und waren es auch niemals. Eure Traumerlebnisse verschwinden im Wachzustand, so wie die Erlebnisse des Wachzustandes in euren Träumen untergehen. Im Tiefschlaf gibt es beides nicht mehr.

In der Gītā lehrt der Herr, daß *cittākāsha* die feinstoffliche Form von *bhūtākāsha*, und *cidākāsha* die noch feinere Form des *cittākāsha* ist. Von diesen drei ineinander verwobenen Ebenen des Wachens, des Träumens und des Tiefschlafs ist *cidākāsha* die feinste Seinsebene – sie durchdringt alles. Doch jenseits aller drei Seinsebenen ist der Herr, *brahman*, der *paramātman*, das höchste Prinzip des Göttlichen. Dieses göttliche Prinzip ist das Feinste des Feinstofflichen, das Kleinste des Kleinen, aber auch das Größte des Großen. Unter dem Mächtigen ist das Göttliche das Mächtigste von allem: Es kann nichts Größeres geben. Sucht es, verankert es in eurem Herzen – und seid gerettet. Wißt, daß das Mächtigste alles Mächtigen der *ātman*, euer tiefinnerstes Selbst ist. Das ist die Wahrheit des *brahman*; das ist die Wahrheit des *ātman*.

Das Mächtigste ist in euch

Diejenigen, die das Prinzip *brahman*, das das höchste aller Ziele ist, erreichen wollen, müssen ihre Reise auf der Stufe des *dāso 'ham* beginnen, wie wir es im vorhergehenden Kapitel erläutert haben. Diese erste Stufe ist jene, in der der Jünger des Herrn sich als Diener oder Botschafter des Herrn versteht – es vollzieht sich im Breich des *dvaita*, der Dualität. Allmählich laßt ihr die Vorsilbe *dā* fallen – streicht sie ersatzlos – und bleibt, allein, mit *so 'ham* – ich bin Er – zurück. Damit tretet ihr ein in das Stadium, das *vishishtādvaita* genannt wird und welches der zweite wichtige Schritt auf eurem spirituellen Weg ist. Wenn der Jünger mit dem Praktizieren von *so 'ham* stetig fortfährt, wird nach einiger Zeit auch die zweite Silbe von *dāso 'ham* – *so* – verschwinden und nur *aham* – „ich" – übrigbleiben. Es ist das reine Selbst ohne jede Veränderlichkeit oder Begrenzung.

Die Reise von *dāso 'ham* zu *aham* ist so etwas wie der Heilungsprozeß einer Wunde. Die schützende Kruste, die sich auf der Wunde bildet, fällt mit fortschreitender Heilung von selbst ab. Sobald *dā* und *so* abfallen, die das reine Ich bislang überlagert hatten, werdet ihr ins letzte Stadium: *advaita* oder Nicht-Dualität, übergegangen sein, tief versenkt in die Wahrheit des „*aham, aham*" – „ich bin ich".

Solange ihr behauptet: „Ich bin *brahman*, ich bin Gott", bewegt ihr euch immer noch in *vishishtādvaita*. Es ist noch Dualität, also Unterschiedenheit und Verschiedenheit vorhanden, da noch von zwei Wesen die Rede ist – von Ich und von *brahman*. Die vollkommene Nicht-Dualtät ist noch nicht erreicht. Im Anfangsstadium des „Dieners des Herrn" sind beide, Herr und Diener für sich getrennt; ihre Positionen sind eindeutig verschieden. Sobald ihr „ich bin *brahman*" sagt, ist der Unterschied – obwohl noch eine Spur Dualität vorhanden ist – nicht mehr der einer Subjekt-Objekt-Trennung, sondern eher so, als sähe man das eigene Abbild in einem Spiegel.

Wenn euch die Menschen als sehr verschieden erscheinen – als viele gesonderte Wesen – so habt ihr es mit den Reflexen, eben Abbildern von ihnen zu tun. Im *vishishtādvaita*-Stadium dagegen seht ihr überall nur mehr euer eigenes Abbild, weil ihr alles seid, was da ist. Ihr seid das eine Selbst, das sich in vielerlei Abbildern widerspiegelt – so wie die eine Sonne in vielen mit Wasser gefüllten Gefäßen als von sich selbst getrenntes, gesondertes Abbild viele Male wahrgenommen werden kann. Ihr seid im *vishishtādvaita*-Stadium also allein; kein anderer ist da. Das einzige, was noch zwischen euch und dem Göttlichen steht, ist der Spiegel. Ihr seht andauernd euer eigenes Ebenbild, und so erlebt ihr euch als sehr nahe dem Herrn, sozusagen von Angesicht zu Angesicht. In diesem Stadium seid ihr den Lotosfüßen des Herrn ganz nahe.

Spiegelbild der Sonne

Wenn ihr aber nur mehr den einen, allesdurchdringenden Gott wahrnehmt – wo bleibt dann die Notwendigkeit eines Bildes überhaupt? Gibt es einen Ort, an dem Er nicht ist? Da doch die gesamte Schöpfung das Haus des allgegenwärtigen Herrn ist, wo solltet ihr da nach der Tür Ausschau halten, durch die ihr in Sein Haus gelangen könnt? Wenn es ein solches getrennt bestehendes Haus und eine solche getrennt bestehende Straße gäbe, bestünde auch die Notwendigkeit einer Tür, die auf diese Straße hinausführt. In Wirklichkeit gibt es eine solche Straße nicht. Da das allesdurchdringende Göttliche überall ist, wie könnte es da einen Ort geben, den ihr erst suchen müßtet, um Es zu finden? Es hat keinen speziellen Wohnort. Sobald ihr erkennt, daß überall Es ist – überall und zu jeder Zeit gleichzeitig – dann ist die richtige Wahrnehmung des Göttlichen nicht die von einem Objekt, dessen Abbild an verschiedenen Orten gesehen wird, sondern die Erkenntnis, daß es nur euer Selbst gibt, den *ātman*, der überall wohnt – gegenwärtig in allem in seiner ganzen Fülle. Diese umgreifende Wahrnehmung des Göttlichen als des Einen-ohne-ein-Zweites wird *advaita* genannt.

Viele Menschen beten gewohnheitsgemäß: „Oh Herr, ich bin ein Sünder, meine Seele ist voller Sünde, ich habe so viel gesündigt..." Aber wer ist es denn, der gesündigt hat? Kann ein Mensch jemals getrennt vom Herrn existieren? Bekenntnisse wie die, daß ihr Sünder seid, sind nicht gut für euch. Ihr solltet lieber denken: „Ich bin Shiva, ich bin Gott, ich bin der Friede selbst, ich bin Liebe, ich bin Glückseligkeit, reine Seligkeit, die kein Ende hat." Solche erhebenden Gedanken sind der beste Weg, um das Ziel zu erreichen.

Die Liste der edlen Eigenschaften, die ein Jünger des Herrn haben sollte, beginnt Krishna in der Gītā mit den Worten: *„adveshtā sarvabhūtānām"*: „Keinerlei Groll oder Abneigung gegenüber irgendeinem Wesen". Wenn ihr Freude und Leid gleichmütig hinnehmt, erhebt sich die Frage der Abneigung gar nicht erst. Wenn ihr erkennt, daß dasselbe transzendente Prinzip in allen menschlichen Wesen und in allen Geschöpfen verkörpert ist, kann kein Raum mehr für Abneigung oder Haß sein. Wenn ihr erkennt, daß das eine Göttliche in allen Wesen gleichermaßen wohnt, wie könnt ihr da einen anderen hassen? Wo gibt es überhaupt „einen anderen"? An wen ist dann aber der Satz *„adveshtā sarvabhūtānām"* gerichtet? An diejenigen, die erkannt haben, daß das eine transzendente Prinzip in ihnen und in gleichem Maße in allen anderen Lebewesen wohnt? Selbstverständlich nicht. Die Aufforderung gilt für alle jene, die die große Wahrheit der Einheit aller Wesen noch nicht erfaßt haben.

Eine unerhörte Freude teilt sich euch mit, wenn ihr euch in die *dāso 'ham*-Haltung versenkt. Ihr werdet überquellen vor Freude, weil ihr die Süße des Herrn erfahrt und euch wünscht, diesen Zustand niemals aufgeben zu müssen. Ihr kommt zu dem Schluß, daß, wenn ihr von diesem Zustand des Dienerseins in den der Identität mit *brahman* überwechseln müßtet, ihr diese vollendete Süße nicht mehr kosten könntet. Denn der Zucker weiß nichts von seiner eigenen Süße. Oder anders: Ihr könntet euch Sorgen machen, daß ihr, wenn ihr eins mit dem Zucker werdet, nicht länger seine Süße genießen würdet. Im Stande des Dieners habt ihr teil an der Wonne und Süße des Herrn, und es könnte sein, daß ihr es vorzieht, in diesem Stand zu bleiben, weil ihr lieber auf ewig die nektargleiche Süße schmecken wollt, als eins mit Ihm zu werden.

Ein Beispiel für das Erlebnis größter Wonne im Stand des Dieners ist Hanuman. Aber wie lange kann das Gefühl solcher Wonne bestehen bleiben? Nur so lange, wie ihr in der Gnade des Herrn bleibt und Ihm nahe sein dürft. Solltet ihr von Ihm getrennt werden, würdet ihr aller Wahrscheinlichkeit nach äußerst qualvolle Zeiten erleben. Im Zustand des *„so 'ham"* taucht die Frage des Leidenmüssens gar nicht erst auf, weil ihr in diesem verzückten Zustand ununterbrochen mit dem Herrn zusammen seid und es gar keine Möglichkeit gibt, Getrenntsein oder Leiden zu erfahren. Im Stadium des *„dāso 'ham"* besteht diese Möglichkeit des Getrenntwerdens von Herrn und Diener, während im Zustand des *„so 'ham"* keine Unterbrechung der Freude möglich ist, wie auch Getrenntwerden nicht möglich ist.

Wenn ihr die letzte Wahrheit eures Wesens, eures Seins, erreichen und in den glückseligen Zustand des Ursächlichen, des *ātman*, eintauchen wollt, müßt ihr die vollkommene Beherrschung eurer Wünsche und Begierden erlangen. In dem Augenblick, in dem ein Gedanke auftaucht, solltet ihr sofort seine Natur hinterfragen: „Ist dieser Gedanke wünschenswert, oder ist er meinem geistigen Fortschritt abträglich?" Ein Jünger des Herrn sollte von Anfang an sorgsam darüber wachen, daß schlechte Gedanken nicht in seinem Gemüt „hängenbleiben". Für die meisten Menschen ist es nicht möglich, ganz frei von Gedanken zu sein. Aber ihr könnt zumindest etwas gegen die schlechten Gedanken unternehmen: Gestattet ihnen nicht, sich bei euch einzunisten. Gebt ihnen keine Möglichkeit zu bleiben.

Verwandelt jeden schlechten, negativen Gedanken sofort in einen guten und seht auch zu, daß ihr euch nur mit guten Tätigkeiten beschäftigt.

Ergreift jede sich bietende Gelegenheit, diese Tätigkeiten in Gottesdienst zu verwandeln, indem ihr sie dem Herrn weiht. Durch das Verwandeln aller Gedanken in edle und gute Gedanken und aller Arbeit in einen Dienst für den Herrn werdet ihr automatisch Fortschritte auf dem spirituellen Weg machen.

Durch Gedankenkontrolle werdet ihr auch imstande sein, aufkommenden Ärger und Zorn zu beherrschen. Nur wenige Betroffene bemühen sich darum, ihren Zorn beherrschen zu lernen, wenn er sie überfällt. Die einfachste Art ist diese: Lacht einfach ganz laut in dem Augenblick, in dem ihr merkt, wie der Ärger in euch hochsteigt. Oder geht ins Badezimmer und duscht mit kühlem Wasser. Oder trinkt ein Glas kaltes Wasser und ruht euch an einem kühlen Platz aus. Am hilfreichsten ist es, in dem Augenblick, in dem der Ärger sich bemerkbar macht, den Raum zu verlassen und draußen ein paar Schritte zu gehen. Wenn ihr es mit diesen Hilfsbrücken immer noch nicht geschafft habt, stellt euch vor den Spiegel und seht euch euer Gesicht genau an: Euer eigener Anblick wird so viel Abscheu in euch hervorrufen, daß euch das Loslassen vom Zorn noch im selben Augenblick möglich sein wird.

Wie wir Ärger vermeiden können

Es gibt noch eine Möglichkeit: Wenn Ärger in euch hochkommt, fragt euch nach seiner Ursache. Ist euer Zorn gerechtfertigt? Denkt immer daran, daß ihr eine Sünde begeht, wenn ihr im Affekt jemanden verletzt. Das kann unmöglich gut für euch sein.

Einem weltlich orientierten Menschen wird es ziemlich schwerfallen, diese Methoden anzuwenden; es wäre schon viel erreicht, wenn ihr eurer Zunge einfach nicht erlaubt, sofort in Aktion zu treten und in einen Schwall zorngeladener Worte auszubrechen, sobald ihr den Ärger in euch hochkommen spürt. Nehmt euch die Zeit, die Dinge zu überdenken. Ärger schwächt denjenigen, der sich in *sādhana* üben will, auf vielfache Weise. Wenn ihr euch ein bißchen anstrengt, den Ärger sofort loszulassen, sobald er sich bemerkbar macht, werdet ihr dadurch euren Körper stärken und eure Gedanken reinigen.

Die Gītā sagt, daß ein willensschwacher Mensch niemals Selbsterkenntnis erlangen kann. Es ist deshalb zur Verwirklichung des *ātman* in euch sehr wichtig, über *rāga* und *dvesha* – eure Vorlieben und Abneigungen oder eure Wünsche und euren Zorn – vollständige Herrschaft zu erlangen. Im Grunde genommen gilt das für jeden – nicht nur für den Jünger auf dem geistigen Weg. *Rāga* und *dvesha* sind für alles verantwortlich, was in dieser Welt geschieht. Solange ihr mit der Welt beschäftigt seid, wird das Licht des *ātman* in euch nicht leuchten können. Deshalb müßt ihr *rāga* und *dvesha* – Anziehung und Abstoßung, Neigung und Abneigung gegenüber allen Dingen der Schöpfung, aus euren Herzen verbannen. Dann kann das Wissen vom *ātman* darin Wurzeln schlagen. Und wenn dieses Wissen um den *ātman* in eurem Herzen ist, wird sich der Friede euch erschließen, und der Duft dieses inneren Friedens wird sich um euch herum verbreiten. Wenn ihr aber angefüllt seid mit schlechten Gefühlen und nichtswürdigen Gedanken und Handlungen, werden diese in einem fort euer Herz vergiften und auch andere mit diesem Gift anstecken.

Alle Gedanken, die euer Herz durchdringen und besetzen, werden sich – ob gut oder schlecht – früher oder später auf die Menschen in eurem Umkreis übertragen und entsprechende Gefühle ans Licht befördern. Manchmal ist es schwierig, gute Gedanken von schlechten zu unterscheiden: Wenn ihr zum Beispiel eine Rose in der rechten Hand haltet, erreicht der Duft dieser Blume nicht nur euch, sondern auch die Menschen um euch herum. Aber der Duft der Blume teilt sich auch mit, wenn ihr die Rose in der linken Hand haltet. Ihr betrachtet die Linke vielleicht nicht als gleichwertig mit der Rechten (im indischen Kulturkreis, Anm. d. Übs.), doch dem Duft ist das einerlei. Der Unterschied zwischen einem Gläubigen und einem Atheisten ist lediglich eine Frage der Gefühle und der Überzeugungen. Für Gott sind beide gleichwertig. Sofern ihr gute Gedanken habt und euch mit guten Taten beschäftigt und gute Worte sprecht, werdet ihr Ihm lieb sein, selbst wenn ihr Atheisten seid. Der Herr der Gītā sagt: „Wer er auch sei – er wird Mir lieb sein, wenn er seine Wünsche und seinen Zorn beherrschen kann, wenn er *rāga* und *dvesha* meistert.“

Gott liebt den, der sich beherrschen kann

Die indische Philosophie unterteilt die Menschen in solche, die an Gott glauben, wie es in den Veden festgelegt wurde, und in jene, die nicht an Gott glauben und den vedischen Richtlinien nicht folgen. Die ersten nennt man *āstikas*, die letzteren *nāstikas*. Aber die eigentliche Unterscheidung zwischen *āstika* und *nāstika* beruht auf Charaktereigenschaften und nicht auf Überzeugungen. *Āstika* bezeichnet eine Person mit Vertrauen in das Selbst, wogegen *nāstika* denjenigen bezeichnet, der ein solches Selbst-Vertrauen nicht kennt. Es gibt außerdem den *āstika-nāstika*, den, der seinen Glauben an Gott findet und zu Ihm betet, sobald ein persönliches Problem auftaucht, Ihn aber wieder vergißt, sobald die Schwierigkeit überwunden ist und es ihm wieder gut geht.

Prahlāda, der Sohn des Dämonenkönigs Hiranyakashipu, ist eines der besten Beispiele für absolute Hingabe und kann als *āstika* bezeichnet werden. Das Wesen eines *āstika* wird nicht erworben, sondern ist schon bei der Geburt vorhanden. Trotz der großen Herausforderungen, denen er ausgesetzt war, befand sich Prahlāda ständig im Zustand der Glückseligkeit und erfreute sich ununterbrochen der Gegenwart des Herrn in seinem Herzen. Der Wortteil *ahlāda* bezieht sich auf Glückseligkeit, Freude und die Vorsilbe *pra* auf das Hervorbrechen oder Erblühen dieses Zustandes. „Prahlāda“ bedeutet demnach: „Derjenige, der sich beständiger Glückseligkeit erfreut“. Wenn ihr also ununterbrochen an den Herrn denkt, wird die Freude aus euch leuchten, und ihr werdet wahrhaftig eins werden mit *brahman*. In den Veden findet ihr die Erklärung „*brahmavid brahmaiva bhavati*“ – „Er, der *brahman* erkennt, wird wahrhaftig eins mit *brahman*“.

Mit Glauben wird man geboren

Vor allen Dingen müßt ihr auf der ersten Erkenntnisstufe einige Anstrengungen machen, um eure Wünsche und euren Ärger, eure Neigungen und Abneigungen beherrschen zu lernen – das wird das Göttliche Prinzip in euch zum Leuchten bringen. Schlechte Eigenschaften tun keinem Menschen gut. Für den Jünger des Herrn ist es allerdings eine vorrangige Aufgabe, Wünsche, Begierden und Zorn beherrschen zu lernen. Macht dieses Ziel gleich zu Beginn eurer spirituellen Reise zu eurem wichtigsten *sādhana*, und euer Leben wird gerechtfertigt und euer Lebensziel erreichbar sein. Wenn ihr Zorn und Begierden aber in euch beherbergt, werden alle spirituellen Übungen fruchtlos und euer Leben schier vergeudet sein.

LIEBE UND OPFERSINN – DIE MEDIZIN GEGEN BEGIERDEN UND ZORN

Zorn entsteht aus dem Begehren und dieses aus den Gedanken. Allein die Gedanken sind verantwortlich für beides. So wie es keinen Stoff ohne Fäden und keinen Faden ohne Baumwolle gibt, so gibt es auch keinen Zorn ohne Begehren und kein Begehren ohne Gedanken.

Verkörperungen der Liebe,

der göttliche Lehrer der Gītā nennt Begierde und Zorn *anala*, was wörtlich übersetzt „Feuer" heißt. Feuer ist gefährlich, selbst wenn es in einiger Entfernung von euch brennt. Wenn das für ein Feuer zutrifft, das außerhalb von euch brennt – wieviel vorsichtiger müßt ihr damit umgehen, wenn es wild in eurem Herzen brennt! Das Feuer der Begierde und des Zornes hat die außergewöhnliche Fähigkeit, alle menschlichen Tugenden in euch zu zerstören, euer göttliches Wesen zu unterdrücken und nur die in euch wütenden dämonischen Kräfte am Leben zu lassen. Den meisten Dingen in der Welt sind ihre Grenzen vorgeschrieben, doch das Feuer, das „Begehren" und „Zorn" heißt, ist grenzenlos in seiner Gefräßigkeit. Was ihr einem Feuer auch vorsetzt – sei es Holz, Öl oder irgendetwas anderes – es wird nie genug haben. Aber auch das verheerendste Feuer brennt eines Tages aus, wenn seine Nahrung verbraucht ist, während das Feuer der Begierde und des Zornes keine solchen Einschränkungen kennt. Sein Appetit kann nicht befriedigt werden.

Begierde und Zorn vernichten alle Tugenden

Das Wort *anala* bedeutet totale Abwesenheit von Zufriedenheit, von Genügsamkeit, und tatsächlich kennt die Begierde ebensowenig wie der Zorn Genügsamkeit. Ist es nun bei einer solchen Wesensart möglich, Kontrolle auszuüben? Der Herr erklärt in der Gītā, daß Zorn durch Liebe und die Begierde durch Opfer und Entsagung beherrscht werden können. Wo Liebe ist, kann Zorn nicht mehr bestehen. Wenn ihr wachst in eurer Liebe, werden Haß und Zorn in eurem Herzen einfach keinen Platz mehr finden und sich nicht erst niederlassen können. Das Herz ist wie ein Fauteuil: Nur eine Person kann darin Platz nehmen. Ihr müßt die größten Anstrengungen machen, damit Liebe – und nur Liebe – sich in eurem Herzen ausbreiten kann. Erlaubt eurem Herzen niemals, an einem „Reise nach Jerusalem"-Spiel teilzunehmen, bei dem einmal die Liebe Platz nehmen darf und ein anderes Mal Zorn und Haß. Wenn ihr Zorn durch Liebe besiegen wollt, müßt ihr diese Liebe riesengroß werden lassen. Liebe ist jederzeit bereit, sich freigebig zu verströmen und über die Mängel und Schwächen der anderen hinwegzusehen. Die Liebe besitzt eine außergewöhnliche Fähigkeit: Sie lebt vom Geben und Vergeben, während das kleine Selbst, das Ego, vom Nehmen und Vergessen lebt (Wortspiel:

Liebe lebt vom Geben und Vergeben

giving and forgiving – getting and forgetting; Anm. d. Übs.). Wo Liebe ist, kann es keinen Raum für Selbstsucht und wo Selbstsucht ist, keinen Raum für Liebe geben. Es gibt absolut nichts in dieser Welt, das nicht durch die Urkraft Liebe errungen werden könnte. Mit Liebe könnt ihr sämtliche Hindernisse überwinden.

Um also einen vollkommenen Sieg über das Verlangen und den Zorn zu erringen, müßt ihr eure Herzen mit Liebe anfüllen und die Liebe zur treibenden Kraft in eurem Leben werden lassen. Wenn ihr erkannt habt, daß euer geliebter Herr, den ihr euch auf einem Thron in eurem Herzen vorstellt, auch in den Herzen aller anderen Menschen thront, wird es euch unmöglich sein, irgend jemanden zu hassen oder auf irgendjemanden zornig zu sein. Wie könnt ihr einen Menschen geringschätzen, wenn doch im Herzen eines jeden derselbe geliebte Herr wohnt? Versenkt euch also tief in das Prinzip, das Liebe heißt, und verankert es fest und unauslöschlich in eurem Herzen. Wie Swami schon öfters wiederholt hat: Liebe, die in die Gedanken fließt, wird zu Wahrheit; Liebe, die in euer Handeln fließt, wird zu Rechtschaffenheit; Liebe, die euren Gefühlsbereich ausfüllt, bringt Frieden in eure Herzen; und wenn ihr der Liebe gestattet, eure Vernunft und euren Verstand zu leiten, werden eure Einsichten von Gewaltlosigkeit geprägt sein. Darum gilt: Liebe ist Wahrheit, Rechtschaffenheit, Frieden, Gewaltlosigkeit. Für alle diese edlen Eigenschaften ist Liebe der untergründig fließende Strom. Ohne Liebe in euren Gedanken könnt ihr nicht in der Wahrheit leben. Ohne Liebe in eurem Tun verläuft euer Leben nicht mehr in den richtigen Bahnen *(dharma)*. Wenn ihr keine Liebe in eurem Herzen fühlt, wird es keinen Frieden für euch geben. Und wenn ihr eure Verstandestätigkeit nicht auf Liebe gründet, wird euer Unterscheidungsvermögen nicht von Gewaltlosigkeit geprägt sein.

Was Liebe ist

So wie Zucker die Grundlage von allerlei Süßigkeiten bildet, so ist die Liebe die Grundsubstanz für *satya*, *dharma*, *shānti* und *ahimsā*. Die Liebe selbst ist das Göttliche. Liebe ist Gott, und Gott ist Liebe. Liebe ist die göttliche Kraft, die alles in Bewegung bringt. Durch Liebe könnt ihr Haß und Zorn leicht besiegen. Lebt darum immer in Liebe. Zorn kann zur Quelle zahlreicher schwerwiegender Probleme für euch werden. Er zerstört eure Würde und eure Selbstachtung und untergräbt die Menschlichkeit in euch. Der Zorn nähert sich anfangs in kaum wahrnehmbarer Weise und breitet sich allmählich aus, bis er schließlich alles durchsetzt. Im Anfang will er nur eben ein kleines Plätzchen für sich. „Gib mir nur ein kleines Fleckchen, wo ich mich niederlassen kann", wispert er. Sobald dies geschehen ist, erklärt er: „Nun werde ich mir genügend Platz verschaffen, damit ich mich zum Bleiben hinlegen kann." Aber nicht einmal den winzigsten Raum solltet ihr solchen üblen Charakterzügen in eurem Herzen gewähren. Wenn ihr den Zorn erst einmal einlaßt, werdet ihr ihn nicht mehr los. Selbst wenn ihr euch mit ihm anfreunden und ihm 50.000 Rupien anbieten würdet, würde er euch nicht verlassen. Er ist ein ungeheuer gefährliches Gift, dem ihr nicht den kleinsten Türspalt offen lassen dürft. Beim Auto signalisiert das rote Bremslicht am Heck, daß der Wagen gleich zum Stehen kommen wird. Genauso ist es mit euch: Bevor ihr in Zorn

Zorn ist unersättlich

ausbrecht, bekommt ihr rote Augen; eure Lippen beginnen zu zittern, und der ganze Körper wird heiß. In dem Augenblick, in dem ihr eines dieser Symptome an euch bemerkt, verlaßt ihr am besten sofort den Ort, an dem ihr euch gerade befindet. Geht irgendwohin, wo ihr alleine seid, und setzt euch hin, bis wieder Frieden in euch einkehrt. Gestern sagten wir, daß ihr stattdessen auch eine kalte Dusche nehmen könnt.

Der Ärger und der Zorn, denen ihr in Worten Luft macht, können endlose Komplikationen nach sich ziehen. Selbst wenn euer Ärger gerechtfertigt ist und ihr im Sinne der Wahrheit sprechen müßt, ist es wichtig, daß ihr lernt, wie ihr diese Wahrheit – in sanftem Ton – auf liebevolle, annehmbare Weise vermittelt, so daß sie von der Person, mit der ihr sprecht, angenommen werden kann, ohne daß sie sich verletzt fühlt. Jeder Jünger des Herrn muß lernen, seinen Zorn dadurch zu meistern, daß er Liebe in seinem Herzen nährt und dieses immer größer werden läßt, bis es ganz Liebe ist.

Meistert den Zorn durch Liebe

Laßt uns als nächstes betrachten, wie man mit der Begierde – den Wünschen – umgehen kann. Ihr müßt euch eine Haltung des Opferns, des Verzichtens aneignen; ihr müßt getränkt sein vom Geist der Entsagung, damit ihr die Wünsche zu beherrschen lernt. Entsagung bedeutet weder, die Familie zu verlassen und sich in die Einsamkeit zurückzuziehen, noch verlangt sie von euch, euer Hab und Gut aufzugeben und zu *samnyāsins* zu werden. Sobald ihr die Mängel aller Dinge in dieser Welt erkannt habt, sobald ihr ihre Vergänglichkeit und Wertlosigkeit in bezug auf das Erreichen eures Ziels erkannt habt, werdet ihr automatisch aufhören, sie euch zu wünschen. Auch als Bürger mit Haus und Familie und weltlichen Verpflichtungen ist es euch möglich, die Mängel und Schwächen der weltlichen Dinge zu erkennen. Es mag zum Beispiel bestimmte Speisen geben, die ihr besonders liebt; ihr mögt sie bereits auf eurem Teller haben und drauf und dran sein, sie euch einzuverleiben. Aber nun kommt plötzlich der Koch zu euch und sagt: „Sir, essen Sie das bitte nicht; eine giftige Eidechse ist uns in den Topf gefallen und schwimmt nun tot darin herum." In dem Augenblick, in dem ihr diese Worte vernehmt und die Gefahr erkennt, die die Speise in sich birgt, würdet ihr sie unter keinen Umständen mehr essen mögen, egal wie sehr ihr euch darauf gefreut habt. Genauso müßt ihr mit den weltlichen Dingen allgemein verfahren. Die Dinge ändern sich ununterbrochen und müssen eines Tages aufhören zu existieren. Wenn euch dies klar ist – wie könnt ihr darauf erpicht sein, sie euch anzueignen und dauerhafte Freuden aus ihnen zu schöpfen? Essen ist nichts als eine Medizin gegen die Krankheit, die Hunger genannt wird. Wie könnte es je ein Luxus sein, dem man frönen dürfte? Wenn ihr krank seid und euch Medikamente gegeben werden, nehmt ihr sie etwa nicht, nur weil sie euch nicht schmecken? Werdet euch klar darüber, daß die Dinge, die ihr in dieser Welt benutzt, nur Medikamente gegen die Krankheit sind, die ihr gerade habt. Wenn diese zurückgeht, vermindert sich auch der Bedarf nach dem Heilmittel. Wenn ihr gesund seid, braucht ihr überhaupt keine Medizin, doch wenn ihr krank seid, müßt ihr diejenige Arznei einnehmen, die euch

Essen ist nur Medizin

kurieren wird. Ihr könnt sie nicht einfach ablehnen, bloß weil sie nicht besonders gut schmeckt, und gleichzeitig hoffen, geheilt zu werden.

Ihr lauft allen möglichen Dingen nach, die euch anziehend und schmackhaft erscheinen, eure Krankheit aber nur verschlimmern, anstatt sie zu heilen. Ihr freut euch über die Entdeckung so vieler Annehmlichkeiten in dieser Welt und über das glückliche Leben, das ihr so führt, und genießt vieles, was euch Vergnügen zu bereiten scheint. Aber das sind nicht wahre Freuden, denn in der Zukunft werdet ihr mit Sicherheit die Folgen all der Genüsse, die ihr euch jetzt gestattet, tragen müssen. Stellt euch einen riesengroßen Baum vor, der viele Äste und Blüten hat und voller Früchte hängt. Eines Tages beginnt der Baum abzusterben, und die Blüten fallen ab. Ist der Grund zu wenig Wasser? Zu wenig Dünger? Hat man ihn falsch behandelt? Nein. Es liegt an einer Krankheit, die seine Wurzeln befallen hat und den wunderschönen Baum von innen her zerstört. Die Krankheit schleicht sich an den Wurzeln ein und frißt den riesigen Baum von innen her auf. So ist es auch bei den Seuchen

Zorn führt zum Ruin

Begierde und Zorn: Sobald sie sich in euer Herz eingeschlichen haben, werdet ihr eines Tages plötzlich vor dem Ruin stehen. Das ist gewiß. In dieser materialistischen Welt glaubt man, daß ein reicher Mann eine sehr wichtige Person ist. In der Welt des Geistes haben materielle Güter keinerlei Bedeutung. Mildtätigkeit ist eine viel größere Eigenschaft als alle weltlichen Besitztümer. Wo keine Mildtätigkeit und Barmherzigkeit ist, hat Reichtum

Vier Anwärter auf euren Besitz

überhaupt keinen inneren Wert. Ihr habt vier Erben, von denen jeder einen Anspruch auf euren Besitz haben wird. Der erste ist die Barmherzigkeit, der zweite die Steuerbehörde, der dritte der Dieb und der vierte das Feuer. Jeder dieser vier will euer Vermögen, doch wenn ihr alles eurem Erstgeborenen, der Barmherzigkeit, vermacht, werden die anderen keinen Anteil daran bekommen. Wenn ihr freigebig den Bedürftigen gebt, werdet ihr entdecken, daß die anderen Anwärter großen Respekt vor eurer Entscheidung haben und ihren Anspruch nicht geltend machen werden. Ihr wißt, daß der Staat euch eine Steuervergünstigung zubilligt, wenn ihr Bedürftigen spendet. Selbst das Feuer wird euch verschonen, wenn ihr ihnen abgebt, und auch die Diebe werden euch fernbleiben. Wenn ihr also den Armen spendet – die als eure Erstgeborenen und natürlichen Erben anzusehen sind – werden die beiden anderen, die an euch herantreten würden, euer Handeln respektieren und sich nicht einmischen. Aber wenn ihr Besitz habt und ihn nicht an die Armen weitergebt, werden die Diebe und der Staat ein Auge auf euer Vermögen haben. Wenn diese aus irgendeinem Grund beschließen sollten, euch ungeschoren zu lassen, wird euch eines Tages ein Brand euren Besitz wegnehmen. Deshalb wird in der Gītā gefolgert, daß nicht Reichtum, sondern Barmherzigkeit und Mildtätigkeit wahrhaft wichtig sind.

Ähnliches gilt für das Sprechen: Nicht die Kunst, sich gut auszudrücken, ist für einen Menschen wichtig, sondern die Wahrheit, die in seinen Worten enthalten ist. Wenn in euren Worten keine Wahrheit ist, wird alles, was ihr von euch gebt, wertlos sein. Über das Leben sagt die Gītā: Nicht auf das bloße Am-Leben-Sein eines Menschen kommt es an, sondern auf seinen Charakter. Ein Leben ohne guten Charakter ist wertlos.

Ihr müßt eure guten Charaktereigenschaften fördern und euch einen guten Namen machen, so daß alle edlen Eigenschaften des Menschseins aus euch leuchten. Eure allerwichtigste Pflicht ist es, gute Gedanken zu hegen, gutes Verhalten zu zeigen, gute Worte zu sprechen und ein gutes Leben zu führen. Ihr müßt mit euren Worten und Taten sehr vorsichtig umgehen, so daß ihr euch niemals einen schlechten Ruf einhandelt. Es ist besser, für ein paar Augenblicke als Schwan mit einem unbefleckten Namen und einem tadellosen Charakter zu leben, als hundert Jahre das Leben einer Krähe zu leben, die sich mit ihrem Gekrächz über andere ausläßt. Die Gītā nennt einen Menschen mit einem solchen strahlenden, integren Wesen einen *paramahamsa*, einen heiligen Schwan, der in seiner weißen Pracht unter allen anderen hervorragt. Gute Handlungen sind weit wichtiger als körperliche Stärke. Ein Körper, der nicht dazu verwendet wird, anderen zu dienen, ist nichts als ein lebendiger Leichnam. Gebraucht euren Körper zum Wohl der Mitmenschen und nicht nur, um eure persönlichen, selbstsüchtigen Bedürfnisse zu befriedigen. Heutzutage ist alles, was der Mensch unternimmt, denkt oder spricht, von Selbstsucht bestimmt. Um diese Neigung zu überwinden, müßt ihr ständig nach Möglichkeiten suchen, wie ihr anderen helfen könnt, und die Haltung des Dienenden einnehmen. Durch diesen Vorgang – durch eure guten Taten – wird euer Menschsein geheiligt.

Es ist sehr schwierig, eine Geburt als menschliches Wesen zu erreichen. Ihr müßt euch Zeit nehmen, darüber nachzudenken, wie ihr diese seltene Chance, die euch gegeben wurde, richtig nutzt. Entwickelt gute Gewohnheiten, die euch helfen, Schwächen wie Zorn und Begierden, die diese goldene Chance zunichte machen, zu überwinden. Wie können so tiefverwurzelte schlechte Gewohnheiten ausgemerzt und durch gute ersetzt werden? Hier ist ein Beispiel: Eines Tages läuft euch ein Hund zu. Er ist hübsch, und ihr würdet ihn gern behalten. Ihr wißt nicht, wem er gehört, und um eine Weile seine Gesellschaft zu haben, gebt ihr ihm zu fressen. Am nächsten Tag kommt der Hund etwa um die gleiche Zeit wieder, und wieder gebt ihr ihm etwas zu fressen und genießt es für eine Weile, daß er bei euch ist. So geht das nun jeden Tag. Allmählich entwickelt sich eine Anhänglichkeit, und nun kommt der Hund regelmäßig und verbringt mehr und mehr Zeit bei euch. Eines Tages erkennt ihr, daß der Hund nicht mehr weggehen wird. Aber die Freude, die ihr beim Betrachten physischer Schönheit habt, hält nicht lange an, und sobald ihr mit dem Anblick keine Freude mehr verbindet, wird sie euch sogar lästig. Im Fall des Hundes werdet ihr es leid, ihn ständig um euch zu haben, und ihr sucht nach einer Methode, ihn wieder loszuwerden. Als erstes müßt ihr euch fragen, warum sich der Hund an eure Fersen geheftet hat und nun in eurem Haus lebt. Der Grund ist, daß ihr ihn vom ersten Mal an, als er kam, regelmäßig jeden Tag gefüttert habt. Ihr habt ihn auch gestreichelt und bewundert und ihm überhaupt viel Aufmerksamkeit geschenkt. Diese täglich sich wiederholende Gewohnheit hat eine Bindung zwischen euch und dem Hund entstehen lassen. Ihr müßt nun eine neue Übung, *abhyāsa*, täglich und systematisch praktizieren, damit diese Bindung gelöst werden kann und ihr den Hund loswerdet. Die beste Methode ist, den ursprünglichen Vorgang, der die Bindung geschaffen

Der zugelaufene Hund

hat und euch den Hund so lieb hat werden lassen, umzukehren. In dem Fall des Hundes bedeutet das, dem Hund einige Tage nichts mehr zu fressen zu geben und ihm keine Aufmerksamkeit mehr zu schenken, dann wird er euch von sich aus verlassen.

Übung ist also wichtig. Durch Übung habt ihr euch gewisse Bindungen und unerwünschte Eigenschaften angeeignet, und durch Übung könnt ihr sie ändern. Die Bhagavad Gītā sagt, daß für alle Dinge regelmäßiges Üben der Ausgangspunkt ist. Im Zwölften Kapitel – über *bhaktiyoga* – heißt es, daß ihr durch Übung Wissen erlangen werdet, und durch Wissen gelangt ihr zur Meditation. Durch Meditation entwickelt ihr Opfergeist, und nur wenn ihr opferbereit seid, werdet ihr inneren Frieden erlangen. Es beginnt also alles mit *abhyāsa*, beständigem Üben. Viele Inkarnationen hindurch seid ihr immerzu verliebt gewesen in das Schöne und habt euch auf den Zorn und die Begierden eingelassen, bis diese Leidenschaften in euch tiefe Wurzeln geschlagen haben. Ihr seid euren Wünschen hörig geworden. Worte reichen nicht aus, um sich von ihrer Herrschaft zu befreien. Ihre Wurzeln sind zu stark. Wenn ihr sie nur an der Oberfläche abhackt, werden sie immerzu neue Sprosse treiben. Wenn Wünsche und Begierden ein Teil von euch geworden sind, könnt ihr nur durch Umkehrung des Vorgangs, durch das Praktizieren der Loslösung und des Verzichts lernen, diese tief eingefleischten Übel zu vertreiben.

Meditation führt zu Opfergeist

Im Anfang sehen die Begierden und Wünsche ungeheuer attraktiv und liebenswert aus. Nach einiger Zeit entwickelt ihr Abscheu vor ihnen, aber zu diesem Zeitpunkt ist es bereits ziemlich schwierig, wenn nicht unmöglich, sich von ihnen zu befreien. Deshalb ist es das Beste, sich gleich zu Anfang von ihnen loszusagen – Verzicht zu üben – und diese Übungen einen Teil eures Wesens werden zu lassen, so daß dem Begehren kein Raum und keine Aufmerksamkeit mehr gegeben ist. Ohne solchen Opfersinn und die Fähigkeit, den Versuchungen zu widerstehen, werdet ihr nicht imstande sein, die Gnade des Herrn zu erlangen. Ein Ochse oder ein Pferd, das nicht zu bändigen ist, ein Auto ohne Bremsen oder ein Leben, das nicht auf Sinneskontrolle aufbaut, sind gefährlich. Sinneskontrolle ist etwas sehr Wichtiges. In den Yoga-Sūtras betont Patanjali die Notwendigkeit, die Neigungen des Denkens, welches in alle Richtungen auszuschlagen und den Begierden nachzulaufen gewohnt ist, streng zu überwachen. Das Denken und Fühlen und die Sinne dürfen sich nur innerhalb festgesteckter Grenzen bewegen. Selbst Glück kann schädlich sein, wenn es überquillt.

Die Gedanken überwachen

Für alles gibt es Grenzen oder einen Bereich, innerhalb dessen alles gesund verläuft. Die Körpertemperatur liegt normalerweise bei 36,8 Grad Celsius. Wenn sie auch nur ein, zwei Grade hinaufgeht, ist eine Krankheit im Anzug. Nur wenn sich die Temperatur auf einem ausgewogenen Stand hält, ist der Körper gesund. Der Blutdruck ist normal, wenn er 120 zu 80 anzeigt. 150 zu 90 zeigt bereits einen abnormen Zustand an und läßt auf eine Erkrankung schließen. Der Herzschlag sollte bei 75 Schlägen pro Minute liegen; auch hier ist eine Krankheit im Anzug, wenn er schneller wird. Auch für eure Augen gibt es ein Maß: Das Licht, bei dem sie gut sehen, darf eine bestimmte Helligkeit nicht überschreiten. Wenn diese zu groß wird, seht ihr nichts mehr, und das kann euch schaden. Ebenso das Gehör: Es verträgt nur eine bestimmte Phonzahl. Wenn diese, etwa in der Nähe eines Flugzeugs, eines Zuges oder eines Lautsprechers, zu sehr ansteigt, kann das Gehör geschädigt werden.

Wir sehen, daß das Leben eine Art „Gesellschaft mit beschränkter Haftung" ist. Wer unbeschränkt Geschäfte mit dieser GmbH betreibt, wird eine Menge Unannehmlichkeiten in Kauf nehmen müssen. Ihr müßt euch deshalb Verhaltensbeschränkungen auferlegen und euer Leben immer innerhalb bestimmter Grenzen leben, das heißt Disziplin üben. Disziplin ist für den Fortschritt eines Menschen überaus wichtig. Ohne Disziplin sinkt er ab zum Tier. Aber selbst Disziplin muß sich innerhalb bestimmter Grenzen bewegen, wenn ihr euch des Lebens freuen wollt. Ihr seht: Für alles sind Grenzen und Zügel notwendig. Wenn ihr innerhalb dieser Grenzen bleibt, wird euch das Leben keine Schwierigkeiten machen. Ihr solltet den rechten Blick bekommen für die beiden schrecklichen Feinde *kāma* und *krodha* – Begierde und Zorn – und sie vollkommen beherrschen lernen. Die Feinde sind nicht irgendwo draußen zu suchen, sondern in euch. Wenn ihr euch von diesen inneren Feinden besiegen laßt, wie könnt ihr es je mit den Feinden „draußen" aufnehmen? Sobald ihr gelernt habt, eure inneren Feinde in Schach zu halten, lassen sich eure äußeren Feinde leicht besiegen. Die Gītā sagt, daß Begierde und Zorn die Haupthindernisse auf dem Weg zur Befreiung sind; es ist also absolut notwenig, sie unters Joch *(yoga)* zu bekommen. In den kommenden Tagen werden wir uns mit einigen anderen Feinden beschäftigen, die sich euch in den Weg stellen, zum Beispiel Eifersucht und Geiz.

Die Feinde sind in uns

WAHRE ENTSAGUNG: RICHTE DEN BLICK AUF GOTT, NICHT AUF DIE WELT

Wenn ihr Gott erreichen und Ihn schauen wollt, müßt ihr an erster Stelle vairāgya *– innere Entsagung – üben. Dies verleiht euch die Fähigkeit, den Blick nach innen zu richten, eure Gedanken nach innen zu konzentrieren und in der Betrachtung der Schönheiten des Innen zu verweilen.*

Verkörperungen der Liebe,

sobald ihr die Mängel und Schwächen der Dinge dieser Welt erkannt habt, schwindet rasch auch der Wunsch, sie zu besitzen. Der Verstand ist mächtig, aber auch unstet. Er ist außerdem hartnäckig – immer darauf erpicht, sich durchzusetzen. Arjuna bat Krishna, Er möge ihm helfen, seine Gedanken unter Kontrolle zu bekommen. Er klagte: „O Herr, die Gedanken haben große Kraft und sind so unstet!“ Krishna antwortete: „Arjuna, wenn du innerlich losläßt – wenn du Entsagung übst – wird es dir mit Sicherheit gelingen, deine Gedanken zu beherrschen!“

Der unstete Geist

Man könnte den menschlichen Geist mit dem Pipali-Baum vergleichen, dessen Blätter andauernd in Bewegung sind, ob nun Wind weht oder nicht. Ähnlich unstet ist der menschliche Geist, der darüber hinaus noch die Eigenart hat, recht eigensinnig zu sein. Ein Elefant ist auch überaus stark und unter Umständen sehr grausam. Aber mit Hilfe des Stachelstocks könnt ihr ihn lenken. Das Pferd ist ein Tier, das kaum jemals ganz still steht; weshalb es auch „ashva“ (unstet) heißt. Es bewegt ununterbrochen Beine, Ohren, Kopf oder Schweif. Und so ruhelos wie in seinen Bewegungen ist es auch in der Wahl seines Weges – einmal hierhin, einmal dorthin. Doch mit Hilfe einer Kandare kann es gelenkt werden und geht schließlich willig in die Richtung, in die der Reiter will.

Ein anderes Beispiel liefert uns der Affe, der pausenlos herumspringt und ein wahres Sinnbild der Unbeständigkeit und Zerstreutheit ist. Doch mit entsprechender Dressur folgt selbst der Affe. Genauso wie man einen wilden Elefanten mit dem Stachelstock in seine Grenzen verweisen, das nervöse Pferd mit der Kandare und den Affen durch Abrichten unter seine Herrschaft bringen und lenken kann, so kann auch der menschliche Geist, so zäh und unstet er ist, durch beharrliches inneres Loslassen und Verzichten – *vairāgya* und *abhyāsa* – beherrscht werden.

Loslösung oder Ablösung bezieht sich auf das vergängliche Wesen der Dinge und hat zum Ziel, den Gedanken die Anbindung an diese vergänglichen Dinge nicht zu gestatten. Das heißt nicht, daß man zwangsläufig Abneigung, Widerwillen oder gar Haß für sie empfinden sollte. Es bedeutet vielmehr, sich ihnen innerlich gedanklich und emotional nicht verhaftet zu fühlen. Ihr werdet die Anhaftung und Bindung an die Dinge dieser Welt nicht vollständig aufgeben können. Das ist nicht möglich. Aber ihr könnt eure geistige Einstellung, eure Besitzhaltung ihnen gegenüber aufgeben. Wenn ihr das geschafft habt, könnt ihr euch dieser Dinge ruhig freuen, denn nun werden sie euch nicht mehr schaden können. Alles in dieser Welt – jeder Mensch und jeder Gegenstand – unterliegt dem Wandel, der Veränderung. Es gibt sechs Stadien dieser Veränderung: Geburt, Wachstum, Reife, Abstieg, Verfall und Tod. Sich der Illusion hinzugeben, daß diese vorüberziehende, veränderliche, wechselhafte Welt ewig währt, und sich an ihre Objekte zu hängen, ist in der Tat sehr töricht.

Sechs Stadien der Veränderung im Leben

In einem Vishnu-Tempel findet ihr Bilder von Garuda, dem Adler, in einem Shiva-Tempel Bilder von Nandi, dem Stier; in einem Tempel, der Rāma geweiht ist, seht ihr Bilder von Hanuman, dem Affen. Diese Bilder versinnbildlichen die rechte Art von Bindung und Anhänglichkeit – nämlich die Anhänglichkeit an den Herrn, der ewig ist, und gleichzeitig die innere Distanz zur Welt, die nicht ewig ist. Sei es Garuda, Nandi oder Hanuman – ihre Aufmerksamkeit und Konzentration gilt jeweils nur den Füßen des Herrn. Sie sehen nur den Herrn, nicht die Welt. Alle diese Bilder wollen euch sagen, daß ihr euch um das Vergängliche nicht so sehr kümmern sollt, sondern euch allzeit auf die ewige Wesenheit, die der Herr ist, konzentrieren und über Ihn nachsinnen sollt. Sobald ihr die Mängel der Objekte – ihre Vergänglichkeit und Zeitgebundenheit – einmal erkannt habt, werdet ihr nach und nach von dem Wunsch, sie zu besitzen, ablassen. Es gibt eine ganze Reihe von Geschichten über große Herrscher mit Macht und Reichtum, die alle Luxusgüter besaßen, die man sich nur erträumen kann, diesen aber keine Freude und keinen Seelenfrieden abgewinnen konnten. Um den inneren Frieden zu finden, gingen sie in die Einsamkeit und taten Buße. Das brachte ihnen die Befriedigung und die innere Freude, nach der sie sich so gesehnt hatten.

Die Mängel der Dinge

Innerlich Abstand zu nehmen – sich loslösen, entsagen – beinhaltet mehr als das bloße Erkennen der Mängel und Schwächen der Dinge aufgrund ihrer vergänglichen Wesensart. Inneres Abstandnehmen beinhaltet auch die positive Eigenschaft, aus denselben Gegenständen den besten Nutzen zu ziehen. Trachtet immer danach, das Beste aus einer Sache zu machen und sie hoch zu schätzen für das, was sie ist.

Es wird euch allerdings nicht viel Freude bereiten, die Fesseln und den Kummer, den die Dinge dieser Welt hervorrufen, nur einfach zu erkennen. Ihr müßt lernen, wie ihr diese Dinge am besten nutzt, um eure Pflichten in dieser Welt zu erfüllen. Erst das wird euch einige Befriedigung verschaffen. Im weiteren Sinne bedeutet Entsagung tatsächlich das Aufgeben von weltlichem Kummer und das Erreichen der Seligkeit des *ātman*. Familie, Frau, Kinder und Besitz aufzugeben und in die Einsamkeit zu gehen, kann nicht als wahre Entsagung betrachtet werden. Wahres Entsagen oder Verzichten bedeutet, den Aspekt der Schwäche in der objekthaften Welt ebenso zu erkennen wie ihre positiven und starken Seiten zu begrüßen.

Wie immer die Not, in die ihr geraten mögt – sei sie physischer, geistiger, finanzieller oder sonstiger Art – ihr könnt eine Haltung der inneren Unbefangenheit und des Losgelöstseins vom Sachverhalt entwickeln, der

Vorübergehende Entsagung

die mißliche Lage hervorgerufen hat. Das ist etwas Natürliches! Nehmt zum Beispiel an, jemand stirbt. Sein Leichnam wird zum Friedhof oder ins Krematorium getragen. Ihr beobachtet den Vorgang und entwickelt dabei eine Art innere Distanz zu der Sache, indem ihr euch sagt, daß der menschliche Körper eben früher oder später abgelegt werden muß. Aber diese Art von Losgelöstheit ist nur eine vorübergehende Erscheinung, ein Gefühl des Augenblicks, und kann nicht als wahres *vairāgya* betrachtet werden.

Oder: Eine Mutter bringt ein Kind zur Welt. Sie glaubt, die Schmerzen nicht mehr aushalten zu können und schreit, daß sie lieber sterben will, als das weiter zu ertragen. Auch das ist nicht wahres *vairāgya*. Kaum ist das Baby geboren, und sie sieht, daß es ein Mädchen ist, hat sie sofort den Wunsch, nächstes Mal einen Buben zu bekommen. Ähnlich ist es, wenn einem Menschen seine Wünsche nicht erfüllt werden. Auch in diesem Fall entwickelt er eine gewisse Form von Entsagung, aber es handelt sich immer um vorübergehende Geisteshaltungen. Ständiges inneres Entsagen ist etwas ganz anderes. Man könnte es auch intensive Loslösung im Gegensatz zur unbedachten oder vorübergehenden, schwachen Form der Entsagung nennen. Jemand plant zum Beispiel eine Pilgerreise zu einer der heiligen Stätten Indiens, verspürt aber gleich darauf den Wunsch, die Reise auf den nächsten Monat zu verschieben. Wenn es sich um die Durchführung einer guten Sache wie einer Pilgerreise handelt, ist man geneigt, sie aufzuschieben. Eine weniger gute Sache tut man dagegen gleich, auf der Stelle, ohne Zeit zu verlieren! Die meisten Menschen machen im allgemeinen keine großen Anstrengungen, Gutes zu tun. Diese Haltung könnte man als „seichte“ Art von Entsagung betrachten. Sie wird euch nicht helfen, euer spirituelles Ziel zu erreichen. Wesentlich und notwendig

Intensive Entsagung

für den spirituellen Fortschritt eines Menschen ist die intensive Form der Entsagung. Wenn ihr eine bestimmte Handlung als gut und heilig erkannt habt, solltet ihr sie sofort in die Tat umsetzen und zusehen, daß ihr sie zu einem erfolgreichen Ende bringt. Das ist der königliche Weg, der von Buddha für alle gültig niedergelegt worden ist. Als Gautama Buddha klar erkannt hatte, wie vergänglich der menschliche Körper ist und daß keines der Dinge dieser Welt ewig erhalten bleiben würde, beschloß er, in sich zu forschen und die ewige, nicht veränderliche Wahrheit zu entdecken. Er gab seine Familie und sein Königreich auf und ging in die Einsamkeit, um in die höchste Wirklichkeit einzugehen.

Ein anderer großer Herrscher, der ebenfalls intensive Entsagung und Opfersinn bewies, war Hariscandra. Unglückliche Umstände führten dazu,

Hariscandra und der Leichnam

daß er Aufseher auf einer Verbrennungsstätte wurde. An dem Tage, als er mit seinen täglichen Pflichten begann, brachte man ihm die Leiche eines reichen Mannes, der von einer großen Anzahl ehemaliger Freunde begleitet wurde. Sie legten ihn nieder, zündeten das Feuer an und gingen danach sofort wieder nach Hause. Üblicherweise beschwert man den Körper zuvor mit einem Gewicht, damit er sich in der Flammenhitze nicht aufzurichten beginnt und wieder zurückfällt. Keiner der Freunde war geblieben, um bei dem Toten zu wachen. Nur Hariscandra war noch anwesend. Er war gerade im Begriff, mehr Holz herbeizuschaffen, um es ins Feuer zu legen, als er bemerkte, wie der Körper sich aufrichtete. Verwundert ging er näher heran, um besser sehen zu können. Aber da lag der Leichnam schon wieder hingestreckt da. Hariscandra hatte einen Augenblick lang gedacht, der Mann sei noch lebendig und wolle nach seinen Freunden Ausschau halten, begriff aber sogleich, daß es sich nur um eine vorübergehende Täuschung gehandelt hatte. Hariscandra dachte bei sich: „So wie ich diesen Leichnam für lebendig hielt, habe ich die Welt für wahr gehalten. Sie ist nicht wirklich. Sie ist nur die Illusion einer Wirklichkeit", und bedauerte es, daß ein so reicher Mann keine Angehörigen hatte, die bis zum Ende bei seinem Leichnam bleiben konnten. Er dachte, daß, wieviel ein Mensch auch besessen haben und wie hochgestellt er auch gewesen sein mag, nicht einmal Frau und Kinder noch irgendeine Bindung an ihn verspüren, wenn ihn das Leben verlassen hat. Dieses Erlebnis lehrte Hariscandra, der Welt und ihren Erscheinungsformen radikal zu entsagen.

Die Veränderung in den Dingen der Schöpfung geschieht täglich und stündlich. Sie ist nichts Künstliches, nichts Eingebildetes, sondern in der Natur der Dinge angelegt. Die Welt ist eine Bühne für die Wechselfälle des Lebens. Wenn ihr dies erkannt habt, werdet ihr frei sein von Leid. Jeder, der weiß, daß in den Fängen einer Schlange tödliches Gift enthalten ist, wird sich ihr nicht leichtfertig nähern. Wenn ihr einem Skorpion mit hochaufgerichtetem Stachel begegnet – würdet ihr da nicht gleich davonlaufen? Höchstens ein kleines Kind in seiner Unschuld oder ein ausgemachter Dummkopf würde noch näher an ihn herangehen, gestochen werden und vielleicht daran sterben. Ihr unternehmt alles Mögliche, um giftigen Kreaturen aus dem Weg zu gehen, weil ihr wißt, daß sie giftig sind. Genauso würdet ihr den weltlichen Anhaftungen und Bindungen aus dem Weg gehen, wenn ihr wüßtet, wie gefährlich sie für euch sind.

Der Herr lehrt in der Gītā, daß es viel besser wäre, von Anfang an innerlich Abstand zu den Dingen zu wahren, anstatt sich all den Leiden auszusetzen, die mit dem Knüpfen von Bindungen verbunden sind: Die Enttäuschung muß zwangsläufig eintreten aufgrund der unentrinnbaren Veränderlichkeit, der alle diesseitigen Dinge unterliegen. Stattdessen macht ihr Pläne und hängt euch um ein paar kurzlebiger Vergnügen willen an sie. Ihr verausgabt euch in Plänen und Überlegungen wie: „Ich sollte dies tun, ich sollte das tun" oder: „Ich sollte lieber dies als jenes tun" und verheddert euch in unzähligen Vorhaben und Tätigkeiten. Ihr werdet die Folgelasten dieser Handlungen in der Zukunft zu tragen haben.

Die Samen eurer Handlungen werden aufgehen und reifen, und ihr werdet die Ernte dieser Saat erhalten. Wenn die Samen von einer bestimmten Art sind, könnt ihr nicht erwarten, daß die Folgeerscheinungen, die auf euch zukommen, von anderer Qualität sind. Die Taten, mit denen ihr euch abgebt, werden euch in Form entsprechender Früchte wiedergegeben und als unsichtbare Girlande um den Hals gehängt. Diese Girlande ist zwar nicht zu sehen, wenn ihr geboren werdet. In diesem Augenblick hängt weder eine Kette aus Perlen noch eine aus kostbaren Edelsteinen oder Gold um euren Hals. Und trotzdem ist sie vorhanden, die Girlande

Die Kette um euren Hals

aus den Folgelasten eurer Taten aus vielen vorhergehenden Leben. Diese Girlande, die euch von eurem Schöpfer gegeben wird, schmückt euren Hals, auch wenn die physischen Augen sie nicht sehen. Wer die Wahrheit kennt, daß jede Handlung ihre Wirkung zeitigt, wird sich nur noch mit gutem Tun beschäftigen – solchem, das gute Früchte einbringt. Das lehrt die Gītā als eine spirituelle Übung von besonderer Wichtigkeit. Sie führt letztlich zur Entwicklung von Gleichmut und innerer Distanz zu allem Diesseitigen und zur Erlangung des wahren Wissens. Ich gebe euch hier ein Beispiel, das das Illusorische dieser Welt und gleichzeitig auch die innere Distanz verdeutlicht, die ihr zu ihr wahren solltet:

König Janaka hatte sich außerordentliche Verdienste im *brahmajnāna*, dem Wissen um *brahman*, erworben und wurde deshalb König „*videha*" („ohne Körper") genannt. Eines Abends besprach er noch einige Angelegenheiten mit seinen Ministern und konnte sich erst spät in sein Schlafgemach zurückziehen. Dort hatte man ihm ein Essen bereitgestellt, doch er rührte es nicht an. Müde legte er sich auf sein Lager, und die Königin massierte ihm die Füße. Bald schlief er ein. Die Königin winkte den Dienern, den Raum zu verlassen und vergewisserte sich, daß der König während seines Schlafes nicht gestört wurde. Sie deckte ihn zu, drehte das Licht kleiner und setzte sich still an seine Seite. Kurz darauf erwachte der König mit einem Ruck, schlug die Augen auf, setzte sich auf und sah sich ungläubig im Raum um. Mit seltsamem Ton in der Stimme fragte er: „Ist dies wirklich oder das andere? Ist dies die Wahrheit oder jenes andere?"

Die Königin erschrak ein bißchen wegen seines verstörten Blicks und dieser seltsamen Fragen und versuchte herauszufinden, wovon er sprach. Doch der König antwortete nicht, sondern fuhr fort mit seinem: „Ist dies die Wahrheit oder jenes andere?" Die Königin rief nun die Minister, Räte und sonstigen Würdenträger. Als alle versammelt waren, richtete einer von ihnen das Wort an den König: „*Mahārāja*, was ist euer Zweifel? Wonach fragt Ihr genau?" Der König antwortete auch diesmal nicht. Schließlich brachten die Minister den großen Weisen Vasishta zu ihm. Vasishta fragte den König: „Wonach fragt Ihr? Was ist Euer Zweifel? Kann ich ihn für Euch klären?" Aber auf alles Fragen antwortete der König nur wieder mit demselben Satz.

Vasishta, der allwissend war, schloß die Augen und meditierte für eine Weile über das seltsame Verhalten des Königs. Es teilte sich ihm mit, daß der

Janakas Traum

König sehr abrupt aus einem überaus lebhaften Traum erwacht war, in dem er sein Königreich verloren hatte und sich selbst verlassen umherirren gesehen hatte – allein und elend in einem Dschungel. Er war hungrig und müde gewesen, und als er so dahinging und ständig rief: „Ich bin hungrig, ich bin hungrig!", geschah es, daß ihn ein paar Wegelagerer hörten, die den Wald durchstreiften. Sie hatten sich soeben zum Essen niedergelassen und aßen von ihren Blättertellern. Als sie den Verirrten erblickten, hatten sie Mitleid mit ihm, gaben sich zu erkennen und luden ihn ein, mit ihnen das Essen zu teilen.

In diesem Augenblick näherte sich ein Tiger, und alle rannten um ihr Leben. Der Tiger aber fraß das ganze Essen auf, und Janaka fand sich wieder allein im Dschungel, hungrig wie zuvor. Darauf erwachte er aus seinem Traum und sah sich in einem Palast auf einer königlichen Liegestatt an der Seite seiner Königin – ein Silbertablett mit den feinsten Leckerbissen neben sich – und begann sich zu fragen, ob er nun der ausgehungerte, vergessene Bettler war, dem die Räuber ihr Essen angeboten hatten, oder dieser vom Luxus umgebene Herrscher, der in einem prunkvollen Palast wohnte. War dies wahr oder jenes andere?

Der Weise Vasishta, der den Grund für die Verwirrung des Königs nun kannte, sprach: „König Janaka, weder diese noch die andere Rolle, die du gespielt hast, ist wahr. Nur das Du allein ist wahr. Das Du, dein Selbst ist Wahrheit. Das Du, das als reines Bewußtsein im Traum wie im Wachzustand gegenwärtig war und ist, das Du, das Zeuge dieser beiden Zustände ist, ist die wahre Wirklichkeit. Das Leben ist ein Tagtraum während des Tages und ein Nachttraum während der Nacht. Beide sind Illusionen – Produkte der Vorstellungskraft. Beide sind voller Mängel und Fehler, weil sie ständig von einem Zustand in den nächsten überwechseln. Sie können deshalb nicht wahr sein. Nur das Du, das in all diesen Stadien unverändert bleibt, ist wahr, frei von allem Wechsel und aller Illusion.“ In der Gītā wird mit allem Nachdruck das gleiche gesagt, wenn Krishna die große Wahrheit hervorhebt, daß alles Erschaffene einem ständigen Wandel unterworfen ist und daß nur das Selbst wahr und ewig ist.

Das Du, das Zeugnis ablegt

Swami hat vorhin gesagt, daß Entsagung nicht bedeutet, alles hinter sich zu lassen, in den Wald oder in die Einsamkeit zu ziehen und ein Leben als *samnyāsin* zu führen. *Tapas* – Buße – bezieht sich nicht auf bestimmte Sitzhaltungen oder körperliche Bußübungen. *Tapas* (wörtl.: Hitze, geistige Glut) bezieht sich auf die intensive Sehnsucht, die ihr verspürt, wenn ihr euch von Gott getrennt glaubt. Immer dann, wenn ihr diesen inneren Aufschrei wegen eures Getrenntseins von Gott verspürt, seid ihr mit Buße beschäftigt. Während ihr diesen intensiven Wunsch und das Verlangen nach der Vereinigung mit Gott in euch spürt, seid ihr herausgehoben aus dem Machtbereich der *gunas* – der drei menschlichen Grundeigenschaften *tamas*, *rajas* und *sattva*. Alle drei Zustände werden in diesen Augenblicken transzendiert, und es herrscht vollkommene Harmonie von Gedanke, Wort und Tat. Die drei *gunas* werden in Sanskrit *trikārana* – Instrumente der Handlung, Ursachen für *karma* – genannt. Wenn diese drei *kāranas* im Einklang miteinander sind, kann man von wahrem *tapas* sprechen. Aus ihm kommt eine unbeschreibliche Freude, die nichts anderes ist als die wahre Seligkeit – *ānanda*. Wahres *tapas* besteht also in dem Augenblick oder an dem Punkt, in dem sich die drei *kāranas* vereinigen und in *ānanda* – ewigwährender Seligkeit – resultieren. Um das noch besser zu verstehen, nehmt dieses Beispiel aus eurem Alltag:

Der Ventilator

Ihr freut euch jeden Tag über den Segen der Elektrizität. Vielleicht habt ihr einen elektrisch betriebenen Ventilator in eurem Zimmer. Wenn seine drei, von einem Motor betriebenen Flügel in verschiedene Richtungen rotieren würden, hättet ihr nicht viel davon. Nur weil sie sich ständig in Einklang miteinander drehen, so als wären sie ein einziger Flügel, könnt ihr euch an dem frischen Luftzug freuen, den sie erzeugen. Genauso ist es mit den drei *kāranas* Gedanke, Wort und Tat: Wenn sie „eins werden“ und wie ein einziges Element arbeiten, könnt ihr wahre Freude und Seligkeit erleben. In unserem Beispiel ist euer Herz das Zimmer, und die drei *kāranas* sind die Flügel des Ventilators. Euer Unterscheidungsvermögen *(buddhi)* könnte mit dem Schalter verglichen werden, mit dem der „Ventilator“ in Betrieb gesetzt wird. Eure disziplinierten geistigen Übungen *(sādhana)* sind der Vorgang, in dem dieses Unterscheidungsvermögen geläutert wird. Eure spirituelle Kraft, die Energie, die aus dem *ātman* kommt, ist die Elektrizität, die den Ventilator in Bewegung setzt. Euer *sādhana* ist der Vorgang, in dem euer Unterscheidungsvermögen geläutert und der „Schalter“ betätigt wird. Wenn die drei *kāranas* harmonisch zusammenarbeiten, wird eure Sehnsucht in Seligkeit verwandelt, und ihr könnt eure Lebensenergie und eure ganze spirituelle Kraft auf diese Weise in *tapas* und Seligkeit umwandeln.

Anstatt diesen Weg der Selbstdisziplin *(tapas)* zu gehen, fördert der Mensch heutzutage viel mehr die Trägheit und geistige Unbeweglichkeit *(tamoguna)*. Er hat die Fähigkeit, *tapas* zu üben, vergessen oder vernachlässigt. Solange ihr euren Blick in der äußeren, vergänglichen Welt umherschweifen laßt, bewegt ihr euch im Bereich von *tamas*. Wenn ihr eure Konzentration und eure Wahrnehmung auf Gott, das Ewigwährende richtet, wird *tapas* daraus. Swami hat euch dafür wiederholt das Beispiel von der geschlossenen Tür erzählt. Wenn ihr die Tür öffnen wollt, müßt ihr den Schlüssel ins Schloß stecken und in die richtige Richtung drehen, dann geht sie auf. Wenn ihr den Schlüssel aber in die falsche Richtung dreht, bleibt die Tür verschlossen. Der Schlüssel und das Schloß sind dieselben geblieben. Der Unterschied besteht in der Drehrichtung. Dieses Schloß ist euer Herz, und der Schlüssel ist euer Denkvermögen. Wenn ihr euer Denken zu Gott hinwendet, erlangt ihr Befreiung. Wendet es in Richtung weltliche Dinge, und ihr bleibt in Fesseln: Ein und derselbe Verstand ist verantwortlich für Befreiung oder Verhaftung.

Vairāgya, wahre Entsagung, kann als die Hinwendung eurer Gedanken und Gefühle zu Gott, der ewigen Wesenheit, beschrieben werden. Dies ist die Art von Loslösung oder Entsagung und die Art von Opfersinn, die ihr üben und zu einem sehr intensiven Gefühl in euch werden lassen sollt. Verschiebt eure Übung nicht auf den nächsten Tag und dann auf den übernächsten und so weiter. Wenn ihr zu einer Hochzeit eingeladen seid, legt ihr eure festlichen Kleider schon Tage zuvor bereit. Oder: Wenn ihr ins Kino gehen dürft, seid ihr sehr schnell startbereit. Nur: Wenn ihr nicht gerade heute ins Kino gehen könnt, besteht immerhin morgen noch die Möglichkeit. Wenn ihr einen Spaziergang nicht gerade jetzt machen könnt, könnt ihr ihn immer noch später nachholen. Die Reise zu Gott kann nicht aufgeschoben oder abgesagt werden. Die Zeit wartet auf niemanden. Nicht sie folgt dem Menschen, sondern der Mensch muß sich nach ihr richten. Die Zeit ist in ständigem Fluß und reißt alles mit sich fort.

Die Reise zu Gott kann nicht aufgeschoben werden

Die Gītā lehrt, daß ihr euch aller Dinge dieser Welt freuen dürft, euch aber dabei nicht an sie binden lassen sollt in dem Glauben, sie zu besitzen. Die Haltung der inneren Losgelöstheit und Entsagung ist eines der wichtigsten Elemente der Philosophie der Spiritualität, wie sie die Gītā darlegt.

ÜBE ENTSAGUNG – VEREINE GEDANKEN, WORT UND TAT

Der menschliche Geist ist die Nabe am Rad der Wiedergeburten, der Brennpunkt, von dem alles weltliche Tun seinen Ausgang nimmt. Um durch diesen Brennpunkt hindurchzugehen und einen Anblick des unsterblichen ātman *zu erhalten, der jenseits besteht, müßt ihr innere Loslösung von allen Bindungen üben. Gebt euch die allergrößte Mühe, diese außerordentlich wichtige Disziplin in euch zu fördern.*

Verkörperungen der Liebe,

Innere Abkehr von der Welt

vairāgya ist das Sanskritwort für innere Loslösung. Es bedeutet in unserem Zusammenhang auch Verzicht oder Leidenschaftslosigkeit. Gemeint ist damit das Zurückziehen oder Ablösen des Denkens und der Sinne von den Objekten dieser Welt. Das Denken überlagert das Selbst und wird deshalb manchmal als Schleier bezeichnet. Er ist jener Schleier der Unwissenheit, der den *ātman* verhüllt. Der menschliche Geist – das Denken – wird von den Sinnen heruntergezogen; die Sinne wiederum werden von den Objekten angezogen und lassen sich von ihnen binden. Deshalb ist der erste Schritt zur Losgelöstheit die Beherrschung der Sinne.

Wenn die innere Distanz oder Ablösung von den Sinnesobjekten gelungen ist, werden die Sinne nicht länger imstande sein, die Gedanken zu binden. Ein Denkvermögen, das von der Diktatur der Sinne befreit ist, wird rein und durchlässig und wird seine verhüllende Eigenschaft nicht weiter auf den *ātman* ausüben. Wenn sich der Schleier des Gedankengewebes auflöst, sieht das Selbst sich selbst an. In diesem Zustand seid ihr versenkt in die Einheit alles Seienden und genießt *ānanda*, euer wirkliches Wesen. Die Gītā sagt, daß *vairāgya* der springende Punkt für die Verwirklichung des *ātman* ist.

Patanjalis Yoga Sūtra lehrt das gleiche. Dort heißt es, daß Entsagung oder Loslösung jenes Denken bezeichnet, das sich nicht von den Sinnen – und den Objekten, die die Sinne an sich ziehen – hinreißen läßt. Ein so von der Sklaverei der Sinneswelt befreites Denken ist rein und unberührt von Illusion. Solche Reinheit des Geistes gewinnt ihr, wenn ihr alle Gegenstände und Sachverhalte dieser Welt als veränderlich und vorübergehend betrachtet. Die Upanishaden erklären, daß alle Kreaturen in dieser Welt – von der niedrigsten bis zur höchsten und sogar bis zu den astralen Wesen – flüchtige, veränderliche Erscheinungen sind. Jede Art von Anhaftung an sie muß allmählich, aber unerbittlich zu Verhaftung führen.

Wenn man das Brennholz aus einem Feuer entfernt, stirbt es ganz von selbst, und genauso ist es mit den Sinnen: Es wird ihnen alle Macht entzogen, sobald man ihnen die Objekte ihrer Anhaftung weggenommen hat. Die heiligen Schriften haben mit höchster Autorität und in sehr eindrucksvoller Weise dargelegt, daß nur ein Mensch, der selbst die himmlischen Sphären als etwas Verzichtbares betrachtet und sich mit nichts weniger als der vollen Verwirklichung des *ātman* zufriedengibt, ein wahrer Entsagender *(vairāgin)* ist. In der Kāthaka Upanishad wird die Geschichte von jenem Jungen Naciketas erzählt, der zu Yama, dem Herrn des Todes, ging. Yama sagte zu dem Jungen: „Ich werde dir vollkommene Meisterschaft und Herrschaft über allen Reichtum und alle Macht dieser Erde und sämtliche Genüsse der himmlischen Welten geben". Naciketas antwortete: „Diese Welt und alle Welten jenseits davon sind vergänglich; sie werden nicht dauern. Ich will nichts zu tun haben mit Dingen, die kommen und gehen. Ich will nur den *ātman* schauen. Ich will die allertiefste, allerhöchste Wahrheit erkennen – das, was sich niemals verändern wird. Die Welt mit ihren Abhängigkeiten und all dem Kummer, der sie begleitet, ist für den, der sich von den Sinnesobjekten hinreißen läßt. Sie interessieren mich nicht."

Laßt uns annehmen, daß ihr über einen langen Zeitraum in einem bestimmten Haus gewohnt habt. Eines Tages müßt ihr in ein anderes Haus umziehen. Ihr packt euer Hab und Gut zusammen, ladet es in einen Möbelwagen und fahrt die Sachen zum anderen Haus. Erfahrungsgemäß geht das Packen so weit, daß ihr sogar eure ausgedienten Sandalen einwickelt und den alten Besen noch mitnehmt, weil sie euch ja schließlich „gehören".

Was gehört mir denn?

Warum tut ihr das? Der Grund dafür ist, daß ihr gebunden seid durch eure Anhänglichkeit an die Sinnesobjekte. Ihr packt diese alten Sachen zusammen und nehmt sie deshalb so gern mit, weil ihr an ihnen hängt; ihr seht sie als etwas zu euch Gehörendes an. Aber laßt Mich noch ein Beispiel anführen:

In einer Schule gibt es viele wertvolle Dinge. So hat zum Beispiel der Physiksaal eine sehr teure technische Ausstattung – außerdem Stühle, Tische, eine Wanduhr und sonstiges Mobiliar. Wenn der Direktor einer Schule in den Ruhestand geht oder versetzt wird, empfindet er keinerlei Anhänglichkeit an diese Gegenstände, und so verläßt er die Schule mit derselben Unbefangenheit, mit der er einst gekommen war. Er sorgt und kümmert sich nicht um den Verbleib dieser Wertgegenstände und geht. Der Grund dafür ist: Er weiß ganz genau, daß keiner dieser Gegenstände ihm gehört. Sie gehören der Verwaltung, der Schulbehörde, dem Staat. Dieses Wissen versetzt ihn in die Lage, mit dem Gefühl des Nicht-Beteiligtseins und des Losgelöstseins seine Stelle aufzugeben.

Wo die Vorstellung von „mein" und des Besitzens herrscht, entsteht Leiden. Wenn ihr diese Haltung aber nicht einnehmt, seid ihr durch nichts gebunden und braucht nicht leiden. Für alle Befangenheiten, Bindungen, Leiden und allen Kummer ist nur das „Ich"- und- „Mein"-Bewußtsein verantwortlich. Ihr könnt – wie der Schuldirektor – zwar alle Dinge eurer Welt benutzen. Gebt die Dinge selbst nicht auf, und gebt auch nicht euer Handeln und Tun auf! Vergeßt aber die Bindung, die ihr mit diesen Dingen eingegangen seid, und gebt die Bindung an die Welt selber und das Tun auf, das damit zusammenhängt. Bindungen müssen transformiert werden. Anders ausgedrückt: Gebt es auf, nach dem Lohn für euer Tun zu schielen.

Tut eure Pflicht in vollkommener Erwartungslosigkeit und in der Erkenntnis der Mängel der Dinge.

Wenn ihr die Gesetze, welche die Welt regieren, und die Unzulänglichkeit der Welt der Materie erkannt habt, werdet ihr die Bindungen ihnen gegenüber „loszulassen" lernen. Erst in dem Augenblick, in dem ihr auf die Welt kommt, entsteht die Beziehung Eltern-Kind. Erst mit der Heirat entsteht die Beziehung Ehemann-Ehefrau. Es gab zuvor keine Verbindung solcher Art, und nach Beendigung dieser Beziehung wird es auch keine solche mehr geben. Nur in dem vorübergehenden flüchtigen Zeitraum dazwischen erheben sich Besitzansprüche und die daraus folgenden Bindungen. All das liegt an eurer fehlerhaften Sicht der Dinge und eurem ebenso fehlerhaften Umgang mit ihnen. Das sind Zeichen einer engstirnigen, kurzsichtigen Geisteshaltung.

Für euren Kummer sind nur eure Gefühle und eure Geisteshaltung verantwortlich. Es wird keinen Raum für eine solche Besitzhaltung geben, wenn ihr erst einmal Einblick in die Mängel der Dinge gehabt habt. Bemüht euch, das Prinzip der inneren Loslösung zu verstehen. Ihr müßt ein Stadium erreichen, in dem ihr im wahren Sinn des Wortes nicht einmal im Traum oder im Tiefschlaf noch eine Spur von Bindung und Anhaftung habt! Wenn ihr im Wachzustand irgendwelche Bindungen fördert, werden sich Bindungen auf subtile Weise auch in Träumen und im Tiefschlaf bemerkbar machen. Die Welt des Traumes kann mit einem Spiegelbild verglichen werden: Die Eindrücke aus dem Wachbewußtsein werden im Spiegel des Träumens wiedererlebt. Wachzustand und Traum sind also so etwas wie der Gegenstand und sein Spiegelbild. Wenn ihr bei Tage den rechten Weg geht – im Lichte der Wahrheit ein rechtschaffenes Leben führt – werdet ihr auch im Traum den rechten Weg finden. Um auf dem Weg des „Erweckten" vorwärts zu kommen, muß euch die Unzulänglichkeit der Sinnesobjekte voll bewußt werden; arbeitet stetig daran, sie zu überwinden, indem ihr eure Bindungen an sie aufgebt.

Nicht einmal im Traum

Durch den Ablauf der Zeit unterliegt alles dem Wechsel und der Veränderung. Essen, das heute frisch gekocht wird, ist schmackhaft und köstlich. Solange es frisch ist, kann es Kraft und Gesundheit vermitteln. Aber dasselbe Essen verdirbt im Laufe von zwei Tagen und wird zu Gift. Was heute gut und nützlich, gesund und wohltätig ist, wird nach einer Weile schlecht, nutzlos, ungesund, schädlich. Unter diesem Gesichtspunkt können auch die vier Stadien des Jüngers auf dem spirituellen Weg gesehen werden: Zunächst ist er ein *ārthin* – ein Leidender, dann ein *arthārthin* – einer, der um materiellen Wohlstand betet, dann ein *jijnāsu* – ein nach spiritueller Erkenntnis Suchender – und schließlich ein *jnānin* – ein Weiser. Im Laufe der Zeit geht ein und derselbe Mensch durch alle diese Stadien.

Betrachten wir auch einmal die Lebensphasen, die ein Mensch durchläuft. Gleich nach der Geburt nennt man ihn ein Baby, nach einigen Jahren einen Jugendlichen. Zwanzig Jahre später gilt er als Erwachsener, nach weiteren dreißig Jahren als Greis. Obwohl es sich nicht um vier verschiedene Menschen handelt, sondern immer um denselben, gibt man ihm aufgrund des Wandels der Zeit und der Stadien, die er ihretwegen durchläuft, verschiedene Namen.

Das Leben eines Menschen – eine Geburt als Mensch ist sehr schwer zu erreichen – unterliegt also im Lauf der Zeit vielen Veränderungen. Wenn dies für den Menschen gilt – wieviel mehr gilt dies dann für die anderen Wesen und die Sinnesobjekte allgemein? Wenn ihr nach dem folgenschwersten Mangel sucht, den ein menschliches Wesen aufweist, so werdet ihr finden, daß es die Veränderung des physischen Körpers ist. Ob zum Besseren oder Schlechteren – die Veränderungen können nicht „umgeändert" werden. Diese Veränderlichkeit der Welt der Erscheinungen sollte euch veranlassen, zu nichts und niemandem eine Bindung oder Besitzhaltung oder ein Zugehörigkeitsgefühl zu entwickeln.

Vater, Mutter, Kinder – was heißt „Mitglieder einer Familie"? Was heißt „Freund"? Alle Formen und Gestalten sind veränderlich. Ihr könnt keine für alle Zeiten verbindliche Antwort auf diese Fragen geben. Wie könnt ihr im Hinblick auf diese Erkenntnis jemals irgendeine innere Bindung an sie aufrechterhalten? Die Gītā lehrt, daß die zeitbedingten Veränderungen als grundlegende Mängel und Fehler erkannt werden müssen. Löst euch also ganz von dem, was keine Dauer hat.

Stetige Übung

Vairāgya ist die erste wichtige Disziplin. Die zweite ist *abhyāsa* – fortwährendes, stetiges Üben. Welche Übung kann nun als *abhyāsa* betrachtet werden? *Tapas* – was soviel heißt wie „Buße" oder „streng-einfache Lebensführung" – ist eine solche. Aber wenn sie das Wort *tapas* hören, werden die Menschen ein bißchen ängstlich. Sie denken dabei unweigerlich an jenes *tapas*, das darin besteht, in die Einsamkeit zu gehen, von Wurzeln und Früchten zu leben und sich Gefahren und anderen Qualen auszusetzen. Das ist nicht wahres *tapas*; das bedeutet nur, den Körper äußeren Leiden und der Bestrafung auszusetzen.

tapas

Nicht der Körper, das Denken muß leiden. *Tapas* bedeutet: *rajo-* und *tamoguna*, die sich eurem Gemüt eingeprägt haben – die Auffassung, ihr selbst seid der Handelnde und der Besitzende – so lange einer echten Tortur auszusetzen, bis sie euch verlassen. *Tapas* heißt auch: die Mängel der Sinnesorgane beheben. Es gibt drei Arten von tapas: physisches *tapas*, sprachliches *tapas* und mentales *tapas*.

Physisches *tapas* besteht darin, den Körper zur Durchführung guter Taten zu benutzen. Dazu gehört auch das Anbeten des Herrn und das Ausdrücken eurer Dankbarkeit, indem ihr hochentwickelten Seelen dient. Wenn ihr ihre Gnade erlangt, werden sich die selbstsüchtigen Aspekte der Ichhaftigkeit und des Besitzanspruches allmählich vermindern. Wenn diese negativen Eigenschaften zurückgehen, werden positive Eigenschaften und Handlungen an ihre Stelle treten. Ihr werdet euch zu guter Gesellschaft *(satsangha)* hingezogen fühlen. Das führt zum Lesen und Studieren der Gītā, des Rāmāyana, der Upanishaden und anderer heiliger Schriften.

Außerdem werdet ihr Wohltätigkeit üben zur Unterstützung des Erziehungswesens, der Heilkunde und der Krankenhäuser, der Armenspeisung und anderer guter Zwecke. So wie ihr früher im Sinne der Tradition mildtätig wart, indem ihr Geld, Grundbesitz und Vieh spendetet, um den

Körper zu heiligen, heiligt ihr ihn heute mit anderen guten Werken. Wenn ihr keinerlei schädliche oder verbotene Dinge tut, geratet ihr nicht in den Bann von *rajo-* und *tamoguna*, sondern befreit euch aus der Abhängigkeit von ihnen. Soweit zum körperlichen *tapas*.

Sprachliches *tapas* besteht im Gebrauch von guten, edlen Worten. Auch wenn die Wahrheit einmal hart ist, solltet ihr sie nicht streng oder mit scharfer Zunge aussprechen. Ihr müßt darauf achten, niemanden zu verletzen. Das ist gemeint, wenn es in der Gītā heißt, daß die Wahrheit sanft und gewaltlos sein muß. Benutzt die Zunge wie etwas Heiliges, das euch gegeben wurde, um Freude zu bereiten und zu helfen. Verursacht in niemandem irgendeinen Kummer. Gebraucht eure Gedanken so, daß sie euch helfen, euch auf den Herrn zu konzentrieren und bei Ihm zu verweilen. Gebraucht nur Worte, die eurem Nächsten ganz besonders nützen. Benutzt eure Rede, um eurem Nächsten den rechten Weg zu zeigen. Ihr solltet in der Lage sein, all die wunderbaren Erfahrungen, die ihr gemacht habt, mit anderen zu teilen und zu erklären. Ihr werdet die Menschen, die auf dem falschen Weg sind, mit der Milde eurer Rede dazu bringen, sich zu ändern. Ihr müßt euch vergewissern, daß kein bißchen Falschheit in euer Herz oder in eure Rede eindringt. Ihr solltet Jünger der Wahrheit und der Gewaltlosigkeit zugleich werden.

Der Jäger und der Weise

Auf diesem Weg können sich einige Schwierigkeiten ergeben. Es gab einmal einen Weisen, der Buße tat und das Gelübde getan hatte, den Pfad der Wahrheit und der Gewaltlosigkeit zu gehen, komme, was wolle. Ein grausamer Jäger, der davon gehört hatte, versuchte den Weisen dazu zu bringen, sein Gelübde zu brechen. Er jagte einen Hirschen und trieb ihn so, daß er an dem Weisen vorbeikommen mußte. Der saß still, versenkt in sein *tapas*. Er bemerkte den Hirschen, der sich hinter einem Busch versteckte, als der Jäger herbeigerannt kam und fragte: „Ist etwa ein Hirsch hier entlang gekommen?“ Der Weise befand sich in einem großen Zwiespalt. Sagte er die Wahrheit, so schadete er dem Hirschen; sagte er sie nicht, so brach er sein Gelübde. Er hatte die Wahl zwischen einer Lüge und einer Tat, die einem Lebewesen Schaden zufügte.

Aber er fand einen sehr guten Weg aus diesem Dilemma. Er antwortete dem Jäger in einer Art Rätsel: „Die Augen, die sehen, können nicht sprechen, und der Mund, der spricht, kann nicht sehen. Ich kann nichts reden machen, was gesehen hat, und nichts sehen machen, was gesprochen hat. Das ist die Wahrheit.“ Auch in so schwierigen Situationen sollte man nicht einfach die Unwahrheit sagen, sondern imstande sein, trotz allem die Wahrheit zu sprechen. Man sollte sich die allergrößte Mühe geben, der mißlichen Lage zu entrinnen, ohne die leiseste Unwahrheit zu sagen. Egal was geschieht, sagt niemals eine Lüge! Wenn ihr die Wahrheit nicht sagen dürft, ist es das Beste zu schweigen.

Betrachten wir die dritte Art von *tapas*, das mentale. Es bedeutet, daß ihr gute Eigenschaften und Tugenden erwerben müßt. Alle Gedanken, die euch durch den Kopf blitzen, spiegeln sich in euren Augen und Gesichtern wider. Darum sagt man auch, die Augen seien der Spiegel der Seele. Wenn eure Seele bekümmert ist, wird man es euch ansehen. Wenn ihr heilige Gedanken in euch bewegt, wird sich euer Gesicht aufhellen. Die Wirkung der geistigen und psychischen Bewegungen ist also leicht ersichtlich.

Nur wenn ihr heilige Gedanken, Gefühle und Vorstellungen pflegt, könnt ihr ein ausgeglichenes, glückliches Leben führen. Wenn euch schlechte Gedanken peinigen und jemand euch anspricht, wird euer Lächeln künstlich sein, und jeder wird es erkennen, so sehr ihr euch auch bemüht, euren wahren inneren Zustand nicht zu verraten. In einen solchen jammervollen Zustand solltet ihr euch niemals begeben. Seht zu, daß eure Seele immer glücklich ist! Unter welchen Umständen seid ihr denn glücklich und fröhlich? Nur, wenn eure Gedanken gut und rein sind. Um möglichst andauernd solche heilige Gedanken zu haben, solltet ihr üben, euer Denken unter Kontrolle zu bekommen.

Das Schweigen üben

Ihr solltet wenigstens ein paar Stunden am Tag Schweigen üben. Auf diese Weise kann der Geist ein bißchen Ruhe von den Wellen der Worte und Gedanken bekommen. Auch die Wiederholung des heiligen Namens Gottes und Konzentration auf den Herrn helfen dabei. Die Wiederholung des Namens Gottes und das Denken an Ihn bringen euch innere und äußere Reinheit. So wie ihr euren Körper jeden Tag reinigt und in ein sauberes äußeres Gefährt verwandelt, muß auch euer Denken einer regelmäßigen Reinigung unterzogen werden, um seine Frische und Heiligkeit wiederherzustellen. Zur Zeit seid ihr hauptsächlich mit der äußeren, physischen Reinlichkeit beschäftigt; pflegt aber auch die geistige Reinheit, die gleichermaßen wichtig ist. Gute Gedanken, gute Gefühle und gute Werke sind die geeigneten Mittel, um innere Reinheit hervorzurufen.

Tapas bedeutet tatsächlich das Hervorbringen physischer, sprachlicher und mentaler Einheit durch das Einswerden-Lassen von Gedanken, Worten und Taten. Das ist wahres *tapas*. Ein *mahātman* – eine große Seele – ist jemand, der imstande war, sich der Einheit dieser drei Ebenen zu erfreuen. Wenn Gedanken, Worte und Taten eines Menschen verschieden sind, kann er nicht als „groß" betrachtet werden. *Tapas* bezieht sich auf die Zerstörung von *tamo-* und *rajoguna* – der trägen und der leidenschaftlichen Grundhaltung – durch Vereinigen der beiden in dem einen harmonischen *sattvaguna* – der Ausgeglichenheit der Grundhaltungen. Das kann nur durch Beherrschen von *tamoguna* durch *rajoguna* und im weiteren durch Beherrschen von *rajoguna* durch *sattvaguna* geschehen. Auf diese Weise könnt ihr die Harmonie der drei vereinigten Grundhaltungen genießen. Doch letztlich müßt ihr euch selbst dem Einfluß von *sattvaguna* zu entziehen lernen.

Wie man einen Dorn entfernt

Wenn ihr auf einen Dorn getreten seid, braucht ihr nicht lange nach einem Instrument zu suchen, um diesen aus eurem Fuß zu entfernen. Es genügt ein zweiter Dorn, um den ersten herauszubefördern. Nach dieser Operation könnt ihr beide Dornen wegwerfen. Auf gleiche Weise können die beiden niederen *gunas* mit Hilfe des *sattvaguna*-Dornes entfernt werden. Solange diese beiden Grundhaltungen nicht entfernt sind, braucht ihr das sattvische Element, das man mit einer goldenen Kette vergleichen könnte. *Rajoguna* könnte mit einer Kette aus Kupfer und *tamoguna* mit einer Kette aus Eisen verglichen werden. Alle drei Ketten binden euch. Der Wert ist je nach Metall verschieden, doch alle binden euch.

Auch goldene Ketten binden

Kann ein Mensch, der an einer – wenn auch goldenen – Kette hängt, glücklich sein? Nein! Knechtschaft bleibt Knechtschaft, egal ob die Ketten aus Gold, aus Kupfer oder aus Eisen sind. Auch *sattvaguna* bedeutet also Bindung, und ihr werdet euch letzten Endes auch von ihm lösen müssen. Ihr müßt euch aus Bindungen aller Art befreien, doch bis zum Erreichen des Göttlichen braucht ihr das sattvische Element. Sobald ihr in Gott eingegangen seid, gibt es keinen *sattvaguna* mehr. Auf dieser Ebene existieren die drei *gunas* nicht mehr. Wenn ihr alles vollständig geopfert habt und eins mit dem Herrn werdet, erhebt ihr euch über diese Grundhaltungen und werdet vollkommen frei von allen Ketten, die euch binden.

Die Gītā lehrt, daß *abhyāsa* und *vairāgya* – beständiges Üben und Verzicht – zur Beherrschung der Gedanken wesentlich sind. Üben beschränkt sich aber nicht auf die täglichen Gebete und religiösen Opferhandlungen. Üben bedeutet, den Körper, die Gedanken und die Zunge so zu gebrauchen, daß ihr keine Bindungen schafft. Üben bedeutet, euer ganzes Leben auf das eine Ziel auszurichten, Gott zu erreichen. Jedes Wort, jeder Gedanke, jede Tat, sollte rein und auf Wahrheit gegründet sein. Wahrheit und Reinheit sind die wahren Instrumente von *tapas*. Mein Wunsch ist, daß ihr diese edlen Eigenschaften in euch fördert und euer Leben dadurch heiligt!

ZEIT VERSCHWENDEN HEISST LEBEN VERSCHWENDEN

Es sagt der Herr in der Gītā: „Wer ständig an Mich denkt, ist Mir sehr lieb. Behalte Mich darum stets in Erinnerung. Gib Mir deine Gedanken und deinen Willen. Überlasse alles Mir. Dann wirst du Mich gewiß erreichen."

Verkörperungen der Liebe,

der Herr lehrt in der Gītā, daß Freude und Leid, Hitze und Kälte, Gewinn und Verlust, Lob und Kritik mit Gleichmut hingenommen werden müssen. Dieser Gleichmut ist eines der 64 Merkmale eines wahren Jüngers des Herrn. Es ist schwierig festzustellen, ob ein Jünger des Herrn alle 64 besitzt. Doch sie lassen sich alle auf zwei Grundqualitäten zurückführen, in denen sie enthalten sind und aufgehen: das beständige Üben *(abhyāsa)* und der Verzicht oder die innere Loslösung *(vairāgya)*. Das Üben bezieht sich auf die Kombination der drei Arten von *tapas* oder Buße des Körpers, des Geistes und der Rede. Verzicht bedeutet das Erkennen der Mängel der gegenständlichen Welt und ein Leben ohne innere Bindung an diese; mit anderen Worten: ein Leben als Beobachter. Wenn ihr imstande seid, diese beiden wichtigen Eigenschaften *abhyāsa* und *vairāgya* in euer tägliches Leben einzugliedern, braucht ihr keinerlei weitere spirituelle Übungen.

Beginnt in der Kindheit

Wenn ihr diese beiden Eigenschaften entwickeln wollt, müßt ihr bereits in der Kindheit damit beginnen und diese frühe Phase eures Lebens auf heilige und ehrende Weise nutzen. Heutzutage beginnen die Menschen erst im Alter mit dem Üben spiritueller Disziplinen. Erst nachdem sie den Luxus der Dinge ausgiebig genossen haben, ihn zu verabscheuen beginnen und ausgelaugt sind von den weltlichen Vergnügungen, ziehen sie in Betracht, den spirituellen Weg zu gehen. Nachdem sie ihr Leben in der Vorstellung verbracht haben, daß in den materiellen Gütern, in Familie, Nachkommenschaft, Rang und Namen und Besitz wahre Freude zu finden sei, stehen sie im Alter enttäuscht da. Sie begreifen, daß nichts Wirkliches in diesen Dingen ist und daß Seelenfrieden und bleibende Freude nicht aus weltlichem Streben und der Welt der Erscheinungen überhaupt kommen können. Erst wenn sie von der Erkenntnis der Leere dieser Erfahrungen überfallen werden und der Lebensabend gekommen ist, beginnen sie mit dem Üben spiritueller Disziplinen.

Aber wenn es erst einmal so weit ist und ihr von allen möglichen körperlichen und geistigen Schwächen heimgesucht werdet, wird es sehr schwierig sein, die Übungen durchzuführen und ein rigoros spirituelles Leben anzufangen. Aber selbst dann solltet ihr euch nicht entmutigen lassen und denken, daß im Alter kein Weg mehr zum spirituellen Fortschritt führt. Auch den alten Menschen werden sich Möglichkeiten und Gelegenheiten bieten. Es ist weit besser, zumindest im Alter mit der beständigen Erinnerung an den Herrn zu beginnen, als überhaupt nie an Ihn zu denken. Es gibt keine Beschränkungen, weder zeitlich noch räumlich oder altersmäßig, wenn es darum geht, sich den Herrn in Erinnerung zu rufen. Aus diesem Grund sagt Er in der Gītā: „Zu allen Zeiten und an allen Orten – denke an Mich!" Aber der Herr der Gītā sagt auch, daß die beste Gelegenheit, spirituelle Disziplinen in einer vorgeschriebenen Weise zu praktizieren, in der Jugend gegeben ist. Ihr beginnt sie am besten, wenn eure körperlichen Kräfte, eure Sinne und eure Geisteskraft euch voll zur Verfügung stehen.

Die Platzreservierung

Es ist etwa das gleiche, wie wenn ihr im Hotel ein Essen vorbestellt, indem ihr einen Essensbon kauft. Ihr habt dadurch einen Platz „gekauft" und könnt jederzeit hingehen, und man wird euch bedienen; Platz und Essen sind euch sicher. Aber wenn ihr nur ins Hotel geht, wenn ihr hungrig seid, außerhalb der regulären Essenszeiten und ohne Platzreservierung, kann es geschehen, daß ihr nichts bekommt – eine Garantie gibt es nicht. Ihr könnt ein Essen bekommen oder auch nicht bekommen – es hängt nun vom guten Willen der Küche ab. So ähnlich ist es mit Menschen, die sich erst im Alter mit spirituellen Dingen zu beschäftigen beginnen: Sie können geistigen Fortschritt erreichen oder auch nicht. Wenn derselbe Mensch bereits in der Jugend mit geistigen Übungen begonnen und sich darin weiterentwickelt hätte, würde er damit im Alter mit Sicherheit ans Ziel gelangen.

Wenn ihr euer Leben bereits in jungen Jahren damit verschwendet, weltlichen Vergnügungen nachzujagen und eure Sinne und die Kraft eures Körpers falsch nutzt, werdet ihr im Alter vielleicht nicht die Chance bekommen, euer Ziel, das Einswerden mit Gott, zu erreichen. Es liegt kein Sinn darin, köstliche Speise auf ein Bananenblatt zu legen und den Dämonen zu opfern und dann, wenn alles Wertvolle von den dämonischen Kräften verzehrt ist, die Überbleibsel Gott zu opfern. Könnt ihr an diesem Punkt dem Herrn noch opfern, was übriggeblieben ist? Nein! Das ist unmöglich. Der Körper eines jungen Menschen kann mit einem solchen Bananenblatt verglichen werden, die köstliche Speise mit den Dingen, an denen sich die Sinne freuen. Ihr opfert sie zunächst den Dämonen und bietet dieselben Dinge anschließend dem Herrn an! Wenn alle eure Kräfte und Fähigkeiten von den Dämonen Zorn, Gier, Lust und Stolz aufgezehrt sind, versucht ihr, die Überbleibsel Gott zu opfern. Das ist nicht angemessen, und ein solches Opfer wird auch nicht von Ihm angenommen. In diesem Zusammenhang ist zu verstehen, was der Lehrer der Gītā meint, wenn er betont, daß die Jugend eine sehr kostbare Zeit im Leben ist, die mit großer Sorgfalt für euren spirituellen Fortschritt genutzt werden muß.

Ein Gegenstand, den man seit geraumer Zeit besitzt, kommt einem oft wie eine Selbstverständlichkeit vor, und man erkennt seinen wahren Wert nicht. Erst wenn man diesen Gegenstand verloren hat und den Verlust verschmerzen muß, beginnt man seinen wahren Wert zu begreifen. Solange man Augen hat, die gut sehen, weiß man nicht, wie kostbar sie sind. Erst wenn man sein Augenlicht verliert, erkennt man seine Bedeutung. Wenn man völlig gesund und im Vollbesitz aller körperlichen und geistigen Fähigkeiten ist, weiß man ihren wahren Wert nicht zu schätzen. Wenn ihr die Gesundheit verliert und eure geistigen Fähigkeiten nachlassen, dann bereut ihr und klagt, daß euch eure Kräfte verlassen, obwohl es an diesem Punkt nichts mehr nützt. Ihr habt den schlechten Angewohnheiten in eurer Jugend erlaubt, eure Freunde zu werden und in euch tiefe Wurzeln zu schlagen. Ihr habt die Fähigkeiten und die Kräfte, die euch gegeben waren, in der Jugend vergeudet und mißbraucht und müßt im Alter feststellen, daß diese „Freunde" zu Feinden geworden sind.

Die meisten jungen Leute versuchen nicht, ihre Fähigkeiten und ihr Unterscheidungsvermögen in der richtigen Weise zu nutzen. Sie benutzen ihr Unterscheidungsvermögen nicht dazu, herauszufinden, wer ihr wahrer Freund und wer ihr Feind ist, wer Lehrer und wer Schüler ist, wer Regisseur und wer Schauspieler. Wenn ihr eure Intelligenz nicht dazu benutzt, den Sinn des Lebens zu finden und stattdessen nur euren Sinnen und den niederen Instinkten nachgeht – kann man euch da noch menschliche Wesen nennen? Sollte man euch nicht lieber als Tiere bezeichnen? Nur wenn ihr die menschlichen Qualitäten in der richtigen Weise lebt und die Bedeutung des Lebens als Mensch begreift, werden euch die Sinne nicht länger verwirren können. Ihr benutzt Gott um eures Körpers willen, anstatt den Körper zu benutzen, um den Herrn zu verherrlichen. Ihr gebraucht Ihn, um gute Gesundheit von Ihm zu erflehen, wenn ihr krank seid, und auch sonst alles Mögliche, das dem Körper dienen soll. Aber wenn ihr gesund seid und euch physische Kraft und geistige Fähigkeiten voll zur Verfügung stehen, nutzt ihr sie nicht, um den Herrn zu ehren. Ihr stellt euch vor, daß ihr später jede Menge Zeit haben werdet, das zu tun und verschwendet weiterhin eure Zeit. Ihr denkt, daß ihr mit der Kontemplation Gottes und spirituellen Übungen immer noch anfangen könnt, wenn ihr einmal pensioniert seid. Vielleicht habt ihr das Gefühl, daß es jetzt, da ihr noch jung seid, besser sei, das Leben und die materiellen Dinge zu genießen. Aber wie wollt ihr im Alter damit anfangen, an Gott zu denken, wenn ihr eure Kraft und eure Fähigkeiten verloren habt?

Nutzt alle eure Fähigkeiten für Ihn

Ihr müßt *bereits heute alle* eure physischen Kräfte und *alle* eure geistigen Fähigkeiten zur Verherrlichung Gottes einsetzen; später werdet ihr dazu schwerlich in der Lage sein. Wenn euch die Kinder erst einmal „alter Esel" hinterherschreien – wird es euch da noch möglich sein, intensives *sādhana* zu üben? Wenn eure Haare grau sind und ihr euch kaum noch bewegen könnt und kaum noch etwas seht, wenn alle Sinnesorgane geschwächt sind – werdet ihr sie dann noch für die Verehrung des Herrn einsetzen können? Die indischen heiligen Schriften haben sehr eindrucksvoll und sehr klar beschrieben, daß es nutzlos ist, erst im Alter mit spirituellen Übungen anzufangen. Wenn die Handlanger des Totengottes dich aufsuchen und dir zurufen: „Komm! Komm!" und deine Angehörigen deinen Körper nicht mehr im Haus behalten wollen und zurückrufen: „Nehmt ihn mit! Nehmt ihn mit!" und deine Frau und die Kinder weinend um dich herumstehen – wirst du da noch an den Herrn denken können? Wirst du ihnen sagen können, sie sollen aufhören zu weinen? Wirst du imstande sein, dem Tod zu sagen, er soll noch ein bißchen warten, weil du vorher noch schnell an den Herrn denken mußt?

Ihr solltet in der Jugend alles zusammentragen, was nötig ist, um ein starkes Fundament für eine glückliche Zukunft zu legen. Glaubt ihr wirklich, daß es euch gelingen wird, nur noch an Gott zu denken, wenn ihr erst nach der Pensionierung damit beginnt? Ihr solltet schon vorher voll und ganz damit beschäftigt sein. Stattdessen verliert ihr euch selbst im Ruhestand noch in Arbeit, verschwendet eure kostbare Zeit in Clubs und mit vielen anderen Dingen. Eine Ehefrau fragte ihren Mann einmal: „Solltest du nicht wenigstens jetzt, da du alt bist, anfangen an Gott zu denken? Du hast dir während deiner Arbeit nie die Zeit dafür genommen. Bitte, tu es jetzt!" Der Geschäftsmann antwortete: „Ich habe nicht einmal Zeit zu sterben, geschweige denn an Gott zu denken." Glaubt ihr, daß der Tod zu einem Menschen nicht kommen wird, bloß weil der meint, er hätte keine Zeit für ihn? Wird sich der Tod nach seinen Wünschen richten? Nein, die Zeit wartet auf niemanden. Nutzt die Zeit deshalb gut, solange ihr welche habt! Der Feind, genannt Tod, wartet zusammen mit seinen Soldaten, den Krankheiten, darauf, gegen euren Körper Krieg zu führen. Der Mensch stirbt überaus erbärmlich und hilflos, wenn Krankheit und Tod ihn überfallen. Aber keine Streitmacht der Welt kann denjenigen anfechten, der die Gnade des Herrn errungen hat. Ihr müßt deshalb schon in eurer Jugend die Gnade des Herrn gewinnen und euch rüsten, sämtlichen Angriffen der Feinde zu widerstehen, wenn sie euch belagern kommen. Das Wichtigste ist eine feste Überzeugung, daß diese Reise, genannt Leben, eine lange ist. Jede andere Reise, ob mit dem Bus, mit der Eisenbahn oder im Flugzeug, dauert nur kurz; ihr braucht keine allzu großen Vorbereitungen dafür zu treffen. Aber für die Reise des Lebens müßt ihr euch auf alle möglichen unvorhergesehenen Ausgaben einstellen, die eine lange Reise mit sich bringt, sonst werdet ihr später sehr unglücklich werden, sobald ihr mit ernsthaften Problemen konfrontiert werdet. Ihr wißt vielleicht, daß auf den Containern der Frachtzüge das Datum angeschrieben wird, an dem sie zurück ins Depot müssen; das gleiche gilt für euren „Container", den Körper. Auch auf ihm steht ein bestimmtes Datum, von Gott selbst geschrieben; es ist euch nur nicht bewußt.

Die Zeit wartet auf niemanden

Ihr wißt nicht, daß ihr zurückgehen werdet. Die Menschen vergessen diese überaus wichtige Tatsache. Wenn ihr wirklich später alle Freude am Leben haben wollt, müßt ihr während eurer Jugend die Gnade des Herrn erringen. Die frühe Kindheit und die Jugend sind sehr wichtige Zeitabschnitte im Leben. Ihr vergeudet diese Jugend, weil ihr euch ihres Wertes nicht bewußt seid. Ihr benutzt einen goldenen, edelsteinbesetzten Becher für minderwertige Dinge. Ihr benutzt teures Sandelholz, um das Feuer der Sinne zu nähren. Das Gefäß ist wertvoll, und der Brennstoff ist es ebenso, aber was ihr damit kocht, ist schal und wertlos. Ein so wertvoller Körper und dieser so heilige Treibstoff werden zum Genuß nutzloser, trivialer Dinge verschwendet.

Ihr benutzt einen goldenen Pflug, um den Acker eures Herzens zu bestellen und bringt nichts als nutzloses Unkraut hervor. Dieser Acker ist außerordentlich kostbar und heilig. Der göttliche Lehrer hat gesagt, daß auch dieses Feld Ihm gehört. Er hat erklärt, daß Er das Feld ist sowie der Kenner desselben. Er ist der wahre Eigentümer eures Herzens und eures Körpers. Er hat sich mit beiden identisch erklärt. Und was macht *ihr* mit diesem heiligen Herzen und dem heiligen Körper? Ihr benutzt den goldenen Pflug, um die nutzlose Saat sinnlicher Vergnügungen großzuziehen. Jeder, der sich der Kostbarkeit des Herzens und der Gefühle bewußt ist, wird sie nicht mißbrauchen. Das Leben muß zum Guten, zum Wohl der Mitmenschen genutzt werden, um den rechten Pfad zu verfolgen, das heilige Ziel zu erreichen und Herz und Verstand strahlend hell erleuchten zu lassen. Ihr müßt dieses Leben nutzen, um ganz einzutauchen in das Göttliche. Nur dann werdet ihr mit Recht sagen können, daß euer Leben geheiligt und wahrhaftig ist.

Es heißt, daß es sehr schwierig, ja fast unmöglich ist, eine Geburt als Mensch zu erlangen. Was ist so besonders an einem Leben als Mensch? Warum ist es so schwierig zu erreichen? Alle Freuden, welche die Tiere genießen, könnt ihr auch haben. Wo liegt in diesem Fall der Sinn der Behauptung, daß das menschliche Leben etwas so Besonderes und Kostbares ist? Der Sinn liegt darin, daß ihr die Fähigkeit habt, zwischen richtig und falsch zu unterscheiden, darin, daß ihr die Fähigkeit habt, Bindungen und Haß aufzugeben. Diese Intelligenz, die euch gegeben wurde, müßt ihr dazu benutzen, um zwischen einem tierähnlichen Leben und einem wahrhaft menschlichen Leben klar zu unterscheiden. Wenn ihr zwischen *ātman* und *anātman*, dem Selbst und dem Nicht-Selbst, keinen Unterschied macht und *buddhiyoga*, den Yoga der Unterscheidungskraft oder Intelligenz, nicht entwickelt, werdet ihr Opfer ständiger Unruhe. Ihr könnt keinen inneren Frieden finden, weil ihr nicht dem richtigen Pfad folgt.

Drei Arten von tapas

Die jungen Menschen müssen fest entschlossen drei Arten von *tapas* oder Disziplinen einhalten – eine physische, eine mentale und eine sprachliche Disziplin – und damit der Welt ein Beispiel geben. Ihr müßt mit *rajoguna* (Tätigkeit) *tamoguna* (die Untätigkeit) überwinden und *sattvaguna* (das Gleichmaß) wiederum dazu nutzen, *rajoguna* zu unterwerfen. Ihr könnt nicht in *sattvaguna* leben, solange euer Herz noch von *rajoguna* und *tamoguna* erfüllt ist. Wenn euer Kopf leer ist, könnt ihr hoffen, ihn mit guten Gedanken zu füllen, aber solange er voll von allen möglichen sinn- und nutzlosen Gedanken ist – wie könnt ihr ihn da mit etwas Großem, Heiligem füllen? Ihr habt den Kopf voll von nutzlosem weltlichem Klimbim. Erst wenn er davon leer gemacht worden ist, werdet ihr ihn mit heiligen Gefühlen und Gedanken füllen können. Viele von euch gehen sinnlose Wege und leben ein sinnloses Leben. Ihr weint, wenn ihr geboren werdet, und ihr weint, wenn ihr sterbt. Und in der Zeit dazwischen weint ihr um nutzlose Dinge. Aber weint ihr auch, wenn ihr seht, wie *dharma* zugrundegerichtet wird? Das ist ein Grund, weswegen ihr weinen solltet; das ist jener Zweck, für den ihr eure Kraft und eure Fähigkeiten einsetzen solltet – um den Niedergang von *dharma* aufzuhalten und um die Wunden heilen zu helfen, die er verursacht.

Was ist dharma?

Was ist *dharma*? *Dharma* ist das beständige Erinnern und die ununterbrochene Kontemplation des Herrn. Es bedeutet, eure täglichen Pflichten in

Gedanken an den Herrn zu verrichten. Die Gītā lehrt nicht, eure Familie zu verlassen, Hab und Gut aufzugeben und in die Einsamkeit zu gehen. Nein! Sorgt für eure Familie. Tut eure Pflicht. Aber haltet eure Konzentration fest auf den Herrn gerichtet. Was ihr auch tut, vergeßt nicht euer Ziel, sonst werdet ihr euch verirren und auf falsche Wege geraten. Euer göttliches Ziel muß fest in eurem Bewußtsein verankert sein. Mit diesem Ziel vor Augen könnt ihr eure täglichen Pflichten erfüllen.

Lieber schweigen

In euren Äußerungen sollte es keine Brüche und keine Fehler geben. Seht zu, daß ihr immer die Wahrheit sprecht. Manche Menschen denken, daß sie die Wahrheit in schwierigen Augenblicken abändern dürfen und daß es hin und wieder sogar notwendig sein könnte, etwas Unwahres zu sagen. Doch solltet ihr lernen, in schwierigen Situationen so viel Geistesgegenwart zu besitzen, daß ihr lieber schweigt, anstatt eine (verletzende) Wahrheit zu sagen oder zu lügen. Wenn ihr die Wahrheit sagt, tut es auf liebevolle, milde Weise. Sagt sie nicht auf unangenehme Weise und sagt auch keine Unwahrheit auf angenehme Weise. Lernt, euch auch in schwierigen Situationen zu beherrschen, so daß ihr keine Unwahrheit zu sagen braucht. Ihr müßt unter Umständen außerordentlich achtsam vorgehen und wissen, wie ihr mit Worten umzugehen habt, so daß sich niemand verletzt fühlt. Es ist ein Sprichwort, daß derjenige ein glücklicher Mensch ist, der weiß, wie man spricht, ohne zu verletzen. Ihr sollt nicht verletzen, aber auch nicht verletzt werden. Hier eine kleine Geschichte dazu:

Eine übereifrige Ehefrau

Eine Frau nahm an einer Versammlung teil, ähnlich der, wie wir sie hier haben. Sie hörte aufmerksam den Ausführungen des Pandits zu. Als die Rede auf die Ramāyāna kam, sagte er, das einzige Ziel im Leben einer Ehefrau sei ihr Gatte: „Es ist die Pflicht der Ehefrau, ihren Gatten zufriedenzustellen und ihn glücklich zu machen. Behandelt den Ehemann immer als Gott.“ Als die Frau nach dem Vortrag nach Hause ging, stand sie noch so sehr unter dem Eindruck des Gehörten, daß sie beschloß, alles, was sie soeben gelernt hatte, sofort in die Praxis umzusetzen. Kaum war ihr Mann zum Mittagessen nach Hause gekommen, lief sie auf ihn zu und schüttete eine Kanne Wasser über seine Füße, noch bevor er seine Schuhe ausziehen konnte. Sie glaubte ihm dadurch ihre Ehrerbietung zu bezeigen. Der Mann war völlig verblüfft. Als er dann ins Haus eintrat und sich setzte, um seine nassen Schuhe auszuziehen und seine Füße trockenzureiben, wollte sie es für ihn tun. Nach dieser Szene ging der Mann in sein Arbeitszimmer und rief den Arzt an. Er ahnte nichts von dem Besuch seiner Frau beim Pandit. Der Arzt kam, verordnete der Frau Schlaftabletten und sagte, ihm sähe es nach einem Anfall von Hysterie aus, daß sie aber nach ein, zwei Tagen Bettruhe wiederhergestellt sein dürfte. Nach dem Essen sagte der Mann zu seiner Frau, sie solle sich ausruhen, und ging zurück ins Büro. Die Frau aber ging schnurstracks wieder zum Pandit, um die nächste Lektion zu hören. Das Thema an diesem Nachmittag war die Beziehung zwischen Eheleuten. Der Pandit sagte: „Wer ist Ehemann? Wer ist Ehefrau? Nichts ist von Dauer. Alles ist zeitgebunden und vergänglich. In Wahrheit existiert gar nichts“ und fügte hinzu: „Nur Gott ist wahr. Er ist die einzige wirkliche Wahrheit." Die Frau ging nach Hause und setzte sich in ihren *pūjā*-Raum.

An diesem Abend kam der Mann eine halbe Stunde früher als sonst nach Hause, weil er dachte, daß sich seine Frau vielleicht noch nicht wohl fühlte und seiner Hilfe bedürfte. Er klopfte an die Tür und sagte freundlich, er sei es; sie möge bitte öffnen. Aus dem *pūjā*-Raum kam die Antwort: „Es gibt keinen Vater, keine Mutter, kein Haus, nichts; nicht einmal einen Ehemann." Dieses Verhalten alarmierte den Ehemann, aber er beherrschte sich und brachte sie schließlich doch so weit, daß sie ihm öffnete. Kaum war er ins Haus gelangt, griff der Mann zum Telefon und rief einen Psychiater an. Der Psychiater kam, befragte die Frau eingehend und stellte seine Diagnose. Er sagte, all die Vorträge, die sie gehört hatte, hätten zu dem seltsamen Verhalten geführt. Wenn man sie daran hindern könnte, hinzugehen, würde sie bald über den Berg sein. Es wurden Vorkehrungen getroffen, die Frau am Besuch der Vorträge zu hindern. Die Diener sowie der Chauffeur wurden beauftragt, sie nicht mehr dorthin gehen zu lassen. Nach den Verordnungen des Psychiaters blieb die Frau den Vorträgen zwei Tage fern und begann sich wieder normal zu benehmen. Die Loslösung war aber nur vorübergehend und oberflächlich und hielt nicht lange an. Der Ehemann aber war glücklich, und alles lief in den gewohnten Bahnen. Nach einem Monat kehrte die Frau wieder an den Ort zurück, wo die Vorträge gehalten wurden. An jenem Tag nahm der Pandit die Gītā durch. Er erläuterte, daß man immer die Wahrheit sagen soll, aber auf behutsame Art und Weise. Die Frau hörte alles an und ging wieder nach Hause. An dem Abend sagte ihr Mann zu ihr, sie seien zu einem Hochzeitsempfang eingeladen und sie möge Vorbereitungen treffen, mit ihm hinzugehen. Sie machte sich schnell fertig und folgte ihrem Mann. In jener Gegend war es Brauch, das glückverheißende Halsband, das die Braut bekommt, von jedem Mitglied der älteren Generation berühren und segnen zu lassen. So kam es, daß der Vater der Braut, als er mit dem Halsband in der Hand die Runde machte, auch mit der Frau unserer Geschichte ins Gespräch kam. Da er sie kannte, fragte er sie: „Wie geht es Ihrer Mutter? Alles in Ordnung?" Diese Worte waren aus reiner Höflichkeit gesprochen, während er ihr das Halsband zum Segnen hinhielt. Die Frau antwortete: „Meiner Mutter geht es gut, aber vor einer Woche ist plötzlich meine Schwiegermutter gestorben; sie ist eingeäschert worden." Jemand, der neben ihr saß, fragte sie anschließend: „Warum haben Sie so etwas Unglückbringendes gesagt, während Sie das Halsband berührt und gesegnet haben! Es soll doch der Braut und ihrer zukünftigen Familie ein langes und glückliches Leben bescheren." Die Frau antwortete: „Hätte ich nur wegen des Halsbandes eine Lüge sagen sollen? Nein, niemals. Es ist die Wahrheit, daß meine Schwiegermutter letzte Woche gestorben ist und daß man ihren Körper verbrannt hat!" Eine verständnisvolle junge Frau, die auch in der Nähe saß, schaltete sich nun ein und sagte: „Mutter, Ihr solltet ein Gefühl für das rechte Maß haben und Euch der Umstände und Zusammenhänge bewußt sein, bevor Ihr sprecht."

Wenn ihr eine spirituelle Lehre hört, setzt ihr sie mit großer Überzeugung und Entschlossenheit sofort in die Tat um, aber nur an dem Tag, an dem ihr sie vernommen habt. Das ist nicht die rechte Art, spirituelle Studien zu betreiben. Ihr solltet euer Unterscheidungsvermögen dazu benutzen, um zuerst die Situation zu erfassen und euch dann zu äußern. Wenn ihr etwas sagt oder tut, solltet ihr immer die Wahrheit als das königliche Instrument vor Augen haben, das euch hilft, das höchste Ziel zu erreichen. Die Zunge sollte nicht durch Unwahrheit besudelt werden. Der Körper sollte nicht durch Gewaltanwendung verunreinigt werden. Das geistige Vermögen sollte nicht durch schlechte Gedanken und Gefühle befleckt werden. Nur wenn ihr diese Dreiheit – Zunge, Körper, Denken – heiligt und sie in Einklang bringt, werdet ihr imstande sein, die Vision des Herrn zu bekommen.

Vorsicht im Umgang mit Worten

Schüler und Studenten sollten außerordentlich vorsichtig mit der Wahrheit umgehen. Natürlich sollten sie unbedingt bei der Wahrheit bleiben, aber auch sehr darauf achten, daß sie nicht unnötig viel reden oder andere verletzen. Wo es ein Mißverständnis mit jemandem geben sollte und ihr dem Betreffenden all seine Fehler aufzählt, mit der Rechtfertigung, eure Worte seien wahr, wird es unweigerlich Komplikationen geben. Ihr dürft niemanden verletzen. Wenn ihr Liebe im Herzen habt, sind eure Worte ganz von selbst sanft. Der Ärger, der in euch hochsteigt, wird nicht anhaltend sein.

Vier Arten von Menschen

Was die Dauer und Intensität von Ärger und Zorn betrifft, lassen sich die Menschen in vier Arten einteilen: die, deren Ärger sehr kurzlebig ist und im Moment seines Entstehens wieder verschwindet – sie sind von sattvischer Wesensart; die Gītā nennt solche Menschen „große Seelen“. Ferner diejenigen, deren Ärger für ein paar Minuten bleibt, bevor er vergeht. Die dritte Art behält ihren Zorn den ganzen Tag über. Der Mensch der niedrigsten Kategorie behält seinen Zorn ein Leben lang. Der Lehrer der Gītā beschreibt die vier Arten treffend mit den folgenden Bildern: „Der Zorn eines guten Menschen ist wie eine Schrift auf dem Wasser – sie besitzt nicht die geringste Beständigkeit. Der Zorn eines Menschen der zweiten Art ist wie eine Schrift im Sand – sie wird bald wieder gelöscht. Der Zorn der dritten Kategorie Mensch ist wie eine Schrift auf einem Stein: Es dauert lange, bis sie ausgewaschen wird. Der Zorn der vierten Kategorie Mensch ist wie eine Gravur auf einer Stahlplatte – sie wird nie verschwinden, es sei denn, man schmilzt die Platte ein und formt sie neu. Nur im Feuer wird sie zerstört; nur in einem intensiven Transformationsvorgang kann sie verwandelt werden.“

In der Gītā finden sich Lehren, die äußerst bedeutungsvoll für unseren heutigen Alltag sind. Es wird euch nicht möglich sein, alle Lehren der Gītā in die Praxis umzusetzen. Aber diejenigen Lehren, die direkt auf euer tägliches Leben anwendbar sind, solltet ihr umsetzen, davon unmittelbar profitieren und euch dadurch eurem spirituellen Ziel nähern.

DENKE AN DEN HERRN, VERGISS DIE WELT

Von allen kostbaren Dingen in der Welt ist die Zeit das kostbarste.
Sinne darüber nach, wie du deine kostbare Zeit verbringst.
Deine erste Pflicht als Mensch ist es, Körper, Arbeit und Zeit
dem Herrn zu widmen, der die Verkörperung der Zeit selbst ist.

Verkörperungen der Liebe,

beeinträchtigte, auch verlorene Gesundheit kann manchmal mit Arzneien wiederhergestellt werden. Verlorene Zeit aber kann durch nichts wiedergebracht werden. Es gibt keine Möglichkeit, sie wiederzubringen und neu zu nutzen. Ihr müßt jede erdenkliche Anstrengung machen, diese kostbare Zeit auf heilige Art und Weise zu verwenden. Zeit an sich ist unendlich, fortdauernd. Doch die Zeit, die euch bemessen ist, ist ein mikroskopischer Anteil daraus. Viele von euch verschwenden ihre Zeit mit der Vorstellung, daß die Welt der Erscheinungen wirklich ist. Als Folge davon benutzt ihr eure begrenzte Zeit zum Genuß weltlicher Freuden. Wenn ihr auch nur einen Augenblick darüber nachdächtet, was ihr bisher erreicht habt und wie ihr eure unbezahlbare Zeit verwendet habt, würdet ihr es sehr bedauern, so unsinnig mit ihr umgegangen zu sein.

Wer bin ich?

Wenn ihr auf die Welt kommt, schreit ihr *„ko 'ham, ko 'ham?"* – „wer bin ich, wer bin ich?" Wer sein ganzes Leben nur dazu verwendet, seine physische Existenz zu erhalten, wird nie die Zeit haben zu erkennen, wer er wirklich ist. Es gibt einen tieferen Sinn in eurem Leben als nur den, für das leibliche Wohl zu sorgen. Ihr müßt euer Leben mit *„ko 'ham?"* beginnen und es mit *„so 'ham!"* – „ich bin Er!" beschließen. Ihr müßt erkennen, daß ihr selbst das Göttliche seid und euer Leben in *prashānti*, dem Frieden, der euer wahres Selbst ist, beenden. Unglücklicherweise konzentrieren sich die meisten von euch nur auf die erreichbaren weltlichen Genüsse, wollen sofort Ergebnisse und denken kein bißchen an die zukünftigen Folgen ihrer Handlungen.

Was hinter euch lauert

Ein Frosch ist gerade dabei, einer vorbeikommenden Fliege nachzustellen. Er kann es kaum erwarten, nach ihr zu schnappen, um sie in einem Mal herunterzuschlingen. Doch hinter dem Frosch lauert schon die Schlange, die sich über die Maßen freut, in ihm eine wohlschmeckende Mahlzeit gefunden zu haben. Der ist im Augenblick nämlich viel zu beschäftigt, als daß er Gefahr wittern könnte. Die Schlange weiß nun nichts von dem Pfau, der hinter ihr bereits seine Krallen schärft, um über sie herzufallen. Dieser freut sich so über die Aussicht, unerwartet eine Schlange zum Fraß zu bekommen, daß er den Jäger nicht beachtet, der hinter ihm hergestiegen ist, um ihn zu erlegen. Genauso geht es euch. Auch ihr denkt nur an das Befriedigen eurer Wünsche und was für Annehmlichkeiten auf euch warten, so daß ihr nicht bemerkt, was die ganze Zeit hinter euch lauert, um über euch herzufallen. Ihr vergeudet eure Zeit, ohne den Schaden zu bedenken, der euch in Zukunft entstehen könnte. Ihr wißt nicht, wann, wo und wie sich eine Gefahr nähern und euren Weg kreuzen könnte. Ihr müßt deshalb die Zeit, die euch zur Verfügung steht, heiligen und in Erkenntnis ihrer Heiligkeit und Kostbarkeit auf rechte Weise nutzen.

Ihr mögt bereit sein, Millionen zu bezahlen für das, was euch gerade attraktiv erscheint, doch kein Geld der Welt kann euch die vergangene Zeit zurückbringen. Die Jugend ist die kostbarste und heiligste Zeitspanne im Leben eines Menschen. Sie gibt euch eine goldene Chance, euer Leben richtig zu nutzen und zu heiligen. Wie das Wasser eines Flusses, so kann auch die Jugend eines Menschen nicht wiederkehren. Das sollten die jungen Menschen heute erkennen. Nutzt eure Zeit auf rechte Weise, und ihr werdet in eurem Leben Erfüllung finden. Seid euch der vielen Aspekte des Rades der Zeit bewußt; erkennt, wie ungeheuer wichtig Zeit für euch ist. Macht euch Gedanken über das, was die Zukunft euch aller Wahrscheinlichkeit nach bringen wird und behaltet das Ziel eures Lebens ständig im Auge.

Was du auch denkst und tust – weihe es Mir

Im Kapitel über die Hingabe steht in der Bhagavad Gītā, daß Zeit der wichtigste Faktor in eurem Leben ist. Der göttliche Lehrer der Gītā sagt, daß ihr ein gesegnetes Leben haben werdet, auch wenn ihr keinen sehr hohen Grad der Ablösung von den materiellen Dingen entwickelt habt, eure Arbeit und Pflichten aber ausführt und alles, was ihr tut, dem Herrn zu Füßen legt. Krishna sagte zu Arjuna: „Arjuna, tu deine Pflicht, und wenn du kämpfen mußt, kämpfe. Aber denke dabei an Mich. Dann wirst du in keine Sünde fallen. Wenn du alles Mir geweiht hast und Mich ständig im Herzen bewahrst, wirst du unter keinerlei Folgen deiner Handlungen zu leiden haben. Es wird nicht von dir erwartet, daß du in den Wald gehst und Buße tust oder deine Angehörigen verläßt. Du brauchst nicht deine Familie, dein Haus und deinen Besitz aufzugeben. Was du auch siehst, sprichst und hörst, was du auch denkst und tust – weihe es Mir. Bringe Mir deine Gedanken und dein Unterscheidungsvermögen ganz dar. Das ist die rechte Art, dein Leben zu heiligen. Wenn du so dein Leben führst, wirst du gerettet werden; du hast Mein Wort darauf!“

Unglücklicherweise findet man heute nirgends diese Fähigkeit zum Verzicht, diese Zielgerichtetheit, diesen tiefen Glauben und das Pflichtbewußtsein und die Bereitschaft, alle Gedanken und das Unterscheidungsvermögen Gott hinzugeben. Die gebildeten Menschen, die Bürger von heute, haben nicht jene Sicht der Dinge, die aus tiefem Glauben kommt. Ihr aber solltet einen solchen tiefen Glauben entwickeln. Es ist nicht etwa so, daß ihr aufgrund eurer Aktivitäten – ob verdienstvoll oder minderwertig – eine bestimmte Zukunft erwarten oder die Umstände vorhersagen könnt, wo und wie ihr eines Tages dastehen werdet. Niemand außer dem Herrn weiß diese Dinge. Wenn ihr alles Ihm hingebt, wird Er euch in allen Lebenslagen beschützen. Ein Jünger des Herrn muß Standfestigkeit und Glaubensstärke entwickeln. Ihr müßt fest entschlossen handeln, was ihr auch tut. Ohne Entschlossenheit könnt ihr auch nicht die kleinste Sache erreichen.

Der kleine Vogel und das Meer

Ein kleiner Vogel legte seine Eier auf den Meeresstrand. Er hätte es gern schön gehabt im Leben. Aber immer wieder kamen Wellen und schwemmten die Eier hinaus aufs Meer. Der Vogel verlor allmählich den Mut und wollte verzagen, denn jedesmal, wenn er seine Eier gelegt hatte, wiederholte sich dasselbe. Am Ende wurde er sehr wütend auf dieses Meer. Nun fragt ihr euch, wie so ein kleiner Vogel sich erdreisten kann, gegen eine Naturgewalt wie das Meer aufzubegehren. Aber der Vogel hatte keine solchen Hemmungen. Er sah sich nicht als nur den kleinen Vogel, der gegen das Meer nichts ausrichten kann. Im Gegenteil, er war sogar fest entschlossen, dieses Meer auszuleeren! Das war sein Gelübde, und er hatte sich fest vorgenommen, es zu erfüllen. Tag und Nacht stand er am Strand, steckte sein Schnäbelchen ins Wasser und leerte es Schnabel für Schnabel über dem Ufersand aus. Er glaubte fest daran, daß er das Meer besiegen würde.

Der kleine Vogel erkannte allmählich, daß er allein nur geringe Fortschritte machte. Deswegen bat er den großen Adler Garuda, Vishnus Gefährt, um Hilfe. Mit Garudas Vermittlung wurde es ihm schließlich möglich, Vishnus Gnade zu erringen. Das Meer erschrak nun doch sehr und entschuldigte sich bei dem kleinen Vogel. Es versicherte ihm, daß seine Eier niemals wieder von den Wellen verschlungen würden und daß er von nun an gerne am Strand ungestört brüten könnte. Wie klein war dieser Vogel, und wie groß das Meer! Auch ihr haltet euch für klein, aber ihr solltet nie die Hoffnung verlieren und verzweifeln. Laßt euch nicht entmutigen durch den Gedanken, klein und unbedeutend zu sein, während Gott unendlich groß und allmächtig ist.

Ihr fragt euch vielleicht: „Warum sollte Gott mir Aufmerksamkeit schenken? Was kann ich Ihm schon bieten, daß Er es auch gerne annimmt? Der ganze Kosmos gehört Ihm. Wenn es nicht einmal den Engeln und anderen göttlichen Wesen möglich ist, Ihn zu sehen, wie sollte es mir je möglich sein?“ Solche herabwürdigende, selbstverkleinernde Gedanken werden euch nicht weit bringen. Solange ihr so denkt, werdet ihr die Gnade des Herrn nicht erreichen und nicht geeignet sein, Ihm zu dienen. Gebt solchen Äußerungen der Schwäche keinen Raum. Ihr müßt den Herrn in eurem Herzen fest verankern und so zu Ihm sprechen: „Geliebter Herr! Ich weiß, daß Du im gesamten Universum zu Hause bist, aber Du wohnst auch in meinem Herzen. Ich werde Dich mit all meiner Kraft da festhalten. Es ist wahr, daß Du das Größte des Großen bist, aber Du bist auch das Kleinste des Kleinen, und in dieser Deiner kleinen Form wohnst Du hier drinnen.“ Wenn ihr festen Glauben an euch selbst und den ebenso festen Entschluß gefaßt habt, den Herrn unverrückbar in eurem Herzen festzuhalten, werdet ihr Ihn gewiß erreichen.

Von solcher Entschlossenheit war einst ein König namens Bagiratha. Nachdem er ein Gelübde getan hatte, seinen Vorfahren dabei zu helfen, in den Himmel zu kommen, gelang es ihm tatsächlich, den Ganges dazu zu bringen, von den himmlischen Quellen auf die Erde herabzufließen. Und Gautama Buddha gelang es mit festem Entschluß und vielen Bußübungen, *nirvāna* zu erreichen. Eines Tages, als Buddhas Vater erfuhr, daß sein Sohn um Almosen bettelte, ließ er ihm folgendes ausrichten: „Mein Kind, dein

Großvater war ein König, dein Vater ist ein König, und auch du bist einer. Ich habe gehört, daß du, König von edler Abstammung, um Essen bettelst. Es ist kein Mangel in diesem Königreich; es fehlt auch nicht an Überfluß. Du kannst alles haben, was du wünschst. Ich leide unsagbare Qualen in dem Wissen, daß du, der du alle Annehmlichkeiten und allen Überfluß eines königlichen Palastes genießen könntest, bettelst und daß du auf der nackten Erde wie ein Bettler lebst. Bitte, komm zurück in den Palast. Ich heiße dich willkommen und will alle Vorbereitungen für deine Wiederkehr treffen. Das Königreich selbst wird dir gehören."

Buddhas Standfestigkeit

Buddha, der diese Worte in vollkommener Gelassenheit aufnahm, antwortete dem Boten: „Bitte sag dem König: ‚Ja, mein Großvater war ein König. Mein Vater ist ein König, und auch ich war ein König. Aber jetzt bin ich ein *samnyāsin*. Ich habe der Welt entsagt, und ich glaube, daß meine wahren Eltern *samnyāsins* sind und daß meine wahren Vorfahren auch *samnyāsin* waren. Wenn du willst, daß ich zurückkomme, mußt du erst diese Fragen beantworten: Hast du die Macht, mich vor dem Tod zu bewahren? Kannst du Krankheiten von mir fernhalten und mir garantieren, daß ich gesund bleibe? Hast du die Fähigkeit, mich vor dem Altern und Vergreisen zu bewahren? Hast du die Macht, mich von diesen Übeln zu befreien? Wenn du mir darauf die richtigen Antworten gibst, werde ich augenblicklich in den Palast zurückkommen.'"

Buddha sah, daß Geborenwerden mit Leiden verbunden ist, daß leben leidvoll ist und daß auch das Ende Leiden bedeutet. Er reagierte richtig auf die Bitte seines Vaters. Er hatte alles Leid und allen Kummer der Welt gesehen und konnte deshalb nicht weiterhin in Unwissenheit und Täuschung dahinleben; das wäre reine Torheit gewesen. Buddhas Leben soll euch als Beispiel dienen. Ihr müßt die begrenzte Zeit, die euch gegeben ist, dazu nutzen, euer wahres Wesen zu erkennen. Das ist das wahre Ziel eines Menschenlebens. Euer Körper besteht aus den fünf Urelementen, und eines Tages wird er vergehen. Der Bewohner eures Körpers ist die einzige fortdauernde Wesenheit. Wenn ihr der Wahrheit nachgeht, werdet ihr finden, daß es so etwas wie Altern und Tod für das innewohnende Selbst nicht gibt. Wenn ihr begreift, daß dieser Bewohner, der eure ureigene Wirklichkeit ist, Gott ist, werdet ihr die Wahrheit erkennen und nichtendenden Frieden genießen.

Im dreizehnten Kapitel der Gītā werden *kshetra* und *kshetrajna* – das Feld und der Kenner des Feldes – erklärt. Worin besteht der Unterschied zwischen beiden? *Kshetra* ist aus den zwei Sanskritsilben *kshe* und *tra* zusammengesetzt. *kshetrajna* ist aus den drei Sanskritwörtern *kshe, tra* und *jna* zusammengesetzt. Die besondere Silbe ist *jna*. Die Silben *kshe* und *tra* sind beiden Begriffen gemeinsam. Das bedeutet, daß *kshetra* ohne *jna* ist – das Feld ohne Weisheit. Welches ist das Feld, das ohne die höchste Weisheit ist? Es ist der Körper, der Ort, in dem der Herr wohnt – Sein Wohnort hier auf Erden.

Ihr sagt üblicherweise „mein Körper". Mit anderen Worten: Ihr räumt ein, daß ihr nicht der Körper seid, sondern daß er euch gehört. Auch der Bewohner weiß, daß er nicht *kshetra* – das Feld – ist, sondern daß es Ihm gehört. Wenn ihr sagt: „Das gehört mir“, erklärt ihr damit, daß ihr und der betreffende Gegenstand voneinander verschieden seid. Wenn ihr sagt: „Das ist mein Taschentuch“, so behauptet ihr eure Verschiedenheit von diesem. Das Taschentuch ist etwas anderes als ihr. Und wenn ihr sagt: „Das ist mein Körper“, bedeutet das, daß ihr etwas anderes als euer Körper – also getrennt von diesem – seid. Gleichermaßen bedeutet es für den Herrn, der das Feld zu Seinem Eigentum erklärt, daß Er es verlassen kann, wann immer Er es wünscht.

Der Körper ist euch gegeben, damit ihr die Möglichkeit habt zu erkennen, wer ihr wirklich seid – um seinen inneren Bewohner zu erkennen. Ohne Körper wäre euch dies nicht möglich; ihr hättet nicht die Möglichkeit, Tätigkeiten nachzugehen und *karma* zu erfüllen, das heißt euren Verpflichtungen nachzukommen. Alle *karmas* sind nur mit Hilfe des Körpers durchführbar. Der Körper besteht aus 20 „Prinzipien“. Dies sind die fünf Wahrnehmungsorgane, die fünf Tatorgane, die fünf Lebenshauche und die fünf Hüllen. Zusammen mit dem niederen Geist *(manas)*, dem Unterscheidungsvermögen *(buddhi)*, dem Herzen *(citta)* – dem Sitz der Gefühle und des Erinnerungsvermögens – der Ichhaftigkeit *(ahamkāra)* und dem *ātman* ergeben sie die 25 Prinzipien des Menschen. Das Wissen vom Körper und dem innewohnenden *ātman* heißt *sānkhya*. Es bezieht sich auf den Pfad der Weisheit *(sānkhyayoga)*, der im zweiten Kapitel der Gītā behandelt wird.

Die 25 Prinzipien des Menschen

Narren, die in der Illusion geboren sind und in Illusion aufwachsen, erkennen diese nie als das, was sie tatsächlich ist, nämlich *māyā*, Täuschung. Die ganze Welt ist *māyā*, alle Bindungen sind *māyā*, das Familienleben ist *māyā*, Tod ist *māyā* – alles, was ihr wahrnehmt und denkt, ist *māyā*. Das Leben selbst ist *māyā*. Wo sind sie heute, all die Könige und Herrscher, die so stolz auf ihre Errungenschaften waren? Sie sind allesamt vom Rad der Zeit zermahlen worden. Tage, Monate, Jahre und Äonen sind alle in sich zusammengefallen. Die Zeit ist ein einziges fortwährendes Fließen, und in diesem Fluß werden alle Dinge und alle Menschen, jedes Objekt und jedes Wesen davongeschwemmt. Etwas, das mit dem Fluß der Zeit weggetragen wird, kann nicht die Stütze für etwas anderes werden, das ebenfalls vom Strom fortgerissen wird.

Die Zeit reißt alle mit sich

Nur Gott kann uns retten

Wer kann wen retten? Die einzige ewige Wesenheit, die nicht vom Strom der Zeit erfaßt wird und alle retten kann, ist Gott. Er allein kann jeden von euch beschützen. Er ist das sichere Ufer dieses nichtendenden Stromes der Zeit. Haltet an Ihm fest! Das ist das Geheimnis des Lebens und das Merkmal wahrhaft menschlicher Wesensart. Glaubt an den Herrn und nicht an die Welt – das ist die rechte Art, euer Leben zu leben und euch daran zu freuen. Denkt immer an diese drei Grundregeln: Erstens, vergeßt niemals euren Herrn. Zweitens, glaubt nicht an die Welt. Drittens, fürchtet euch niemals vor dem Tod. Das sind die Grundregeln für die Menschheit.

Die drei Grundregeln

Die 64 Wesensmerkmale des wahren Jüngers

In der Gītā werden 64 Wesensmerkmale aufgezählt, an denen ein wahrer Jünger des Herrn zu erkennen ist. Ein einzelner kann sie nicht alle besitzen; es ist genug, wenn ihr eine oder zwei dieser Wesenszüge in euch fördert. Habt festen Glauben an den Herrn. Wenn der Glaube erst einmal tief verwurzelt ist, braucht ihr nichts weiteres. In einer Zündholzschachtel sind vielleicht 50 Streichhölzer, aber um Feuer zu machen, braucht ihr nur ein einziges davon – nicht alle fünfzig. Ähnlich ist es mit den 64 Merkmalen. Es ist genug, wenn auch nur eines in euch zur Vollkommenheit gelangt. Das wichtigste ist *prema*, selbstlose Liebe. Swami hat oft wiederholt: „Liebe ist Gott, und Gott ist Liebe. Lebt in Liebe". Wenn ihr in Liebe lebt und euch in das Göttliche versenkt, wird sich der Herr um alle Einzelheiten in eurem Leben kümmern. Lord Krishna spricht: „Hab volles Vertrauen und ganze Hingabe; überlaß alles Mir, und du wirst Mir sehr lieb werden."

Vier Arten von Jüngern

Wahres *bhakti* – wahre Hingabe – meint nicht nur das Vollziehen der verschiedenen religiösen Rituale wie Lobsingen, Mantras wiederholen, stille oder gemeinschaftliche Gebete sprechen oder in Meditation sitzen. Hingabe meint tiefen, unerschütterlichen Glauben an den Herrn. Es gibt vier Arten von Jüngern: den *ārthin*, den *arthārthin*, den *jijnāsu* und den *jnānin*. Ein *ārthin* ist jener, der den Herrn nur anruft, wenn er in Not ist und nur in schweren Zeiten an Ihn denkt und Ihn verehrt. Ein *arthārthin* ist jener, der den Herrn anfleht, ihm Macht, Reichtum und Stand zu geben; er sucht Nachkommenschaft und langes Leben und sehnt sich nach Haus und Eigentum, Gold und Juwelen und ähnlichem. Nach diesen weltlichen Dingen trachten die meisten Menschen. Sie erkennen nicht, daß ihr wahrer Reichtum die Weisheit, ihr wahrer Besitz eine gute Lebensführung und ihr kostbarstes Juwel ihr Charakter sein sollte. Sie fiebern nach groben weltlichen Dingen und begreifen nicht den tieferen Sinn, der sich hinter diesen weltlichen Symbolen verbirgt.

Die dritte Art Jünger ist der *jijnāsu*. Er ist fortwährend mit dem Erforschen der geistigen Grundfragen beschäftigt, wie: „Wo ist Gott? Wer ist Gott? Wie kann ich Gott erreichen? Was ist meine Beziehung zu Gott? Wer bin ich?" Wenn ihr in die Phase des *jijnāsu* eintretet, hilft euch solches Fragen auf dem Weg zu spiritueller Erkenntnis. An erster Stelle müßt ihr versuchen herauszufinden: „Wer bin ich? Woraus ist die Welt entstanden? Was ist mein Ziel?" Als *jijnāsu* zerbrecht ihr euch den Kopf mit diesen wichtigen Fragen und versucht mehr zu erfahren, indem ihr euch großen Meistern zuwendet, ihren Lehren lauscht, ihnen dient und die heiligen Schriften studiert. Dem ersten Schritt – des Zuhörens – der euch indirektes Wissen vermittelt, muß die innere Schau, welche direktes, unmittelbares Wissen ist, folgen. Schließlich, nachdem ihr die Lehren voll in euch aufgesogen habt, verlaßt ihr das Stadium des *jijnāsu* und tretet in das des *jnānin*, des „Kenners der Wahrheit" ein. Haben wir es da noch mit weltlichem Wissen zu tun? Nein. *Jnāna* beschäftigt sich nicht mit dem Wissen von der Welt; *jnāna* ist wahres Wissen des Geistes, transzendentales Wissen. *Jnāna* ist Weisheit. Es bezieht sich auf die Erfahrung der Einheit, des Einen ohne ein Zweites.

Wahres Wissen

Die ausschließliche Beschäftigung mit den Dingen der Außenwelt wird euch endlosen Kummer bereiten. Solange ihr euer Wissen nur auf weltlichen Erfahrungen aufbaut, werdet ihr leiden. Stellt euch vor, ihr versetzt einem Tisch einen heftigen Stoß und verspürt dabei so etwas wie Stolz. Ihr brüstet euch damit, daß ihr es ihm „ordentlich gezeigt" habt und daß ihr ihm sicherlich „weh getan" habt, aber im nächsten Augenblick entdeckt ihr zu eurem Mißbehagen, daß euch dieser Gegenstand mit derselben Intensität „zurückgestoßen" hat und ihr genauso großen Schaden erlitten habt. Solange es sich um weltliche Erfahrung handelt, wird es dieses Echo immer geben: Was ihr auch tut, es wird eine Reaktion hervorrufen, die euch betrifft; was ihr auch sagt, es wird zu euch widerhallen; was ihr auch denkt, es wird auf euch zurückfallen. Im spirituellen Bereich gibt es solche Reaktionen nicht – kein Echo, kein Reflex, nur transzendentales, überschreitendes, wahres Wissen. In diesem Bereich gibt es keine Dinge mehr, die eine Widerspiegelung auslösen könnten, nichts, das sich spiegeln oder widerhallen könnte, weil da kein Zweites ist. Da ist alles eins. Wo ein Zweites existiert, besteht auch der Wunsch, es entweder zu besitzen oder es zu fliehen; mit anderen Worten, es entsteht ein Gefühl des Wünschens beziehungsweise der Angst vor ihm. Wenn ihr jedoch in das wahre Wissen vertieft seid, erlebt ihr nichts anderes und keine andere Person; es ist kein Zweites mehr vorhanden. Weder Wunsch noch Angst können aufkommen. Dieser Zustand kann am besten mit Weisheit, höchstem Wissen, bezeichnet werden. In diesem enthobenen Zustand seht ihr nichts und hört ihr nichts mehr. Ihr schwimmt nur noch in höchster Seligkeit. Das ist der zeitunabhängige, ewige Zustand des *sat-cit-ānanda*.

Der reiche Mann und seine vier Frauen

Hier ist eine kleine Geschichte, die die vier Arten der Hingabe erläutert, die wir soeben besprochen haben. Ein reicher Mann, der vier Frauen hatte, mußte einst wegen wichtiger Geschäfte verreisen. Er verbrachte einige Monate in einem fernen Land, und bevor er nach Hause fuhr, schrieb er jeder der vier Frauen einen Brief. Darin stand, daß er in wenigen Wochen zurückkehren würde und daß er ihnen gerne alles mitbringen wolle, was sie sich wünschten, wenn sie ihm eine Liste zusenden würden.

Die vierte Frau war die jüngste und hatte deshalb auch die meisten Wünsche. Sie schrieb zurück: „Lieber Mann, bring mir bitte feinen Schmuck, einige Seidensaris und alle neuesten Modeaccessoirs, die es dort gibt." Der Mann las den Brief und ließ die gewünschten Dinge besorgen. Die dritte Frau war ziemlich unglücklich. Sie hatte viele Gebrechen und sandte ihrem Mann eine Liste von Medikamenten, die es im Ausland gab, und die ihr wohl helfen würden. Die zweite Frau hatte eine starke Neigung zum Spirituellen. Sie bat ihren Mann um alle guten Bücher über das Leben großer heiliger Männer, die er in jenem Land finden könne. Die erste Frau schrieb: „Liebster, ich brauche nichts. Ich werde sehr glücklich sein, wenn ich weiß, daß du heil und gesund zurückgekommen bist."

Bei seiner Rückkehr hatte der Mann alles dabei, was die Frauen sich gewünscht hatten. Die vierte bekam schönen Schmuck und Seidensaris vom Feinsten. Die dritte bekam die neuesten Arzneimittel aus dem Ausland. Der zweiten Frau brachte der Mann die besten Ausgaben der heiligen Schriften und andere heilige Bücher mit. Dann ging er zu seiner ersten Frau und blieb bei ihr, denn sie hatte ihn gebeten: „Bitte komm heil nach Hause. Ich wünsche mir weiter nichts."

Die anderen drei Frauen wurden nun eifersüchtig, weil der Mann bei der ersten Frau blieb. Sie sandten folgende Botschaft an ihn: „Wir waren so lange ohne dich, und nun kommst du nicht ein einziges Mal uns besuchen. Was ist der Grund dafür?“ Der Ehemann antwortete: „Ich habe jeder von euch genau das gegeben, was sie sich gewünscht hat. Die eine wollte Juwelen, und ich habe sie ihr gebracht; die andere wollte Medikamente, und ich habe sie ihr gebracht; die nächste wollte heilige Bücher, und ich habe sie ihr gebracht; und eine wollte nur mich, und so hat sie mich nun!“

Der Ehemann ist der Herr selbst, und seine vier Frauen sind die vier Arten von Jüngern. Der Herr wird euch genau das geben, worum ihr Ihn bittet. Wenn ihr nur um Ihn bittet, wird Er kommen und in euren Herzen wohnen. Gott ist der wunscherfüllende Baum, die Himmelskuh Kamadhenu. Er antwortet auf die Bitten eines jeden. Er ist allwissend, Er ist überall. Er weiß, was ihr wollt und wird es euch geben. Tatsächlich ist diese gesamte Welt ein wunscherfüllender Baum. Der Herr benutzt die Welt, um eure Wünsche zu erfüllen und sich um eure Bedürfnisse zu kümmern. Nur wenige Menschen erkennen das. Dieses kleine Beispiel verdeutlicht es:

Der Wanderer und der Wunschbaum

Ein Wanderer war lange Zeit in der prallen Sonne unterwegs. Endlich fand er einen schönen, großen Baum, unter dem er sich niederlassen konnte. Er war nach dem langen, heißen Weg sehr müde, und der Schatten des Baumes tat ihm ungeheuer wohl. Nach einer Weile verspürte er großen Durst, und er dachte: „Wie schön, wenn ich ein Glas kühles Wasser hätte!“ Wie aus dem Nichts hervorgezaubert erschien plötzlich ein Becher mit Wasser vor ihm. Er hatte sich unter einen Wunschbaum gesetzt und wußte es nicht! Er trank das Wasser aus, und ein zweiter Gedanke kam ihm in den Sinn: „Wie schön, wenn ich ein weiches Kissen und ein bequemes Bett hätte. Dann könnte ich wirklich gut ausruhen.“

Sofort erschienen ein Kissen und ein Bett, vom Herrn selbst geschenkt. Nun hatte es der Wanderer sehr bequem. Bald aber kam ihm der Gedanke: „Wie wunderbar bequem ist dieses Bett mit dem Kissen! Wenn ich nun noch meine Frau hier haben könnte, wäre alles vollkommen.“ Sofort erschien seine Frau vor ihm. Im selben Augenblick bekam er es mit der Angst zu tun. Er war sich nicht sicher, ob sie wirklich seine Frau oder ein Dämon war, der ihre Gestalt angenommen hatte. Kaum war ihm der Gedanke durch den Kopf geschossen, verwandelte sie sich tatsächlich in einen Dämon. Die Furcht übermannte ihn, und entsetzt fragte er sich: „Oh je, wird der Dämon mich nun auffressen?“ Im nächsten Augenblick fiel der Dämon über ihn her und verschlang ihn auf einen Satz.

Die Moral dieser Geschichte ist: Wenn ihr unter dem Wunschbaum sitzt, müßt ihr sehr darauf achten, was ihr denkt. Die Gedanken, die ihr habt, werden mit Sicherheit Wirklichkeit werden. Die ganze Welt kann mit einem Wunschbaum verglichen werden. Wenn ihr gute Gedanken hegt, werdet ihr gute Wirkungen ernten; wenn ihr schlechte Gedanken hegt, werden schlechte Wirkungen die Folge sein. Habt deshalb niemals schlechte Gedanken oder Gefühle. Darum sagt Swami oft: „Seid gut, tut Gutes, seht Gutes – das ist der Weg zu Gott.“

Die Welt ist die Schöpfung des Herrn und von Seinem Willen durchdrungen. Gott ist überall. Denkt über niemanden Schlechtes. Habt vollkommene Kontrolle über eure Sinne und denkt nur gute Gedanken. Ob ihr alt

Der Sinn des Wortes „Mensch“

oder jung seid – erlaubt nur guten Gedanken, sich in eurem Kopf aufzuhalten, und trachtet immer nur danach, ein gutes Leben zu führen. Das ist der wahre Sinn eines menschlichen Lebens. Das Sanskritwort für „Mensch“ ist „*nara*“ und bedeutet „dasjenige, welches für das Unzerstörbare steht, dasjenige, welches immer zum Herrn zurückkehrt“. „*Ra*“ bezieht sich auf den Aspekt der Zerstörung, und „*na*“ heißt „nicht“. „*Nara*“ bedeutet also „derjenige, der nicht zerstört wird; der ein Sohn der Unsterblichkeit ist“. Die Upanishaden erklären: „Du bist kein sterbliches Wesen; du bist das Kind der Unsterblichkeit“. Der Mensch wird auch *mānava* genannt, wobei „ma“ Unwissenheit, „na“ nicht, und „va“ Verhalten bedeutet. Das Wort steht also für den, der sich „nicht unwissend verhält“. Aber heutzutage ist euer Verhalten närrisch. Eure Gedanken, Worte und Taten rechtfertigen nicht die Bezeichnung „mānava“ – „Mensch“.

Es heißt, daß selbst der Tod süßer ist als ein Leben in der Blindheit der Unwissenheit. Flieht die Unwissenheit und strebt nach Weisheit. Wenn ihr das Dunkel vertreiben wollt, müßt ihr Licht hereinlassen. Wenn ihr Weisheit erlangen wollt, müßt ihr die Gnade des Herrn gewinnen. Sobald dies geschehen ist, wird eure Unwissenheit wie weggefegt sein. Tyāgarāja, der Dichter, sang: „O Rāma! Wenn ich Deine Gnade habe – was soll ich noch fürchten? Was kann mir die Welt anhaben?“ Das Leben eines wahren Menschen gründet sich nicht auf die sechs Erzfeinde Lust, Zorn, Gier, Täuschung, Stolz und Eifersucht, sondern ausschließlich auf die Gnade des Herrn. Denkt tief darüber nach und versucht das Prinzip der Weisheit zu verstehen. Ihr müßt danach trachten, die Gnade des Herrn zu erringen. So werdet ihr der ganzen Welt ein Beispiel geben. Denkt überall, unter allen Umständen an Gott. Vergeßt nicht: Es gibt in diesem *kaliyuga* keine stärkere spirituelle Übung als diese. Übt euch ununterbrochen in der Wiederholung des heiligen Namens des Herrn; bewahrt ihn und haltet ihn unablässig fest im Innersten eures Herzens.

DER WEG
DES WAHREN WISSENS

GIB DIE SELBSTTÄUSCHUNG AUF – ERKENNE DEIN WAHRES SELBST

Krishna mahnte Arjuna: „Arjuna, laß los von deiner Verzagtheit! Hab Mut und kämpfe! Die Schwäche, die sich deines Herzens bemächtigt hat, ist eines Helden nicht würdig!"

Verkörperungen der Liebe,

worin lag der Grund für Arjunas Verzagtheit? In seiner Unwissenheit. Aus Unwissenheit fiel Arjuna ins Körperbewußtsein, und aufgrund dieses Körperbewußtseins wurde er verwirrt und mutlos; er verlor seine Entschlußkraft und seinen Mut und war unfähig, irgendetwas zu beginnen. Krishna sprach zu Arjuna: „Solange du so mutlos bist, wird dir auch nicht das Geringste gelingen. Du wirst vom Kummer verfolgt werden. Weißt du, woher dieser Kummer stammt? Er kommt aus deinen Anhaftungen. Du bist dem Gefühl verhaftet, daß jene „deine Leute", „deine Verwandten", „deine Freunde" seien. Diese Besitzhaltung stammt aus der Unwissenheit. Deine Bindungen und Illusionen werden dich immer schwach machen und in Kummer stürzen. Sie sind die wahren Feinde, die du besiegen mußt." Solange ihr eine solche Besitzhaltung gegenüber euch selbst, der Familie, euren Leuten und euren Sachen einnehmt, könnt ihr sicher sein, daß ihr früher oder später unglücklich werdet. Ihr müßt von dem Stadium der Identifikation des „Ich" und „Mein" wegkommen und in jenes höhere Stadium eintreten, in dem ihr euch ununterbrochen mit dem „Wir" und „Unser" identifiziert. Ihr müßt Schritt für Schritt von der Selbstsucht zur Selbstlosigkeit, von der Befangenheit zur Befreiung schreiten.

Vom Ich zum Wir

Es ist bekannt, daß die Schüler nach ihren Prüfungen im 10. Schuljahr möglichst rasch die Ergebnisse erfahren und wissen wollen, wie sie abgeschnitten haben. Die Ergebnisse erscheinen normalerweise in der Tageszeitung; fast zwei Seiten sind dann gefüllt mit den Immatrikulationsnummern der Schüler, die die Prüfung bestanden haben. Bis zu 100.000 Schüler können in einem Staat die Prüfung angetreten haben. Wenn nun die Ergebnisse veröffentlicht werden, interessiert sich jeder Schüler einzig und allein für seine Nummer und recht wenig für die der anderen. Wenn er die Liste durchgeht, um seine Nennung zu finden, kümmert er sich nicht viel um seine Freunde. Oder denkt einmal daran, was ihr tut, wenn ihr eure Fotos aus dem Labor zurückbekommt. Jeder interessiert sich für das Foto, auf dem er selber zu sehen ist, und nicht für die Fotos der anderen in dem Stapel. Das sind Beispiele für eine selbstsüchtige Sicht der Dinge und für Engherzigkeit. Diese Enge des Herzens müßt ihr aufgeben und daran arbeiten, vollkommen selbstlos zu werden. Wenn ihr zu dem Gefühl des „Wir“ und „Unser“ fortgeschritten seid, werdet ihr imstande sein, zum Wohl der gesamten Menschheit das Eure beizutragen.

Vor dem Mahābhārata-Krieg hatte Arjuna an einigen anderen Kämpfen teilgenommen, aber noch nie war er von Kummer und dem Gefühl des Angebundenseins geplagt worden. Aber nun, da er erkannte, daß seine Gegner sein eigener Großvater, seine Verwandten und sein Lehrer waren, begann sich derselbe Arjuna Sorgen zu machen, und dieses Verbundenheitsgefühl machte ihn elend. Er wurde ein Opfer der Täuschung; das Gefühl des „Meinseins“ hatte sich eingeschlichen. So wie sich dieses Gefühl Raum verschaffte, breitete sich als Folge auch der Kummer aus. Zuvor, als Krishna in Seiner Friedensmission an den Hof der Kauravas gegangen war, hatte Arjuna diesen noch den Krieg erklären wollen und hatte versucht, Krishna zu überzeugen, daß Seine Mission bei den Kauravas nutzlos und zum Scheitern verurteilt sei.

Arjunas Sinnesänderung

Damals hatte Arjuna zu Krishna gesagt: „Krishna, dieser Streit um das, was recht ist, kann nicht friedlich beigelegt werden. Die Kauravas werden sich niemals mit Deinen Bedingungen einverstanden erklären. Ihr Haß und ihre Gier sind unersättlich. Warum solltest Du Deine Kraft und Deine Zeit mit ihnen verschwenden? Die Pāndavas und die Kauravas sind absolute Gegensätze; wie sollten sie sich je einig werden können? Vielleicht im Himmel oder in der Hölle, aber niemals hier auf Erden. Deine Mission wird fehlschlagen.“ Damals war Arjuna voller Mut und Entschlossenheit gewesen, weil er seinen Großvater, seinen Lehrer, seine Verwandten und viele seiner Freunde nicht sah, die ihm auf der anderen Seite gegenüberstanden. Bevor diese anhängliche Haltung am Vorabend des Mahābhārata-Krieges aufflammte, schien Arjuna eine sehr großzügige Sicht der Dinge zu haben. Aber nun, da er mitten im Kampffeld stand, um den Krieg zur Erhaltung der Rechtschaffenheit zu führen, für den er sich so lange vorbereitet hatte, wurde Arjunas Blick getrübt, das Herz wurde ihm schwer und seine Gedanken wirr. Als er seine nächsten Verwandten und einige seiner Freunde auf der anderen Seite kampfbereit stehen sah, wurde ihm schwindelig, und er sagte: „Krishna, ich werde nicht kämpfen!“

Aber wenn ihr bereits auf dem Kampfplatz steht und der Krieg unmittelbar bevorsteht – ist das die richtige Zeit, eure Gegner als Verwandte zu betrachten? Als Krishna Arjunas Worte hörte, wurde Er sehr zornig. Er sagte zu Arjuna: „Das ist Schwäche. Sie steht dir nicht gut an! Ein furchtloser Mensch wie du, der immer wie ein wahrer Held mit stolz erhobenem Haupt ausgeschritten ist, scheint mit einem Mal unter Schüchternheit zu leiden. So jemand kann kein Schüler von *yogīshvara*, dem Meister der Yogis, sein. Ich schäme Mich, dich als Schüler anzunehmen. Krieg steht bevor. Die letzten Vorbereitungen sind in den drei vergangenen Monaten getroffen worden, und der Schlachtplan steht fest. Hättest du diese Art zu zaudern gleich zu Anfang gezeigt, so hätte Ich gewiß die Aufgabe, deinen Wagen zu lenken, nicht übernommen. Du zauderst zu diesem späten Zeitpunkt? Nachdem du Freunde und Verwandte von der Richtigkeit deiner Sache überzeugt und dazu überredet hast, auf deiner Seite zu stehen? Hier, in Anwesenheit aller legst du deine Waffen nieder und gibst nichtswürdig auf? Ist das die Art eines Helden? Du zerstörst den Geist des wahren Königtums, dessen geschworene Pflicht es ist, Ehre und *dharma* zu beschützen. Wenn du dich weiter als feiger, hasenherziger Schwächling gebärdest, werden dich kommende Generationen verlachen. Du hast den Namen Arjuna angenommen, aber du verhältst dich nicht danach!"

Was bedeutet „Arjuna"?

Was bedeutet „Arjuna"? Der Name bedeutet Heiligkeit und Reinheit. Der Grund für einen so edlen Menschen, die Waffen zu strecken und sich dem Kampf zu verweigern, in dem es um die Rettung des *dharma* selbst ging, konnte nur Unwissenheit sein. Nārāyana, der Herr, der Sich des Wesens dieser Krankheit voll bewußt war, beschloß, sie auszurotten. Krishna hätte den *yoga* der Hingabe und den *yoga* des selbstlosen Handelns bereits zu Anfang der Gītā lehren können, doch Er zog vor, es nicht zu tun, sondern erst im zweiten Kapitel zu sprechen. Das gesamte erste Kapitel ist dem Weinen und Klagen Arjunas gewidmet. Krishna schaltete Sich nicht ein. Krishna begann Seine Lehre im zweiten Kapitel mit dem elften Vers. Bis dahin hatte Krishna mit großer Geduld zugehört. Schließlich fragte Er: „Arjuna, bist du fertig? Ist nun Schluß mit deinem Gejammer?"

So wie ein Student nach den Prüfungen völlig leer ist, war auch Arjuna nach dem Vorbringen seiner Bedenken wie ausgeleert. Das war der Zeitpunkt, da Krishna zu sprechen begann: „Eine unziemliche Schwäche hat sich deiner bemächtigt. Ich weiß, wie Ich damit umzugehen habe. Ich werde sie heilen! Unwissenheit ist schuld an deiner Verblendung; Unwissenheit ist der Grund für deine Schwäche." Und Krishna begann Arjuna in *sānkhyayoga* zu unterweisen. *Sānkhya* lehrt die Weisheit, wie zwischen *ātman* und *anātman*, wahrem und falschem Selbst, Wesentlichem und Unwesentlichem, Ewigem und Vergänglichem zu unterscheiden ist. Wenn ein Mensch von Schmerzen und Unwissenheit gequält wird – was kann ihn aus seiner Verblendung befreien? Wenn ein Patient in Lebensgefahr ist, ist die erste Maßnahme des Arztes zuzusehen, daß er ihn vor dem Schlimmsten rettet. Danach kann er mit verschiedenen Therapien beginnen. Bei einem Menschen, der sich in Lebensgefahr befindet, ist eine Behandlung nutzlos; er muß erst aus der unmittelbaren Bedrohung herauskommen. Wenn er einmal außer Lebensgefahr ist, können vielerlei Behandlungsmethoden hilfreich sein. Ein Mensch, der am Ertrinken ist, muß erst aus dem Wasser gezogen und künstlich beatmet werden; dann kann man etwas tun, um seinen Kreislauf wieder ordentlich anzuregen und ihm über den Schock hinwegzuhelfen. Solange er noch am Untergehen ist, wird man gewiß keine solchen Maßnahmen ergreifen.

Sei mutig!

Krishna gab Arjuna zunächst eine starke Dosis Mut, um ihn vor dem Untergehen in Kummer und Niedergeschlagenheit zu retten. Seine unverzügliche Erste-Hilfeleistung sollte Arjuna lehren, zwischen Selbst und Nichtselbst zu unterscheiden. Er sprach: „Arjuna, solange du so von Furcht und Ängsten übermannt bist, wirst du nichts zuwege bringen. Sei mutig! Wisse, daß du der *ātman* bist und nicht dieser Körper; dann wirst du furchtlos werden. Ich kann dir helfen, große Dinge zu erreichen, aber nur, wenn du deine Handlungen auf wahres Wissen gründest und furchtlos bist." Als Er dies sagte, lächelte Krishna, Arjuna aber weinte.

Der stets Lächelnde ist Nārāyana, der Herr. Der, der weint, ist *nara*, der Mensch. Krishna ist *ātman*, Arjuna ist *anātman*. Krishna ist das wahre Selbst, Arjuna das falsche. Der Eine ist die Verkörperung der Weisheit, der andere ist von Unwissenheit erfüllt. Krishna sagte: „Ich möchte dir einiges erklären, was sehr wichtig ist. Wir verhalten uns in diesem Augenblick recht unterschiedlich. Ich lächle, während du weinst. Aber wir könnten beide gleich sein; entweder Ich werde wie du, oder du wie Ich. Wenn Ich wie du werden sollte, würde Ich schwach sein müssen; doch das ist unmöglich. Schwäche wird nie in Mich eindringen können. Wenn du wie Ich werden solltest, dann müßtest du Mir folgen und tun, was Ich sage."

Arjunas Unterwerfung

Darauf antwortete Arjuna: „Herr, ich will genau befolgen, was Du sagst. Ich werde alle Deine Gebote bedingungslos erfüllen!" Nachdem Er Arjuna genügend Ermutigung und Zielstrebigkeit gegeben hatte, versetzte Krishna Arjuna in die Lage, seine große Entschlußkraft wiederzugewinnen. Von diesem Augenblick an nahm Arjuna unter Befolgung der Anweisungen des Herrn den Kampf auf.

Das erste, was in *sānkhyayoga* erklärt wird, sind bestimmte Tatsachen, die den Körper und den menschlichen Geist betreffen. Krishna sagte: „Arjuna, du glaubst, daß diese Leute deine Verwandten und Freunde sind. Aber was heißt „verwandt sein", „Freund sein"? Sind es Bezeichnungen für den Körper oder für seinen Bewohner? Körper sind nichts als Blasen auf dem Wasser; sie kommen und vergehen wieder. All die Verwandten und Freunde, denen du dich so verbunden fühlst, haben bereits unzählige Male vorher gelebt. Auch du hast schon gelebt, ebenso wie Ich. Körper, Geist und Unterscheidungsvermögen sind nichts als Werkzeuge. Sie sind so etwas wie Kleider, die du anziehst – nicht aus sich selbst lebende Dinge, die du ab und zu wechselst. Warum mit ihnen eine enge Verbindung eingehen, sich in sie verlieben und sich dadurch vielem unnötigem Kummer aussetzen? Tu deine Pflicht. Alle Ehren, die dir als Königssohn zustehen, werden dir verliehen werden; aber auf dem Kampffeld ist kein Platz für Schwäche und Zagen. Das Kämpfen zur Erhaltung des *dharma* ist mit deiner Verzagtheit unvereinbar. Es ziemt sich für einen Helden nicht, auf dem Kampffeld schwach zu werden. Deine Sache ist eine gute, und du kamst, um zu kämpfen. Geh also, und kämpfe!" Mit solchen Worten kurierte Krishna Arjuna von seiner Niedergeschlagenheit und half ihm, wieder Kraft und Mut zu gewinnen.

Dharmakshetra Kurukshetra

Dritharāshtra, der blinde Vater der hundert Kaurava-Brüder, fragte Sanjaya, der ihm all diese Hergänge berichtete: „Sanjaya, was machen meine Leute, und was machen die Pāndavas?" Und Sanjaya beschrieb dem König alles, was sich auf dem Schlachtfeld zutrug. Der Platz, auf dem der Kampf stattfand, wurde *dharmakshetra* genannt, da er historisch gesehen ein heiliger Ort war, an dem Opfer und andere heilige, erhebende Handlungen stattgefunden hatten. Aber es war auch der Ort, an dem die verderbten Nachkommen der Kurus, die Dynastie der Kauravas, zuvor ihre Spiele getrieben hatten, und hieß deshalb auch „*kuru-kshetra*". Wenn ein Körper geboren wird, ist er rein und unbefleckt – noch kein Opfer der sechs Erzfeinde des Menschen, nämlich Begierde, Zorn, Gier, Verblendung oder Einbildung, Stolz und Eifersucht. Ein neugeborenes Baby ist immerzu glücklich; es schreit nur, wenn es hungrig ist. Ob ein König oder ein Dieb es ansieht – es lächelt und lacht jeden an, der sich ihm nähert, gleichgültig, ob der Betreffende ihm einen Kuß geben oder es schlagen will. Da ein kleines Kind so rein ist, kann man seinen Körper als „*dharmakshetra*" bezeichnen. Ein Körper, der von keiner der drei Grundeigenschaften *(gunas)* behaftet ist, ist ein *dharmakshetra*, ein Ort der reinen Handlungsweise.

Im Laufe seines Wachstums sammelt der Körper verschiedene schlechte Eigenschaften an wie Eifersucht, Haß, Bindungen an Dinge und Personen und ähnliches. Dabei wird er zu einem *kurukshetra*, einem Ort der Selbstsucht. Deshalb kann man den Körper als *dharmakshetra* wie auch als *kurukshetra* bezeichnen. Gut und Böse sind beide in eurem Herzen eingeschlossen. *Rajoguna* und *tamoguna* sind mit dem „Mein-Denken", dem Besitzdenken, verbunden. Das Wort „pāndava" steht für „Reinheit" und die sattvische, ausgeglichene Lebensweise. „Pāndu" bedeutet „rein" und „weiß". Die Kinder der Pāndavas waren rein, und die tiefere Bedeutung des Krieges zwischen Pāndavas und Kauravas ist der innere Kampf eines jeden Menschen – der Kampf zwischen Gut und Böse, zwischen dem Reinen und dem Unreinen. Der Kampf zwischen den Pāndavas und den Kauravas dauerte nicht lange, aber der Kampf zwischen den Mächten Gut und Böse geht unser Leben lang weiter und endet nie. Dieser Kampf wird auf dem Schlachtfeld des *dharma* ausgetragen.

Bedeutung von „pāndava"

Beim Betreten dieses Feldes muß eine Umwandlung in eurem Gemüt stattfinden; darin liegt die Bedeutung der Umwandlung von *kurukshetra* in *dharmakshetra*. Als Dritharāsthra, der Vater der 100 Kauravas, Sanjaya fragte: „Was machen meine Leute?", hegte er den geheimen Wunsch, daß seine Kinder sich beim Betreten des Feldes des *dharma* gewandelt haben mochten. Er wußte, daß sie schlecht waren, aber er wußte auch, daß sie sich ändern konnten, wenn sie diesen heiligen Ort beträten, denn das Betreten dieses Feldes erleichtert die Umwandlung der Psyche. Dritharāshtra und die Kauravas stehen für jene Menschen, die etwas als ihr eigen betrachten, was ihnen nicht gehört. Sie symbolisieren die besitzergreifende Wesensart des Menschen, der den Körper als sein wahres Selbst betrachtet, obwohl er weder der Körper ist, noch die Sinne. Es erfüllt ihn geradezu mit Stolz, zu denken, daß er mit seinen Sinnen identisch ist. Jeder, der ein Reich, das ihm nicht gehört, als sein eigen betrachtet, ist ein Dritharāshtra. Wenn ihr alle Menschen in Dritharāshtras Nachkommenschaft betrachtet, das heißt jene, die die gleiche Besitzhaltung einnehmen wie er, so werdet ihr finden, daß sie sich allesamt mit dem Körper und den Sinnen identifizieren.

Blinde Identifikation mit den Sinnen

Ihr fragt euch vielleicht, warum die Gītā ausgerechnet Arjuna gegeben wurde. Es mag unter den Pāndavas Brüder gegeben haben, die – wie Dharmarāja zum Beispiel – spirituell besser geeignet erscheinen als Arjuna. Warum wurde diese heilige Gītā nicht Dharmarāja gegeben, der weithin für seine außergewöhnliche Charakterfestigkeit bekannt war? Und vom physischen Standpunkt aus war sicherlich Bhīma, der stärkste der Brüder, geeignet, die Lehren der Gītā zu empfangen. Krishna hätte die Gītā Bhīma mitteilen können, aber Er tat es nicht. Warum? Warum lehrte Er Arjuna und keinen anderen? Es ist wichtig für euch, den tieferen Grund dafür zu kennen. Dharmarāja ist die Verkörperung der rechtschaffenen Handlungsweise, aber er hatte keine Vorausschau; er dachte nicht an die Folgen, die seine Handlungen haben würden. Er dachte nur an die Folgen, wenn diese bereits eingetreten waren, und dann taten ihm seine Handlungen leid. Er hatte Nachsicht, aber keine Vorausschau. Bhīma seinerseits hatte große Körperkräfte, aber er war nicht sehr intelligent. Er konnte einen Baum samt Wurzeln ausreißen, aber es fehlte ihm an Unterscheidungsvermögen. Arjuna dagegen hatte Vorausschau. So sagte er zu Krishna: „Lieber bin ich tot, als daß ich gegen diese Leute kämpfe; es würde zu viel Leid mit sich bringen, selbst wenn wir den Krieg gewännen."

Arjunas Vorausschau

Im Gegensatz zu Arjuna, den im voraus der Gedanke an das nachfolgende Leid bekümmerte, war Dharmarāja ohne Zögern bereit, den Kampf aufzunehmen, war aber, als der Krieg zu Ende war, sehr niedergeschlagen wegen des Gemetzels. Vielleicht erinnert ihr euch auch an das berühmte Würfelspiel: Als Dharmarāja alles – Reichtum, Königreich und selbst seine Frau – verloren hatte, reute ihn das Geschehene. Ein Mensch ohne Unterscheidungsvermögen und Vorausschau, der in einer schwierigen Situation zu einer Entscheidung gezwungen wird, wird seine Handlungsweise später unweigerlich bereuen. So ging es auch Dasharatha, Rāmas Vater. Auch ihm fehlte es an Vorausschau und Unterscheidungsvermögen.

Dasharatha beteiligte sich an dem Kampf zwischen Göttern und Dämonen, in den er seine junge Königin Kaikeyī mitnahm. Kaikeyī war die Tochter der Königin von Kaschmir und in der Kriegskunst wohlgeübt. Tatsächlich war es Kaikeyī, die Rāma das Bogenschießen und einige Kriegstaktiken beibrachte. Während Dasharathas Kampf löste sich eines der Räder seines Streitwagens. Kaikeyī hielt mit ihren Fingern das Rad an der Nabe fest und rettete so Dasharathas Leben. Nach dem Sieg sah Dasharatha, daß Kaikeyīs Hand stark blutete. Ihre arge Verletzung, ihr Mut und Opfersinn rührten ihn, und er ließ sich hinreißen zu den Worten: „Kaikeyī, du hast zwei Wünsche frei. Was es auch sei, ich werde alles, was in meiner Macht steht, tun, um sie dir zu erfüllen." Er sagte nichts über die Art der Wünsche, die sie äußern durfte, sondern gab sein Wort, ohne an die Folgen zu denken. Kaikeyī bat sich aus, die beiden Wünsche zu einer Zeit aussprechen zu dürfen, die ihr angemessen schien. Und als die Zeit für Dasharatha gekommen war, das Reich an Rāma zu vererben, verlangte Kaikeyī, daß Rāma in den Dschungel geschickt und ihr Sohn Bhāratha statt Seiner zum König gekrönt würde. Nun tat es Dasharatha entsetzlich leid, daß er die Erfüllung der beiden Wünsche ohne weitere Einschränkungen zugesagt hatte; aber es war zu spät, sie zurückzuziehen, und aus Kummer darüber starb er schließlich.

Dasharathas Versprechen

Wir wissen, daß Krishna Arjuna besonders mochte, aber das ist nicht der Grund, weshalb Er die Gītā Arjuna und nicht einen seiner Brüder lehrte. Krishna kannte die Tragweite und die Folgen des Krieges und fand, daß Arjuna als einziger geeignet war, die Gītā von Ihm zu empfangen.

Arjuna sah voraus, daß der Krieg sehr üble Folgen haben würde. Dies war der Grund, weshalb er nicht kämpfen wollte. Er quälte sich nicht, nachdem der Krieg vorüber war, sondern vorher. Diese Einstellung, vor einer entscheidenden Handlung mit sich zu ringen und sie nicht nachher zu bereuen, findet sich nur in einem reinen Herzen. Arjuna hatte ohne Zweifel ein solch reines, heiliges Herz. Krishna und Arjuna waren 75 Jahre lang unzertrennlich gewesen, weil Arjuna die wahre Verkörperung der Reinheit und Heiligkeit war. Aber niemals im Laufe dieser 75 Jahre hatte Krishna dazu angesetzt, Arjuna die Gītā zu lehren. Warum nicht? Der Grund lag darin, daß Arjuna Krishna all diese Jahre als Seinen Schwager und engen Freund betrachtet hatte. Arjuna hatte die ganze Zeit über im Bewußtsein des Körpers gelebt. Erst in dem Augenblick, als Arjuna sich ergab und seine Lernbedürftigkeit erkannte, lehrte ihn Krishna die Gītā. Das heißt: Wenn ihr wirklich von jemandem spirituelles Wissen entgegennehmen wollt, müßt ihr dieser Person gegenüber zuerst das Verhältnis des Schülers zum Lehrer einnehmen. Dann erst kann die Übertragung des Wissens stattfinden. Es gab einen großen Lehrer namens Uddālaka; kein größerer lebte zu seiner Zeit. Und doch sandte er seinen eigenen Sohn zu einem anderen Lehrer, damit er die heiligen Schriften studiere. Der Vater selbst konnte den Sohn nicht lehren. Er entschied so, weil er sich als Vater betrachtete und als solcher seinen Sohn, den Knaben Shvetaketu, in der höchsten Wissenschaft nicht richtig unterrichten konnte. Mit Krishna und Arjuna war es ähnlich: Solange ihre Beziehung eine verwandtschaftliche war, konnte Arjuna von Krishna keine Belehrung empfangen. In dem Augenblick, als Arjuna das Gefühl, Krishnas Schwager zu sein, verließ und sich in seinem Herzen stattdessen das Gefühl einstellte, sich in Gegenwart des *paramātman*, des höchsten göttlichen Wesens zu befinden, wurde er fähig, Krishnas Lehren aufzunehmen

Erst nach Arjunas vollständiger Kapitulation und dem Heraufdämmern des Wissens, daß Krishna Gott war, begann Krishna ihn zu lehren. Arjuna betete zu Krishna:

Tvam eva mata

„tvam eva mata ca pita tvam eva
tvam eva bandu ca sakha tvam eva
tvam eva vidya dravinam tvam eva
tvam eva sarvam mama devad eva!“

Das bedeutet:

„Du bist meine Mutter,
Du bist mein Vater,
Du bist mein bester Freund,
Du bist mein engster Verwandter,
Du bist meine Weisheit,
Du bist mein Schatz,
Du bist mein Alles,
Du bist mein Herr, o Herr über alle Götter!“

Damit unterwarf sich Arjuna voll und ganz, und Krishna nahm ihn als Schüler an. Es war der Augenblick, da Krishna zu ihm sprach und sagte: „Tue Meine Arbeit. Tue alles für Mich, und Ich werde für dich sorgen." In *sānkhyayoga* beschrieb Krishna die notwendigen Schritte, die Arjuna dahin brachten, sich vollkommen Seinem Willen zu unterwerfen. Der wichtigste Schritt war der, Arjuna von seinem Körperbewußtsein zu befreien. Solange Körperbewußtsein besteht, werdet ihr, gleich, welchem Pfad ihr folgt – ob dem des selbstlosen Dienens, dem der Hingabe oder dem der Selbsterforschung – nicht imstande sein, die zum Erreichen des Ziels erforderlichen Disziplinen zu praktizieren. Körperbewußtsein und die daraus folgenden Bindungen werden euer Herz immer wieder neu vergiften. Ohne das Entleeren des Herzens von seinen alten Schlacken kann es nicht mit neuen, heiligen Gefühlen gefüllt werden. Ein Glas, das voll Wasser ist, kann nicht gleichzeitig auch mit Milch gefüllt werden. Ihr müßt zuerst das Wasser ausleeren. Krishna sagte: „Arjuna, du bist ganz im Körperbewußtsein. Als erstes mußt du davon loslassen. Erst dann kann Ich dein Herz mit heiligen Gedanken füllen."

Das Kapitel über *sānkhyayoga* behandelt die Bemühungen Krishnas, Arjuna aus seinen Verhaftungen, Vorstellungen und von dem Kummer und den Sorgen zu befreien, die daraus entstanden waren. Die zwei wesentlichsten Aspekte im *sānkhyayoga* sind Selbstaufgabe, Unterwerfung, und das Beseitigen des Körperbewußtseins. Als Arjunas Körperbewußtsein verschwunden war, konnte Krishna ihm die höchste Lehre vom *ātman*-Bewußtsein offenbaren. Um Arjuna aus seinem Unwissenheitsschlaf wachzurütteln, mußte Krishna zu einer Reihe von Argumenten greifen. Er sagte: „Arjuna, du hast einst ohne zu zögern einen ganzen Wald vernichtet. Und als du damals kämpftest, um die Kühe zu beschützen, hast du nicht lange überlegt und bist zum Kampf gegen eben jene Verwandten und Lehrer angetreten. Es gibt eine Reihe von Gründen für deinen Kummer, aber der grundlegendste von allen ist deine Unwissenheit. Du bist dir deines wahren Wesens nicht bewußt und deshalb von Trauer übermannt. Nun schreist du nach Gott und *dharma*, dem rechten Tun. In dem Augenblick, in dem du nach Gott weinst, bist du im *yoga*. Wenn du nach anderen Dingen weinst, ist es ein Zeichen von *roga* – Krankheit. Wenn du nach Mir weinst, werde Ich für dich sorgen und dir alles geben, was du brauchst."

Ihr weint nach vielen Dingen, aber vergießt ihr auch nur eine Träne, wenn *dharma* – die göttliche Ordnung – in Gefahr ist? Um dem Verfall der Rechtschaffenheit unter den Menschen Einhalt zu gebieten, um zu kämpfen, damit *dharma* wieder aufgerichtet wird, muß man ein mutiges Herz haben. Krishna lehrte Arjuna: „Du solltest niemals irgendeine Art von Schwäche im Herzen zulassen oder gar nähren. Erst wenn du die Ursache dieser Schwäche aus dem Herzen getilgt hast, kann göttliche Kraft in dich eindringen und sich in deinem Herzen einrichten. Wenn du keinen Mut hast, wirst du dich selbst vor Schafen fürchten, ganz zu schweigen vor übelgesinnten Menschen. Du mußt die Fähigkeit haben, in allen Lebenslagen zu bestehen. Wenn du ängstlich davonläufst, werden selbst die Affen über dich herfallen. Jeder weiß, daß die Affen dich nicht angreifen, wenn du einen Stock in der Hand hältst und nicht zurückweichst. Zeige ihnen nur niemals den Rücken, sondern das Gesicht. Nur dann wirst du etwas Nennenswertes zuwege bringen."

Das gleiche sagte Vivekānanda. „Seid furchtlos!" riet er. „Mit Mut läßt sich alles erreichen." Die Menschen von heute brauchen mehr Mut und mehr Entschiedenheit. Wenn Mut von Unterscheidungsvermögen begleitet ist, ist der Erfolg sicher.

VERBANNT DIE UNWISSENHEIT, UND DER KUMMER WIRD EUCH FÜR IMMER VERLASSEN

Um Weisheit zu erlangen, müßt ihr euer Selbst erforschen. Dazu gehört, daß ihr euch von allen Gedanken und Wünschen vollständig löst.

Verkörperungen der Liebe,

die wahre Bedeutung des Wortes *sānkhya* ist „Weisheit". Im zweiten Kapitel der Gītā – über *sānkhyayoga* – beginnt Krishna Seine Lehre mit Erläuterungen zum Pfad der Weisheit. Krishna sagte zu Arjuna: „Ängstlichkeit, Kummer und Sorgen – all diese Schwächen und Befürchtungen, die du durchmachst, haben mit dem Denken zu tun. Was ist der Grund für den beklagenswerten Zustand, in dem du dich befindest? Dein Denkvermögen ist getrübt, Arjuna, und du identifizierst dich mit diesem getrübten Denken." Krishna nannte Arjuna „kripanah", was sowohl mit „Person von minderem Verstand" als auch mit „armer Mensch" oder „Armseliger" übersetzt worden ist; aber diese Bedeutungen werden Arjunas Person nicht gerecht. Arjuna war kein Armseliger; er war auch nicht arm an Gütern, noch war er gemein oder von schwachem Verstand. In der Sprache der Upanishaden wird der Begriff „kripanah" benutzt, um Unwissenheit anzuzeigen. Was Krishna also meinte, als Er Arjuna mit „kripanah" ansprach, ist, daß Arjunas Handlungsweise der eines Unwissenden entsprach.

Arjunas Unwissenheit

Diese Unwissenheit war der Grund für Arjunas Sorgen und Verzagtheit. Kummer schleicht sich ein, wenn man Getrenntsein spürt. Man kann sich das Leben als einen Strom vorstellen, in dem Lebewesen sich treffen und wieder voneinander trennen. Das Leben des Menschen ist angefüllt mit dem Entstehen und Vergehen von Zusammensein. Man könnte diesen Vorgang in gewisser Weise als Augenblicke des Übergangs – *sandhyā* – betrachten. *Sandhyā* bezieht sich auf den Augenblick, wenn zwei verschiedene zeitgebundene Elemente aufeinandertreffen; so zum Beispiel der Übergang zwischen Tag und Nacht, zwischen Kummer und Freude oder zwischen einem Zusammentreffen und Sich-Trennen von Personen. In der Übergangsphase des *sandhyā* seid ihr gleichzeitig froh und traurig. Aber ihr bleibt nicht lange in diesem Zustand; entweder ihr schreitet voran und geht ganz in die Freude ein, oder ihr verfallt in Kummer. Natürlich trachtet ihr nur nach der Freude und nicht nach dem Kummer. Der Weg der Weisheit ist jener, der euch dazu verhilft, ständig in derselben ewigwährenden Freude zu bleiben. *Sānkhyayoga* lehrt euch den Weg zur ewigen Freude durch innere Loslösung und Liebe zum Göttlichen.

Im Kapitel über *sānkhyayoga* findet ihr die Bezeichnungen *hrishīkesha* und *gudākesha* für Krishna. *Hrishīkesha* bedeutet „Meister der Sinne", und *gudākesha* „der, welcher seine Sinne zu beherrschen gelernt hat". Krishna ist der göttliche Meister oder Herr der Sinne und Arjuna der Mensch, der gelernt hat, die Sinne zu beherrschen. Doch am Anfang steckt Arjuna tief im Körperbewußtsein, und von Beherrschung der Sinne kann keine Rede sein. Arjuna begann sich zu sorgen, als er die Folgen der bevorstehenden Schlacht gegen Freunde und Verwandte erwog. Es quälte ihn zutiefst, was die physische Vernichtung dieser Menschen mit sich bringen würde. Mit anderen Worten: Arjuna dachte nur in der Kategorie der Körperlichkeit. Der Körper gehört mit in den Bereich der Trägheit und der Unbeweglichkeit. Er kann als Gefäß oder Behälter gedacht werden, in die sich die Seele ergießt, oder als Kleid, in das sie schlüpft. So wie es natürlich ist, ein schmutziges oder abgetragenes Kleid abzulegen und ein neues anzuziehen, gebt ihr auch euren Körper auf und nehmt einen neuen an. Krishna zeigte, daß der Tod etwas ist, das dem Ablegen eines alten Kleidungsstückes sehr ähnlich ist.

Der Körper ist ein Kleid

Gewöhnliche Menschen haben einige Zweifel, wenn sie hören, daß der Körper als Kleid betrachtet werden kann, das man an- und auszieht. Es ist für sie zwar leicht einzusehen, daß ein Körper nach achtzig, neunzig Jahren, wenn das Alter seine Wirkung getan hat, einem abgetragenen Kleid gleicht. Sie würden übereinstimmen, daß solche alten Kleider abgelegt werden müssen. Wenn aber jemand bereits in der Jugend oder im Mannesalter stirbt, bevor das Altern eingesetzt hat, sieht es für sie so aus, als legte er neue Kleider ab. Nehmt an, jemand stirbt mit zwanzig Jahren – wie könnte man den Körper eines solchen Menschen als abgetragen betrachten?

Krishna antwortete auf diese Frage mit einem Beispiel: Angenommen, ihr geht auf eine Reise und kauft unterwegs ein Stück Stoff. Ihr bringt den Stoff mit nach Hause und verstaut ihn in eurer Wäschetruhe. Nach fünf oder zehn Jahren entdeckt ihr diesen Stoff beim Aufräumen wieder und es fällt euch wieder ein, wie ihr ihn vor vielen Jahren gekauft habt. Ihr bringt nun den Stoff zum Schneider, der euch ein Hemd daraus macht. Ihr zieht das neue Hemd an, aber sowie ihr euch auf den Boden setzt, reißt das Hemd hinten auf. Ihr dachtet, es sei ein neues Hemd, und doch ist es im Nu entzwei gegangen! Warum hat es nicht länger gehalten? Weil das Stück Stoff alt war. Das Hemd war neu, aber der Stoff kam aus einem alten Bestand. Nur kurze Zeit in einem Körper zu verweilen, sieht oberflächlich betrachtet zwar so aus, als würde ein neues Kleid abgelegt. Aber tatsächlich handelt es sich um einen Körper aus einem „alten Bestand", ein Produkt aus den „Stoffen" vieler vergangener Leben.

Hier ist noch ein Beispiel, das euch den Vorgang näher erklärt: Nehmen wir zwei Männer, einen jungen und einen alten. Der junge Mann ist achtzehn Jahre alt und damit beschäftigt, einen Stein mit dem Hammer zu bearbeiten. Er hat ihm bereits zwanzig Schläge verabreicht, aber der Stein bricht nicht auseinander. Er setzt sich hin, um auszuruhen. Da kommt ein alter Mann des Weges und schlägt den Stein mit nur zwei Hammerschlägen entzwei. Worin liegt der Grund für dieses überraschende Ergebnis? Daß ein junger Mann den Stein nach zwanzig Schlägen nicht schafft, ein achtzigjähriger aber mit nur zwei Schlägen? Der Fehler liegt darin, daß man nur an die zwei Schläge des alten Mannes denkt und glaubt, der Stein habe nur wegen der Wucht dieser beiden Schläge nachgegeben. In Wahrheit hat er erst nach zweiundzwanzig Schlägen nachgegeben.

Auf ähnliche Weise habt ihr vielleicht in einem früheren Leben spirituelle Übungen praktiziert und dabei viele Erfahrungen gesammelt, bevor ihr jenes Leben wieder aufgabt. Und nun, in diesem gegenwärtigen Leben faßt ihr eure geistigen Errungenschaften zusammen, nehmt eure spirituelle Reise wieder auf und erreicht die Erfüllung vielleicht schon, bevor ihr alt seid. Ihr denkt bezüglich dieses spirituellen Reifens vielleicht nur an euer gegenwärtiges Leben und an eure jetzigen Anstrengungen. Doch in den Augen des Herrn zählen alle eure vergangenen Leben, alle eure vergangenen Anstrengungen und Ergebnisse. Krishna sagte: „Kind, letzten Endes wird jeder Körper durch die Zeit zerstört. Wisse, daß du in unzähligen Körpern inkarniert warst und äonenlang durch unzählige Zyklen von Wiedergeburten und Toden hindurchgegangen bist; es waren so viele, daß sie keiner mehr nennen kann."

Die wahre Bedeutung des Wortes *sharīra* (Körper) ist „das, was sich abnützt". Der Körper wird geboren als ein Fleischklumpen, wird während seines Wachstums schön und anziehend, altert dann und verliert seine Kraft und seine Attraktivität wieder. Der Körper ist etwas an sich Unlebendiges, Empfindungsloses. Er unterliegt während seines Lebens einer Reihe von Veränderungen und nützt sich ab. Nun könntet ihr fragen: Wie kann der Körper unlebendig genannt werden? Er spricht, läuft, lebt, ist voller Aktivität; dieser äußerst lebendige Körper kann doch nicht tot und unbeweglich genannt werden. Wenn ihr eine Uhr aufzieht, setzt sich ihr Mechanismus in Bewegung, und sie beginnt zu ticken. Ab diesem Augenblick drehen sich die Zeiger, und die Uhr schlägt zu jeder Stunde. Aber das ist kein ausreichender Grund, um zu behaupten, die Uhr sei lebendig. Sie läuft nur aufgrund der Kraft, die man ihr übertragen hat, als sie aufgezogen wurde. So ist es auch mit der Lebensenergie, die aus Gott stammt. Sie ist es, die euren Körper sprechen und andere Funktionen ausüben läßt. Ohne das göttliche Prinzip, das den Körper zum Leben erweckt, kann der Körper nicht funktionieren – wie die Uhr nicht ohne Aufziehen funktionieren kann.

Der Körper ist an sich unlebendig

Nun taucht eine andere Frage auf: Eine Uhr läuft zwar, ändert aber nicht ihre Form und Größe, während der Körper zum Beispiel wächst. Wie steht es damit? Wie kann der Körper wachsen, wenn er doch nur etwas Lebloses ist? An sich leblose Dinge wachsen nicht. Aber auch ein Misthaufen wächst und wird größer, je mehr Mist man darauf schichtet. Ihr füttert den Körper mit allen möglichen Nahrungsmitteln, und so wächst er. So, wie ihr innen Nahrung speichert, wächst der Körper äußerlich. Ein Misthaufen wächst auch, aber ihr könnt deshalb nicht sagen, daß er lebt. Und genauso könnt ihr nicht einfach sagen, euer Körper lebt, nur weil ihr feststellt, daß er wächst. Er selbst ist nichts als ein lebloses Etwas. Aber er steckt voller Bewußtsein, weil sein ursächlicher Grund das Göttliche ist. Haltet euch diesen göttlichen Urgrund immer vor Augen; es ist das göttliche Bewußtsein, das das Lebensprinzip in allen Kreaturen erhält und nährt. Wißt dies, und tut eure Pflicht.

Wollte Krishna, als Er Arjuna einen Unwissenden nannte, damit vielleicht sagen, daß Arjuna keine Bildung besaß? Ganz und gar nicht. Arjuna hatte es zur Meisterschaft in vielen Künsten und Disziplinen gebracht; er war gut ausgebildet in der Kriegsführung, in Verwaltungsdingen und vielen anderen Berufen. Aber er hatte keine Ausbildung auf spirituellem Gebiet. Jeder Mensch benutzt seine Fähigkeiten, um sich in einem bestimmten Bereich zu spezialisieren und es darin zur Geschicklichkeit zu bringen. Einige nutzen ihre Fähigkeiten, um in der Musik Meisterschaft zu erlangen; andere schreiben Gedichte, wieder andere werden ausgezeichnete Maler und Bildhauer. Nehmt eure Universität; einige der Professoren sind hier anwesend. Einer von ihnen hat sich in Physik ausgezeichnet, ein anderer in Chemie oder Mathematik und wieder ein anderer in Biologie. Jeder mag in seinem Bereich Besonderes geleistet haben, aber nicht viel über die anderen akademischen Zweige wissen. Im Bereich des Studiums der Veden zum Beispiel setzen einige alles daran, es zur Meisterschaft zu bringen und sie richtig und ohne Fehler herzusagen. Unser kamavadhani ist in dieser Beziehung einzigartig. Keiner tut es ihm auf diesem Gebiet gleich. Er hat es bezüglich der Veden zu einer außergewöhnlichen Gelehrsamkeit gebracht. Aber wenn ihr ihn fragt: „Wer ist Sītā?“, antwortet er euch: „Krishnas Frau.“ Er kennt sich nicht besonders gut aus in anderen Dingen. Jeder beschränkt seine Fähigkeiten auf ein bestimmtes Gebiet. Arjuna hatte es – wie es sich für einen Königssohn ziemte – in der Kunst des Bogenschießens zu außerordentlicher Geschicklichkeit gebracht, kannte sich aber auf anderen Gebieten nicht genauso gut aus. Der einzige, der vollkommene Meisterschaft und Geschicklichkeit auf allen Gebieten hat, ist Gott, weshalb Er auch allwissend genannt wird. Wer allwissend ist, ist ebenso allmächtig und alldurchdringend. Nur Gott hat diese drei Eigenschaften: Allwissenheit, Allmacht und Allgegenwart. In Kenntnis der Vergangenheit, der Gegenwart und der Zukunft und wissend, daß Arjuna dazu bereit war, unternahm Krishna es, ihn in die großen spirituellen Wahrheiten einzuweihen. Er sagte zu ihm: „Erkenne die Vergänglichkeit des menschlichen Körpers und vergiß nie dessen unvergänglichen Ursprung. Mit diesem göttlichen Ursprung vor Augen erfülle deine Pflichten. Zuallererst mußt du dich deiner inneren Bindungen entledigen. Deine Identifikation mit dem Körper hat dir Fesseln angelegt. Diese Art von Gebundensein ist sehr gefährlich und wird dir alle Kräfte rauben, die deinem Unterscheidungsvermögen zur Verfügung stehen.“ Hier eine kleine Geschichte, um das zu veranschaulichen:

Löse zuerst deine Fesseln

Nārada und das Schwein

Es geschah einmal, daß Indra, der Herr über alle himmlischen Wesen, einen Fluch auf sich lud und als Schwein auf die Erde kommen mußte. Da er nun als Schwein geboren war, verbrachte er das Leben mit seiner Familie im schmutzigen, schlammigen Wasser. Eines Tages kam Nārada, der Weise, an dem Ort vorbei, erkannte Indra in dem Schwein und empfand tiefes Mitleid mit ihm. Er sagte zu dem Schwein: „Indra, sieh, wie du heruntergekommen bist. Wie konnte so etwas passieren? Aber sorge dich nicht. Ich hole dich hier heraus. Ich werde meine vereinten, durch meine Buße gewonnenen Kräfte benutzen, um dir zu helfen.“ Er sprach sehr liebevoll mit dem Schwein und bedauerte, daß er, der alle

Annehmlichkeiten der himmlischen Gefilde hätte genießen können, in einem so elenden Zustand verharren müsse und wie unglücklich doch sein Leben nun sei. Indra sprach aus dem Schwein und antwortete: „Nārada, was mischst du dich ein in mein Glück? Das Glück, das ich in diesem schmutzigen Wasser erlebe, kann ich nirgendwo sonst erfahren. Das wundervolle Leben, das ich hier mit Frau und Kindern genieße, könnte ich nicht einmal im Himmel haben! Bitte, misch' dich nicht ein in mein Leben und in das Glück, das ich hier genieße. Bitte, geh deiner Wege." Indra, der unter dem Bann der Täuschungskraft stand und gebunden war, war sich seines bedauernswerten Zustandes nicht bewußt.

Wenn ihr unter dem Bann der Verblendung *(moha)* steht, seid ihr gebunden und gänzlich im Irrtum. Dieser Irrtum ist auf die unwiderstehliche Macht des Prinzips der Dualität *(māyā)* zurückzuführen. Wenn ihr diese Macht der *māyā* zerstören wollt, müßt ihr dieser die Kraft des *ātman* entgegensetzen. Deshalb unternahm es Krishna, Arjuna im Wissen vom Selbst *(ātmavidyā)* zu unterrichten. Erst wenn ihr euch im Wissen des *ātman* gebildet habt, werdet ihr imstande sein, eure Pflichten ordnungsgemäß zu erfüllen. Ohne dieses Wissen könnt ihr nicht einmal die alltäglichen weltlichen Pflichten verrichten. Aber das Zuhören bei spirituellen Lehren kann euch nur in geringem Maß helfen. Ihr seid glücklich und voller Freude, wenn ihr der Gītā lauscht – es hört sich alles sehr einfach an. Aber das Hochgefühl ist nur eine vorübergehende Erscheinung. Wenn ihr daran geht, die Lehren in die Praxis umzusetzen, tauchen viele echte Schwierigkeiten auf. Aber ihr müßt in euren Anstrengungen durchhalten. Denn die Lehren allein können wenig ausrichten; ihr müßt sie mit Leben erfüllen. Trotzdem müßt ihr eintauchen in das, was ihr gehört und gelesen habt, und es euch ganz zueigen machen. Dann werdet ihr etwas wirklich Erstrebenswertes erreicht haben.

Krishna Caitanya und der wahre Jünger des Herrn

Als Krishna Caitanya einst auf eine Pilgerreise ging, kam er auch nach Shrīrangapatnam im Süden Indiens. Im Tempel des Dorfes hatten sich einige Leute versammelt. Ein Lehrer *(pandit)* – erläuterte gerade die Gītā. Er las den Text vor, und die Schüler wiederholten die Verse, worauf der Lehrer die Auslegung dazu gab. Einer der Schüler saß in einer Ecke und weinte herzergreifend. Alle anderen hielten die Gītā in der Hand und wiederholten aufmerksam, was der Pandit vorlas. Ihr Gesichtsausdruck änderte sich ständig, je nach der Art des Textes, der vorgetragen wurde. Manchmal war er froh, manchmal ernst. Aber der Schüler, der in der Ecke saß, hatte keinerlei solche Erlebnisse; sein Gesichtsausdruck blieb immer gleich. Er weinte immer nur. Caitanya, der das Ganze beobachtet hatte, fragte den Mann: „Warum weinst du? Die Gītā wird doch in einer sehr erbaulichen Weise vorgetragen. Warum bist du so traurig?" Der Mann antwortete: „Herr, ich weiß nicht, wer du bist. Ich kann kein Sanskrit. Ich kann die Verse nicht richtig aussprechen und möchte sie nicht wiederholen, weil ich dadurch eine Sünde begehen könnte. Ich habe mir einfach vorgestellt, wie Krishna Arjuna die Gītā mitteilt und dabei Seinen Kopf zu Arjuna zurückwenden muß, der hinter Ihm im Streitwagen sitzt. Ich weine, weil ich mir vorstelle, wie Krishna so lange, mit dem Kopf nach hinten gewendet, ausharren mußte, während Er Arjuna zu überzeugen versuchte. Diese Kopfhaltung muß Ihm furchtbare Schmerzen verursacht haben. Wenn doch Arjuna vorn und Krishna hinten gesessen wäre! Das hätte dem Herrn nicht solche Umstände bereitet. Der Gedanke schmerzt mich sehr.“ Caitanya fühlte, daß er hier einen wahren Jünger des Herrn vor sich hatte. Der Mann empfand so viel Liebe für Krishna und hatte sich so sehr mit jenem Krishna identifiziert, der Arjuna die Gītā lehrt, daß er selbst ein Teil von Krishna geworden war. Caitanya kam zu der Erkenntnis, daß es weit besser ist, solche Gefühle zu hegen, als bloß der Gītā zu lauschen und ihre Verse herzusagen.

Auch während dieser gegenwärtigen Erläuterung der Gītā schreiben einige von euch alles sehr ehrerbietig mit, während andere das Buch aufgeschlagen haben und die Verse lesen, um sie auswendig zu lernen. Das sind äußerliche Beschäftigungen, die keine sehr tiefen Gefühle der Hingabe in euch wecken werden. Wenn ihr wollt, daß euer Herz voll und ganz mit der Essenz dieser Lehren durchtränkt wird, müßt ihr die innere Erfahrung suchen. Tut dies, indem ihr die Verse der Gītā täglich in die Praxis umsetzt. Es wird mehr als genug sein, wenn ihr auch nur einen von ihnen verwirklicht. Was für einen Sinn hat es, Hunderte von Versen abzuschreiben? Und wenn ihr euren Kopf mit dem ganzen Inhalt des Buches füllt, wird aus eurem Kopf nur wieder ein weiteres Buch. Was zählt, ist das, was sich euch im Buch eures Herzens einprägt. Wenn auch nur eine dieser Lehren sich eurem Herzen einprägt, habt ihr alles, was ihr braucht. Laßt Liebe euer Herz durchtränken. Das ist genug. Es ist weit besser, euer Herz mit Liebe zu füllen, als euren Kopf mit Gelehrsamkeit und Bücherwissen vollzustopfen. Krishna sagte zu Arjuna: „Dein Jammern und Lamentieren hat keinen Sinn. Es kommt daher, daß du alle deine Gefühle auf diesen äußerlichen körperlichen Verhaftungen und verwandtschaftlichen Beziehungen aufbaust. Geh in dich. Laß deine Gedanken sich nach innen richten. Dann wirst du imstande sein, die Dinge, die Ich dir erkläre, zu verstehen. Du bedauerst Menschen, die du nicht zu bedauern brauchst. Du quälst dich ohne Grund. Du sollst nicht so leiden. Du fühlst Kummer, weil Unwissenheit in dir ist. Verjage diese Unwissenheit aus deinem Sinn. Erst wenn auch nicht die kleinste Spur davon übrig ist, wirst du verstehen können, was Weisheit ist.“

Die Unwissenheit ist wie ein Feuer. Nimm an, ein Feuer ist bis auf ein paar glühende Scheite fast ganz erloschen. Sobald ein Windhauch aufkommt, können ein paar Funken aus dieser Glut einen riesigen Brand auslösen. Darum sollte auch nicht das kleinste Fünkchen noch glimmen. Die Unwissenheit kann auch mit einer Krankheit verglichen werden. Nehmen wir an, eure Krankheit ist beinahe ausgeheilt; aber eine Spur ist noch vorhanden. Wenn ihr nun, sobald ihr aus dem Krankenhaus entlassen seid, zu Hause nicht die vorgeschriebene Diät befolgt, kann die Krankheit schnell wieder aufflammen und sich ausbreiten. Es sollte auch nicht der geringste Rest von ihr noch in euch sein. Unwissend sein ist so etwas wie verschuldet sein. Angenommen, ihr habt alle eure Schulden bezahlt – bis auf eine kleine Restschuld von tausend Rupien. Was geschieht, wenn ihr die Sollzinsen anwachsen laßt? Die Schuld wird wieder ansteigen. Ihr solltet eure Schulden deshalb ganz abbezahlen. Ähnlich ist es, wenn in euch noch versteckte Spuren von Bindungen und Wünschen vorhanden sind: Eure Sorgen werden aufs neue aufflammen und sich ausbreiten. Aus diesem Grunde ermahnte Krishna Arjuna: „Wenn du auch nur den kleinsten Rest von Bindungsdenken in dir zurückbehältst, wird alles, was Ich dich lehre, umsonst sein. Du mußt dieses Bindungsdenken, das so lange Zeit von der Unwissenheit genährt wurde und deinen Sinn umwölkt, vollständig ausrotten. Ich lehre dich *sānkhyayoga*, weil Ich dir dabei helfen will."

Bindungsdenken

Das Kapitel über *sānkhyayoga* ist ein außerordentlich wichtiger Teil der Gītā. Wenn ihr den Unterschied zwischen *ātman* und *anātman* – zwischen dem wahren und dem falschen Selbst, das mit den weltlichen Dingen zusammenhängt – erkennt, so werden alle anderen Kapitel der Gītā einfach für euch sein. Deshalb müßt ihr dieses zweite Kapitel *sloka* für *sloka* durchgehen und, wenn es nötig ist, zwei oder drei Tage konzentriert damit verbringen und versuchen, *sānkhyayoga* aus der Tiefe eures Herzens heraus zu verstehen. Jedes Wort kann – beginnend mit der Rede Krishnas – als ein seltenes Juwel angesehen werden. Nur wenn ihr das Wesen des *sānkhyayoga* vollkommen verinnerlicht habt, könnt ihr die Gītā in ihrer Fülle begreifen.

BEHERRSCHE DIE SINNE – UND DIE WELT WIRD DIR GEHÖREN

Wo ihr euch umschaut – ob in der Welt oder im Himmel oder in der Unterwelt – überall werdet ihr fünf Urelemente und nur diese finden. Es gibt in allen Welten nichts anderes. Alles was ihr jemals gewünscht, benutzt oder verloren habt – all die Myriaden Dinge sind nichts als ständig sich verändernde Erscheinungsformen der fünf Urelemente.

Verkörperungen der Liebe,

Fünf Urelemente

all die unzähligen Erscheinungsformen der fünf Urelemente haben sich ständig verändert und werden das auch in Zukunft tun; sie sind vergänglich, unablässig Form und Namen wechselnd. Die Blume, die heute noch blüht, verwelkt schon morgen und ist ein paar Tage später zersetzt. Eine Speise, die man heute kocht, wird morgen verdorben sein. Noch einen Tag später ist dasselbe Essen bereits giftig. Wenn es einmal verdorben ist, könnt ihr es nicht wieder zur ursprünglichen Speise machen. Die schöne Form von heute erscheint morgen häßlich. Selbst die Atome, die die Materie des Mondes bilden, können eines Tages hier auf der Erde landen, und umgekehrt können Atome, aus denen die Erdmaterie besteht, irgendwann den Mond erreichen. Die Atome, aus denen der menschliche Körper besteht, unterliegen alle sieben Jahre einem totalen Wandel. Es wäre töricht zu glauben, daß der aus den fünf Urelementen zusammengesetzte Körper und die ebenso aus ihnen bestehenden Sinnesorgane ewig währen oder daß irgendein Gegenstand, der aus ihnen besteht, einen bleibenden Wert hätte. Nur die Sinne sind ständig auf der Jagd nach solch äußerlichen, vergänglichen Dingen.

Fünf Sinne

Die Gītā zeigt, daß dieses unbeständige Phänomen, das wir Körper, Geist und Sinne nennen, in 24 Grundelemente eingeteilt werden kann. Es besteht aus den fünf grobstofflichen Sinnesorganen Ohr, Haut, Auge, Zunge und Nase, welche im Sanskrit *karma-indriyas* oder *karmendriyas* heißen. Diese Sinnesorgane „greifen" nach den Sinnesobjekten durch die feinstofflichen Sinnesorgane, die *jnāna-indriyas*, welche Gehör, Tastsinn, Gesicht, Geschmack und Geruch umfassen. *Karmendriyas* und *jnānendriyas* sind untrennbar miteinander verbunden: Ohne das Feinstoffliche kann das Grobstoffliche nicht arbeiten. So könnt ihr zum Beispiel Augen haben und doch nicht sehen; Ohren haben, aber nicht hören; eine Zunge haben, aber nichts schmecken.

Zu den *indriyas* kommen die fünf Hüllen (des *ātman*) oder *koshas* hinzu. Letztere können als verschiedene Körper gedacht werden, die sich gegenseitig mit fortschreitend feiner werdender Substanz durchdringen, so daß jede Hülle feinstofflicher als die vorhergehende ist. Die gröbste Hülle ist der Körper, der aus der aufgenommenen physischen Nahrung besteht; die nächste ist die vitale oder lebenserhaltende Hülle, die dem

Lebenshauch und der physischen Kraft zugeordnet ist. Dann folgt die psychische Hülle – jener feinstoffliche Körper, welcher dem niedrigeren geistigen Vermögen (den Gedanken und Gefühlen) zugeordnet ist; dann folgt die Hülle des Intellekts oder Unterscheidungsvermögens, die ein noch feinerer, dem höheren geistigen Vermögen und der Intuition zugeordneter Körper ist. Die letzte Hülle ist jene der Glückseligkeit. Sie ist der feinste der fünf Körper und jenseits aller gedanklich-emotionalen Strukturen – eine Sphäre, in der nur noch der Schleier der Unwissenheit den *ātman* verhüllt. Zusätzlich zu diesen Hüllen gibt es die fünf Lebensenergien oder *prānas* (Lebenslüfte), welche die Funktionen des Körpers mit Lebenskraft erfüllen. Eine dieser *prānas* regelt das Atmen, eine zweite das Ausscheiden, die dritte die Blutzirkulation, die vierte die Verdauung und die fünfte das Aufwärtsfließen, das die höheren Zentren mit Energie versorgt.

Aspekte des Geistes

Neben diesen zwanzig Grundelementen gibt es die vier Aspekte des menschlichen Geistes (mind) – erstens den niedrigen Geist, genannt *manas*, zweitens die Intuition, die zum Bereich des Unterscheidungs- oder Urteilsvermögens gehört und *buddhi* genannt wird, drittens das Ich- oder Selbstgefühl – *ahamkāra* (Ego) genannt – und viertens den Sitz der Gefühle und des Erinnerungsvermögens, *citta* genannt. Zusammen mit dem *ātman*, der die Ursache all dieser Elemente ist, ergeben sich 25 Grundelemente. Mit diesen Grundelementen, die das Wesen jedes einzelnen ausmachen, beschäftigt sich *sānkhyayoga*. Das Kapitel heißt „*sānkhyayoga*“, weil es euch hilft, den *ātman* zu erkennen, der die eine Realität ist, welche sämtlichen Elementen zugrundeliegt. Alle 24 sind nichts als Manifestationen eurer Unwissenheit; sie sind es, die jene Täuschung hervorrufen, die euch als getrennte Wesen erscheinen läßt. Wenn ihr euer Leben damit verbringt, euch nur auf diese 24 Elemente zu stützen, die einem ständigen Wechsel unterworfen sind – wie wollt ihr da die ewigwährende Freude finden, die euer wahres Wesen ist und die nicht im geringsten von diesen vorübergehenden Dingen beeinflußt wird?

Alle Freuden, die ihr jetzt erlebt, führen im Nachhinein nur zu Kummer. Sie kommen und gehen; sie haben nichts Beständiges an sich. Krishna hat betont, daß man nicht an die Sinnesfreuden glauben und sich von ihnen verführen lassen soll. Wie gebildet ihr auch sein mögt, welches Amt oder welche Position ihr im Leben einnehmen mögt – ihr werdet keinen Seelenfrieden finden, wenn ihr nicht lernt, eure Sinne zu beherrschen. Innerer Frieden kann nur durch Sinneskontrolle erlangt werden. Ihr glaubt vielleicht, daß dies ein schwieriges Unterfangen ist. Aber im Kapitel über *sānkhyayoga* gibt euch Krishna eine Reihe von Anleitungen, wie ihr darin Erfolg haben werdet.

Ārya und anārya

Krishna sagt in der Gītā, daß es zwei Arten von Menschen gibt, und zwar den *ārya* und den Nicht-*ārya (anārya)*. Ein *ārya* ist ein Mensch, der dem rechten Weg, dem heiligen und edlen Weg folgt. Solche Menschen suchen die Gesellschaft großer Seelen und halten sich an ihre Lehren. Sie erleben die großen spirituellen Wahrheiten und erfreuen sich des Geistigen in ihrem Inneren. Im Gegensatz zu diesen Menschen gibt es jene, die voller unheiliger Gedanken sind und unreine Herzen haben, die im Bann der

Unwissenheit stehen und kein rechtschaffenes Leben führen – weshalb sie *anārya* genannt werden. Ihr Benehmen und Verhalten könnte als genaues Gegenteil des Lebens der *āryas* definiert werden, so wie Dunkelheit das Gegenteil des Lichts ist. Wir könnten diese beiden Kategorien als die der Götter und die der Dämonen bezeichnen, die der lichten und der dunklen Wesenheiten. Krishna sagte: „Arjuna, Ich dachte bisher, daß du ein *ārya* bist, aber nun sehe Ich, daß du den falschen Weg einschlägst. Du steigst tief in die Dunkelheit hinab; du folgst einem unheiligen Weg. Es wäre nicht recht, dich weiterhin einen *ārya* zu nennen. Dein Verhalten ist das eines *anāryas*."

Krishna gab Arjuna eine Reihe solcher Ermahnungen, um ihn anzuspornen, so daß er zu heldenhaften Anstrengungen fähig würde, die ihn zum *ārya* werden ließen. Er sagte: „Der Hauptgrund für deinen Kummer ist dein Anhängen, und die Ursache für dieses wiederum ist deine Unwissenheit. Sie ist es, die deinen Sinnen erlaubt, deine Handlungen zu beherrschen. Wenn du dich von diesem Anhaften und vom Kummer befreien willst, mußt du deine Sinne unter Kontrolle bringen. Dazu mußt du ihr Wesen klar erfassen. Auf der Reise durchs Leben sind die Sinnesorgane sehr wichtig. Sie sind wie das Pferdegespann vor einem Wagen, der dich zum Ziel bringen kann. Aber nur, wenn du vollkommene Kontrolle über sie hast, werden der Wagen und derjenige, der darin sitzt, heil ankommen. Wenn du die Zügel schießen läßt, werden Wagen und Insasse unvermeidlich ins Unglück stürzen. Wenn du das Ziel also sicher erreichen willst, mußt du die Pferde zu lenken verstehen oder, mit anderen Worten: vollkommene Kontrolle über die Sinne lernen."

Krishna gab den Sinnen einen neuen Namen. Er nannte sie *„mātra"*, was so viel bedeutet wie „das, welches mißt". Was ist gemeint, wenn wir sagen, daß die Sinne die Fähigkeit haben zu „messen"? Was mißt oder identifiziert beispielsweise die Bitterkeit oder die Süße einer Speise? Die Zunge. Oder wenn ihr das Gesicht einer Person beschreiben wollt und sagt, ihre Gesichtszüge seien alle normal, mit Ausnahme der Nase, die ziemlich lang sei – wer bestimmt das Maß der Länge dieser Nase? Eure Augen. Auf ähnliche Weise bestimmen eure Ohren, ob eine Musik wohltönend ist oder nicht. Jedes Sinnesorgan mißt eine andere Qualität. Es gibt noch eine weitere Bedeutung für das Wort *„mātra"*, nämlich „begrenzt". Inwiefern sind die Sinnesorgane begrenzt? Gott hat euch beispielsweise eine Nase gegeben, damit ihr sie zum Riechen und zum Ein- und Ausatmen benutzt. Ihr müßt die Nase zu dem Zweck gebrauchen, zu dem sie bestimmt ist. Wenn ihr sie ordnungsgemäß benutzt, befolgt ihr die Gebote des Herrn und profitiert davon.

Rechter Gebrauch der Sinne

Wenn ihr die Nase anstatt zum Atmen und zum Riechen guter Düfte dazu mißbraucht, Tabakrauch zu inhalieren, so benutzt ihr sie nicht in der Weise, wie sie von Gott bestimmt ist. Was die Zunge betrifft, so gibt euch der Herr den gutgemeinten Rat: „Kind, benutze diese deine Zunge, um milde Rede zu führen, und nicht, um das Herz der Menschen zu verletzen. Benutze Worte, die anderen Freude bereiten." Auch die andere Aufgabe der Zunge muß wahrgenommen werden, nämlich die, gesunde und sattvische Nahrung zu befördern – Nahrung, die reich an Proteinen und Vitaminen ist.

Wenn ihr Zunge und Geschmackssinn stattdessen zum Zigarettenrauchen, Alkoholkonsum, Fleischessen und ähnlichem benutzt, mißbraucht ihr sie. Das bedeutet, den Geboten des Herrn zuwiderzuhandeln, und daraus wird euch Schaden entstehen. Setzt darum alle Sinnesorgane nur zu dem Gebrauch ein, der ihnen von Gott bestimmt ist. Dann werdet ihr den Zweck erfüllen, für den euch jedes dieser Werkzeuge gegeben wurde. Diese Art geregelter Lebensweise hilft euch, das Ziel zu erreichen.

Immer wenn die Sinnesorgane mit Sinnesobjekten in Berührung kommen, messen sie unterschiedliche Eigenschaften. So mißt der Tastsinn Eigenschaften wie Hitze und Kälte. Das Ergebnis ist entweder Freude oder Leid. Diese Empfindungen kommen nicht von den Sinnesorganen selbst, sondern aus dem Kontakt mit den Dingen. Ihr befindet euch zur Zeit hier, und das bedeutet, daß auch eure Ohren hier anwesend sind. Wenn nun in eurem Dorf etwas geschieht, wird es – ob es etwas Gutes oder Schlechtes ist – weder ein Glücksgefühl noch Kummer bei euch hervorrufen, solange eure Ohren noch keine Nachricht vernommen haben. Dann erhaltet ihr einen Anruf und erfahrt, was im Dorf geschehen ist. Wenn es eine gute Nachricht ist, freut ihr euch, wenn es eine schlechte ist, seid ihr traurig. Freude und Trauer können euch nur erreichen, wenn die Sinnesorgane mit den Dingen in Berührung kommen.

Es gibt eine riesige Anzahl von Sinnesobjekten in der Welt, und ihr solltet zusehen, daß eure Sinnesorgane nicht mit allzu vielen von ihnen in Berührung kommen. Sie sind allesamt flüchtige Erscheinungen. Wenn ihr euch von kleinen Dingen gefangennehmen laßt, wird euer ganzes Leben unbedeutend, klein und unrein. Ihr könnt es an einer ganzen Reihe von Lebewesen sehen, die Opfer dieses oder jenes Sinnesorganes sind. Wenn zum Beispiel ein Reh wohltönende Musik vernimmt, läßt es sich davon verzaubern und kann daraufhin leicht eingefangen werden. Ein Reh wird also durch Klang gebunden. Ein riesiges Tier wie der Elefant kann mit Hilfe des Tastsinnes gezähmt werden und wird deshalb durch den Tastsinn gebunden. So kann eine ganze Reihe von Tieren durch verschiedene Sinnesorgane beherrscht werden. Denkt zum Beispiel an die Motte. Sie wird vom Licht so stark angezogen, daß sie darin zugrunde geht, wenn es sich um eine Flamme handelt. Ähnlich geht es dem Fisch, der vom Geruch des Köders angelockt wird, ihn schluckt und dann gefangen wird. Die Biene dringt ins Innere der Blüte ein, gebannt von dem starken Duft, den diese verströmt, und es kann vorkommen, daß sie eine ganze Nacht lang in der Blüte eingesperrt bleibt, wenn sich die Blütenblätter am Abend schließen. Jedes dieser Lebewesen steht im Bann eines der Sinnesorgane, doch der Mensch steht im Bann von allen fünfen und ist deshalb noch verletzlicher als alle diese Lebewesen. Hier eine kleine Geschichte dazu:

Dakshināmūrti befand sich auf einer seiner Reisen durchs Land. Jeden der fünf Sinne betrachtete er als seinen Guru. Als er ans Meeresufer gelangte, freute er sich über die Wellen und die verschiedenen Gesichter des Ozeans. Wie er so ins Schauen vertieft war, kam eine Welle, die Schmutz ans Land spülte. Er stellte fest, daß die Wellen jeden Schmutz, der ins Meer gelangte, wieder ausspieen. Dakshināmūrti überlegte bei sich: „Warum sollte das Meer, das so tief und so groß ist, es notwendig finden, diesen Schmutz auszuspeien? Könnte es so einem kleinen bißchen Schmutz nicht erlauben, hereinzukommen und drinnenzubleiben?“ und versenkte sich in Meditation. In dieser Meditation erkannte er, daß sich die Unreinheiten, die der Ozean hereinlassen und bei sich behalten würde, Tag für Tag ansammeln und nach und nach seine gesamte Oberfläche bedecken und verseuchen würden. Er kam zu dem Schluß, daß das Meer bereits zu Anfang beschlossen haben mußte, keinerlei Schmutz oder Staub oder sonstige Unreinheiten aufzunehmen: Nur so konnte es ihm gelungen sein, rein und sauber zu bleiben. Darum solltet auch ihr von Anfang an zusehen, daß euch nicht einmal im geringsten Maße schlechte Gedanken und Vorstellungen in den Sinn kommen. Auch nicht der kleinsten Unreinheit solltet ihr erlauben, in euer Herz einzudringen. Ihr müßt sie sofort hinauswerfen, sobald sie ihren Fuß in der Türe hat. Wenn ihr sie aber hereinlaßt, ihr Raum gebt in der Vorstellung, daß es sich ja eigentlich nur um eine unbedeutende Kleinigkeit handelt, die euch nicht wirklich schaden kann, wird sie in euch zu wachsen beginnen.

Wenn ihr also die Funktionsweise der Sinne verstanden und gelernt habt, sie richtig zu benutzen, werdet ihr großen Nutzen von ihnen haben und nicht von ihnen bedrängt werden. Wenn ihr euch stattdessen von ihnen in Fesseln legen laßt, werdet ihr weder Frieden noch Freude haben. Hier ist noch eine kleine Geschichte, die dies erläutert. Es war einmal ein großer König, der fünf Frauen hatte, die nie auf ihn hörten. Mochte er auch für alle Welt ein König sein – seiner Frauen wurde er nicht Herr. Darunter litt er sehr. Er trug eine Krone auf seinem Haupt, aber in diesem Haupt gab es nur Kummer. „Ich bin der Sklave dieser Frauen geworden und leide darunter“, stellte er bei sich fest. „Ich möchte wissen, ob es in dieser Welt einen Menschen gibt, der keine Angst vor seinen Frauen zu haben braucht. Wenn es so jemanden gibt – wie schafft er es, sie zu beherrschen und nicht von ihnen beherrscht zu werden?“ Es wäre nicht angemessen gewesen, die Bürger jenes Landes direkt zu befragen, und so berief er eine öffentliche Versammlung ein, zu der alle männlichen Untertanen eingeladen wurden. Zwei riesige Zelte von der Größe eines Stadions wurden aufgestellt, eines auf der einen Seite des Versammlungsplatzes, das andere auf der gegenüberliegenden Seite.

Der König und seine fünf Frauen

Der König kündigte an, daß das erste Zelt für diejenigen bestimmt war, die ihrer Ehefrauen Herr geworden waren, und das zweite jenen, die von ihren Ehefrauen beherrscht wurden. Nach und nach trafen alle männlichen Untertanen des Reiches in der Stadt ein. Schnurstracks gingen sie auf das zweite Zelt zu. Der König kam und fand das riesige Zelt der von den Frauen Beherrschten zum Bersten voll von Männern. Das machte ihm etwas Mut, weil er demnach nicht der einzige sein konnte, der unter dem Pantoffel stand. Doch als er die Versammlung schon eröffnen wollte, entdeckte er einen einzelnen Mann in dem Zelt, das für die Beherrscher der Ehefrauen bestimmt war. Dieses gigantische Zelt war völlig leer, bis auf diesen einen Mann. Der König war überglücklich, ihn zu sehen, ging auf ihn zu und sagte zu ihm, wie sehr er sich freue, wenigstens einen Menschen in seinem Reich gefunden zu haben, der seiner Frauen Herr geworden war.

Der König fragte den Mann: „Verrate mir bitte dein Geheimnis! Wie hast du das bloß zuwege gebracht?“ Der Mann antwortete: „Ich habe kein Geheimnis. Ich werde ebenfalls völlig von meiner Frau dominiert.“ „Warum bist du dann in dieses Zelt gegangen?“ wunderte sich der König. Der Mann antwortete: „Meine Frau hat es mir befohlen. Darum bin ich hier. Sie gab mir die klare Anweisung, nicht in das Zelt zu gehen, in dem sich die Sklaven der Ehefrauen aufhalten, sondern in dieses hier.“ Dem König wurde es nun doch zu bunt, und er befahl dem Mann: „Verschwinde hier! Geh sofort zu den anderen in das zweite Zelt; mach, daß Du ‘rüberkommst!“ Der Bürger fiel auf die Knie, wurde bleich vor Angst und flehte den *mahārāja* mit gefalteten Händen an: „Mein König! Tu mit mir, was du willst, bestrafe mich – aber es ist mir unmöglich, meiner Frau zu widersprechen und in das andere Zelt zu gehen.“ So mußte der König erkennen, daß es nirgendwo in seinem Königreich einen Menschen gab, der nicht der Sklave seiner Frau war.

Dieser König ist der menschliche Geist, der niemals imstande sein wird, alle seine Frauen – nämlich die Sinne – zufriedenzustellen. Das Auge fordert: „Bring mich an einen Ort, an dem ich nur die allerschönste Aussicht habe!“ Die Zunge verlangt, nur die besten Speisen zu schmecken. Das Ohr will nur die melodischsten aller Klänge hören. Die Haut möchte nur Stoffe fühlen, die besonders angenehm anzufassen sind. Und die Nase will nur die feinsten Gerüche der Welt zu riechen bekommen. Wer kann schon alle diese Wünsche der Sinne befriedigen? Es gibt keine Abstimmung und Zusammenarbeit unter ihnen. Wenn ihr euch den Sinnesorganen unterwerft, werden sie euch eine Menge Schwierigkeiten bereiten. Ihr müßt gleich von Anfang an einen Weg finden, wie ihr sie vollständig unter Kontrolle bekommt. Dann werdet ihr etwas wirklich Nennenswertes erreicht haben. Ein wahrer Held ist in dieser Welt einer, der es geschafft hat, vollkommene Kontrolle über seine Sinne zu erlangen.

Wenn die Sinne ihre Forderungen geltend machen, hört nicht auf sie. Lenkt eure Gedanken stattdessen auf *buddhi*, das Unterscheidungsvermögen. *Buddhi* wird entscheiden, was zu tun ist. Mit dem Verstand (mind) werdet ihr dann befehlen können, und die Sinne haben zu gehorchen. Das ist die richtige Weise, die Sinne zu bändigen. Ein Mensch, der sein Leben auf den niederen Verstand und die Sinne gründet, wird dem Ruin ausgesetzt sein und sogar unter das Niveau des Tieres herabsinken. Der Weise gründet sein Leben auf den höheren Verstand, nämlich das Unterscheidungsvermögen, und die Intuition – *buddhi*. Wer seinem Unterscheidungsvermögen folgt, wird zum Hervorragendsten unter den Menschen. Wenn ihr euer Leben auf euer Unterscheidungsvermögen gründet, wird euch dieses zum höchsten Ziel führen. Wenn ihr es aber nur auf den niederen Verstand und die Sinne aufbaut, werden alle paar Minuten Veränderungen eintreten, und es wird schwierig sein, vorauszusehen, was mit euch geschehen wird und wo ihr landen werdet. Es ist so, als wollte man einen reißenden Fluß oder ein sturmgepeitschtes Meer in einem kleinen

Folgt dem Unterscheidungsvermögen

Boot überqueren. Ihr wißt nicht, wann das Wasser hineinschlägt und das Unheil über euch hereinbrechen wird.

Hazrat Muhammad und māyā

Es gab einen großen Heiligen mit Namen Hazrat Muhammad. Er war ein außerordentlich tugendhafter, wahrhaft weiser Mann, der seiner Sinne vollkommen Herr war. Eines Tages wurde bekannt, daß sein Ende nahte. Seine Schüler kamen herbei und versammelten sich um sein Bett. Der Weise hatte starke Schmerzen im Hals, machte jedoch heldenhafte Anstrengungen, diesen Schmerz zu überwinden. Schließlich schien er etwas sagen zu wollen, konnte es aber nicht. Seine Schüler waren begierig zu erfahren, welche Botschaft der Meister ihnen während dieser letzten Augenblicke seines Erdenlebens mitteilen wollte. Sie versuchten ihm zu helfen, so gut es ging, und flehten: „Swami, du möchtest uns etwas mitteilen. Sag uns, was es ist!" Muhammad nahm seine letzten Kräfte zusammen und brachte die Worte heraus: „Meine lieben Kinder. All die Zeit wurde ich von *māyā*, der Täuschungskraft verfolgt. *Māyā* sagte mir: ‚Alle anderen sind meine Sklaven geworden. Niemandem ist es gelungen, sich zu befreien, aber dir ist es auf irgendeine Weise gelungen, mich vollkommen zu besiegen.' Ich antwortete: „*Māyā*, bitte sag nicht, daß ich dich vollkommen besiegt habe, solange noch ein bißchen Atem da ist und noch einige Atemzüge zu tun sind. Bevor nicht der allerletzte Atemzug getan ist, ist es schwer zu glauben, daß irgendwer dich jemals besiegen kann." Meine lieben Kinder, bis jetzt ist es mir gelungen, *māyā* zu dominieren, aber ich weiß nicht, ob es mir bis zu meinem letzten Atemzug möglich sein wird. Um mich von *māyā* zu befreien, habe ich in diesen letzten Augenblicken nur an Allah gedacht und von ganzem Herzen zu Ihm gebetet." Dann verfiel er in Schweigen und beendete sein Leben.

Sinneskontrolle und die Fahrschule

Diese Geschichte zeigt, daß ihr bis zum allerletzten Atemzug sehr darauf achten müßt, den Sinnen nicht nachzugeben. Um den *ātman* zu erreichen, müßt ihr die nach außen gerichteten Sinne beherrschen lernen. Sinneskontrolle ist deshalb ein wesentlicher Bestandteil auf dem Weg der Weisheit, den Krishna im *sānkhyayoga* lehrt. Sobald ihr die Sinne ganz beherrscht, wird es euch leicht fallen, *bhaktiyoga*, *karmayoga*, *jnānayoga* und alle anderen Yogas zu meistern. Am Anfang werdet ihr einigen Schwierigkeiten ausgesetzt sein. Wenn ihr Autofahren lernt, müßt ihr anfangs auf einem offenen Gelände üben. Erst nachdem ihr gelernt habt, den Wagen zu beherrschen und zu steuern, könnt ihr euch mit ihm auf die Hauptstraßen und dann die engen Nebenstraßen der Stadt wagen. Wenn ihr aber vorher schon im Stadtverkehr fahren wollt, wird das nicht nur anstrengend, sondern sehr gefährlich für euch werden. Und so ist es mit den Sinnen: Sobald ihr gelernt habt, sie zu beherrschen und euch die Verlockungen der Welt nicht mehr berühren, könnt ihr jeder Situation problemlos und ohne Sorge begegnen. Um die Sinne beherrschen zu lernen, müßt ihr einen weiten Horizont bekommen. Vertieft euch in das Wesen der Selbsterforschung und findet heraus, was *ātman* und was nicht *ātman* ist. Wenn ihr in diesem Unterscheiden geübt seid, könnt ihr euch in der Welt sicher bewegen, ohne dabei das Ziel aus den Augen zu verlieren.

Die Sinne mit ihrem unbeständigen Wesen können euch niemals dauerhafte Freude bescheren. Nur wenn ihr die Erfahrung des *ātman* macht, werdet ihr wahre Freude erleben. Alle anderen Arten von Wissen und Bildung werden euch nur zu einem Broterwerb verhelfen. Nur die Kenntnis des *ātman* ist wahre Bildung. Mit ihr werdet ihr euch des Einsseins mit allem Seienden erfreuen können. Wenn ihr euch einmal mit dem Göttlichen in allen Dingen identifiziert habt, wird es keine Unstimmigkeiten, die aus einem Gefühl des Getrenntseins stammen, mehr geben. Wenn ihr alles als Vasudeva anseht und den gesamten Kosmos als Gott betrachtet, fällt sogar die Übung im Unterscheiden weg. Wenn alles als eins gesehen wird, gibt es keinen Grund mehr für das Unterscheiden.

Wie Swami vorher gesagt hat, können die Sinne sehr gefährlich werden – wie wildgewordene Zugpferde vor einem Wagen. Wenn ihr ihnen nicht von vornherein Zügel anlegt und sie parieren lehrt, werden sie tun, was sie wollen, und mit dem Wagen durchbrennen. Legt ihnen die Zügel an mit der Kraft eures Verstandes (mind). Macht euch Geschmackssinn, Geruchssinn, Gesichtssinn, Gehör und Tastsinn mit ihren verschiedenen Wahrnehmungsarten untertan. Swami hat euch oft gesagt, ihr solltet euch nicht dem Hören und dem Sehen zu vieler Dinge aussetzen. Denn nur wenn ihr etwas seht oder von etwas hört, beginnt ihr darüber nachzudenken. Und sobald ihr darüber nachdenkt, konstruiert ihr eine Abhängigkeit oder Bindung an diese Sache, und schon wollt ihr sie besitzen. Sobald ihr über eine bestimmte Sache sprecht, denkt ihr an ihr Äußeres, an die Form, die sie hat. Deshalb solltet ihr euch, worum es auch geht, als erstes fragen: „Hat diese Sache Mängel oder Fehler?" Wenn ihr an ihr Fehler entdeckt, werdet ihr keine Abhängigkeit an sie entwickeln. Wenn ihr Gott erreichen wollt, müßt ihr frei sein von den Gewohnheiten des schlechten Sehens, Berührens, Redens und Hörens.

Sieh Gutes, höre Gutes, sprich Gutes

Die geistige Disziplin beginnt mit dem Beherrschen der Zunge. Der Grund dafür liegt darin, daß sie zwei Funktionen hat, während die Augen nur die eine Funktion des Sehens, die Ohren nur die eine Funktion des Hörens und die Nase nur die eine Funktion des Riechens haben. Die Zunge hat zwei Fähigkeiten – sie kann Worte formen und Geschmack feststellen. Es gehört also auch eine besondere Anstrengung dazu, sie unter Kontrolle zu bringen. Ihr habt kein Recht, andere zu kritisieren; ihr habt kein Recht, schlecht von anderen zu denken. Es ist sehr viel besser für euch, über eure eigenen Unzulänglichkeiten nachzudenken. Seht das Gute in den anderen und entfernt das Schlechte aus euch selbst. Wenn ihr nicht einmal die Fähigkeit der Selbsterforschung entwickeln konntet – wie könnt ihr da die Fähigkeit haben, in andere Menschen hineinzuschauen? Seht zu, daß ihr zuerst einmal Erfüllung in euer eigenes Leben bringt. Erst wenn ihr euch selbst gerettet habt, könnt ihr ein Werkzeug zur Rettung anderer werden. Benutzt also keine abschätzigen Worte; werft niemandem einen schiefen Blick zu und denkt nicht schlecht über euren Nächsten. Verbringt eure Zeit nur mit guten Gedanken, gutem Hören und guten Gesprächen.

Um Selbstkontrolle zu erlangen, müßt ihr einige geistige Übungen durchführen. Stetiges Üben und innere Ungebundenheit sind dabei wesentlich. Wenn ihr erkennt, daß nichts in der Welt Beständigkeit hat, wird euch Sinneskontrolle und innere Distanz zu den Dingen möglich sein. Jeder von euch ist ein *ārya* und kein *anārya*. Schlagt den guten Weg ein und entfaltet eure eingeborene Heiligkeit. Erst wenn das Licht der Weisheit unauslöschlich in euch leuchtet, werdet ihr anderen durch eure guten Gedanken, eure gute Sicht der Dinge und euren guten Rat helfen können. Diejenigen, die danach handeln, sind wirkliche Götter. Diejenigen, welche entgegengesetzte Züge zu erkennen geben, sind Dämonen. Dämonen suchen nur das Dunkle. Ihr müßt beschließen, das Dunkel aufzugeben und euch mit Licht füllen. Wenn ihr den Weg des Lichtes wählt, wird der Herr, gleichgültig wie eure Vergangenheit ausgesehen haben mag, euch annehmen und Seine Gnade über euch ausschütten.

Weitherzigkeit Rāmas

Vibīshana, der ein Bruder des Königs der Dämonen war, ergab sich Rāma und fiel Ihm zu Füßen. Sugrīva, der Oberbefehlshaber der Heere in Rāmas Diensten, sah es und warnte Rāma: „Er ist Rāvanas Bruder, ein Dämon. Er liebt das Dunkle. Du solltest ihm nicht trauen, nur weil er eine Auseinandersetzung mit seinem Bruder hatte und ihn verlassen hat, und ihm Deinen Schutz nicht gewähren. Es ist gefährlich, dem jüngeren Bruder zu glauben, wenn er zum Feind geworden ist." Rāma schenkte Sugrīva ein mildes Lächeln und sagte zu ihm: „Sugrīva, warst nicht du selbst einst der Feind deines eigenen Bruders Vali? Denke immer an deine eigenen Fehler, bevor du andere kritisierst!" Und fügte hinzu: „Ich werde jedem Meinen Schutz gewähren, der zu Mir kommt und sich Mir ergibt und spricht: „Ich bin Dein". Ich frage nicht danach, wer er ist."

Sugrīva wandte sich noch einmal an Rāma und sagte: „Herr, Du hast Vibīshana Deinen Schutz gewährt und ihm versichert, daß Du ihn zum König von Lanka machen wirst, wenn der Krieg vorbei und Rāvana entmachtet ist. Aber nimm an, Rāvana selbst kommt zu Dir und wirft sich Dir zu Füßen. Welches Königreich würdest Du ihm geben?" Rāma antwortete: „Wenn Rāvana so edle Gedanken hegt und sich Mir ergibt, werde ich Meinen Bruder Bharata bitten, zurückzutreten und Rāvana zum König von Ayodhyā machen. Ich habe niemals irgendjemanden um irgendetwas gebeten. Um Vergünstigungen zu bitten, ist nicht Meine Art. Doch wenn Rāvana beginnen sollte, sich mit solchen guten Gedanken zu beschäftigen, wäre Ich bereit, Bharata um seinen Rücktritt zu bitten." In allen Zeitaltern haben die *avatāras* solche heiligen Gedanken und eine solche weitherzige Sicht der Dinge geoffenbart und so der ganzen Welt ein Beispiel gegeben, dem sie folgen sollte.

Die Haupteigenschaft, die die Grundlage alles geheiligten Tuns und sorgenfreien Lebens ist, ist die Sinneskontrolle. Krishna sagte: „Es gibt nichts, was du nicht erreichen könntest, sobald du deine Sinne vollständig unter Kontrolle hast. Doch wenn du ein Sklave der Sinne bist und dich in Wünschen und Begierden verstrickst, wirst du zum Sklaven der gesamten Welt. Mach deshalb die Sinne zu deinen Sklaven, Arjuna. Nur dann wirst du imstande sein, Mir als Werkzeug in Meiner Mission zu dienen. Erhebe dich, Arjuna! Lerne deine Sinne zu beherrschen! Laß dich weder von der Freude in Enthusiasmus versetzen, noch vom Leid niederschmettern.

Der Hauptgrund für deinen Kummer ist die Unwissenheit. Du kannst nicht unterscheiden zwischen Wahrheit und Schein, zwischen *ātman* und *anātman*. Beginne jetzt mit dem Unterscheiden zwischen beiden. Übe dich im Unterscheidungsvermögen, und deine Sinne werden dir gehorchen; dann gehört dir alles."

DU BIST NICHT DEIN KÖRPER UND NICHT DEIN GEIST – DU BIST DAS INNEWOHNENDE

Krishna sagte: „Arjuna, Ich bin wahrhaft dein Selbst. Richte deinen Geist beständig auf Mich und erfülle deine Pflichten."

Verkörperungen der Liebe,

wenn ihr eure Arbeit immer im Gewahrsein eures wahren Seins tut, werdet ihr Großes zustande bringen. Handlungen, die im Gewahrsein des *ātman* durchgeführt werden, sind frei von Bindungen. Das Verrichten einer Arbeit im vollen Gewahrsein eures Einsseins mit dem *ātman* setzt voraus, daß ihr eure Sinne vollständig beherrschen könnt. Das ist eine unentbehrliche Bedingung. Wenn ihr diese vollkommene Kontrolle über eure Sinne genießt, könnt ihr als *sthitaprajna*, als jemand, der von der höchsten Weisheit erfüllt ist, bezeichnet werden.

Wenn ihr alle Gegensatzpaare wie Freude und Leid, Hitze und Kälte, Gewinn und Verlust, Ehre und Unehre mit Gleichmut betrachtet und fest in eurem wahren Sein gegründet bleibt, habt ihr die Wesenszüge des Weisen. Es ist das Wesen des Weisen, alle Dinge mit Gleichmut zu behandeln. Sobald ihr die wahre Natur der Sinne durchschaut habt, wird es einfacher für euch sein, dem Pfad zu folgen, der euch zum wahren Wissen führt. Wenn ihr euch aber weiterhin mit dem Körper identifiziert, statt mit dem *ātman*, wird dieser erhöhte Bewußtseinszustand für euch unerreichbar bleiben.

Krishna sagte zu Arjuna: „Denke immer daran, daß du der Bewohner des Körpers *(dehin)* und nicht der Körper als solcher *(deha)* bist. Du bist derjenige, der das Kleid trägt und nicht das Kleid selbst. Du bist der Bewohner des Hauses und nicht das Haus. Du bist der Kenner des Feldes *(kshetrajna)*, hältst dich aber irrtümlicherweise für das Feld *(kshetra)*. Das Genießen unbeständiger Dinge kann dir nur ebenso unbeständiges Glück vermitteln. Letztendlich werden sich all diese vorübergehenden Genüsse und Freuden in Kummer verwandeln. Halte deinen Geist stetig ausgerichtet, und erfülle deine Pflichten mit dem *ātman* im Sinn. Denke nicht an Tod und Geburt und Freude und Leid, die auf dich zukommen könnten; sorge dich nicht darum. Geburt und Tod betreffen nur den Körper, nicht dich. Du bist nicht der Körper. Du bist das ewig Seiende, das frei ist von Geburt und Tod. Du hast weder Anfang noch Ende. Du bist nie geboren und wirst nie sterben, noch wirst du jemals irgendjemanden töten. Du bist *ātman*. Du bist alldurchdringend. Du bist tatsächlich Gott. Dein ureigenes Selbst ist Gott, und Gott ist dein Selbst; der *ātman* ist *brahman*, und *brahman* ist *ātman*."

Freude und Leid – so natürlich wie Geburt und Tod

Jeder weiß, daß es zur Natur des Feuers gehört, Hitze zu erzeugen. Wen würde es also bekümmern, daß das Feuer die Eigenschaft hat, zu brennen?

Würde jemand unter der Entdeckung „leiden", daß Eis die Fähigkeit hat zu kühlen? Es ist die Natur des Feuers zu brennen und die Natur des Eises, alles zu kühlen, was mit ihm in Berührung kommt. Und alles was geboren ist, wird eines Tages sterben. Das ist natürlich. Was frei ist zu kommen, muß auch frei sein zu gehen. Grübelt also nicht nach über so natürliche Erscheinungen wie Geburt und Tod, Freude und Leid. Erkennt die eingeborenen Schwächen und Mängel der Dinge. Alle Dinge dieser Welt müssen Veränderungen über sich ergehen lassen. Die gleichen fünf Urelemente, die sich überall in dieser Welt finden, sind auch in euch und in jedermann.

Was ihr euch auch wünscht, wonach ihr auch trachtet – selbst wenn ihr im äußersten Winkel dieser Erde sucht – ihr werdet entdecken, daß ihr nur nach den fünf Urelementen gesucht habt. Das ist alles, was ihr in der Welt je finden werdet. Aber da diese fünf Urelemente schon ein Teil von euch sind – was sucht ihr sie dann außerhalb? Es ist natürlich für euch, nach etwas zu streben, was ihr nicht habt, und unnatürlich, nach etwas zu streben, was euch bereits gehört. Es gibt nur ein Sein, welches die fünf Urelemente transzendiert, und das ist das Göttliche. Nach Ihm solltet ihr trachten. *Jnāna* – Weisheit – bedeutet, das Eine überall zu sehen. Dieses alles durchdringende eine Sein ist der *ātman*. Forscht nach diesem einen Sein und behaltet es ständig im Auge. Ab dem Augenblick, in dem ihr eure Handlungen im *ātman* gründet, werden sie geheiligt und rein sein. Wenn all eure Handlungen um des *ātman* willen oder zur Freude Gottes getan werden, werdet auch ihr dadurch geheiligt, und Weisheit wird euch erfüllen. Seit Anbeginn unserer Zeit haben Rishis heroische Anstrengungen gemacht, diesen Stand des *sthitaprajna*, in dem man ununterbrochen im Zustand der höchsten Weisheit verweilt, zu erlangen.

Kaiser Alexander und der Yogi

Als Alexander der Große einst am Ufer des Sindhu-Flusses stand, hatte er die feste Absicht, Indien mit seiner mächtigen Armee zu erobern und zu plündern. In jenen Tagen gab es keine breiten Straßen; die wenigen Straßen, die das Land durchzogen, glichen mehr Fußwegen. Und so überquerte der Kaiser den Sindhu und bahnte sich mit seiner Armee einen Weg durch den Wald. Die Kundschafter, die dem Heer vorausgingen, fanden auf dem Pfad einen Yogi, der lang ausgestreckt unter einem Baum lag und fest schlief, die Beine quer über dem Weg. Dieser Yogi hatte den Zustand des *sthitaprajna* erreicht; er war ein Weiser. Einer der Soldaten trat vor, weckte den Yogi und befahl ihm aus dem Weg zu gehen, doch der Yogi verhielt sich vollkommen gleichgültig und rührte sich nicht. Der Soldat begann ihm zu drohen und erklärte mit prahlerischen Worten, daß der große Kaiser Alexander aus Griechenland mit seiner Armee gekommen sei, um Indien zu erobern und zu plündern. Während der Soldat den Yogi so anbrüllte, erschien Alexander auf der Bildfläche. Der Soldat wurde rasend, als er sah, daß der Mann auch jetzt noch nicht aus der Ruhe zu bringen war und dem Kaiser nicht den gebührenden Respekt erwies. Er drohte dem Yogi, er werde ihm dafür den Kopf abschlagen.

Daraufhin begann der Yogi zu lachen und stand auf. In seinem Gesicht stand keine Spur von Angst; er war belustigt, behielt aber gleichzeitig seine gelassene Miene. Der Kaiser sah das Leuchten in seinem Gesicht und sprach ihn an: „Mein Soldat hat soeben gedroht, dir den Kopf abzuschlagen, aber anstatt Angst zu haben, scheinst du darüber recht glücklich zu sein! Ein gewöhnlicher Mensch wäre ihm sofort zu Füßen gefallen, hätte ihn um Vergebung gebeten und versucht, sein Leben zu retten. Du aber lächelst nur. Wie kommt das?" Der Yogi antwortete: „Ich bin die Verkörperung von *sat-cit-ānanda*. Ich bin die ewige Wirklichkeit. Ich bin reines bewußtes Sein und endlose Seligkeit. Ich bin ständig frei. Deine Waffen können mir nichts anhaben. Feuer kann mich nicht brennen. Wasser kann mich nicht benetzen. Wind kann mich nicht verwehen. Ich wurde nie geboren und werde niemals sterben. Ich bin der unsterbliche *ātman* und unzerstörbar. Der Soldat aber glaubt, ich sei nur der Körper und droht mir deshalb, mich zu töten, indem er mir den Kopf abschlägt. Ist das nicht komisch? Als ich es hörte, mußte ich lachen." Diese Worte überraschten den Kaiser. Bei sich dachte er: „Normalerweise fürchten sich die Menschen, wenn man ihnen droht, sie zu töten. Es ist ungewöhnlich, daß ein Mensch angesichts des Todes lacht und so glücklich ist. In Indien gibt es Menschen, die einen so hohen Bewußtseinszustand erreicht haben, daß sie nicht einmal den Tod fürchten. Wie könnte ich ein solches Volk je erobern? Nein, das würde mir nicht gelingen." Und aus der Überlegung heraus, daß Indien von ihm niemals unterjocht werden könnte, befahl er seiner Armee, kehrt zu machen, und drang nicht weiter in das Land ein.

Große Seelen wie diesen Yogi gibt es in Indien seit undenklichen Zeiten. Durch ihre Lebensweise haben sie andere Völker die höchsten Wahrheiten des geistigen Lebens gelehrt. Sie haben die spirituellen Höhen aufgezeigt, die durch Sinnesbeherrschung erreicht werden können. Menschen, die die Methode, mit der man die Sinne zu beherrschen lernt, nicht kennen, folgen den falschen Wegen und gehen in die Irre. Tatsächlich ist es aber ziemlich einfach, die Sinne unter Kontrolle zu bringen. Schwierig ist es nur, solange man ihr unstetes Wesen nicht begreift. Sobald ihr ihre Unzulänglichkeiten erkennt, wird es leicht, sie zu zügeln, weil ihr einseht, daß alle Freuden und Vergnügungen, die ihr aus ihnen zieht, mit Leid durchtränkt sind. Der erste Schritt in der Sinneskontrolle ist, herauszufinden, welche Mängel und Schwierigkeiten mit den verschiedenen Sinnesobjekten verbunden sind. Für solche vergänglichen Freuden und Vergnügungen setzt ihr euch vielen Schwierigkeiten und Problemen aus, die euch noch nachhängen, wenn die kleinen flüchtigen Freuden längst vergessen sind. Wenn ein Kranker seine Diät unterbricht und andere Speisen zu sich nimmt, ist er zwar vorübergehend glücklich. Aber es dauert nicht lange, und er wird die unglücklichen Folgen seiner Handlung zu spüren bekommen. Es kann sogar lebensgefährlich für ihn werden. So geht es allen Menschen, die flüchtigen Freuden nachlaufen. Auf lange Sicht werden sie eine Menge Unannehmlichkeiten in Kauf nehmen müssen.

Wieviele mächtige Könige haben sich Häuser und Paläste geschaffen und sich dem Luxus der Bequemlichkeit und reichem Essen hingegeben, haben Luxuswagen gefahren und sind zahllosen nichtigen Betätigungen nachgegangen in der Vorstellung, daß dies die höchsten Genüsse der Welt seien! Und was ist letztlich mit ihnen geschehen? Fragt euch selbst, ob es (in solchen Fällen) wirklich der König ist, der den Luxus genießt, oder ob nicht eher der Luxus den König „genießt“? Ihr werdet übereinstimmen, daß das zweite der Fall ist: Der König wird zum Opfer der Sinnesobjekte, die ihn buchstäblich auffressen. Er wird zusehends schwächer und krank und altert rasch. Wenn er die Sinnesobjekte wirklich genießen würde, müßte er unbegrenzt Gesundheit und Kraft aus ihnen ziehen können. Da er in Wirklichkeit aber von den Sinnen beherrscht wird, geht seine Gesundheit verloren, und seine Lebensspanne verkürzt sich dadurch. In Unkenntnis dieser Wahrheit erfährt er vorübergehend so etwas wie Glück und Zufriedenheit. Sein Blick ist einzig und allein auf die vergänglichen Sinnesobjekte fixiert, und er erkennt nicht die schlimmen Folgen, die ein solches blindes Verlangen nach Genuß mit sich bringt.

Der Handleser

Einst kam ein Mann zu einem Handleser. Der Mann zeigte seine Hand, und der Handleser erzählte ihm, daß da eine Linie sei, aus der hervorgehe, daß er einmal sehr reich sein würde. Der Mann war überglücklich. Nachdem der Handleser sich die Hand näher angesehen hatte, sagte er dem Mann, daß die Linie auch darauf schließen lasse, daß er große Ehren zu erwarten habe. Der Mann war noch glücklicher als zuvor. Nach einer weiteren Untersuchung sagte der Handleser: „Du wirst ein sehr hohes Amt bekommen.“ Der Mann schwamm förmlich im Glück und fühlte sich, als hätte man ihm gerade gesagt, daß er noch am selben Tag Ministerpräsident werden sollte. Nach einer Pause sagte der Handleser, daß er viele Kinder haben würde. Eine Glücksbotschaft nach der anderen kam von seinen Lippen. Nachdem er sie dem Mann alle mitgeteilt hatte, sagte er schließlich: „Aber deine Lebensspanne ist sehr kurz!“ Als der Mann das hörte, verließ ihn schlagartig jedes Glücksgefühl, und er brach fassungslos in sich zusammen.

Was nützen euch letztlich Besitz und Wohlstand, Ämter und Würden und viele Kinder, wenn ihr nur kurze Zeit zu leben habt? Was für einen bleibenden Wert haben diese Dinge für euch, wenn ihr nicht mehr am Leben seid? Wieviele Könige und Kaiser sind dahingegangen! Und in welcher Verfassung haben sie diese Welt verlassen? Denkt an Hariscandra, der ganz Indien regiert hatte. Mußte nicht auch er diese Welt verlassen? König Nala regierte über die ganze Welt, aber konnte er auch nur eine Handvoll Erde mitnehmen? Mandata war ein leuchtendes Beispiel des *kritayuga*, aber konnte er irgendetwas mitnehmen, als er starb? König Rāma baute eine Brücke über den Ozean, aber was ist davon übriggeblieben? So viele Könige kommen und gehen, und nicht einer kann auch nur eine Handvoll Staub mit sich nehmen. Wenn ihr über die Geschichte der Menschheit nachdenkt, wird euch klar werden, wie unbeständig diese Welt in Wirklichkeit ist. Die beiden Hauptmängel der weltlichen Vergnügungen sind also ihre Vergänglichkeit und das Elend, das sie nach sich ziehen.

Alles, was ihr in der äußeren Welt seht, ist nichts als eine Spiegelung dessen, was in euch ist. Da ist nur eines, was wirklich und wahr und alldurchdringend ist, und diese Wirklichkeit, diese Wahrheit ist in euch. Es ist *satyam, shivam, sundaram* – auf ewig wahr, glückverheißend und schön.

Macht jede euch mögliche Anstrengung, diese unsterbliche Wirklichkeit zu erkennen. Lebt in diesem glückverheißenden Zustand. Seid eins mit der Gottheit, die die Essenz und Summe aller Schönheit ist.

Als Krishna Arjuna die Eigenschaften des Weisen beschrieben hatte, wies Er ihn an, auf das Schlachtfeld zu ziehen und zu kämpfen. Krishna sagte zu ihm: „Halte deine ganze Aufmerksamkeit auf Mich gerichtet. Konzentriere dich auf Mich allein. Gehorche allen Meinen Anweisungen und tue deine Pflicht. Dieser Körper wurde dir gegeben, damit du deine Pflicht erfüllst. Du hast ihn aufgrund deiner Handlungen in vergangenen Leben bekommen; nun mußt du dein Tun so gestalten, daß du dieses jetzige Leben heiligst."

Das einzige Licht in dieser Welt, das nicht verlöscht, ist das Licht des Höchsten Selbst, des *ātmajyotis*. Glühbirnen leuchten, solange Strom durch sie fließt; in dem Augenblick, in dem der Strom ausgeschaltet wird, erlöschen sie. Und nur solange in der Taschenlampe eine Batterie ist, funktioniert diese. So ist es auch mit den Sinnen: Wenn ihnen keine Energie zugeführt wird, hören sie auf zu arbeiten. Sogar Sonne und Mond, die weder Öl noch Batterien noch Elektrizität brauchen, werden am Ende ihre Leuchtkraft verlieren. Und wenn es sogar die Gestirne betrifft – wie steht es mit euch? Wenn sogar die Kolosse am Himmel dem Gesetz unterliegen, wie steht es dann mit euch kleinen Kieselsteinen, die ihr euch vom Glauben an das Körpersein täuschen laßt? Krishna sagte zu Arjuna: „Wegen des Kummers, der deiner Anhänglichkeit gegenüber Verwandten und Freunden entspringt, ertrinkst du in Unwissenheit. Du wirst noch von deinen eigenen Tränen fortgeschwemmt werden. Erhebe dich! Erwache! Laß nicht ab, bevor das Ziel erreicht ist!" Mit solchen Worten rettete Krishna Arjuna und brachte ihn auf den rechten Pfad.

Sonne und Mond beleuchten die Welt, aber Gott können sie nicht beleuchten. Ein Licht, das in einem Haus scheint, kann die Gegenstände darin beleuchten, aber nicht Gott. Woher wißt ihr, daß Sonne und Mond leuchten und daß Feuer brennt? Aus welchem Grund könnt ihr behaupten, daß diese Dinge hell sind und Leuchtkraft haben? Weil eure Augen euch deren Helligkeit vermitteln. Wenn ihr keine Augen hättet, könntet ihr die Helligkeit von Sonne und Mond nicht sehen. Und was hilft den Augen nun zu sehen? Selbst im Schlaf oder bei geschlossenen Augen gibt es da noch eine unverkennbare Leuchtkraft, die euer Bewußtsein erhellt, und das ist euer Unterscheidungsvermögen oder *buddhi*. Daraus könnt ihr schließen, daß euer Unterscheidungsvermögen – der Intellekt – noch mehr Helligkeit hat als eure Augen. Dazu gibt es eine kleine Geschichte:

Der Blinde und der Lahme

Zwei Freunde, ein Blinder und ein Lahmer, wanderten zusammen von einem Dorf zum anderen. Der Blinde hatte gesunde Beine, und der Lahme gute Augen, weshalb der Blinde den Lahmen auf die Schultern genommen hatte. So halfen sie sich gegenseitig voranzukommen. Irgendwann kamen sie an einem prächtigen Gurkenfeld vorbei. Der Lahme sagte zu dem Blinden: „Bruder, es gibt wunderschöne Gurken auf diesem Acker. Laß uns hingehen und ein paar davon essen. Wir können uns dabei ausruhen und dann weitergehen." Der Blinde antwortete: „Bruder, sei vorsichtig. Es könnte ein Wächter da sein, der es bewacht." Worauf der Lahme sagte: „Nein, da ist niemand." Der Blinde fuhr fort: „ Sag mir bitte, ob das Feld einen Zaun hat und ein Tor." Der andere: „Da ist weder ein Zaun noch ein Tor. Wir können hineingehen und uns ein Abendessen genehmigen." Der Blinde ließ nicht locker: „Bruder, diese Gurken müssen sehr bitter sein, wenn kein Wächter da ist und auch kein Zaun, der sie vor Dieben schützt."

Ein Mensch hat vielleicht keine guten Augen, aber wenn er sein Unterscheidungsvermögen benutzt, ist er demjenigen überlegen, der mit seinen Augen gut sehen kann. Erst das Unterscheidungsvermögen verleiht den Augen Licht. Aber woher hat das Unterscheidungsvermögen seine Kraft? Das Unterscheidungsvermögen leuchtet aufgrund des *ātman*. Aufgrund des Unterscheidungsvermögens haben die Augen Licht; aufgrund des Augenlichts kann das Licht der Sonne und des Mondes wahrgenommen werden, und aufgrund der Sonne und des Mondes gibt es Licht auf der Erde. Wir sehen also, daß der *ātman* die Urquelle ist, die alles erleuchtet. Er ist der „Hauptschalter", an dem das Licht angedreht wird. Darum sollten wir den *ātman* verehren.

Der Weise „schläft" nicht

Behaltet den *ātman* ständig im Blickfeld. Nur so werdet ihr das Stadium der höchsten Weisheit erreichen. Das Wort „*sthitaprajna*", das wir vorhin benutzt haben und das „Weiser" bedeutet, wird manchmal im Gegensatz zum weltlich orientierten Menschen gebraucht. Die Verwirrung kommt von der Redewendung: „Der *sthitaprajna* schläft, wenn alle anderen wach sind, und wenn alle anderen schlafen, ist er wach". Daraus könntet ihr schließen, daß alle, die nachts arbeiten – wie der Wächter und der Stationsvorsteher – *sthitaprajnas* seien. Doch selbstverständlich ist das nicht der Sinn des Wortes. Alle Menschen, die ihr Leben auf dieser vergänglichen Welt aufbauen, sind hellwach in bezug auf diese Welt und ihre Sinnesobjekte. Demgegenüber erscheint der *sthitaprajna* als schlafend und gleichgültig. Gewöhnliche Menschen sind nicht offen für die Schönheit des *ātman* und „verschlafen" ihn. Aber wenn es um das Weltliche geht, sind sie ganz wach und aufnahmebereit. Der *sthitaprajna* ist also einer, der sich dem Weltlichen gegenüber schlafend verhält, dem Prinzip des *ātman* gegenüber aber hellwach ist. Mit *sthitaprajna* ist nicht jemand gemeint, der der Welt entsagt und sich in die Einsamkeit zurückgezogen hat. Krishna sagte: „Tue deine Arbeit in der Welt. Lebe inmitten der Alltäglichkeiten, die zu deinem Leben gehören. Deine Aufmerksamkeit und deine Konzentration aber widme ununterbrochen dem *ātman*. Auf diese Weise wirst du zum *sthitaprajna*."

An diesem Punkt könnte ein Zweifel entstehen. Warum muß so jemand überhaupt noch Werke verrichten? Weder hat er ein Interesse daran zu arbeiten, noch verbindet ihn irgendein Ehrgeiz damit. Doch er verrichtet Werke zum Wohl der Allgemeinheit. Wenn ein *sthitaprajna* die Haltung einnehmen würde, daß er nicht zu arbeiten braucht, könnte er nicht andere zur Arbeit ermuntern. Der Weise muß den Menschen ein Beispiel geben, dem sie folgen können. „Darum", sprach Krishna, „werde ein vorbildlicher Mensch, Arjuna. Du stehst Krishna sehr nahe. Du bist verwandt mit Ihm und bist Ihm sehr lieb. Verwahre den tiefen Sinn all dieser Lehren tief in deinem Herzen. Ich will dich zu einem Vorbild für die ganze Welt erziehen. Ich werde dich als Mein Werkzeug benutzen. Du wirst das Werkzeug sein, mit dem Ich in dieser Welt große Dinge vollbringen werde."

Krishnas Worte sind zum Wohl der ganzen Welt gesprochen und um der Menschheit ein ideales Vorbild zu geben. Alle Avatare beschäftigen sich mit absolut heiligem Tun, doch der gewöhnliche Mensch ist nicht imstande, dieses Tun als göttlich anzusehen. In diesem Zusammenhang sagte Krishna zu Arjuna: „Arjuna, Ich habe es Mir nicht zur Aufgabe gemacht, deinen Wagen zu lenken, weil Ich diese Arbeit liebe oder Mich danach sehne. Ich tue sie auch nicht der Pferde wegen. Glaubst du etwa, Ich hätte nicht Pferde und Wagen genug? Ich habe es nicht nötig, deinen Wagen und deine Pferde zu lenken. Dein Körperbewußtsein beherrscht dein ganzes Wesen; es ist dir im Blut. Ich inszeniere dieses ganze Spiel, weil Ich dich ein für alle Male von dieser Krankheit „Körperbewußtsein" kurieren will."

Was Gott nicht liebt

Gott hat nicht den Wunsch, gelobt zu werden. Arjuna sprach Krishna ständig mit *bhāva* an – eine vertrauliche Anrede, die „Schwager" bedeutet. Krishna sagte zu Arjuna einmal, als sie am Ufer des Yamuna saßen: „Arjuna, Ich liebe es ganz und gar nicht, ohne Grund *bhāva* genannt zu werden." Viele Menschen nehmen sich die Freiheit, Gott mit ähnlichen Anreden zu preisen, doch mit dieser Art von Huldigung ist Gott nicht einverstanden, und Er wird sie nicht annehmen. Diese Art von Ehrerbietung ist sehr gebräuchlich unter den Menschen, wenn sie um eine Gunst bitten; es ist, als wendeten sie sich an einen Beamten, mit dem sie sich gut stellen wollen. Ehrerbietung ohne ein wahrhaftiges Fundament ist wie parfümiertes Wasser: Man kann daran riechen, es aber nicht trinken. Du vernimmst die Huldigung, aber sie dringt nicht bis zu deinem Herzen. Gott nimmt nur wahre Gefühle an – solche, die aus einem aufrichtigen Herzen kommen.

Krishna sagte zu Arjuna: „Ich will nicht ohne Grund gepriesen werden, aber Ich will auch nicht, daß du aufhörst, Mich ‚*bhāva*' zu nennen. Selbst wenn Ich dich darum bäte, würdest du Mich weiterhin so nennen. Darum will Ich wahrhaftig dein Schwager werden." Und so gab Krishna Arjuna Seine Schwester Subhadrā zur Frau und wurde tatsächlich sein Schwager. Balarāma, Krishnas Bruder, stimmte dieser Heirat nicht zu und kam nicht einmal zur Hochzeit. Vielmehr ging er in die Einsamkeit, in einen Wald. Ab diesem Zeitpunkt empfand Balarāma keine große Liebe mehr für Krishna. Wir sehen hier einen außergewöhnlichen, charakteristischen Wesenszug Krishnas; nämlich daß Seine Worte immer mit Seinen Taten im Einklang waren. Und dies macht den wahren Menschen aus. Was ihr denkt, muß in Harmonie zu dem stehen, was ihr sagt; und was ihr sagt, müßt ihr auch tun. Göttlich sein heißt: in Einheit von Gedanke, Wort und Tat leben. Dies ist auch der tiefere Sinn des von Swami so oft wiederholten Satzes: „Das rechte Studienobjekt für die Menschheit ist der Mensch."

Krishna sagte weiter zu Arjuna: „Ich will dich zu einem Vorbild machen. Darum lehre Ich dich hier auf dem Kampffeld die Tugenden des *sthitaprajna*. Als erstes werde Ich dich in einen weisen Menschen verwandeln und dann die anderen durch dein Beispiel lehren. Zu allererst mußt du diese wichtigste aller Grundwahrheiten begreifen, nämlich, daß du nicht der Körper bist, sondern dessen Bewohner. Wenn du das erkannt hast, wirst du nicht länger von der Vorstellung des Körperseins geplagt werden. Der Körper ist vergänglich. Gott ist ewig und unvergänglich. Du bist nicht das Kleidungsstück, sondern derjenige, der es trägt. Darum heißt es, der Körper sei der Tempel Gottes, und der Bewohner sei Gott selbst. Diese Welt ist vergänglich und voller Leid. Es hat keinen Sinn, in ihr Zuflucht zu suchen. Alle Menschen, die du kennst, verändern sich. Gott ist das einzige unwandelbar Seiende, das eine Licht, das nie verlöschen wird. Nimm deine Zuflucht bei Ihm. Er ist das höchste Licht, das *paramajyotis*. Er ist das Licht jeder Seele, das *jīvanjyotis*. Er ist das grenzenlose und unverminderbare Licht, das *akhandajyoti*, das eine Licht ohne ein zweites, das *advaitajyoti*."

Mit diesen inspirierenden Worten verwandelte Krishna Arjunas Herz, das so voller Unreinheiten gewesen war. Indem Er ihm diese hohen Dinge erklärte, reinigte Er Arjunas Herz und machte ihn zu einem *sthitaprajna*, einem Menschen, bei dem das wahre Wissen wohnt.

SINNESKONTROLLE – DER SCHLÜSSEL ZUR HÖCHSTEN WEISHEIT

Wenn ihr wahre Entsagung und Losgelöstheit besitzt, wird euch sogar das Erreichen der höchsten himmlischen Sphären als etwas Gewöhnliches und Unbedeutendes erscheinen. Arjuna sagte zu Krishna: „Krishna, selbst wenn mir die Herrschaft über alle drei Welten übergeben würde – ich würde sie nicht annehmen. Ich habe kein Interesse daran."

Verkörperungen der Liebe,

diese Worte bezeugen den hohen Grad der Entsagung, den Arjuna erlangt hatte, als er sich Krishna ergab und damit befähigt wurde, die Lehren der Gītā aufzunehmen. Zu diesem Zeitpunkt hatte er sich von der Welt gelöst und sich fest in das transzendente Prinzip gegründet, das sich vor ihm als Shrī Krishna geoffenbart hatte. Die gleiche Loslösung von der Welt und ihren Objekten und die gleiche Anbindung an das Göttliche müssen auch euer Ziel werden, denn dies ist die Bestimmung eines jeden Menschen. Im Verlauf seiner geistigen Evolution wird jeder einzelne eines Tages Entsagung und Gleichmut gegenüber den Sinnesobjekten lernen und gleichzeitig eine tiefe Sehnsucht nach Selbsterkenntnis entwickeln.

Wenn ihr ein Haus bauen müßtet, würdet ihr nicht größte Sorgfalt darauf verwenden, daß es gute Fundamente bekommt, selbst wenn es sich nur um ein sehr kleines und gewöhnliches Häuschen handelte? Und wenn dies für das kleine Häuschen gilt, wieviel mehr Sorgfalt müßt ihr walten lassen, um die soliden Grundmauern zu legen für das große Gebäude des *ātmajnāna*, das große Schatzhaus der Selbsterkenntnis! Um solche soliden Grundmauern zu gewährleisten, betonte Krishna in Seinen Lehren an Arjuna die Notwendigkeit der Sinneskontrolle durch Abkehr von der Welt. Diese ist ein wesentliches Erfordernis beim Bauen eines starken Fundaments. Wenn das Fundament nicht stark ist, wird das Gebäude des *ātmajnāna* nicht lange halten und bald zusammenbrechen.

Abkehr – oder Losgelöstheit – und Entsagung schießen nicht plötzlich hoch, um die Grundfesten des *ātmajnāna* zu bilden; sie entstehen nicht spontan aus der Laune eines Augenblicks. Es sind vielmehr Fähigkeiten, die konstant geübt und gefördert werden und mit Hingabe und Sinneskontrolle gepaart sein müssen. Wenn ihr eine Lampe anzünden wollt, braucht ihr Öl, ein Gefäß, in das ihr dieses einfüllen könnt und einen Docht. Und um die Lampe der Weisheit anzuzünden, braucht ihr Losgelöstheit, Hingabe und Sinneskontrolle. Losgelöstheit kann mit dem Gefäß verglichen werden und die Hingabe mit dem Öl. Die Sinneskontrolle entspricht dem Docht. Wenn ihr diese drei Elemente zusammen einsetzt, wird der Herr kommen und die Lampe des Selbst in euch entzünden. Bevor Krishna dieses Licht in

Die Öllampe

Arjunas Herz entzündete, sagte Er ihm, daß er zuvor lernen müsse, seine Sinne vollkommen zu beherrschen.

Den meisten Menschen ist eine strenge Kontrolle der Sinne nicht möglich. Selbst wenn sie einige Anstrengungen in diese Richtung machen und einen gewissen Grad an Sinneskontrolle erreichen, werden sie nicht dabei bleiben, weil sie fest davon überzeugt sind, daß alle Freuden, die sie erlebt haben, allein durch die Sinnesorgane erreicht werden konnten. Wenn sie diese Freuden für immer aufgeben müßten, würden sie das Gefühl haben, daß ihr Leben selbst zu Ende ist. Sie betrachten die Sinnesvergnügungen als die einzige wahre Quelle des Glücks und der Zufriedenheit, weil sie etwas sind, das sie Tag für Tag erleben können, während die Freude der Selbsterkenntnis, das heilige Wissen des *ātman* etwas ist, was sie noch nie erfahren haben. „Ich werde doch nicht den Vogel in meiner Hand fliegen lassen, nur weil ich die zwei Vögel fangen möchte, die sich vielleicht im Busch versteckt halten!" So denken sie und betrachten es als Verrücktheit, die sinnlichen Freuden, die sie jeden Tag aufs Neue genießen, aufzugeben, um sich auf ein *ātmajnāna* zu konzentrieren, das sie noch nie erlebt haben.

Das ist auch der Grund, weshalb so viele Menschen die Aufforderung zur Abkehr von allem Äußerlichen und zur Sinneskontrolle, welche die Gītā lehrt, ablehnen. Sie sagen, das sei nicht wirklich nützlich und für normale Menschen im Alltag nicht durchführbar. Die Kritik kommt daher, daß diese Menschen nicht wissen, was sich in Wirklichkeit abspielt. Alle die flüchtigen Vergnügungen, die sie genießen, sind nur ein im Vorstellungsbereich aufflackernder Abglanz der wahren Freude, die in ihrer Seele immer vorhanden ist. Wenn man andauernd an eine bestimmte Person oder eine bestimmte Sache denkt, geschieht folgendes: Das Denken verläßt seinen Ruheplatz, schweift aus, hin zu der Person oder der Sache und nimmt deren Form an. Das nächste ist, daß es sich selbst betrügt mit der Vorstellung, daß es diese Sache genießt. Doch dieses Erlebnis kann niemals wahre Freude sein, sondern eben nur ein Schatten der wahren inneren Freude, welche die Quelle aller anderen Freuden ist. Hier ein kleines Beispiel, um das deutlicher zu machen:

Stellt euch ein Baby vor, das an seinem Daumen lutscht und dabei seinen Speichel schluckt. Das macht ihm Freude, weil es denkt, daß aus dem Daumen Milch kommt. Tatsächlich ist es so, daß der Speichel, den das Baby für Milch hält, aus seinem eigenen Mund stammt und nicht aus dem Daumen. Es täuscht sich selbst mit dem Gedanken, daß die Quelle seiner Freude außerhalb seines Mundes liegt. Ein anderes Beispiel: Ein Hund hat einen trockenen Knochen gefunden und trägt ihn an einen Ort, an dem er ungestört an ihm nagen kann. Er sieht sich den Knochen an, bewundert ihn und fängt an, an ihm zu knabbern. Da der Knochen alt ist, ist er auch sehr hart. Mit allem Eifer und aller Kraft beißt er an dem Knochen herum, bis sich seine eigenen Zähne bewegen und Blut aus seinem Zahnfleisch sickert. Der Hund ist überzeugt, daß das Blut aus dem Knochen stammt und genießt den Geschmack. Aber tatsächlich stammt das Blut nicht aus dem Knochen, sondern aus seinem eigenen Maul. Er kennt die Wahrheit

Warum der Hund am Knochen kaut

nicht, genauso wenig wie das Baby, und hat sich von seinen Vorstellungen täuschen lassen.

Ähnlich geht es den Unwissenden, die denken, daß ihnen die Sinnesobjekte Freude bereiten. Dabei kommt die beschränkte Freude, die sie durch sie erleben, gar nicht von außerhalb. In ihren Herzen ist allgegenwärtig die wahre Freude vorhanden, und diese unveränderliche Freude wird den Gegenständen übergestülpt und bewirkt, daß die betreffende Sache als die Quelle der Freude erscheint. Und so glauben die Menschen, daß ihnen die Dinge der Welt Freude machen, während diese lediglich ein schwacher Abglanz der unbegrenzten Freude ist, die in ihnen verborgen liegt. Mit der Selbsttäuschung, daß die weltlichen Freuden und Vergnügungen wahre Erlebnisse sind und daß die Freude, die sie vielleicht in sich selbst erfahren könnten, nur Illusion sein könnte, verlieren sie alles Interesse am Praktizieren der Loslösung. Sie geben es auf, nach der transzendentalen Freude zu suchen und gehen wieder dem weltlichen Vergnügen nach, das sie ihrer Meinung nach in den Sinnesobjekten finden.

Wenn eine Sache wirklich Freude vermitteln könnte, so müßte diese Freude für alle Menschen die gleiche sein. Aber ihr wißt, daß dies nicht der Fall ist. Eine Sache, die dem einen Freude und Vergnügen macht, ist für den anderen vielleicht zweifelhaft und gibt ihm gar nichts. Wenn die Freude wirklich in den Dingen angelegt wäre, müßte sie für jedermann dieselbe sein. Es mag Menschen geben, die eine große Vorliebe für Gurken haben, während andere sie überhaupt nicht mögen. Wenn die Freude ein Bestandteil der Gurke wäre, würde sie allen Menschen die gleiche Erfahrung vermitteln und nicht bei dem einen Freude und bei dem anderen Abneigung hervorrufen. Woher kommt dieser Unterschied in der Reaktion des einzelnen? Warum mögen manche Menschen Dinge, die bei anderen Abneigung hervorrufen? Es kann nur so sein, daß die Freude, die man erfährt, nicht direkt an die Sache gebunden ist, mit der man sie irrtümlich identifiziert, daß diese Freude vielmehr aus dem Menschen selbst kommt, als Abglanz oder Reflex der dem Menschen eigenen, inneren Freude, welche die Quelle ist.

Hunger läßt das Essen schmecken

Die Vorlieben und Abneigungen, die ihr augenblicklich verspürt, sind nur vorübergehende Erscheinungen und nicht bleibend. Stellt euch vor, ihr seid sehr hungrig. Dann kommt jemand und gibt euch zu essen. Ihr findet es besonders schmackhaft und leert den Teller. Warum könnte es so gut geschmeckt haben? Wenn ihr es genau bedenkt, werdet ihr feststellen, daß euer Hunger dafür gesorgt hat, daß es so gut schmeckte. Solange ihr hungrig wart, fandet ihr das Essen, das man euch gab, köstlich. Als der Hunger gestillt war, hätten euch auch die allerfeinsten Delikatessen, die man euch hinstellte, nicht mehr gereizt. Wenn man hungrig ist, schmeckt auch das einfachste Essen gut und macht zufrieden. Und wenn man satt ist, schmeckt auch das delikateste Essen nicht mehr. Die einzige Erklärung für diese Veränderung ist, daß alle Vorlieben und Abneigungen eurer individuellen Persönlichkeit entströmen und nicht den Dingen als solchen. Alle eure Gefühle wie Freude und Leid kommen aus dem inneren Menschen, nicht aus den äußeren Dingen.

Der Durchschnittsmensch denkt, daß die Freude oder das Leid, das er im Umgang mit geliebten oder ungeliebten Menschen erfährt, aus diesen Menschen stammt. Dem ist nicht so. Die eigenen Vorlieben und Abneigungen sind es, die verantwortlich sind für Freude und Leid eines Menschen. Man kann auch feststellen, daß Menschen, die eine besondere Zuneigung zu jemandem haben, den Betreffenden mögen, gleichgültig, welcher Gesinnung er ist und wie er sich verhält. Woher kommt diese unerschütterliche Treue, diese Zuneigung zu einem Menschen, der vielleicht sogar unerfreuliche Dinge sagt und tut? Der Grund ist der, daß alles, was er sagt und tut, euch gut und lieb erscheint. Wenn ihr glaubt, daß eine bestimmte Person euch sehr viel bedeutet, so glaubt ihr, sie auch sehr zu lieben. Diese Qualität, die ihr „Liebe" nennt, ist in Wirklichkeit ein Gefühl der Zuneigung und der Anhänglichkeit, die ihr auf den Betreffenden projiziert. Aber beide – die Liebe und die Freude – die euch so real erscheinen, stammen einzig und allein aus euch selbst und nicht aus dem anderen, wobei es keinen Unterschied macht, ob die Person ähnliche Gefühle hat oder nicht. In diesem Sinne sprach auch Yajnavalkya zu seiner Frau Maitreyī in der Brihādaranyaka Upanishad. „Meine Liebe", sagte er, „du liebst mich nicht um meinetwillen, sondern um deines Selbst willen. Alles was dir lieb und teuer ist, liebst du nur um deines Selbst willen. Dein Selbst ist dir das Liebste von allem, und um seinetwillen liebst du einen Menschen, wer es auch sei. Die Gefühle, die du für andere hast, sind nichts als ein Teil einer großen Liebe, die du unentwegt für dein eigenes Selbst empfindest." So ist es überall in der Welt. Jeder Mensch, wer es auch sei, liebt die anderen nur um seinetwillen, nicht dem Betreffenden zuliebe. Auch wenn es um einen Gegenstand oder eine Sache geht, liebt der Mensch nur um seiner Selbst willen und nicht um des Objektes willen. Wenn die reine Liebe des Selbst von Körperbewußtsein befleckt ist, wird sie zur Zuneigung und zur Selbstsucht. Und dies führt unweigerlich zu Kummer.

Yajnavalkya und Maitreyī

Der Körper ist vergänglich; der Tod ist allen sicher. Auch wenn ein Mensch hundert Jahre leben sollte – sterben muß er eines Tages doch. Das weiß jeder. Ist es dann nicht seltsam, daß die, die noch am Leben sind, den anderen, die bereits tot sind, vor Kummer nachweinen? Jedem ist der Tod gewiß; insofern kann jeder als ein Sterbender betrachtet werden. Trotz dieser Tatsache empfinden die Menschen Kummer und Trauer, wenn sie an jemanden denken, der gestorben ist. Sie verhalten sich, als wäre der Tod etwas Ungewöhnliches und Unerwartetes und nicht das natürliche Ende, das jeden erwartet. Der Kummer, der besonders dann auftritt, wenn ein nahestehender, geliebter Mensch gestorben ist, rührt nur von der Anhänglichkeit her. Wenn ihr um einen Verstorbenen weint, obwohl ihr doch wißt, daß jeder einmal stirbt, so kann das nur wegen der Anhänglichkeit und Zuneigung geschehen, die ihr dem Körper des Betreffenden gegenüber habt. Sie ist verantwortlich für euren Kummer. Wenn ein Mensch stirbt, ist diese Anhänglichkeit der Hauptgrund für euren Gram und nicht Liebe.

Jeder Mensch sucht Freude

Jeder Mensch sucht grundsätzlich Freude. Er dürstet nach Freude und möchte niemals leiden. Der Mensch strebt ständig nach Gewinn, niemals nach Verlust. Das ist seine Natur. Gewinn, Freude und Seligkeit gehören zu seiner Wesensart; sie bilden geradezu den Kern seines Wesens. Von allem Anbeginn an wäre ihm am liebsten, ständig zu gewinnen und nie zu leiden (Wortspiel im Engl.: „Gain, not pain“). Ein Geschäftsmann denkt in erster Linie immer an seinen Gewinn. Wenn hier im Staat Andhra Pradesh Getreide, wie zum Beispiel Reis, abgewogen wird und das Gewicht die sechs Kilogramm übersteigt, dann sagt der Händler nicht „sieben“, sondern „sechs plus eins“. Denn das Teluguwort für „sieben“ bedeutet auch „weinen“, und so vermeiden die Händler dieses unangenehme Wort und ersetzen es durch ein anderes.

Der Mensch will mit Unglücklichsein und Verlusten nichts zu tun haben; er will nur Gewinn und Profit und die Freude, die damit verbunden ist. Der höchste Gewinn von allen – derjenige, der die größte Freude vermittelt – ist die Erkenntnis des *ātman*. Das ist die Freude, die ihr suchen und euch zu eigen machen sollt.

Denkt an eine schöne Rose. Wenn ihr sie anseht, strömt Freude aus eurem Herzen. Ähnlich ist es, wenn ihr einen schönen Menschen oder sonst etwas Schönes in dieser Welt seht: Ihr empfindet spontane Freude dabei. Viele Menschen machen Reisen, um sich die Gegend anzusehen und sich daran zu erfreuen. Ihr seht Schönheit in der Natur, in den Menschen, und all das macht euch große Freude. Doch wie lange halten Schönheit und Freude an? Die Rose, die ihr heute pflückt, ist morgen welk, und ihre Schönheit ist dahin. In dem Augenblick, in dem die Schönheit vergeht, tritt auch die Freude, die ihr bei ihrem Anblick verspürt habt, in den Hintergrund. Und so ist es auch mit den verschiedenen Stufen des Lebens – Kindheit, Jugend, Erwachsensein und Alter. Von der Kindheit kann man sagen, daß sie das Göttliche widerspiegelt. In diesem frühen Lebensabschnitt leidet der Mensch nicht so sehr unter Haß, Eifersucht, Ärger und ähnlichem. Jesus sagte, daß Kinder als etwas Göttliches angesehen werden können, da sie nicht wirklich schlechte Eigenschaften haben. Während dieser Lebensphase tauchen keine schlechten Gedanken oder andere negativen Wesenszüge auf – weder im seelischen, noch im körperlichen Bereich. Das Kind ist schön, weil es nicht die schlechten Gefühle hat, die aus schlechten Gedanken kommen. Mit dem Älterwerden entwickelt es nach und nach schlechte Eigenschaften, und in dem Maße, wie diese emporsprießen, schwindet die Schönheit des Kindes. Es ist also das Aufkommen schlechter Gedanken, das zu schlechten Worten und schlechten Taten führt; letztlich hat es zur Folge, daß die Schönheit des Kindes verlorengeht.

Die Schönheit des Kindes

Wir sehen, daß die Schönheit eines Menschen vergänglich ist. Sie schwindet dahin und kann nicht dauerhafte Freude vermitteln. Selbst ein Eselchen ist schön, kaum daß es auf die Welt gekommen ist, aber es wächst sich aus und bekommt mit der Zeit einen dicken Bauch und ist dann gar nicht mehr schön anzusehen. Solange keine schlechten Eigenschaften in einem Wesen sind, sieht es schön aus. Wer oder was es auch sei: Seine Schönheit ist vergänglich, und als Folge davon ist auch die Freude, die damit verbunden ist, vergänglich. Freude und Schönheit gehören zusammen. Man kann nicht Schönheit haben, wo keine Freude ist;

ebensowenig gibt es Freude ohne Schönheit. Welches ist das eine Prinzip, das immerwährende Freude und immerwährende Schönheit in sich birgt? Es ist der *ātman*! Er kennt keinen Wechsel, keine Veränderung. Er hat tatsächlich überhaupt keine Gestalt; seine Schönheit und seine Freude selbst sind seine „Gestalt".

Obwohl Freude naturgemäß aus eurem Herzen quillt, glaubt ihr, daß es die Sinnesobjekte und -organe sind, aus denen eure Freude kommt. Dem ist nicht so. Alle Freude stammt aus euch selbst, und ihr täuscht euch, wenn ihr glaubt, daß sie von außerhalb kommt. Die Schriften sprechen vom *brahmānanda*, der ewigen Freude, die eine Emanation der himmlischen Sphäre Brahmās, des Schöpfers ist. Die Freude, die aus dem Kontakt mit den Sinnesobjekten stammt, ist im Vergleich mit dem *brahmānanda* sehr gering. Sinnesfreude ist wie ein Tropfen im Ozean des *brahmānanda*. Doch selbst der riesige Ozean des *brahmānanda* ist klein im Vergleich zur grenzenlosen Freude, die aus dem spirituellen Herzen strahlt. Dieses spirituelle Herz ist die Urquelle aller Freude. Das Herz kann mit einem überaus hellen Licht verglichen werden, das überallhin leuchtet. Ihr müßt versuchen, dieses strahlend helle, ewig leuchtende, allesdurchdringende spirituelle Licht zu verstehen: Während des Tages erhellt die Sonne die Dinge dieser Welt; nachts übernimmt der Mond eine ähnliche, wenn auch geringere Funktion. Ihr könnt also sagen, daß Sonne und Mond verantwortlich sind für das Hellsein der Welt und ihrer Objekte. Auch im Traumzustand seht ihr verschiedene Dinge; aber wo sind Sonne und Mond in diesem Fall? Die Sonne eurer Wacherlebnisse ist im Traum nicht vorhanden; auch der Mond ist nicht da, noch irgendeine andere sichtbare Lichtquelle, die euch die verschiedenen „Dinge" beleuchtet. Und doch nehmt ihr eine ganze Welt wahr, nämlich die des Traumes. Was erleuchtet euch diesen Traum? Im Tiefschlaf herrscht absolute Dunkelheit, *tamoguna*. Weder Wissen noch Weisheit ist in diesem Zustand. Aber woher wißt ihr dann, daß es dunkel ist? Welches ist das Licht, das euch ermöglicht, diese Dunkelheit zu sehen und zu kennen?

Ewige Freude

Vier Bewußtseinszustände

Der Tiefschlaf ist als der Zustand des Unbewußten umschrieben worden, der Traumzustand als der des Unterbewußten und das Wachsein als der des Bewußtseins. Es gibt einen vierten Zustand, der *turīya* genannt wird und der die anderen drei Zustände transzendiert; man kann ihn als den Zustand des Überbewußten definieren. Im Zustand des *turīya* ist man in der Lage, alles und jedes überall zu sehen und die höchste Seligkeit zu genießen. Woher kommt nun dieses Licht, das den Zustand der Seligkeit erleuchtet und euch erlaubt, jene ungeschmälerte Freude zu genießen? Dieses Licht ist die Leuchtkraft des *ātman*; es ist dasselbe Licht, das auch alle anderen Seinsbereiche erhellt und euch erlaubt, Dinge darin wahrzunehmen.

Der Zustand des *turīya* wird von den Rischis in den Veden erwähnt. Sie sagten: „Wir können einen Zustand sehen, der die anderen – den der Dunkelheit des Tiefschlafes mit eingeschlossen – transzendiert. Jenseits des traumlosen Bereiches ist das höchste Licht des *ātman*, das alles – Wachzustand, Traum und Tiefschlaf – erleuchtet." Um dies besser zu verstehen, betrachten wir ein Beispiel aus dem Wachzustand. Was seht ihr, wenn ihr eure Augen für eine Minute schließt? Ihr werdet sagen, da ist nichts, nur Dunkelheit. Aber dann taucht die Frage auf: „Wie kann ich denn wahrnehmen, daß dies Dunkelheit ist? Da ich sie zu erkennen scheine und sie beschreiben kann, muß es ein Licht geben, das diesen Bewußtseinszustand erhellt und mich in die Lage versetzt, auch diese Dunkelheit zu sehen." Dieses Licht ist das Licht des *ātman*, das *ātmajyotis*. Allein dank dieses transzendentalen Lichts können alle anderen „Lichtquellen" leuchten.

Während des Dīpāvalī-Festes entzündet ihr eine Kerze, und mit dieser einen Kerze zündet ihr alle anderen Kerzen und Lampen an. Das erste Licht ist also die Basis für alle anderen Lichter. Weil ihr dieses erste Licht in euch habt, seid ihr imstande, so viele andere Lichter anzuzünden. Die anderen Lichter oder Lampen, die an diesem einen *ātmajyotis* entzündet wurden, sind die unzähligen Einzelwesen. Aufgrund des *ātmajyotis* haben die Augen die Fähigkeit zu sehen. Dieses Licht strahlt von innen und läßt alle Lebewesen und alle Dinge ebenso wie alle äußeren Lichtquellen – wie Sonne und Mond – leuchten. Aber da ihr das *ātmajyotis* nicht sehen könnt, fragt ihr euch, wie das möglich ist. Das Beispiel der Taschenlampe kann uns hier weiterhelfen:

Die Taschenlampe

Ihr könnt die Elektrizität in den Batterien nicht sehen, aber wenn ihr den Strom einschaltet, seht ihr, daß die Glühbirne leuchtet. Wenn die Batterien leer gewesen wären, hätte die Birne nicht aufgeleuchtet. Als eine solche Taschenlampe könnt ihr euch euren Körper vorstellen und euren Geist als die Batterie. Eure Augen sind die Glühbirne, und euer Unterscheidungsvermögen ist der Schalter, an dem ein- und ausgeschaltet wird. In dieser Batterie des menschlichen Geistes ist eine ganz besondere Energie, die aus dem *ātman* stammt, gespeichert. In gewöhnlichen Taschenlampen ist die Energie bald erschöpft, während der Strom des *ātman* kontinuierlich durch den menschlichen Geist fließt. Die Veden sagen uns, daß der Geist des Menschen aufnahmefähig ist für die Energie des *ātman*. Diese unerschöpfliche Quelle der Energie ist es, die dafür sorgt, daß zeitweilig der Strom der Freude fließt, wenn man etwas Erfreuliches wahrnimmt.

Alle Freuden und Vergnügungen, die ihr in dieser Welt genießt, sind vergänglich und nichts als Abbilder der unermeßlichen Freude, die in euch ist. Aus Unwissenheit glaubt ihr, daß eure Freude aus den Sinnesobjekten stammt und daß die flüchtige Freude wahr ist. Doch nur was beständig ist, ist wahrhaftig. Die vorüberziehenden Freuden, die mit den Dingen der Welt zu tun haben, sind nicht wahre Freuden. Nur *ātmānanda*, die ewigwährende Freude, welche der *ātman* ist, ist wahr; die anderen kommen und gehen. Alles, was ihr im Wachzustand wahrnehmt, ist im Traumzustand verschwunden. Alle Freuden und alles Leid, die ihr im Traum erlebt, laßt ihr zurück, wenn ihr aufwacht. Menschen und Gegenstände, die ihr im Wachzustand wahrnehmt, erscheinen im Traum als wechselhafte Bilder, die dann im Zustand des Tiefschlafs vollkommen absorbiert werden und verschwinden. Auf diese Weise verändert sich eure Freude so, wie sich die Ebenen ändern.

Alle weltlichen Freuden, die ihr für beständig haltet, werden euch letztlich immer in Kummer stürzen. „Darum", sagte Krishna zu Arjuna, „blicke nur auf die grundlegende Wahrheit, dann werden dich ihre Erscheinungsformen nicht stören." Die Grundwahrheit ändert sich nicht, während die Erscheinungsformen oder Manifestationen, die alle auf dieser Grundlage fußen, sich ständig ändern. Wenn sich die Basis mit den Erscheinungsformen ständig ändern würde, könntet ihr nicht einmal leben. Betrachten wir dazu folgendes Beispiel:

Ihr fahrt mit dem Auto oder dem Bus, wenn ihr von einem Ort zum anderen gelangen wollt. Das Auto ist ziemlich schnell, ebenso der Bus; und selbst zu Fuß kommt ihr einigermaßen voran. In jedem Fall steht die Fortbewegung im Gegensatz zu der Straße, die sich nicht bewegt und unverändert bleibt. Stellt euch vor, die Straße würde sich samt Auto oder Bus ebenfalls schnell vorwärts bewegen. Was würde geschehen? Ihr könntet nicht weiterreisen. Die Straße muß unbewegt bleiben, damit ihr euer Ziel erreichen könnt. Weil der ständige Bewohner eures Herzens, der göttliche Ursprung, beständig und unbewegt ist, könnt ihr die unbeständigen und wechselhaften Dinge dieser Welt genießen. Doch Krishna warnte Arjuna: „Arjuna," sagte Er, „die Welt ist eine flüchtige Erscheinung, unbeständig und voller Leid. In so einer Welt ist es unmöglich, dauerhafte Freude zu finden. Laß sie los und wende dich dem transzendenten Prinzip, dem *ātman* zu. Er ist ewig ruhig und unveränderlich. In ihm findest du die nichtendende Freude, die du in der Welt vergeblich suchst."

Ihr denkt vielleicht, daß diese Jungen hier zu unbeweglichen, hilflosen Menschen heranwachsen, wenn sie zur Sinneskontrolle erzogen werden. Aber niemand sagt ihnen, sie sollen keinen Gebrauch von ihren Sinnen machen. Sie sollen lediglich lernen, sie auf richtige Weise zu beherrschen.

Ein Auto hat auch Bremsen

Ein Auto hat auch Bremsen, und wenn Gefahr droht, benutzt ihr diese, um den Wagen anzuhalten. Darauf müssen Schüler sehr bedacht sein. Wenn Swami euch rät, eure Sinne und eure Gedanken zu beherrschen, fragen sich manche, ob sie so überhaupt leben und im Alltag zurecht kommen können. Swami verlangt von euch nicht, daß ihr mit dem Fuß auf der Bremse fahren sollt, sondern sie dann zu benutzen, wenn Gefahr droht und der Wagen unter Kontrolle gebracht werden muß. Wenn von üblen Gedanken, Gefühlen, von schlechtem Sehen und Hören Gefahr droht, ist eine Zügelung notwenig. Wenn ihr überhaupt keine Bremsen habt, werdet ihr euch mit Sicherheit unglücklich machen. Ein Ochse, den man nicht bändigt, ein Pferd ohne Zügel, ein Auto ohne Bremsen, ein Mensch, der sich nicht beherrschen kann, sind gefährlich und gehen dem Verderben entgegen.

„Darum, Arjuna", sagte Krishna, „beherrsche deine Sinne und deine Gedanken und erkenne die Mängel, die allen Dingen in dieser Welt anhaften. Dann kannst du überall zufrieden leben." Die vedantischen Lehren besagen keinesfalls, daß ihr eure Familie und eure weltlichen Pflichten aufgeben sollt. Benutzt alle eure Sinne im rechten Maß und im Sinne der Ethik und so, wie es entsprechend der Zeit und den Umständen angemessen ist. Die Bhagavad Gītā lehrt in diesem Zusammenhang, daß ihr euch bei allem eurem Tun in der Disziplin des Einhaltens gewisser Grenzen üben sollt. Wenn euer Tun angemessen ist und sich innerhalb vernünftiger Grenzen bewegt, schadet es nicht. Wenn es dagegen bis zum Exzeß geht, kann selbst die unschuldigste Tätigkeit Schaden bewirken. So führt zum Beispiel zuviel Essen zu Verdauungsproblemen und auch psychischen Störungen. Auch zuviel Denken ist schädlich für den menschlichen Geist. Das gleiche gilt für das Anhaften an Dingen und Menschen: Zu viel Zuneigung – oder Bindung – ist eine Art Geisteskrankheit, wogegen ein begrenztes Maß an Bindung nicht gefährlich ist. So wie die Bremsen eines Autos zum Wohl und zum Schutz der Insassen gebraucht werden, so müssen auch die Sinne zum Wohl und zum Schutz des Bewohners des Körpers benutzt werden. Dies ist der Grund, weshalb Krishna sehr darauf bedacht war, daß Arjuna Sinneskontrolle lernte.

Docht, Öl und Gefäß

Sinneskontrolle und Selbstbeherrschung sind so etwas wie der Docht in der Flamme in unserem Herzen. Er allein reicht nicht aus. Ihr müßt auch Öl haben – den Brennstoff für die Flamme eurer Hingabe. Und es muß auch ein Gefäß da sein, in dem das Öl enthalten ist. Dieses Gefäß ist eure innere Losgelöstheit. Wenn ihr im Besitz von Gefäß, Öl und Docht seid, kann die Flamme leicht entzündet werden. Aber es braucht auch jemanden, der euch die Flamme entzündet. Dieser Jemand ist Gott. Sobald ihr Losgelöstheit, Hingabe und Selbstbeherrschung gelernt habt, wird Gott die Flamme in eurem Herzen anzünden. Im Falle Arjunas war es Krishna, der die heilige Handlung vornahm und so den Glanz des *ātmajyotis* in Arjunas Herz enthüllte.

Stellt euch vor, ihr habt Blumen, Nadel und Zwirn. Entsteht aus diesen drei Dingen von selbst eine Girlande? Nein. Jemand muß sie binden. Ihr mögt Gold und Edelsteine besitzen, aber wenn kein Goldschmied sie zu einem Schmuckstück gestaltet, wird es ein solches niemals geben. Ihr mögt intelligent sein und einiges Wissen besitzen, doch wie wollt ihr ohne einen Lehrer zu Bildung gelangen? Es mag ein Buch voller Buchstaben vor euch liegen, und ihr mögt das Augenlicht haben, sie zu sehen, doch ohne die Bedeutung der Wörter und der Sätze zu kennen, wird euch das Buch nichts nützen.

Ihr braucht Gott

Der *ātman* ist allgegenwärtig; die Lehre des *ātman* wartet darauf, von euch empfangen zu werden, und ihr habt möglicherweise große Sehnsucht nach Erleuchtung. Doch ohne einen Lehrer, der euch diese unsterblichen Lehren vermittelt, könnt ihr nicht erleuchtet werden. Im Falle von *ātmavidyā*, dem heiligen Wissen vom Selbst, ist der Weltenlehrer *(jagadguru)*, Gott selbst, derjenige, der euch zum Ziel geleiten wird. Wenn ihr bereit seid, die allen Dingen dieser Welt zugrundeliegende Wirklichkeit anzuerkennen und das göttliche Prinzip in euch zu entdecken, braucht ihr den einzig wahren Lehrer, den *jagadguru*, der mit Sicherheit kommen und euch lehren wird. Im Falle Arjunas war Krishna dieser göttliche Lehrer, und Er begann damit, Arjuna Selbstbeherrschung zu lehren.

Ihr müßt euch die Zeit nehmen, über die tiefere Bedeutung all dieser Ermahnungen zur Sinneskontrolle nachzudenken, die Krishna Arjuna auf dem Schlachtfeld des *dharmakshetra* erteilte.

OHNE WISSEN UM DAS SELBST IST WELTLICHES WISSEN NUTZLOS

Krishna lehrt in der Gītā, daß die Unwissenheit schwindet, sobald spirituelle Erkenntnis eintritt. Alle Probleme und Kümmernisse werden in diesem Augenblick schwinden.

Verkörperungen der Liebe,

solange ihr euch mit diesem physischen Instrument – eurem Körper – identifiziert, seid ihr unzähligen Schwierigkeiten und Leiden ausgesetzt. Ihr habt diesen Körper hauptsächlich deshalb bekommen, damit ihr die Früchte eurer vergangenen Taten (*karma*) ernten könnt. Aber wie kam es zu dieser Anhäufung von *karman*? Der Grund dafür liegt in *rāga* und *dvesha*, im Verlangen und im Anhaften an bestimmten Dingen und in der Abneigung gegenüber bestimmten anderen Dingen. Worin liegt der Grund für Vorlieben und Abneigungen? In der Dualität. Ihr haltet diese Welt für real und glaubt, daß ihre Objekte etwas von euch Getrenntes sind. Woher stammt die Dualität? Aus der Unwissenheit; aus dem dunklen Schleier, der das Wissen um euer wahres Sein verhüllt. Ihr habt vergessen, daß alle Lebewesen in Wirklichkeit eins sind; ihr habt die Wahrnehmung für das göttliche Prinzip verloren, das allen Dingen zugrundeliegt. Ihr habt den *ātman*, euer wahres Selbst, aus dem Auge verloren. Aufgrund dieser Unwissenheit erlebt ihr viel Kummer. Wenn ihr frei werden wollt von der Dunkelheit der Unwissenheit, müßt ihr das Licht der Weisheit erlangen. Das einzige, was Dunkelheit vertreiben kann, ist Licht. Das einzige, was Unwissenheit vertreiben kann, ist Weisheit oder spirituelles Wissen. Unwissenheit hat das Wissen um das Göttliche bedeckt, und so seid ihr nicht mehr imstande, die Wahrheit zu sehen.

So wie die Glut eines Feuers von Asche bedeckt wird, ist euere Weisheit von Unwissenheit bedeckt worden, und so seht ihr nun euer wahres Selbst nicht mehr. Ihr mögt sehende Augen haben, wenn sie aber den grauen Star bekommen, könnt ihr nichts mehr sehen. Erst eine Operation gibt euch das Augenlicht wieder. Und erst wenn eine spirituelle Operation stattgefunden hat und die Wolke der Unwissenheit weggeschoben wurde, kann die Sonne der Weisheit ungehindert scheinen. Es ist, als ob Sonnenstrahlen in ein Zimmer fallen, sobald man die schweren Vorhänge vom Fenster wegzieht. Das Prinzip des Göttlichen existiert in jedem Menschen, weshalb niemand völlig ohne Weisheit ist. Es gibt keinen Zweifel darüber, daß die gesamte Menschheit das Ziel erreichen wird. Wenn die menschliche Existenz sich zum Unendlichen hin ausweitet, wird sie eins mit Gott. Wenn sich das menschliche Bewußtsein unendlich ausdehnt, wird es identisch mit dem Schöpfungsgeist, der das Universum aus sich hervorgebracht hat.

Das Selbst im Menschen und das Göttliche, das in ihm wohnt, sind ein und dasselbe. Miß dir selbst Unendlichkeit bei, und du wirst zum Göttlichen selbst. Unglücklicherweise habt ihr dadurch, daß ihr einen Körper angenommen habt, euer göttliches Sein, eure Unbegrenztheit und Unendlichkeit vergessen. Alles, dessen ihr euch „bewußt" seid, ist eure begrenzte Individualität. Wenn ihr zum Unendlichen werden wollt, müßt ihr nach dem Göttlichen suchen, das in euch ist.

Miß dir Unendlichkeit bei

Was geschieht mit einem Haus, das man sich baut? Ab dem Augenblick, da es fertiggestellt ist, betrachtet man es als „sein" Haus. Wenn der Mensch, der es gebaut hat, stirbt, fällt es seinem Erben zu, der es nun seinerseits „sein" Haus nennt. Aber nehmen wir an, dieser neue Hausbesitzer verarmt und muß das Haus verkaufen, um seine Schulden zu bezahlen. Ein anderer kauft es und beginnt dieses Haus ebenfalls „sein" Haus zu nennen. Wem gehört dieses Haus nun wirklich? Dem, der es gebaut hat, dem, der es geerbt hat, oder dem, der es gekauft hat? Das Haus hat keine Änderung erfahren; das Objekt ist dasselbe geblieben. Nur bei den Personen, die behaupteten, es zu besitzen, gab es einen Wechsel. Das Haus steht immer noch, doch das Anrecht, das darauf erhoben wird, unterliegt einem wiederholten Wechsel. Genauso ist es mit dem *ātman*, dem unwandelbaren Seienden, das, wie das Haus, trotz noch so vieler Besitzer, die da kommen und gehen, ungerührt dasteht. Jeder von ihnen will persönlich der Besitzer dieses „Ich" sein, das er für sein ureigenes persönliches Selbst hält. Und so unterliegt dieses „Mein" einem ständigen Wandel, während der *ātman*, der als privates Eigentum betrachtet wird, von all diesen Beteuerungen unbehelligt bleibt. Gibt es eine Medizin für diese Krankheit des „Mein"? Die Überlieferungen besagen in Übereinstimmung mit den heiligen Schriften, daß es der menschliche Geist ist, der für diese besitzergreifende Wesensart verantwortlich ist. Man sagt, daß der menschliche Geist der sechste Sinn neben den bekannten fünf Sinnen ist. Doch ist er nicht einfach ein weiterer, den anderen gleichwertiger Sinn, sondern vielmehr der Meister der anderen fünf. Gäbe es nicht den Geist, so könnten weder die Bewegungsorgane noch die Sinnesorgane funktionieren. Für alle Arten der Sinnesäußerung übt der Geist die beherrschende Position aus; er ist die Brücke zum Seelenleben des Menschen. Ihr seid hier zwar physisch anwesend; eure Augen und Ohren nehmen alles auf, was hier geschieht, aber euer Geist könnte abwesend sein. Wenn eure Gedanken gerade in eurem Dorf spazierengehen und sich mit den Ereignissen dort beschäftigen, nehmt ihr nichts von dem auf, was sich hier gerade ereignet. Hinterher fragt ihr vielleicht euren Nachbarn: „Was hat Swami gesagt? Ich war in Gedanken gerade abwesend." Was war also der Grund dafür, daß ihr nichts gehört habt, obwohl eure Ohren hier waren? Was war der Grund dafür, daß ihr nichts gesehen habt, obwohl eure Augen hier waren? Der Grund ist in euren Gedanken zu suchen. Wenn sie abwesend sind, wißt ihr nicht, wer euer Nachbar ist, obwohl eure Augen hier sind; und obwohl auch eure Ohren anwesend sind, wißt ihr dann nicht, was gesagt wird. Der Grund für diese Ausführungen ist, euch klarzumachen, daß der menschliche Geist derjenige ist, der über die Sinne herrscht; alle

Der Geist ist die Brücke zur Seele

Sinne sollten sich dem Geist in der angemessenen Weise unterordnen. Wenn der Geist still ist, funktionieren die Sinne nicht.

Der Geist existiert in zwei Zuständen: als unreiner Geist – das Denken *(manas)* – und als reiner Geist *(citta)*. Wenn sich der Geist erlaubt, den Sinnen zu dienen, ist er unrein; wenn er die Sinne beherrscht, jedoch der Unterscheidungskraft *(buddhi)* untergeordnet bleibt, so ist er rein. Beide Zustände sind nur Aspekte ein und desselben Geistes. Betrachtet einmal dieses kleine Beispiel: Die Eigenart des Taschentuchs, das ich hier halte, ist, daß es weiß ist; die weiße Farbe ist ihm eigen. Wenn ihr das Taschentuch benutzt, wird es schmutzig, und ihr beschreibt es auch als schmutzig. Nachdem es gewaschen wurde, denkt ihr an das Taschentuch wieder wie an etwas Sauberes. Nun sind aber das schmutzige und das saubere Tuch ein und dieselbe Sache. Dadurch, daß das Taschentuch Schmutz aufgenommen hat, ist es ein schmutziges Stück Stoff geworden. Sobald es gewaschen und der Schmutz entfernt wurde, ist es rein geworden, und ihr nennt es auch „rein“. Ihr sagt, der Wäscher habe es wieder weiß gemacht. Aber in Wirklichkeit ist es nicht so: Das Weißsein gehört zu seinem Naturzustand. Der Wäscher hat nur den Schmutz entfernt. Genauso ist es mit dem menschlichen Geist: Wenn er Unreines durch die Sinne aufnimmt, kann man ihn als unrein beschreiben. Doch wenn die Sinneseindrücke entfernt wurden und der Geist nicht länger auf die Sinne gerichtet ist, wird er wieder rein. So müßt ihr auch die Bedeutung der beiden Ausdrücke für „Geist“ – *citta* und *manas* – verstehen. Wenn der Geist frei vom Schmutz und den Unreinheiten der Sinne ist, wird er *citta* genannt; wenn er eng mit den Sinnen verstrickt ist, *manas* – unreiner Geist. *Manas* ist nichts als ein Bündel von Gedanken. Man kann ihn sich als den Vorgang des Denkens an sich vorstellen. Während des Vorgangs des Denkens wird der Geist beschmutzt. Ab dem Augenblick, da er die unreinen Eindrücke aufgenommen hat, welche die Sinne ihm vermitteln, nennt ihr ihn *manas*. *Manas* hat keine spezifische Gestalt: Er ist dasjenige, welches denkt. Wenn ihr den unreinen Geist von den Sinnesobjekten abwendet und auf Gott richtet, könnt ihr ihn von all den Kümmernissen und Problemen befreien, die mit den unreinen, aus den Eindrücken der Sinneswahrnehmung stammenden Gedanken verbunden sind.

Den Geist reinwaschen

Es ist also sehr wichtig, daß ihr jede mögliche Anstrengung unternehmt, um euren Geist von den Sinnen abzulösen und zu Gott hinzuwenden. Dies könnte man Meditation oder Yoga – Vereinigung mit Gott – nennen. Dies ist der Prozeß, durch den ihr den unrein gewordenen Geist reinigt. Der Geist braucht ein gewisses Maß an Frieden. So wie der Körper Ruhe braucht, so braucht auch der Geist seine Ruhe. Wie kann er sie finden? Nur wenn ihr den Denkprozeß unter Kontrolle bekommt und den Gedankenfluß verlangsamt, erfährt der Geist etwas Ruhe. Der Geist wird immer versuchen, durch die Sinne nach außen und auf die verschiedenen Sinnesobjekte zuzugehen. Und dies setzt dann einen Denkprozeß in Gang. Wenn ihr die Neigung des Geistes, nach außen zu gehen, beherrscht und ihn stattdessen nach innen, auf Gott richtet, werden die unreinen Gedanken abnehmen. Dann werdet ihr den Geist auf die rechte Weise gebrauchen und ihm auch einige Ruhe zukommen lassen. Man nennt das *abhyāsayoga*, Yoga der stetigen Übung. Laßt uns das näher betrachten: Wenn ihr auf einem breiten, mächtigen Strom fahrt – welche ist die wichtigste Kenntnis, die ihr haben solltet? Ihr solltet schwimmen können. Das kommt zuerst; das hat vor allen anderen Kenntnissen Vorrang. Wenn ihr euch auf einen breiten Strom wagt, ohne schwimmen zu können, riskiert ihr immer unterzugehen, wie gebildet ihr auch sonst sein mögt. Dazu gibt es eine Geschichte:

Der Pandit und der Fährmann

Ein Pandit mußte einmal einen großen Fluß überqueren, um an einer wichtigen Sitzung teilzunehmen. Der Wind und die Strömung gingen in verschiedener Richtung, so daß die Reise an jenem Tag recht langsam vonstatten ging. Nun, die Pandits haben die Gewohnheit, andauernd zu reden – ob sie sich selbst im Geiste Verse vorsagen, oder ob sie sich an jemand anderen wenden, der in ihrer Reichweite ist. Der Fährmann war konzentriert darum bemüht, das Boot ruhig über den Fluß zu steuern. Der Pandit, der der einzige Passagier an Bord war, hatte keinen anderen zum Plaudern, und so fing er ein Gespräch mit dem Fährmann an. „Kannst du lesen und schreiben?", fragte er ihn. Der Fährmann antwortete: „Nein, lesen und schreiben kann ich nicht." „Du scheinst mir ein eigenartiger Mensch zu sein", fuhr der Pandit fort. „Heutzutage gibt es in allen Dörfern Schulen; du solltest zumindest deinen Namen schreiben können." Der Pandit wollte sich lediglich die Zeit vertreiben. Er fragte den Fährmann weiter: „Kennst du Musik?" Der Fährmann antwortete: „Herr, das kenne ich nicht!" „Was bist du doch für ein seltsamer Mensch. In jeder Straße gibt es ein Kino und Lautsprecher, die die neueste Filmmusik verbreiten. Die Radioprogramme sind voll von den neuesten Popsongs. Hast Du nicht wenigstens ein Transistorradio, mit dem du Musik hören kannst?" Der Fährmann gestand: „Ich weiß nicht einmal, was das ist." Antwort des Pandits: „Wenn du in diesem *kaliyuga* nicht einmal ein Transistorradio kennst, hast du viel in deinem Leben versäumt; mindestens ein Viertel deines Lebens ist umsonst gewesen." Dann fragte er den Fährmann noch: „Hast du eine Zeitung bei dir?" Der Fährmann antwortete: „Ich habe nicht die geringste Schulbildung; wozu sollte ich eine Zeitung bei mir haben, Herr?" Der Pandit fuhr fort: „Darum geht es nicht. Man trägt einfach eine Zeitung bei sich, auch wenn man keinerlei Schulbildung hat. Man faltet sie und klemmt sie sich unter den Arm. Jeder macht das. Wenn du keine Zeitung bei dir hast, hast du noch mehr in deinem Leben versäumt; womöglich war die Hälfte davon zu nichts nütze." Nach ein paar Minuten fragte der Pandit wieder: „Hast du eine Uhr? Kannst du mir sagen, wie spät es ist?" „Ich weiß nicht, wie man die Zeit abliest – wozu sollte ich dann eine Uhr haben, Herr?" fragte der Bootsmann. Der Pandit gab zurück: „Auch wenn du die Zeit nicht ablesen kannst, so solltest du wenigstens eine Plastikuhr am Handgelenk tragen; auch das ist heutzutage eine wichtige Mode. Sieh nur, wieviel von deinem Leben du verschwendet hast. Wer kein Radio hat und auch keine Zeitung und keine Uhr, dem sind drei Viertel seines Lebens baden gegangen."

Inzwischen war ein starker Wind aufgekommen und hatte sich unversehens in einen Sturm verwandelt. Das Boot begann von einer Seite zur anderen zu schlingern, und bald trat der Fluß über die Ufer. Der Fährmann konnte das Steuer nicht länger halten. Er fragte den Pandit: „Herr, könnt ihr schwimmen?" Der Pandit: „Nein, schwimmen habe ich nie gelernt." Als der Fährmann sich fertig machte, um ins Wasser zu springen, rief er dem Pandit noch zu: „O Herr, was für ein Jammer! Was für eine Verschwendung! Wenn ihr nicht schwimmen könnt, wird gleich euer ganzes Leben baden gehen!"

Wenn ihr euch auf einem stürmischen Wasser befindet, solltet ihr schwimmen können. Wenn ihr nicht wißt, wie man schwimmt, wird euch euer ganzes sonstiges Wissen – sei es Philosophie, Physik, Chemie, Botanik, Handel, Mathematik, Politologie oder was auch immer – nichts nützen. Auf der Reise des Lebens befindet ihr euch auf einem reißenden, unberechenbaren Strom, und ihr solltet wissen, wie ihr euch über Wasser halten und den Strom überqueren könnt. Um sicher ans andere Ufer zu schwimmen, müßt ihr ein starkes Unterscheidungsvermögen entwickeln und wissen, was für die Überquerung des Stromes des Lebens nützlich und was unnütz ist. Wenn ihr keine dementsprechenden Fähigkeiten entwickelt habt, werdet ihr keine Erfüllung im Leben finden. So lange ihr euer Leben auf Wohlstand, Eigentum und weltliche Dinge ausrichtet, werdet ihr niemals imstande sein, wahre Freude zu erleben. Zwei Dinge muß jeder Mensch erlangen: Das eine ist äußere Freiheit, das andere innere Freiheit. Äußere Freiheit – damit ist Unabhängigkeit gemeint; das Freisein von äußeren Bindungen und Beschränkungen. Mit innerer Freiheit ist das Freiwerden von der Bindung durch die Sinne gemeint; die volle Herrschaft über die Sinne. Jeder einzelne sollte beide Formen der Freiheit verwirklichen. Solange ihr euch in dieser äußeren Welt von anderen Menschen beherrschen laßt – zum Beispiel durch einen fremden König oder Gesetzgeber – werdet ihr keine wahre Freude erfahren. Was die innere Welt betrifft: Solange ihr Sklaven der Sinne seid, werdet ihr genauso wenig imstande sein, wahre Freiheit zu genießen. Auch für die äußere Freiheit ist Sinneskontrolle wichtig. Aber um ein Meister der inneren Welten zu werden, ist die Sinneskontrolle und, damit verbunden, die Herrschaft über den Geist, von einzigartiger Wichtigkeit.

Freiheit und Willkür

Sobald ihr euren Geist zu beherrschen gelernt habt, werdet ihr wahre innere und auch wahre äußere Freude erfahren, denn dann werdet ihr den Herrn überall erkennen. Beherrschung der Gedanken und Beherrschung der Sinne heißt der Sieg, der von allen menschlichen Wesen errungen werden muß. Bis jetzt habt ihr nach allen möglichen Freuden und Vergnügungen gestrebt; ihr betet weiterhin um Glück und Seligkeit, aber ihr macht keine Anstrengungen zu entdecken, wo dieses Glück zu finden ist. Krishna sagte zu Arjuna: „Du betrügst dich selbst, wenn du glaubst, daß du Glück und Frieden im Alltagsleben findest; darin wirst du nicht wahre Freude finden. Sinnesgegenstände können dir nicht die Freude geben, nach der du suchst. Nur wenn du deine Sinne unter Kontrolle bringst, wirst du Frieden und Freude erfahren." Ob Theist oder Atheist – ihr müßt eure Sinne zu beherrschen lernen. Erlaubt ihnen nicht, sich zu erregen und dem Vergnügen nachzurennen. Die Erregung hat alle möglichen Formen von

Schwachsein zur Folge, und letztlich vergeßt ihr den Herrn. Haltet euren Geist fest auf Gott gerichtet, anstatt den Sinnen nachzugehen; ohne Seine Gnade wird euch eure Kraft verlassen, und ihr werdet keiner nützlichen Arbeit nachgehen können. Solange Arjuna Krishnas Segen und dessen Gesellschaft hatte, war er ein starker Held und zur Durchführung vieler heroischer Taten fähig. Aber als Krishna Seinen sterblichen Körper ablegte, verlor Arjuna alle Kraft und allen Mut. Als Arjuna die Frauen und Kinder der Pandavas in die Hauptstadt Hastināpura brachte, wurde er im Wald von Räubern überfallen. Arjuna kämpfte und tat sein Bestes, um die Frauen und die Kinder aus den Klauen dieser mörderischen Räuber zu retten, aber es gelang ihm nicht. Arjuna war es im Verlauf der vielen Schlachten im Mahābhārata-Krieg gelungen, viele große Helden zu besiegen, doch derselbe Arjuna war nicht imstande, so etwas Geringfügiges wie den Angriff der Räuber im Wald niederzuschlagen und die ihm anvertrauten Frauen und Kinder zu beschützen. Warum? Arjuna hatte bis zu jenem Zeitpunkt geglaubt, daß es *sein* Mut und *seine* Kraft waren, die ihm zum Sieg verhalfen. Es war aber so, daß ihm die Kraft von Gott verliehen wurde. Der Mensch ist mit göttlicher Kraft ausgestattet, und doch läßt er sich täuschen und glaubt, daß die Kraft, die er hat, ganz aus seinen eigenen Fähigkeiten stammt. So war es mit Arjuna. Als er die Kraft des Göttlichen verloren hatte, war er nicht einmal mehr zu den kleinsten Dingen fähig. Der Mensch ist zu vielen Aktivitäten fähig, weil in ihm das Göttliche ist, das ihm innere Kraft und Standvermögen schenkt. Ohne die göttliche Kraft könnte der Mensch nicht das Geringste durchführen. Ohne die „Briefmarke" des Göttlichen würde auch nicht die kleinste Unternehmung zum Erfolg führen. Betrachtet einmal das folgende Beispiel: Angenommen, ihr habt Baba einen wundervollen Brief geschrieben und mit Zeichnungen farbig ausgeschmückt und aus einem schönen Papier einen Umschlag gefaltet. Dann habt ihr in eurer besten Handschrift Swamis Adresse daraufgeschrieben und mit kunstvoll ausgemalten Zeichnungen versehen. Schließlich steckt ihr den Brief in den Umschlag, klebt ihn zu und bringt ihn zur Post. Aber trotz aller Mühe und Kunstfertigkeit kommt der Brief nie bei Swami an. Warum wohl? Weil ihr die Briefmarke vergessen habt. Alle eure Verzierungen und eure Schönschrift konnten den Brief nicht zu Swami schaffen. Selbst ein Brief, der am Studentenwohnheim in den Postkasten geworfen wird, erreicht das weniger als eine Meile entfernte Prashānti Nilayam nicht, wenn keine Briefmarke darauf ist. *Mit* Briefmarke hätte er Tausende von Meilen reisen und sein Ziel erreichen können. Das Postamt schenkt Verzierungen, ausgeschmückten Lettern und schönen Zeichnungen keine Aufmerksamkeit. Es achtet nur darauf, ob der Umschlag ausreichend frankiert ist. Genauso sieht Gott nur darauf, ob euer Herz rein ist. Er kümmert sich nicht um eure Gelehrsamkeit und sonstigen Errungenschaften, Reichtum oder gesellschaftlichen Rang. Weltlich orientierte Menschen mögen das tun, nicht aber Gott. Gott schaut nur in euer Herz hinein.

Der Brief an den Herrn

Was für einen Sinn hat es, viele Titel zu erwerben und in irgendeinem Fach alles zu wissen, wenn euer Herz trotz allen Studierens nicht rein geworden ist? Die Werte, die ihr täglich praktiziert, eure Wahrhaftigkeit und eure Aufrichtigkeit sind es, die euch durchs Leben tragen und euer höchstes Gut darstellen. Dies ist die Grundlage des Erziehungssystems, das wir hier haben. Wird ein Hungriger satt vom bloßen Anschauen der Speisen? Wird ein Armer von seiner Armut befreit, wenn man ihm vom Reichtum erzählt? Wird ein Kranker davon gesund, daß ihr ihm von den Medikamenten erzählt, die ihn gesund machen könnten? Nein. Und vom bloßen Zuhören werdet ihr aus den Lehren der Bhagavad Gītā nicht viel Nutzen ziehen. Ihr habt viele Vorträge gehört, und es sind euch viele Wahrheiten erläutert worden. Nun müßt ihr wenigstens eine oder zwei dieser Lehren in die Praxis umsetzen. Dann werdet ihr wahre Freude erleben. Das A und O dieser Lehren ist Sinneskontrolle. Krishna sagte zu Arjuna: „Arjuna, wenn du etwas wirklich Erstrebenswertes in dieser Welt erreichen willst, mußt du deine Sinne beherrschen lernen." Das gleiche sagte Prahlāda zu seinem Vater, dem Dämonenkönig Hiranyakashipu: „O König, du hast so viele Welten erobert, aber den wahren Sieg hast du nicht errungen: Du warst nicht imstande, dich selbst zu besiegen!" Wie kann ein Mensch jemals den süßen Nektar des Göttlichen kosten, wenn er seine Gedanken und seine Sinne nicht besiegt hat? Das Wichtigste ist für euch, zu erkennen, daß dasselbe Prinzip des *ātman* in jedem Herzen existiert. Die Sonne ist für jedermann dieselbe. Es gibt nicht verschiedene Sonnen für verschiedene Arten von Lebewesen in verschiedenen Teilen der Erde. Es mag Tausende von unterschiedlichen Gefäßen geben, die mit Wasser gefüllt sind. Ob aus Ton, Messing, Silber oder Kupfer – über ihnen allen steht dieselbe Sonne, die sich in jedem dieser Gefäße spiegelt. Wer nur die Spiegelungen sieht, könnte meinen, daß es so und so viele Sonnen gibt, aber trotz der vielen Gefäße und der ebenso vielen Spiegelungen ist die Sonne nur ein und dieselbe.

Gott ist in jedem Herzen

Auch der Wert der Gefäße ist unterschiedlich; das silberne ist kostbar im Vergleich zu dem irdenen, und trotzdem ist die Sonne, die sich darin spiegelt, ein und dieselbe. Ebenso unterschiedlich sind die Körper und ihre Erscheinungsformen; ob einer der höchste Gelehrte, der größte Ignorant, der reichste Mann oder der ärmste Bettler, der mächtigste Herrscher oder der letzte aller Bürger ist – der eine, welcher der Bewohner all dieser Körper ist, der *ātman*, der sich in ihnen allen spiegelt, ist immer der gleiche. Ihr mögt teure Kleider und teuren Schmuck tragen, die sich ein Armer nie leisten könnte. Es ist damit wie mit den unterschiedlich wertvollen Gefäßen: Die Gottheit in all diesen Gefäßen ist immer nur eine. Wenn ihr euch dieser Wahrheit bewußt werdet und die Einheit in allen Wesen erkannt habt, wird euch Sinneskontrolle ganz leicht fallen. Anstatt andere beherrschen zu wollen, werdet ihr euch selbst zu beherrschen trachten. Anstatt andere zu korrigieren, werdet ihr euch um eure eigenen Gedanken und eure eigenen Sinne kümmern. Mängel und Fehler sind in jedem Menschen. Wer sollte da Macht und Autorität über den anderen ausüben? Wenn jemand einen Fehler begangen hat, so kann es eure Pflicht sein, ihm den rechten Weg zu weisen, doch euer Hauptbestreben sollte es sein, euch selbst zu verbessern. Erfüllt eure Pflicht, tut die Arbeit, die euch aufgegeben ist, aber denkt immer an das eine Göttliche, das in jedem Wesen wohnt.

Den Schatten beseitigen

Die Unwissenheit, die die innere Wahrheit bedeckt, ist tief und lastet schwer. Auch mit größter Anstrengung könnt ihr die dicke Schicht der Unwissenheit nicht beseitigen. Morgens um sieben Uhr ist euer Schatten 50 Fuß lang, obwohl ihr nur fünf Fuß groß seid. Wie könnt ihr diesen 50 Fuß langen Schatten verkürzen? Kann man ihn bekämpfen? Wird er auf euch hören, wenn ihr ihn deshalb beschimpft? Wird er schrumpfen, weil ihr ihn kritisiert? Was ihr auch anstellt – der Schatten wird nicht kleiner. Aber sowie die Sonne am Himmel höher steigt, verkürzt sich der Schatten ganz von selbst. Wenn sie im Zenit steht, befindet sich euer Schatten unter euren Füßen und wird so sehr eins mit ihnen geworden sein, daß er nicht mehr zu sehen ist. Ihr mögt fünf Fuß groß sein, doch eure Unwissenheit ist 50 Fuß groß! Ihr müßt lernen, euch selbst zu erforschen, damit eure Weisheit wachsen kann. Solange die Sonne eurer Weisheit im Steigen begriffen ist, nimmt eure Unwissenheit ab. Auf diese Weise kann eure Unwissenheit vollkommen aufgelöst werden. Dies ist die eine Methode. Aber es gibt noch eine andere, mit dem 50 Fuß langen Schatten umzugehen. Ihr erkennt, daß ihr ihn nicht besiegen könnt, indem ihr euch ihm zuwendet und versucht, ihn zu überrennen. Ihr merkt, daß der Schatten dadurch kein bißchen kürzer, geschweige denn unsichtbar wird. Wenn ihr euer Gesicht, anstatt zu ihm hin, zur Sonne wendet, habt ihr den Schatten automatisch hinter euch liegen, und egal wie mächtig er ist, ihr werdet ihn nicht mehr wahrnehmen. Er wird für immer aus eurem Blickwinkel verschwinden. Denkt also nicht an eure Unwissenheit, sondern an die Sonne der Weisheit. Auf diese Weise laßt ihr die Unwissenheit hinter euch und habt die Sonne über euch. Der Schatten wird euch nichts mehr anhaben können. Das heißt: Richtet den Blick allzeit auf Gott.

Beide Methoden solltet ihr anwenden. Richtet euren Blick allzeit auf Gott und benutzt euer Unterscheidungsvermögen und die Fähigkeit zur Intuition, um die Weisheit in euch zu fördern. Wenn ihr das nicht tut und euch stattdessen der Welt zuwendet, wird es euch wie mit dem Schatten und der untergehenden Sonne gehen: Der Schatten wird größer, und ihr werdet euch verlieren. Krishna mahnte Arjuna: „Benutze dein Unterscheidungsvermögen *(buddhi)*, um deine Weisheit zu vergrößern, und deine Unwissenheit wird vernichtet sein. Im Augenblick, da deine Unwissenheit vernichtet ist, wird sich die Dualität auflösen. Und sobald die Dualität verschwindet, werden dein Haß und deine Bindungen aufhören zu existieren. Wenn Haß und Bindungen nicht mehr sind, wird auch dein Körperbewußtsein schwinden. Und wo kein Körperbewußtsein mehr ist, ist kein Schmerz mehr vorhanden." Wenn ihr also das Körperbewußtsein überwinden wollt, so müssen euch vorher *rāga* und *dvesha* – die Anhaftung und die Abneigung – verlassen. Sobald diese beiden gehen, wird die Dualität vernichtet sein. Und wenn die Dualität vernichtet ist, wird die Unwissenheit verschwinden. Darum heißt es im Vedanta, daß Unwissenheit nur durch Weisheit beseitigt werden kann und ihr nur so das Ziel erreichen könnt. Was ist dies für eine Weisheit, die ihr in euch fördern sollt? Kann sie etwa durch das Anhäufen weltlichen Wissens gewonnen werden? Nein. Sie hat mit weltlichen Erscheinungen nicht das Geringste zu tun. Sie beschäftigt sich nur mit inneren Erfahrungen.

„Ich" und „Mein"

Nur wenn ihr Selbstvertrauen in euch aufgebaut habt, könnt ihr auch starkes Gottvertrauen entwickeln. Wenn ihr nicht an euch selbst glaubt, könnt ihr auch nicht wirklich an Gott glauben. Wenn ihr Vertrauen in euch selbst habt, werdet ihr auch Vertrauen in Gott haben können. Um ein so starkes Selbstvertrauen zu gewinnen, müßt ihr euch beständig in Selbsterforschung üben. Von morgens früh, wenn ihr aufsteht, bis zum Schlafengehen am Abend sagt ihr unablässig „ich, ich, ich" und „mich" und „mein". Aber wißt ihr auch, was das bedeutet? Wißt ihr, wer dieses „Ich" in Wirklichkeit ist? Ihr sagt: „Dies ist mein Körper", „Dies ist mein Unterscheidungsvermögen", „Das sind meine Gefühle", „Das sind meine Sinne", aber fragt ihr euch auch einmal: „Wer bin ich"? Wenn ihr nie nach eurer inneren Wahrheit forscht, was nützt euch dann alle angesammelte Bildung? Wenn ihr nicht selbst diese Anstrengung unternehmt, wer soll dann die Schrift, die ihr auf eurer Stirn tragt, entfernen? Aber anstatt euch mit der Erforschung eures Selbst zu beschäftigen, erlaubt ihr schlechten Gedanken, in euren Kopf einzudringen, und so wird euer ganzes Denken null und nichtig. Ihr solltet euch im klaren darüber sein, daß, wenn ihr erklärt: „Dies ist mein Taschentuch" der Eine, der dieses „Ich" ist, verschieden von dem Gegenstand – in diesem Fall dem Taschentuch – ist. Ihr sagt: „Dies ist mein Körper" und nicht: „Ich bin dieser Körper". Wenn ihr erklärt, daß dies euer Körper ist, bestätigt ihr damit, daß ihr und der Körper verschieden und getrennt voneinander seid. Wenn ihr dann nachforscht, wer dieses „Ich" ist, das dies aussagt, so führt euch das zu dem Bewohner des Körpers. Ihr müßt herausfinden, wer dieser Bewohner ist; mit anderen Worten: Ihr müßt herausfinden, wem alle diese Dinge gehören. Nur wenn es einen Besitzer gibt, kann ein Satz wie: „Dies ist mein Eigentum" oder: „Dies ist mein Land" einen Sinn haben. Nur der Herr, dem etwas gehört, kann sagen: „Dies ist mein Eigentum". Für das Körper-Geist-Gebilde ist dieser Herr der Innewohnende. Dieser Herr unterliegt keiner Veränderung und wird euch nie verlassen. Das ist der Grund, weshalb ihr mittels Selbsterforschung das Göttliche entdecken solltet, das ihr wirklich seid. Jeder Schüler auf dem spirituellen Weg sollte die Übung der Selbsterforschung aufnehmen. Bei allen spirituellen Übungen, die ihr macht, solltet ihr drei Viertel eurer Zeit auf die Selbsterforschung verwenden; dann werdet ihr ganzen Erfolg haben. Nur wenn ihr eure Zeit richtig verwendet – indem ihr euren Körper und euer ganzes Tun heiligt – könnt ihr das Ziel erreichen.

Der Hauptgrund für allen Kummer ist, daß ihr den Sinnen nachgebt. Haltet die Sinne wach, aber unter Kontrolle. Setzt euren Geist auf die rechte Spur und habt feste Entschlußkraft. Die Bhagavad Gītā erklärt, daß ihr die Sinne beherrschen sollt, nicht, daß ihr sie ruinieren sollt. Die Gītā sagt auch nicht etwa, daß ihr auf das Handeln verzichten sollt, sondern daß ihr auf die Früchte eurer Handlungen verzichten sollt. Ihr sollt eure Arbeit also tun.

Obwohl der Herr es nicht nötig hätte, irgendwelche besonderen Arbeiten zu verrichten, findet ihr Ihn unablässig mit Arbeit beschäftigt. Wenn das also für Ihn zutrifft – solltet nicht auch ihr arbeiten? Tut eure Arbeit, und benutzt alle eure Sinne auf die rechte Weise. Gebraucht sie innerhalb der angemessenen Grenzen für den Zweck, für den sie bestimmt sind. Gebraucht sie nicht falsch – dies ist die wichtigste Botschaft der Gītā.

Gott arbeitet unablässig

BETRACHTE DICH ALS GÖTTLICH, UND DU WIRST GÖTTLICH SEIN

Krishna sagte: „Bist du ein Sklave deiner Begierden, so bist du ein Sklave für alle Welt. Mache umgekehrt die Begierden zu deinen Sklaven, und die Welt wird dir gehören."

Verkörperungen der Liebe,

glaubt an das Göttliche in euch, an den *ātman*, der der Grund und die Voraussetzung allen Glücks und aller Freuden ist, die ihr in dieser Welt erleben könnt. Die Menschen leiden unendlich aufgrund ihres Irrtums, daß die Freuden, welche die Sinne ihnen vermitteln, und die weltlichen Vergnügungen wahr und von Dauer sind. Doch sie sind vergänglich; sie können nicht anhaltend wirken. Die Menschen geben sich nicht die Mühe herauszufinden, was die Ursache der Freuden ist, die mit den Sinnesobjekten und allem weltlichen Luxus zusammenhängen.

Der Körper – ein Gefäß mit zehn Löchern

In der Bhagavad Gītā wird der Körper als ein Gefäß mit zehn Löchern beschrieben, in dem ein unauslöschliches Licht brennt. Wenn ihr dieses Gefäß mit einem dicken Stoff bedecken würdet, könnte das Licht nicht hinausscheinen. Wenn ihr den Stoff nun vorsichtig entfernt, könnt ihr beobachten, wie durch die zehn Löcher Licht aus dem Gefäß kommt. In diesem Augenblick sieht es so aus, als wären zehn Lichter in ihm. Wenn ihr dieses Gefäß aber zerschlagt, erkennt ihr, daß die Lichtquelle in ihm nur eine ist. Dieses Licht im Innern ist der aus sich selbst leuchtende *ātman*.

Dieses strahlende Licht des *ātman* wurde zugedeckt vom Körper und seinen zehn Sinnesorganen, den fünf groben und den fünf feinen, welche die zehn Löcher im Gefäß symbolisieren. Dieses Gefäß, das der Körper ist, wurde von dem dicken Stoff des Besitzdenkens und der Anhaftung bedeckt. Dieses dicke Stück Stoff aus Selbstsucht und Besitzdenken müßt ihr als allererstes entfernen. Die Vorstellung, daß etwas „mir" gehört, kommt aus der Unwissenheit; sie ist eine Art Täuschung, die durch *māyā* bewirkt wird. Man kann *māyā* als das Gewand Gottes darstellen, der diesen Schleier der Täuschung trägt, um nicht gesehen zu werden. Wenn ihr den Schleier lüftet, wird das dahinter strahlende Licht durch die Sinne scheinen.

Das Licht, das ihr durch eure Augen wahrnehmt, ist nichts als ein Abglanz des aus sich selbst leuchtenden göttlichen Lichtes in euch. Jede Schwingung, die ihr durch eure Ohren aufnehmt oder mit eurer Haut erfühlt, ist nichts als eine Reaktion der Sinnesorgane auf eben dieses eine innere Licht. Und jeder Ton, den ihr aus eurem Munde entsendet, ist nichts als ein Widerhall dieses einen inneren Lichts. Alles was ihr durch die Sinne zu tun und zu erfahren imstande seid, ist nur ein Abglanz, eine Reaktion oder ein Widerhall des *ātmajyotis*, das helleuchtende Strahlen, welches das

Die Sinne vermitteln einen Abglanz des Wahren

unsterbliche Selbst ist. Aber solange ihr dieses Gefäß „Körper“ habt, könnt ihr das ungeteilte Licht des *ātman* nicht sehen; nur viele verschiedene Lichtstrahlen könnt ihr sehen.

Ihr seht Verschiedenheit in dem, was in Wirklichkeit Einheit ist. Diese falsche Sicht der Tatsachen müßt ihr berichtigen. Die Upanishaden lehren, daß ihr die Einheit in der Verschiedenheit sehen müßt. Wann gelingt dies? Nur wenn ihr euer Gefühl und eure Vorstellung des Einsseins mit dem Körper zunichte macht. Dann werdet ihr alle und alles als eins erleben. Es ist *māyā*, welche diese Erfahrung einer scheinbaren Vielfalt hervorruft, da, wo in Wirklichkeit nur Einheit ist. Wie in den Upanishaden wiedergegeben, haben viele große Weise direkt erfahren, daß es in all der Vielfalt dieser Welt nur dieses eine Einssein gibt. Dieses Einssein – diese Einheit – ist die Ursache von allem. Es ist der *ātman*, der in allen Dingen und jedem Lebewesen erfahren werden muß. Dies ist auch die Summe und der Kern der Lehren der Bhagavad Gītā, die selbst nichts anderes ist als die Essenz aller Upanishaden. Die Gītā beschreibt diese immer und überall sich selbst gleiche, unveränderliche Einheit als *yoga*. Versucht anhand der Begebenheiten aus eurem Alltag herauszufinden, wie ihr die Einheit in der Vielfalt erfahren könnt.

Um das Göttliche in allen Dingen zu entdecken, mag dieses Beispiel aus der Küche dienen. Angenommen, ihr überlegt euch, welche verschiedenen Süßigkeiten – Kekse, Kuchen, kandierte Früchte oder was auch immer – ihr zubereiten könntet. Die Formen und Namen dieser Süßspeisen sind verschieden, doch der Grundstoff, der Zucker, der sie süß macht, ist in allen der gleiche. Das Mehl ist nicht süß; es hat keinen besonderen Geschmack. Aber wenn man es mit Zucker mischt, kann man es als Süßigkeit genießen. Es ist unwichtig, welches Mehl ihr verwendet – ob es Reismehl, Weizenmehl oder anderes Mehl ist: Durch die Beimischung von Zucker wird es süß. Auch die Objekte dieser Welt sind selbst ohne Eigengeschmack und schal; aber da ihnen der Zucker des Göttlichen beigemengt wurde, erfreuen sie euch und erscheinen euch als begehrenswert und süß.

Vergeudet euer Leben nicht damit, weltlichen Genüssen nachzulaufen. Erkennt die Tatsache, daß ihr dieses Leben als menschliche Wesen nicht nur dazu bekommen habt, um zu essen und zu schlafen. Wenn ihr euch umschaut, seht ihr eine Unzahl Tiere, vom Vogel bis zum Wurm, die nur des Futters wegen leben. Wozu sollte ein menschliches Leben gut sein, wenn es nur dem Vergnügen diente, das die Vögel und die Würmer auch genießen? Wozu euch eine höhere Bildung aneignen, wenn ihr dann euer Leben zum Schwelgen in jenen niederen Vergnügungen verwendet, denen auch die Tiere nachgehen? Welches ist das besondere Ideal, das dem Menschen vorbehalten ist? Welche tiefere Bedeutung steckt in der Aussage, daß es außerordentlich schwierig ist, ein Leben als Mensch zu erlangen? Das Leben als Mensch wurde euch nicht gegeben, damit ihr euch wie Tiere verhaltet oder wie Dämonen aufführt. Der Geist hat sich im Menschen inkarniert (Original: **man** [von *manava* = Denken und Fühlen] has taken hu**man** birth), um göttlich zu werden. Das menschliche Leben ist euch dazu gegeben worden, daß ihr die höchste Ebene des Gottesbewußtseins erreicht. Das gleiche lehrte Jesus, als er sagte: „Der Mensch lebt nicht vom Brot allein".

Nicht vom Brot allein

Ihr müßt etwas erreichen, das von außergewöhnlicher Bedeutung ist. Ihr habt das Leben erhalten, weil ihr eine Chance bekommen solltet, das Göttliche in euch zu erkennen. Eure vorrangige Pflicht als menschliche Wesen ist, die Dinge aufzugeben, die vergänglich sind, und jene zu erringen, die nicht vergehen werden. Augenblicklich strebt ihr allerdings nicht nach solchen außerordentlichen Verhaltensweisen und lebt stattdessen ein Leben voller Anhaftungen und Bindungen. Krishna sagte: „Arjuna, dieses Körperbewußtsein und diese Anhänglichkeit an deinen Körper binden dich. Gib diese Bindung auf."

Ihr müßt herausfinden, warum ihr diese Anhänglichkeit an den Körper habt. Dazu ein kleines Beispiel: Jeder weiß, daß es nicht recht ist zu lügen. Viele Menschen schwören sich zu dem einen oder anderen Zeitpunkt im Leben, daß sie ab sofort nie wieder lügen werden. Aber kaum sind sie wieder in ein Gespräch verwickelt, lügen sie erneut. Nehmt einen Geschäftsmann, der genau weiß, daß er nicht betrügen darf. Er faßt den Entschluß, sich einzuschränken und nur einen angemessenen, bescheidenen Gewinn zu machen. Aber tags darauf greift er schon wieder zu unlauteren Mitteln. Oder: Jemand beschließt, nicht mehr zu klatschen oder andere mit der Art seiner Rede zu verletzen, hat aber innerhalb von Minuten sein Gelübde vollkommen vergessen und beginnt einen anderen Menschen zu kritisieren. Der Mensch scheint ganz und gar keinen steten Geist zu haben. Ohne einen steten, fest gefügten Geist ist es ihm unmöglich, seine Handlungen unter Kontrolle zu bekommen. An einem Tag, an dem er seine Heiligkeit spürt, mag er an nichts anderes denken als an Gott und daß er fasten will. Doch nach einiger Zeit findet er eine Entschuldigung und sagt sich: „Laß mich wenigstens Tee trinken und ein paar Kekse essen."

Wenn der Mensch fortwährend in dieser Art von seinen festen Entschlüssen abweicht, muß eine sehr mächtige Wesenheit in ihm an der Arbeit sein, die ihn ständig zu Fall bringt. Wenn dieser mächtige Instinkt oder Zwang in ihm nicht wäre, würde er seine Entschlüsse nicht ändern, und er wäre imstande, seinen Willen zu gebrauchen, um an der erklärten Disziplin festzuhalten. Aber es gibt diese Macht, diese verborgene Kraft in ihm, die er nicht besiegen oder auch begreifen kann. Wenn er sich tiefer damit beschäftigt und versucht herauszufinden, worin diese Kraft wirklich besteht, wird er entdecken, daß sie mit den drei *gunas*, den drei Grundstimmungen des Menschen zusammenhängt. Es sind dies *sattva*, *rajas* und *tamas* – Ausgeglichenheit, Aktivität oder Bewegung und Trägheit beziehungsweise Inaktivität. Diese Zustände werden durch die Art der Nahrung und durch den Schlaf genährt und aufrechterhalten. Von diesen dreien sind *rajoguna* und *tamoguna* diejenigen, die ihn dazu anstiften, den falschen Weg einzuschlagen. *Rajoguna* hat eine Tochter mit Namen „Begierde" – *kāma*. *Tamoguna* hat einen Sohn mit Namen „Zorn" – *krodha*. Der vordringlichste und mächtigste Zwang, der den Menschen dazu bringt, seine Vorsätze fallenzulassen, ist diese Tochter der Aktivität, die Begierde. Die Begierde fungiert als Anführerin oder Vorreiterin aller üblen Eigenschaften.

Nahrung und Schlaf bestimmen die Grundstimmung

Ihr könnt euch zwar einen Plan zurechtlegen, wie ihr eure äußeren Feinde besiegt, aber es wird euch nichts nützen, solange ihr eure inneren Feinde nicht besiegt habt. Wenn ihr euch diesen unterworfen habt, wie könnt ihr hoffen, jene zu besiegen? Wie werdet ihr dazu imstande sein, wenn die inneren Feinde eure Willenskraft untergraben und alle eure guten Vorsätze zunichte gemacht haben? Die Anführerin aller üblen Neigungen, die Begierde, hat sich einen unterirdischen Gang in euer Haus gegraben, und die anderen – Haß, Zorn, Gier und Eifersucht – folgen ihr durch diesen Gang. Sobald diese Feinde bei euch Eingang gefunden haben, verliert ihr euer Unterscheidungsvermögen und eure Weisheit. Und wenn das geschieht, ist es auch mit eurer Entschlußkraft vorbei. Die Hauptursache dafür, daß ihr eure festen Vorsätze nicht in die Tat umsetzt, ist also das Emporkommen der Begierde. Gehen wir der Sache noch weiter nach.

Paläste, die zum Herrschaftssitz von Königen oder Kaisern bestimmt sind, sind meist von einer Befestigungsmauer umgeben, die sie vor Eindringlingen schützt. In dieser Mauer befinden sich bewehrte Eingangstore. Auch ein Tempel befindet sich üblicherweise in einem von Mauern umgebenen Areal, und auch in diesen Mauern sind Einlaßtore. Der menschliche Körper ist so etwas wie eine solche Umfriedungsmauer, die Gott, der als *ātman* im Tempel des Herzens wohnt, umschließt. Eine Festung oder ein Tempel wird mit Hilfe von Ziegeln, Zement, Sand und Mörtel errichtet; der Tempel des Körpers ist aus Fleisch und Blut. Seine Tore sind die Sinne. Durch diese Tore dringen die Begierde und andere üblen Neigungen ein und machen sich über das Allerheiligste her.

Der Körper – ein Schutzwall

Der Körper bezieht seinen Glanz von dem Innewohnenden, das Gott ist. Solange dieses in ihm ist, ist der Körper voller Leben und Wohlgeruch. Sobald es den Körper verläßt, fault dieser und widert uns an. Ohne den „Bewohner“ ist der Körper etwas Unerfreuliches, das ganz und gar nicht duftet, sondern unablässig üblen Geruch verbreitet. Die Umwandlung eines Körpers mit so abstoßenden Eigenschaften in ein Werkzeug, das zum Dienst am Mitmenschen und zur Erkenntnis des Göttlichen geeignet ist, kann große Freude und innere Zufriedenheit vermitteln. Aber der Mensch versteht seinen Körper nur als ein Mittel, das ihm physisches Vergnügen verschafft und benutzt ihn meistens auf die falsche Weise. Krishna warnte Arjuna und sagte ihm, daß ein solches Verhalten kein Zeichen eines wahrhaft menschlichen Wesens sei. Er sprach zu Arjuna: „Kind, der Körper wurde dir gegeben, damit du den *dehin*, den Bewohner in seinem Innern, begreifen lernst. Benutze ihn zu heiligen Zwecken. Vögel und andere Tiere haben nicht das Unterscheidungsvermögen, das dazu nötig ist.“

Selbsterforschung

Eure einzigartige Fähigkeit zu fragen und zu forschen, hat euch schon viel Freude vermittelt. Nutzt sie nun, um euch selbst zu erforschen. Setzt alle eure Fähigkeiten dafür ein, die Grundlagen der menschlichen Wesensart zu verstehen. Als erstes müßt ihr erkennen lernen, welche Macht die Begierde hat, die alle eure Vorsätze scheitern läßt. Natürlich muß es ein bestimmtes Maß an Begierde oder Verlangen geben; ohne sie könntet ihr keinen Augenblick existieren. Aber ihr müßt all euer Begehren für das Gute einsetzen und damit anderen ein Beispiel geben, das heißt das Vorbild eines wahrhaften Menschen sein. Wenn nicht das Wohl der Allgemeinheit euer Ziel ist, könnt ihr nicht menschlich genannt werden. Ihr seid in die Gesellschaft hineingeboren, ihr lebt innerhalb einer Gesellschaft, die euch viele Vorteile verschafft; also müßt ihr ihr auch dienen. Ihr dient Gott dadurch. Ob es ein kleiner oder ein großer Dienst ist, den ihr erweist – tut ihn dem Herrn zuliebe. Jede Arbeit, die ihr verrichtet, muß in göttliches Tun, in Gottesdienst verwandelt werden. Fragt euch bei allen Arbeiten, die ihr tut: „Ist es gut, sie zu tun? Hilft sie mir weiter auf meinem Weg?"

Alle zehn Lichtstrahlen, die aus dem Körper kommen, stammen von demselben göttlichen Licht. Sie sind ein Abglanz des inneren Lichtes des *ātman*, der Leuchtkraft des Höchsten Herrn. Macht euch das ständig bewußt. Ihr seht den Körper und seine typischen Merkmale, aber ihr seht nicht bis zum *ātman* hindurch und habt deshalb noch nicht das richtige Verständnis für die leuchtende Herrlichkeit des Herrn, der in allen Wesen wohnt. Betrachten wir es an einem Beispiel: Es hat starke Regenfälle gegeben. Ganze Bäche fließen von den Bäumen, und Wasser stürzt von den Dächern und Regenrinnen; es enstehen kleine und auch größere Bäche. Es fließt von Haus zu Haus und überflutet alles rundum. Wasser überall. Es scheint aus vielen verschiedenen Quellen zu kommen, und doch stammt jeder einzelne Tropfen aus derselben, einzigen Quelle am Himmel.

Alle Redekunst, alle Kraft, alle Schönheit, alle Fertigkeiten, die dem Menschen eigen sind, kommen aus derselben göttlichen Quelle, die alles durchdringt. Ihr müßt dieses Eine, das allen verschiedenen Aspekten zugrundeliegt, erkennen. Wenn ihr es einmal erfaßt habt, wird alle Verschiedenheit schwinden, und wenn keine Verschiedenheit mehr vorhanden ist, ist auch kein Verlangen mehr da. Wenn das Verlangen – die Begierde – euch verlassen hat, ist dem Zorn kein Raum mehr gegeben. Und wenn ihr Begierde und Zorn vernichtet habt, werdet ihr göttliche Weisheit erlangen können. Durch das Üben des Geistes, insbesondere durch Selbsterforschung, werdet ihr in die Lage versetzt, die Einheit zu verwirklichen und euch des Göttlichen, das ständig in euch ist, zu erfreuen. Die Sehnsucht nach dem Erreichen des Lichts der göttlichen Weisheit, nach dem Erkennen der Einheit in der Vielheit, ist in einem großartigen Gebet der Upanischaden ausgedrückt:

Das Asatoma

„asato mā sad gamaya
tamaso mā jyotir gamaya
mrityor mā amritam gamaya"

Das bedeutet:

„Vom Nichtsein führe mich zum Sein,
Von der Dunkelheit führe mich zum Licht,
Vom Tod führe mich zur Unsterblichkeit."

Arbeit, die ihr dem Herrn zuliebe tut und Ihm weiht, bekommt einen sehr hohen Wert. Alle Dinge in dieser Welt beziehen ihren Wert von dem Rang, den sie innehaben, und aus dem Zusammenhang, in dem wir sie vorfinden. Indem ihr eure Arbeit mit Gott in Zusammenhang bringt, wird sie heilig und besonders wirkungsvoll. Ein kleines Beispiel erläutert das besser: Wenn ihr in eurem Haus eine Ratte entdeckt, nehmt ihr einen Stock und versucht sie zu töten. Bei dem Anblick der Ratte empfindet ihr eine gewisse Abneigung. Aber seit eh und je ist die Ratte das Gefährt Ganeshas, und wenn ihr sie im Zusammenhang mit Ganesha seht, verehrt ihr sie als das heilige Gefährt eines Gottes. Warum das? Der hohe Wert, den Ganeshas Ratte hat, stammt aus ihrer Verbindung mit einer Darstellung des Göttlichen. Ähnlich geht es euch, wenn ihr einer Schlange begegnet. Ihr empfindet vielleicht Furcht und sucht nach einem Stock, um sie aus dem Weg zu schaffen. Oder ihr bittet einen Schlangenbeschwörer, sie zu fangen. Aber wenn die gleiche Schlange um Lord Shivas Hals geschlungen ist, verehrt ihr sie und verneigt euch ehrerbietig vor ihr. Warum das? Der Grund liegt darin, daß die Schlange sich Gott geschenkt hat und nur Ihm allein dient. Deshalb wurde sie so göttlich wie Er. Selbst wenn es sich um eine giftige Schlange handelt – sobald sie sich Gott hingegeben hat, erwirbt sie Ruhm und Adel.

Der Wert einer Sache

Eines Tages sandte Vishnu eine Botschaft an Shiva. Er bediente sich dazu des Adlers Garuda, seines Himmelswagens. Garuda landete flügelschlagend vor Lord Shiva. Die Schlange, die um Shivas Hals lag, verspürte davon eine leichte Brise und begann zu zischen. Nun ist der Adler der Todfeind der Schlangen, und jede Schlange würde normalerweise davonschleichen, wenn sich ihr ein Adler nähert, aber diese Schlange begann Garuda anzuzischen. Den Mut dazu bezog sie aus der großen Kraft, die ihr der hohe Rang am Halse Shivas verlieh. Als die Schlange, die sehr unter Egoismus litt, nicht aufhörte zu zischen, sagte Garuda: „O Schlange, ich muß dich verschonen, weil du um Shivas Hals geschlungen bist. Aber komm doch für einen Augenblick hierher." Sobald die Schlange ihren Posten verläßt, wird sie eine leichte Beute für einen Adler. Doch solange sie ihren Stand behält, ist sie sehr stark aufgrund ihrer Nähe zum Göttlichen.

Shivas Schlange und Garuda

Die einzige erlaubte Ichsucht ist, wenn sich das Ich mit Gott verbindet und behauptet: „Ich bin eins mit dem Herrn". Wenn ihr aber eure Nähe zum Herrn und eure Stellung als Geliebte des Herrn aufgebt und euch das Ego einholt, sinkt ihr ab in die Minderwertigkeit, und ihr werdet schwach und verletzbar. Selbst kleine, belanglose Dinge bekommen dadurch, daß ihr in Gott Schutz sucht, einen viel höheren Wert. Ein Stein, der auf der Straße liegt, ist etwas ganz Gewöhnliches. Doch wenn ein Bildhauer ihn nimmt und aus ihm die Statue einer Gottheit herausmeißelt, wird derselbe Stein in einem Tempel aufgestellt und verehrt. Sinnt einmal nach über den außergewöhnlichen Wert, den ihr bekommt, wenn ihr euch mit dem Göttlichen verbindet und eins mit ihm werdet.

Der Stein des Bildhauers

Es ist kein Platz für Minderwertigkeit im Göttlichen. Es bereitete Rāvana große seelische Qualen, Sītā in seinem Ashoka-Garten festzuhalten. Nach zehn Monaten verwehrte sie sich ihm noch immer. Nicht ein einziges Wort hatte sie in dieser Zeit mit ihm gesprochen. Womit er ihr auch drohte – Sītā blieb ihm gegenüber völlig gleichgültig. Rāvanas Frau, Mandodari, blieb das nicht verborgen. Sie suchte ihren Mann auf und versuchte, ihn umzustimmen. Sie sagte: „Rāvana, du hast unbegrenzte Fähigkeiten. Du bist ein außergewöhnlicher Anhänger Lord Shivas. Du hast viel Buße getan und ungeheure Kräfte entwickelt, um dich unkenntlich zu machen. Du erschienst als *samnyāsin*, um Sītā zu entführen. Du hast die Fähigkeit, jede Tarnung anzunehmen und dich in jede beliebige Gestalt zu verwandeln. Du kannst alles, was du willst. Warum bist du dann nicht in die Gestalt Rāmas geschlüpft, als du zu Sītā gingst? Sītā hätte dich dann sofort erhört. Warum hast du das nicht getan?" Rāvana antwortete: „Mandodari, wenn ich mich in Rāma verwandelt hätte, hätte ich dieses lustvolle Verlangen nicht mehr gehabt!"

„Kämpfe, doch denke an Mich!"

Wenn ihr eins mit dem Göttlichen geworden seid, verschwinden alle eure kleinen, niederen Gedanken und Vorstellungen und können eure Ruhe nicht länger stören. In diesem Zusammenhang sagte Krishna zu Arjuna: „Wenn du kämpfen mußt, kämpfe; doch denke dabei an Mich. Das ist die rechte Weise, deine Pflicht zu erfüllen. So wirst du dem hohen Ideal der Aufrechterhaltung der tugendhaften Lebensweise *(dharma)* dienen und anderen ein Beispiel sein. Du wirst auch einigen Ruhm damit ernten. Wenn du alles dem Göttlichen weihst, wirst du in allen Unternehmungen erfolgreich sein. Dazu mußt du Herrschaft über die Sinne erlangen. Langsam aber stetig mußt du lernen, sie zu zügeln, bis du ihrer vollkommen Herr geworden bist. Dann wirst du die volle Tragweite deines Menschseins erkennen. Dann wirst du auch Gleichmut entwickelt haben, und man wird dich einen *sthitaprajna* – einen Menschen von unerschütterlicher Weisheit – nennen.

„Noch bist du so vielen Dingen und Vorstellungen verhaftet; wie kannst du, gefesselt wie du bist, Gleichmut entwickeln? Du hältst dir den inneren Frieden fern. Die Verwandtschaften und Beziehungen, die du pflegst, wechseln ständig. Sie sind nicht von Dauer und werden dir letztendlich nicht weiterhelfen. Erkenne die Wirklichkeit, die ewig unverändert ist. Klammere dich an Gott. Er ist immer mit dir und wird dich niemals verlassen."

DIE DREI WELTEN

Wo ihr auch hinseht in dieser Welt – sie besteht aus den fünf Urelementen und nur diesen. Ein sechstes ist nirgendwo zu finden.

Verkörperungen der Liebe,

wir haben schon darüber gesprochen, daß es drei Arten von *ākāshas* oder Dimensionen gibt, die man auch Weltenräume oder Welten nennen könnte. Da ist der *bhūtākāsha*, das grobe, physisch erfaßbare Universum, der *cittākāsha*, die feinstoffliche Welt des Geistes und der *cidākāsha*, die feinste und ausgedehnteste der drei Welten, die man kausale Welt nennt. Jenseits dieser drei Welten ist das göttliche Prinzip, das als Grundlage für alle dient. Es ist *brahman*, das Allerhöchste, in dem alles endet und das auch *ātman*, unsterbliches Selbst, genannt wird.

Die Welt der groben Materie

Ein Jünger des Herrn, der bestrebt ist, das göttliche Prinzip zu erkennen und eins mit ihm zu werden, sollte die drei *ākāshas* oder Welten verstehen. Der *bhūtākāsha* besteht aus den fünf Urelementen Äther, Luft, Feuer, Wasser und Erde. Der Äther, das Element Raum, ist das erste der fünf – alldurchdringend und von sehr feiner Struktur. Er ist an keinem besonderen Merkmal erkennbar, außer am Schall. Nach ihm kommt die Luft. Luft kann gefühlt, aber nicht gesehen werden; sie hat nur zwei Erkennungsmerkmale, nämlich Schall und Spürbarkeit. Dann kommt das Feuer. Feuer kann gesehen werden. Es ist dichter als Luft und hat drei Merkmale, nämlich Schall, Spürbarkeit und Gestalt. Darauf folgt das Element Wasser. Wasser ist noch dichter. Es kann wie das Feuer mit dem bloßen Auge gesehen werden und hat vier Merkmale, nämlich Schall, Spürbarkeit, Gestalt und Geschmack. Die Erde, das letzte der fünf Elemente, ist das dichteste von allen und hat fünf Erkennungsmerkmale, nämlich Schall, Spürbarkeit, Gestalt, Geschmack und Geruch. Ihr seht, daß die letzten drei Elemente Feuer, Wasser und Erde eine Gestalt haben. Die ersten beiden, Äther und Luft, haben andere Erkennungsmerkmale, aber keine Form oder Gestalt.

Alle Dinge der physischen Welt, des *bhūtākāsha*, sind vergänglich und einem beständigen Wechsel unterworfen. Im Lauf der Zeit erfahren alle Dinge eine vollständige Verwandlung von einer bestimmten Form zu einer anderen und wieder anderen und so fort. Im *bhūtākāsha* ist alles andauernd in Bewegung. Laßt uns tiefer in die Natur der physischen Dinge, die aus den fünf Urelementen zusammengesetzt sind, eindringen. Denkt an die verschiedenen Atome, die zu einer bestimmten Zeit an einem bestimmten Ort zusammen existieren. Sie formen die verschiedenen Gegenstände, die dann an jenem Ort in einem bestimmten Augenblick erscheinen. So wie sich die Atome bewegen und ihre Position verändern, verändert sich auch die Form, die sie hervorgerufen haben. Die Atome in allen Gegenständen sind einem so rasend schnellen Ortswechsel unterworfen, daß es schwierig ist zu sagen, wann eine bestimmte Veränderung an einem Objekt stattgefunden hat. Der Prozeß der Veränderungen hält ununterbrochen an. Alle Objekte, die aus diesen sich ständig verändernden Atomen zusammengesetzt sind, verändern ihre Form und Gestalt kontinuierlich im Lauf der Zeit.

Die Atome, die den menschlichen Körper zusammensetzen, verändern sich ebenso in jedem Augenblick und rufen im Körper entsprechende Veränderungen hervor. Alle diese verschiedenen Wandlungen sind sehr ähnlich den Wellen auf dem Meer: Es gibt keinen Anfang und kein Ende für sie. Die Wassertropfen der einen Welle vereinigen sich mit denen der nächsten. Und die Wellen, mit denen sich die Tropfen vereinigt haben, gehen selbst in anderen Wellen auf, und so fort. Der Vorgang der Veränderungen und Verschmelzungen ist fortwährend. Dies ist die Natur der physischen Welt.

Mit einer solchen Aufeinanderfolge von Meereswellen kann auch die Menschheit verglichen werden; andere Lebewesen, die höheren und die niedrigeren Tierarten, sowie Pflanzen und Insekten können ebenfalls mit solchen Wellen verglichen werden. Die dämonischen Kräfte können als besondere Art von Wellen gelten, die göttlichen Kräfte als wieder andere. Im Bereich der Natur ist es unmöglich zu sagen, welcher Aspekt einer Welle mit einer anderen in Austausch treten wird. So wie die Meereswellen ineinander übergehen und zu neuen Wellen werden, so kann auch die Welle, welche die charakteristischen Wesenszüge der menschlichen Art trägt, sich mit einer anderen Welle, welche die charakteristischen Merkmale anderer Lebewesen trägt, vereinigen. Es ist alles ein einziger Prozeß der Veränderungen und des Wandels. Das Leben selbst kann als eine Aufeinanderfolge von Wellen beschrieben werden.

In der gleichen Weise, wie der menschliche Körper Veränderungen unterworfen ist, ist es auch der menschliche Geist. Die menschliche Natur ist mit der Art zu denken verbunden, welche das Resultat einer ununterbrochenen Verkettung von Gedanken ist. Alle Denkvorgänge sind vorübergehend und einem beständigen Wechsel unterworfen. Wir sehen also, daß alles, einschließlich des Lebens des Menschen, einem Wandel unterliegt. Und solange ihr nicht imstande seid, die sechs verschiedenen Arten der Veränderungen im Leben – Geburt, Wachstum, Reife, Niedergang, Verfall und Tod – anzuerkennen, wird es euch immer scheinen, daß das Leben ewig währt. Die Hauptursache für diesen Mangel an Begriffsvermögen ist die Unwissenheit. Die Unwissenheit gebiert das Ego und entfacht jene egobehafteten Gefühle, die zur Selbsttäuschung führen.

Das physische Weltall, der *bhūtākāsha*, enthält Milliarden Sonnen, von denen jede ihr eigenes Weltsystem hat; es gibt unzählige größere und kleinere Planeten und Wesenheiten. In diesem ausgedehnten Universum nimmt sich die Erde kleiner aus als der kleinste Regentropfen. Indien ist nur ein kleines Land auf dieser Erde. In diesem kleinen Land gibt es einen kleinen Staat und in diesem einen sehr kleinen Distrikt. In diesem Distrikt ist ein noch viel kleineres Dorf, in dem ein unbedeutendes kleines Haus steht. Und in diesem kleinen Haus sitzt ein sehr kleiner Junge. Ist es in

Anbetracht seiner „Größe“ in diesem riesigen Universum nicht lächerlich, daß so ein kleiner Junge sich wichtig tut und sich selbstgefällig aufbläht? Wenn ihr den *bhūtākāsha* und euren Platz darin einmal betrachtet, werdet ihr einsehen, daß ihr vom physischen Standpunkt aus gesehen nichts seid als ein winziger Fleck in diesem weiten Universum. Kann so ein kleiner Fleck sich je erhoffen, das Ganze zu verstehen? Kann eine kleine Ameise je erwarten, das weite Meer zu ermessen? Und doch ist selbst das weite Meer einem ständigen Wechsel unterworfen, und dasselbe gilt für die ganze Erde und alles in diesem *bhūtākāsha*.

Die Welt, in der ihr lebt, ist in allen Einzelteilen zeitgebunden und vergänglich. Wie kann ein unbedeutendes, vergängliches Wesen dieser vorüberziehenden Welt versuchen, die unendliche, grenzenlose, ewige Wesenheit zu verstehen? Um das Unendliche zu verstehen, müßt ihr einen unveränderlichen Standort in dieser unveränderlichen Entität einnehmen. Körper, Persönlichkeit und Individualität sind allesamt vergänglich und können mit einer Fata Morgana verglichen werden. Der Mensch versucht seinen Durst an einem solchen Trugbild zu löschen. Eine Fata Morgana erscheint als eine Wasserfläche, die es in Wirklichkeit nicht gibt. Von einer Fata Morgana kann kein Stoff benetzt werden, und kein Eimer kann aus ihr gefüllt werden. Ihr werdet euren Durst dort niemals löschen können. Genauso werden euer Körper und eure individuelle Wesensart niemals euren Durst nach der wahren Freude, die ihr sucht, stillen können.

Die Welt des Feinstofflichen

Die Welt der Kausalität

Das gesamte, weite Universum, der *bhūtākāsha*, ist so etwas wie ein Atom in der geistigen Welt des *cittākāsha*, ebenso wie euer Körper ein unendlich kleines Atom im *bhūtākāsha* ist! Doch dieser unglaublich weite *cittākāsha* hat seinerseits die Größe eines winzigen Atoms im *cidākāsha*, der kausalen Welt. Der *bhūtākāsha*, der sich aus den fünf Urelementen zusammensetzt, kann durch die fünf Sinne wahrgenommen werden. Aber da der *bhūtākāsha* aus den fünf Urelementen und nur diesen besteht, ist er ohne Eigenbewegung und empfindungslos. Und doch ist das göttliche Prinzip in ihm ebenso enthalten wie im *cittākāsha*. Der *cittākāsha*, der genauso aus den fünf Urelementen – wenn auch in ihren feinstofflichen Wahrnehmungsformen – besteht, ist ebenso ohne Eigenbewegung und empfindungslos. Aber so wie das göttliche Prinzip als Beweger dem bewegungslosen, trägen physischen Körper wie dem bewegungslosen, trägen Geistkörper innewohnt, so wohnt es auch den physischen und geistigen Welten, *bhūtākāsha* und *cittākāsha*, inne und versorgt sie mit Energie und Leben.

Dieses göttliche Prinzip, das dem *bhūtākāsha* und dem *cittākāsha* Energie und Leben spendet, leuchtet aus dem *cidākāsha*, dem subtilsten dieser unendlichen Weltenräume. Um das besser zu verstehen, betrachten wir das Bild in einem Spiegel. Das Spiegelbild hat keine eigenständige Existenz aus sich selbst. Es kann nur gesehen werden, wenn der wiedergegebene Gegenstand im Licht steht; und es kann sich nur bewegen, wenn sich der wiedergegebene Gegenstand bewegt. Aller scheinbare Glanz der Dinge, aus denen diese Welt besteht, nimmt seinen Ursprung im *cidākāsha*, der kausalen Welt und wird dann durch den *cittākāsha* und den *bhūtākāsha*, die als Spiegel fungieren, wiedergegeben. So wie die leuchtende Sonne im Mond widergespiegelt wird, so wird die Leuchtkraft, die im kausalen Zustand des *cidākāsha* gegenwärtig ist, im geistigen Zustand des *cittākāsha* und in der grobstofflichen Welt des *bhūtākāsha* widergespiegelt.

Nehmt nun an, ihr wolltet euer Spiegelbild einmal schmücken. Könnt ihr das, und zwar so, daß der Schmuck von Dauer ist? Könnt ihr einen Punkt auf die Stirn im Spiegel malen, so daß er dort bleibt? Nein, das wäre vergebliche Mühe. Wenn ihr einen Punkt auf die Stelle im Spiegel malt, wo sich eure Stirn gerade befindet, so würde sich euer Spiegelbild mit euch bewegen, und der Punkt, der vorher auf der Stirn war, würde sich jetzt vielleicht über dem Ohr befinden. Wenn ihr zur Seite tretet, tritt auch euer Spiegelbild zur Seite. Gibt es irgendeinen Weg, den Punkt auf die Stirn in eurem Spiegelbild so zu malen, daß er dort bleibt, ganz gleich, was geschieht? Ja, es gibt ihn. Ihr müßt den Punkt auf eure eigene Stirn, den zu spiegelnden Gegenstand malen. Dann könnt ihr euch in jede beliebige Richtung bewegen, ja sogar den Spiegel hin und her drehen, ohne daß sich der Punkt von eurer Stirn entfernt. Hier eine kleine Geschichte, die das veranschaulicht:

Krishnas Porträt

Es gab einmal einen weithin berühmten Künstler, der ein ausgesprochen begabter Porträtmaler war. Er kam einst nach Dvārakā, wo Krishna lebte und wollte Krishna malen. Krishna sagte mit einem strahlenden Lächeln: „Gut, du kannst gerne ein Bild von Mir malen, wenn du das möchtest." Der Künstler bat: „Herr, wenn Du für einen Moment stillsitzt, könnte ich ein paar Entwürfe machen." Krishna setzte sich und bewegte sich nicht. Als der Maler seine Arbeit beendet und Krishnas Füße berührt hatte, um sich zu verabschieden, fragte Krishna lächelnd: „Wann wirst du Mir das Bild überreichen?". Der Maler antwortete: „Herr, morgen um diese Zeit müßte es fertig sein." Er ging und arbeitete die ganze Nacht unermüdlich an der schwierigen Aufgabe, ein genaues Abbild des Herrn auf die Leinwand zu malen. Als das Bild am nächsten Morgen beendet war, war der Maler außerordentlich zufrieden damit. Er bedeckte es mit einem schönen Tuch und brachte es Krishna. Aber als er das Tuch lüftete, mußte er feststellen, daß Krishnas Aussehen sich in den vergangenen 24 Stunden total verändert hatte. Der Maler hielt das Bild neben Krishna, betrachtete erst dieses, dann Krishna und mußte erkennen, daß die beiden kaum eine Ähnlichkeit miteinander hatten. Krishna betrachtete das Bild ebenfalls und sprach es aus: „Mein Lieber, das Bild scheint einige Mängel zu haben." Der Maler sagte: „Bitte verzeih' mir, Herr. Gib mir noch eine Chance, bitte. Laß es mich noch einmal versuchen. Ich werde es besser machen." Diese Szene wiederholte sich zehn Tage lang.

Jeden Tag überarbeitete der Künstler sein Bild aufs neue, aber es gelang ihm nie, ein exaktes Bild Krishnas zu malen. Er begann sich zu schämen. Er kam zu dem Schluß, daß es das Beste für ihn sei zu verschwinden, und so verließ er Dvārakā in aller Eile. Gerade als er die Stadt verließ, traf er auf Nārada, Brahmās Sohn. Nārada fragte ihn: „Du scheinst ziemlich aufgeregt zu sein. Sag mir, was dich so unglücklich macht." Der Maler erzählte ihm den Hergang der Dinge, worauf Nārada antwortete: „Nun, Krishna ist ein Meister der Verstellung und ein hervorragender Schauspieler. *Er* hat dieses ganze Schauspiel inszeniert. Mit den Methoden, die du anwendest, wird es dir nicht möglich sein, ein wahres Bild von Ihm zu bekommen. Wenn du es aber unbedingt schaffen willst, hör auf meine Worte und tu, was ich dir sage". Der Maler war damit einverstanden und kehrte nach Dvārakā zurück. Am nächsten Tag ging er wieder mit einem verhüllten Bild zu Krishna. Er sagte zu Krishna: „Herr, endlich ist es mir gelungen, Dein exaktes Ebenbild zu bringen. Sieh es Dir bitte an. Es wird immer Dein wahres Antlitz zeigen. Alle Änderungen Deines Gesichtsausdrucks und Deiner Gestalt wird das Bild, das Du hier gleich sehen wirst, wahrheitsgetreu wiedergeben." Dann nahm er das Tuch vom Bild und sagte: „Bitte nimm es an als mein bestes Bild von Dir." Als er das Bild enthüllte, kam ein blank polierter Spiegel zum Vorschein.

Mit so vergänglichen Materialien wie Pinsel, Farbe und dergleichen werdet ihr kein Bild vom Herrn, der ewig ist, zustandebringen. Alles im *bhūtākāsha* ist vergänglich. Alle Formen sind einem ständigen Wechsel unterworfen und können kein richtiges Bild vom ewigen, unveränderlichen Herrn vermitteln. Um ein klares, immer gleichbleibendes Bild vom Herrn zu bekommen, müßt ihr euer Herz reinigen. Es ist eine Art Selbsttäuschung, den Herrn im *bhūtākāsha*, in den veränderlichen Formen des grobstofflichen physischen Universums zu suchen. Die ewige, unveränderliche Wesenheit kann nicht durch vergängliche, veränderliche Formen erkannt werden. Alle Kenntnisse, die ihr auf diese Weise erlangt, sind nicht von Dauer. Alle Freude, die ihr aus dem Versuch, Ihn zu erkennen, zieht, wird nur vorübergehend sein. Es liegt grundsätzlich in der Natur der fünf Urelemente, sich ständig zu verändern. Um den Zustand des Beständigen, Ewigen zu erreichen, müßt ihr die Elemente und ihre veränderlichen Formen transzendieren.

Nach innen schauen

Nehmen wir an, ihr seid auf einer Pilgerfahrt zu einem Tempel und sehnt euch nach einer Erscheinung des Herrn. Vielleicht war euer Weg dahin sehr mühselig. Endlich kommt ihr an, und es gelingt euch, euch Eintritt in den Tempel zu verschaffen. Schließlich steht ihr mit brennendem Herzen vor dem Bild des Herrn. Ihr schaut das Bild an, schließt sofort wieder die Augen und wendet den Blick nach innen. Trotz der vielen Mühsal, die ihr auf euch genommen habt, um an diesen Ort zu gelangen und einen Blick auf das Heiligtum zu tun, schließt ihr die Augen und schaut nach innen. Warum? Was für einen tiefen Grund gibt es dafür? Ihr wendet den Blick nach innen, weil ihr wißt, daß ihr in euer Herz hineinschauen müßt, um einen wahrhaftigen Anblick des Herrn zu erhalten. Ihr wißt intuitiv, daß die Bilder, die euch eure physischen Augen vermitteln, nur flüchtige Eindrücke sind, Eindrücke, die ebenso flüchtigen Gedanken übergestülpt werden. Nachdem ihr diese Bilder mit den Gedanken aufgenommen habt, müssen sie so festgehalten werden, daß sie zu unauslöschlichen Eindrücken im Herzen werden.

Obwohl euch keine direkte Erfahrung des Göttlichen im physischen Universum möglich ist, vermittelt euch die indirekte Vision, die es euch verschafft, vorübergehend einige Freude. Ihr solltet auf diese vorübergehende Freude nicht verzichten, bloß weil der *bhūtākāsha* vergänglich und veränderlich ist. Ihr müßt euch diese vorübergehende Freude verschaffen und dann allmählich, Schritt für Schritt, die Reise hin zur unveränderlichen, ewigen Freude antreten. Es gibt drei Etappen auf dieser Reise. Die erste ist die, die man „Unwahrheit in Unwahrheit" nennen könnte, die zweite – die, welche man „Unwahrheit in Wahrheit" nennen könnte, und die dritte „Wahrheit in Wahrheit". Diese drei Etappen entsprechen den drei Welten, der physischen, der geistigen und der kausalen Welt – *bhūtākāsha, cittākāsha* und *cidākāsha.*

Unwahrheit in Unwahrheit finden wir im Bereich des *bhūtākāsha*, in der grobstofflichen Welt der Sinne – alles ist hier vorübergehend und nicht dauerhaft. Nicht nur das Abbild ist an die Vorstellung gebunden und somit unwahr, sondern auch das Objekt, das abgebildet wird und in der geistigen Ebene seinen Ursprung hat.

Unwahrheit in Wahrheit ist der Zustand, den wir im *cittākāsha* haben, in dem die Spiegelungen oder Projektionen vorübergehend und insofern unwahr sind, aber dasjenige widerspiegeln, das ewig und wahrhaftig ist.

Wahrheit in Wahrheit ist im Bereich des *cidākāsha* zu finden, der frei von allen scheingebundenen Projektionen und Spiegelungen ist. Er ist die Essenz des Wahrhaftigen, da in ihm das immer gleichbleibende Licht des *ātman* leuchtet.

Unwahr ist, was vergänglich ist

Das alles wird besser verständlich, wenn ihr darüber nachsinnt, was Swami meint, wenn Er sagt: „Ihr seid nicht eine Person, sondern drei: Die, die ihr glaubt zu sein, die, für die die anderen euch halten und die, die ihr wirklich seid." Die, die ihr zu sein glaubt, der Körper, ist vergänglich und unwahr. Euer Leben, euer Erleben von heute – alles geht vorüber. Beide, der Gegenstand und das Bild dessen, was erlebt wird, sind nur vorübergehend gültig. Das ist das Wesen des *bhūtākāsha* und heißt darum „Unwahrheit in Unwahrheit". Die Person, für die euch die anderen halten, gehört in den Bereich des Denkens, somit des *cittākāsha*, und ist ebenso veränderlich und unwahr, spiegelt aber die unveränderliche, ewige Wahrheit wider. Die Person, die ihr wirklich seid, ist die unveränderliche Wahrheit, die im *cidākāsha* leuchtet.

Ein Stück Eis in eurer Hand beginnt bald zu schmelzen und wird wieder zu Wasser. Warum? Weil das Schmelzen zum Wesen des Eises gehört. Ähnlich gehört die Veränderlichkeit, das Vorübergehende, zum Wesen aller Dinge, die im *bhūtākāsha* erscheinen. Das bloße Verstehenwollen des *bhūtākāsha* zwingt euch, an die inneren *ākāshas*, die feiner strukturierten Räume zu denken. Der *bhūtākāsha* ist von grober Struktur. Ihr erlebt ihn in eurem Wachzustand. Das gleiche Erleben in subtilerer Form wird dem *cittākāsha* zugeordnet, den ihr im Traumzustand erfahrt. Im Wachzustand seid ihr imstande, Dinge aufgrund des Lichtes wahrzunehmen, das Sonne und Mond aussenden. Aber die Sonne und der Mond eures Wachzustandes sind in euren Träumen nicht vorhanden. Nur das Licht, das aus dem *cittākāsha* stammt, bewirkt, daß ihr Dinge aus der „anderen" Dimension seht. In dem Augenblick, in dem ihr die grobstoffliche Ebene von euch weist, wird das innere Licht sichtbar. Es ist wie mit den Sternen, die ihr am Tage nicht sehen könnt. Sie sind nicht etwa nicht vorhanden, bloß weil ihr sie nicht sehen könnt. Die Sterne leuchten auch am Tage, aber ihr seht sie nicht wegen der gewaltigen Leuchtkraft der Sonne. Sowie das Sonnenlicht am Abend schwächer wird, wird es euch möglich, die Sterne zu sehen. Hinter dem Groben steht das Subtile, und in diesem kann das Urbild des Groben erkannt werden. Schon im Kindesalter ist das Greisenalter in seiner Keimform angelegt; im Greisenalter können noch die Spuren der Kindheit erkannt werden.

Es gibt etwas, das die Ebene des Grobstofflichen wie des Feinstofflichen, Subtilen transzendiert, und das ist der *cidākāsha*. Der *cidākāsha* kennt keine Bewegung und ist keiner Veränderung unterworfen. In ihm ist der *paramajyotis*, das aus sich selbst leuchtende Licht des *ātman*, zu finden. Aufgrund dieses allesdurchdringenden Lichtes des *ātman*, das im *cidākāsha* und durch den *cidākāsha* strahlt, ist es euch möglich, *cittākāsha* und *bhūtākāsha* zu erleben. Gäbe es keinen *cidākāsha*, so gäbe es weder eine feinstoffliche noch eine grobstoffliche Welt für euch. Aus diesem Grund müßt ihr euer Leben auf dem *cidākāsha* aufbauen; gleichzeitig müßt ihr den *bhūtākāsha* dazu benutzen, den *cittākāsha* zu erreichen, und den *cittākāsha* dazu, den *cidākāsha* zu erreichen. Ihr begreift das besser anhand des Beispiels des Meeres und der Wellen: Das Meer und die Wellen sind nicht voneinander verschieden; auch die Schaumblasen sind nichts von den Wellen Verschiedenes. Meer, Wellen und Schaumblasen sind sich gleich; das Element Wasser ist allen dreien gemeinsam. Nur scheinbar sind sie verschieden.

Die vier Bewußtseinsebenen

Allgemein müßt ihr in der Welt der Erscheinungen das gemeinsame Element entdecken, das jeder Erfahrung zugrundeliegt und *bhūtākāsha*, *cittākāsha* und *cidākāsha* miteinander verbindet. Ihr könnt die drei *ākāshas* mit drei Bewußtseinsebenen in Zusammenhang bringen und den *bhūtākāsha* als Wachzustand, den *cittākāsha* mit dem Traumzustand und den *cidākāsha* als Tiefschlafzustand betrachten. Jenseits dieser drei Zustände oder Ebenen – und gleichzeitig sie alle durchdringend und allen dreien gemeinsam – ist der vierte Zustand des *turīya*, der Zustand des Überbewußtseins oder der transzendentale Zustand. *Sushupti*, dem nichtbewußten Zustand des Tiefschlafs, der in den Bereich des *cidākāsha* fällt, ist ein tiefer Friede eigen. Aber aus sich heraus wird euch der Zustand des *sushupti* kein bleibendes Erlebnis wahrer Glückseligkeit verschaffen. Erst wenn ihr aus dem Tiefschlaf erwacht, spürt ihr, daß ihr Frieden erfahren habt. Im *turīya*, dem Zustand des höheren Bewußtseins dagegen, werdet ihr das wahre *ānanda* der ewigen Glückseligkeit erfahren und euch dessen allzeit bewußt sein. Shankara beschreibt den Schlaf als einen Zustand des *samādhi*. Was ist mit *samādhi* gemeint? *Samādhi* wird im landläufigen Sinn oft als emotionaler Zustand verstanden, in dem ein Mensch unnormal handelt, so als sei er in einem ekstatischen oder tranceartigen Zustand. Ihr denkt, *samādhi* sei etwas anderes als die drei genannten Zustände Wachen, Träumen und Tiefschlaf. Tatsächlich ist *samādhi* allen dreien gemeinsam. Die Bedeutung des Wortes ist im Wort selbst ausgedrückt: Es besteht aus den Silben *sama* und *dhi*. *Sama* bedeutet

Was ist samādhi?

Mit Gleichmut denken

„Gleichsein", und *dhi* bezieht sich auf das Denken. *Samādhi* bedeutet also „mit Gleichmut denken". Gleichmut zu wahren bei Hitze und Kälte, Gewinn und Verlust, Lob oder Tadel – das ist *samādhi*. Ein Mensch, der in *samādhi* versunken ist, dessen Denken und Fühlen im Gleichmut verharrt, ist ständig im Zustand des Seligseins, sei es im *bhūtākāsha* des Wachzustandes, im *cittākāsha* des Traumes oder im *cidākāsha* des Tiefschlafs. Nach diesem glückvollen Zustand sehnt sich jeder Mensch. Um ihn zu erreichen ist erhebliche spirituelle Praxis nötig, aber auch die Gnade des Herrn. Um sie zu gewinnen, müßt ihr Gleichmut entwickeln und die Tugenden üben, die dem Herrn gefallen.

Nachdem Krishna Arjuna die edlen Charaktereigenschaften eines *sthitaprajna* beschrieben hatte, sagte Er zu ihm: „Arjuna, es liegt kein Sinn darin, deine Handlungen nur auf Überlegungen zu gründen, die den Körper betreffen. Befolge Meine Anweisungen! Tu deine Pflicht und denke dabei ständig an Mich. Dann wirst du imstande sein, das Göttliche, das überall gegenwärtig ist, zu erfahren und dich an Ihm zu freuen. Dieses Göttliche ist die Einheit, die aller Vielheit in dieser Welt zugrundeliegt. Richte deinen Geist beständig auf dieses Göttliche aus. Ich bin dieses Göttliche, und du bist Mir sehr lieb. Wenn du deine Aufmerksamkeit auf Mich richtest, werde Ich Mich ganz dir zuwenden." Die Gedanken und Gefühle eines *sthitaprajna* sind keinem Wandel unterworfen, in welcher Situation er sich auch befindet; er bleibt unerschütterlich, da er ununterbrochen auf das göttliche Prinzip in sich ausgerichtet ist.

Wen wundert es schon, daß Feuer von Hitze begleitet ist? Das Brennen gehört zum Feuer, wie die Kälte zum Eis gehört. Jeder, der geboren wird, stirbt auch wieder; das sollte als völlig natürlich betrachtet werden. Wer diese Wahrheit anerkennt, wird keinem Kummer unterliegen. Entwickle also Gleichmut in allen Situationen, wo du dich auch befindest. Und was immer geschieht – halte deinen Geist fest auf das Göttliche gerichtet. Um diese Kunst des beständigen Denkens an Gott zu lernen, müßt ihr ein tiefes Verständnis für die Eigenarten des *bhūtākāsha*, des *cittākāsha* und des *cidākāsha* erlangen. Betrachten wir die folgende Situation: Ihr nehmt euer Abendessen ein und geht kurz darauf ins Bett. Bald nachdem ihr eingeschlafen seid, habt ihr einige Träume, in denen viel geschieht, aber kaum seid ihr wieder wach, ist von den Traumerlebnissen nichts mehr vorhanden. Auch im Wachzustand tut ihr vieles und erlebt ihr vieles, aber sobald ihr euch schlafen legt, werden alle Handlungen des Wachzustandes ihrerseits von Traumereignissen überlagert. In wenigen 24 Stunden kann sich so vieles ändern!

Es gibt eine Reihe von verblüffenden Unterschieden in den Erfahrungen des Wachzustandes und denen des Traumzustandes. Welchen solltet ihr glauben und welchen nicht? Ihr fragt euch vielleicht: „Welche ist wahr, welche nicht? Bin ich der, der all dieses im Wachen erlebt, oder bin ich der, der all jenes im Traum erlebt?" Die Antwort ist im *vedānta* gegeben: „Du bist weder dies noch das. Du bist nicht der, der den Wachzustand erlebt, noch der, der den Traum erlebt hat, noch der, der in Tiefschlaf versunken war. Du bist der, der alle diese Zustände transzendiert. Du bist die transzendente Wirklichkeit selbst."

Das, was ihr für existent haltet, ist es nicht. Das, was ihr für nicht existent haltet, ist das, was in Wirklichkeit ist. Wenn ihr Weisheit erlangt, erkennt ihr, daß es nur Eines gibt, das wirklich existiert und ewig wahr ist. Dieses Eine ist *brahman*, das tranzendente Prinzip. Aber dieses Prinzip ist gewöhnlichen Menschen nicht leicht zugänglich. Was ihr lest und hört und erfahrt, sind Ausformungen des *bhūtākāsha*. Von hier müßt ihr ausgehen und ausgreifen im Versuch, das Ziel zu erreichen. Vom Formhaften müßt ihr zum Formlosen fortschreiten, vom Veränderlichen zum Unveränderlichen. Dieser Weg ist auch als das Fortschreiten von *savikalpa* zu *nirvikalpa* beschrieben worden. *Savikalpa* ist mit Attributen behaftet, und alles, was diese Attribute transzendiert und sich jenseits der drei *gunas* befindet, ist *nirvikalpa*. *Nirvikalpa* ist keinem Wechsel unterworfen und unerschütterlich. Diesen immer gleichbleibenden Zustand der Unerschütterlichkeit zu erreichen, ist das Ziel jedes spirituellen Suchers. Und jemand, der in diesen Zustand versunken ist, wird *sthitaprajna* genannt. Ihr fragt euch vielleicht, ob Arjuna diesen Zustand erreicht hat. Ja, Krishna selbst verlieh Arjuna diesen Zustand. Er machte Arjuna zu einem Werkzeug des Herrn und verwandelte ihn dadurch in einen *sthitaprajna*.

Der Weise soll ein Vorbild sein

Ein Weiser, der sich nicht mit aktivem Tun beschäftigt, gibt den anderen kein gutes Beispiel. An unseren Hochschulen gibt es einen Sportprofessor und einen Trainer. Der Trainer bekommt seine Anweisungen vom Professor. Während der Übungen schaut der Professor schweigend zu, während der Trainer „1,2,3...!" ruft und die Übungen vorturnt. Er muß ein Beispiel geben und es vormachen; nur dann kann man von den anderen erwarten, daß sie ihm folgen werden. Der *sthitaprajna* ist wie ein Trainer, der seine Anweisungen von dem inneren Lehrmeister erhält. Er macht die Übungen beispielhaft vor, damit die anderen Menschen es ihm nachtun können. Aus diesem Grunde verwandelte Krishna Arjuna in einen vorbildlichen Menschen. Er sagte zu ihm: „Ich werde dich zu Meinem Werkzeug machen, das Meine Arbeit tut, so daß du der Menschheit ein Beispiel sein kannst."

Was für ein tieferer Sinn steckt hinter all dem, was Krishna für Arjuna tat? Arjuna bedeutet „einer, der ein reines Herz hat". Krishna nannte Arjuna auch öfters *bhārata*. Dieser Name bedeutet „der, der in Gott wohnt". *Bha* heißt „glänzen", und der, welcher im Glanz des Göttlichen lebt, ist ein *bhārata*. Und so können mehrere Aspekte der Verwandtschaft zwischen Krishna und Arjuna den Namen entnommen werden, mit denen Krishna Arjuna anredete.

Arjunas einzige Pflicht war es, Krishnas Aufforderungen bedingungslos zu folgen. Arjuna sagte: „Herr, ich werde Deinen Befehlen gehorchen, was immer es sei. Was Du auch von mir verlangst, ich werde es tun. Ich werde nichts auf eigenen Antrieb hin unternehmen; nichts, das außerhalb Deiner Anweisungen liegt." Dies ist die richtige Einstellung eines *sthitaprajna*. Ein *sthitaprajna* kennt kein Gefühl des „Ich" und „Mein". Er kennt keinen Egoismus oder Gebundensein. Das Annehmen und Befolgen aller

Anweisungen des Herrn gehören ebenso zu den edlen Eigenschaften des *sthitaprajna* wie das Zerstören aller Spuren von Ichhaftigkeit und Besitzdenken. Darum werden die Tugenden des *sthitaprajna* im zweiten Kapitel der Gītā so ausführlich behandelt.

Aber die Darlegung allein wäre von geringem Nutzen gewesen, und so begann Krishna mit der Erläuterung der *ākāshas* und der verschiedenen Erscheinungen des Universums. Arjuna hatte die Intelligenz, die tiefere Bedeutung dieser Ausführungen zu begreifen. Als er vom Herrn die kosmische Vision bekommen hatte, erfaßte er unmittelbar ihren tieferen Sinn. Er erkannte, daß damit die Einheit zwischen *bhūtākāsha*, *cittākāsha* und *cidākāsha* gemeint war. Nachdem Arjuna die kosmische Vision erlangt hatte, sah er Krishna als unauslöschlichen Eindruck in seinem Innern, wann immer er die Augen schloß. Er erkannte, daß, was er mit weit geöffneten Augen gesehen hatte, in den Bereich des Grobstofflichen gehörte. Alles, was er danach mit geschlossenen Augen sah – was sein Geist noch aufnahm und von ihm innerlich wahrgenommen wurde – gehörte in den Bereich des Feinstofflichen. Der unauslöschliche Eindruck, der in seinem Herzen zurückblieb, gehörte in den Bereich des Kausalen, Unstofflichen. Er ist so etwas wie der Abdruck eines Bildes auf einem Stück Papier; wenn es einmal auf dem Papier ist, kann man es nicht wieder davon lösen. Auf ähnliche Weise wurde auch Krishnas kosmische Form in Arjunas Herz für alle Zeiten eingeprägt.

Arjuna war das Ideal eines wahren Menschen, und doch nahm er wie jeder andere auch alle möglichen alltäglichen Tätigkeiten auf sich, um der Menschheit als Beispiel zu dienen. Innerlich war sein Blick immer auf die Lotosfüße Krishnas gerichtet. Arjuna wußte, daß sein physischer Körper ihm ausschließlich zu dem Zweck gegeben war, die Anweisungen Krishnas zu befolgen. Krishna bezeichnete dies als die ideale Haltung eines *sthitaprajna*.

SEI IMMER ZUFRIEDEN UND VERDIENE DIR DIE GNADE DES HERRN

Alles was Geburt und Tod unterworfen ist, durchläuft im Leben sechs Stadien: Geburt, Wachstum, Reife, Niedergang, Verfall und Tod. Was aber nicht durch das erste Stadium der Geburt hindurch geht, bleibt auch von den weiteren Stadien verschont.

Verkörperungen der Liebe,

das zweite Kapitel der Gītā ist dem *sānkhyayoga* gewidmet; dieser Name bezieht sich auf den Pfad der Weisheit, und das Prinzip, das *sānkhyayoga* zugrundeliegt, lautet, daß, was immer geboren wird, auch sterben muß. Was aber ist ungeboren? Der *ātman*! Er wird niemals geboren, stirbt niemals und unterliegt deshalb niemals einer Veränderung. Der *ātman* ist ewig, unveränderlich, fortdauernd und eigenschaftslos. Er ist euer wahres Wesen. Es ist der Körper, der geboren wird, durch die sechs Lebensphasen geht und stirbt, während der Bewohner dieses Körpers aber, der *dehin* von all den körperlichen Wandlungen unberührt bleibt. Dieser Bewohner ist der *ātman*, der auch *nirmāyā*, „der, welcher frei von Täuschung ist", genannt wird. Wenn ihr dieses göttliche Prinzip einmal erkannt habt, werdet ihr den *ātman* als das einzige wahrhaft Wertvolle, das einzige wahrhaft Wissenswerte anerkennen. Alles andere ist unbedeutend und nicht von Dauer. Ihr müßt jede erdenkliche Anstrengung machen, um Kenntnis vom *ātman* zu erlangen und dadurch bleibende Freude zu erleben.

Wenn sich Wünsche vervielfachen

Seht nicht tatenlos zu, wie sich eure Wünsche vervielfachen. Begnügt euch mit dem, was ihr bekommen habt. Im Kapitel über *bhaktiyoga* zählt Krishna die 26 Eigenschaften auf, die dem Herrn einen Jünger lieb werden lassen. Unter diesen ragt die Genügsamkeit als eines der wichtigsten Merkmale hervor. Genügsamkeit bedeutet, daß ihr nicht weltlichen Vergnügungen nachlaufen sollt. Ihr habt viel Luxus genossen und viele Sinnesfreuden erlebt, aber keinen inneren Frieden oder Erfüllung daraus gezogen. Ihr müßt jetzt damit aufhören, ihnen hinterher zu rennen. Seid zufrieden mit dem, was ihr habt; betrachtet es als alles, was ihr braucht. Dann werdet ihr wahre Befriedigung erleben.

Das Herz eines Menschen, der keine Zufriedenheit kennt, ist wie ein Sieb. Wenn ihr damit Wasser schöpfen wolltet, würde das Wasser schon beim Hochheben des Siebes vollkommen ausgeronnen sein. Nicht ein Tropfen wird übrigbleiben, um euren Durst zu stillen. Und so ist es auch, wenn ihr unter den brennenden Schmerzen des Verlangens und der Gier leidet: Alle Zufriedenheit schwindet dahin, noch bevor ihr die Gelegenheit hattet, euch diese Wünsche zu erfüllen. Wenn euch die Zufriedenheit verläßt, steht im Hintergrund schon die Unzufriedenheit bereit, um ihren Platz einzunehmen.

Verlangen gebiert immer mehr Verlangen. Jemand, der nichts besitzt, ist vielleicht sehr glücklich, wenn er hundert Rupien bekommt. Aber sobald er sie hat, überlegt er, wie schön es wäre, wenn er tausend Rupien hätte. Und wenn er durch einen glücklichen Umstand tausend Rupien bekommt, wünscht er sich eine Million, und danach würde er gern Großgrundbesitzer werden. Vom Großgrundbesitzer möchte er zum Gesetzgeber, Minister und schließlich Ministerpräsidenten aufsteigen. Zum Schluß wünscht er sich, seinen Besitz und seine Position dazu zu benutzen, den gottgleichen Zustand zu erreichen. Aber man kann das Göttliche nicht mit Geld und Macht erreichen. Wenn die Wünsche keine Grenzen mehr kennen, wird der Mensch unzufrieden, und sein Reichtum verschafft ihm keinen Frieden mehr. Ihr müßt lernen, Zufriedenheit aus dem zu ziehen, was ihr habt, zufrieden zu sein mit dem, was euch gegeben ist. Es ist eure Verantwortung, euch um die Besitztümer zu kümmern, die ihr durch Gottes Gnade bekommen habt, und damit glücklich zu sein. Ihr lobt Gott, aber es ist sehr viel wichtiger, daß Gott euch loben kann. Ihr behauptet, Gott zu lieben, aber ihr müßt viel eher herausfinden, ob Gott euch *Seine* Liebe erklärt hat. Ihr glaubt, daß Gott euch gehört, aber hat Er euch je gesagt, daß ihr Ihm gehört? Angenommen, ihr schickt jemandem einen eingeschriebenen Brief: Ihr werdet erst dann ganz zufrieden sein, wenn ihr vom Adressaten auch in Kenntnis gesetzt werdet, daß er den Brief bekommen und gelesen hat. Den Herrn loben und beteuern, daß Gott groß ist, kann mit so einem eingeschriebenen Brief verglichen werden. Das Absenden allein wird euch nicht befriedigen. Die volle Zufriedenheit ist erst da, wenn ihr von Gott die Bestätigung bekommt, daß ihr Seine Liebe habt und daß auch Er euch als groß ansieht. Nur wenn Er sagt: „Du gehörst Mir. Du bist Mir sehr lieb und teuer!“ werdet ihr wirklich befriedigt sein.

Arjuna bekam eine solche Bestätigung vom Herrn, nachdem er zu Krishna gesagt hatte: „Herr, Du bist mein Ein und Alles, ich bin Dein!“. Zuvor hatte Arjuna einige Wünsche gehabt, aber er hatte sie alle in dem Augenblick aufgegeben, als er sich dem Herrn vollkommen übergab. Daraufhin verdiente er sich die Erklärung des Herrn: „Du Lieber, du gehörst Mir!“ Um diese Erklärung zu verdienen, müßt ihr euch einer Reihe von geistigen Übungen unterziehen. Es ist die Hoffnung und die Frucht aller geistigen Übungen, diese Bestätigung vom Herrn zu bekommen, daß ihr Ihm gehört. Sie wird zu eurem größten Schatz. Sie ist alles, was ihr erreichen müßt. Sie wird zu eurem einzigen Ziel. Seine Gnade zu erringen wird euer einziger Lebenszweck. Wenn ihr dieses Ziel nicht erreicht, waren alle eure Bemühungen umsonst.

Ihr braucht einen Paß

Selbst wenn ihr hochgebildet seid und einen hohen Rang in der Gesellschaft habt, selbst wenn ihr sehr reich seid und euch wer weiß wie weit hochgearbeitet habt: Wenn ihr ins Ausland geht, braucht ihr einen Paß. Die bloße Erklärung: „Ich bin hochgebildet, ich bin reich, ich habe Landbesitz und möchte einen Paß haben“ wird euch noch keinen Paß verschaffen. Wenn ihr in ein fremdes Land reist, müßt ihr euch – egal was ihr alles erreicht habt – einer bestimmten Prozedur unterwerfen. Diese Prozedur kann nicht für Gebildete und Ungebildete, für Arme und Reiche verschieden sein. Sogar in kleinen Dingen, beispielsweise, wenn ihr mit einem Bus, einem Zug oder einem Flugzeug irgendwohin reist, interessiert sich keiner für eure Position und eure Errungenschaften. Sofern ihr eine Fahrkarte bei euch tragt, wird euch keiner fragen, ob ihr reich oder gebildet seid und von welchem Stand ihr seid. Alle werden zufrieden sein mit der Kenntnis, daß ihr eine Fahrkarte habt, und man wird euch dahin bringen, wo ihr hinwollt. Wenn ihr keine Fahrkarte habt, werdet ihr zurückbleiben, gleichgültig was für gute Referenzen ihr habt.

Ihr müßt in der Gnade des Herrn stehen, bevor ihr Eintritt in das Königreich genannt „Freiheit" verlangt. Nur dann kann euch der Eintritt auch wirklich gewährt werden. Die Gnade Gottes ist euer Paß. Aber selbst der ist nicht ausreichend. Es könnte immer noch Einwände und Probleme geben. Ihr solltet auch ein Visum haben, das euch das Recht verschafft, an euren Zielort zu gelangen. Das heißt, zusätzlich zur Gnade Gottes müßt ihr auch die Gnade des euch innewohnenden Seins, des *antarātma* haben. Der Geber ist vielleicht bereit, euch das Geschenk zu geben, aber der Empfänger muß ebenso bereit sein, es anzunehmen. Gott ist bereit zu geben, aber ihr müßt auch die Fähigkeit haben anzunehmen. Ihr müßt also die Liebe Gottes haben und zusätzlich die Gnade, die ihr euch durch innere Anstrengung verdient habt. Wenn diese beiden Komponenten zusammentreffen, werdet ihr frei werden können. Die Bhagavad Gītā lehrt, daß ihr euch zum Betreten des Königreichs der Freiheit und zum Erlangen von *moksha* 26 edle Charaktereigenschaften aneignen müßt. Aber in Wahrheit ist es genug, wenn ihr auch nur eine davon verwirklicht. Das wird für eure Eignung genügen. Eine der wichtigsten Tugenden, die uns im Kapitel über *bhaktiyoga* vermittelt werden, ist die Zufriedenheit. Wer Zufriedenheit besitzt, kann als wahrhaft groß gelten. Swami fragt häufig: „Wer ist der Größte unter den Menschen in dieser Welt?" Die Antwort lautet: „Derjenige, der stets zufrieden ist." Fördert diese innere Zufriedenheit! Verliert euch nicht in der Welt dadurch, daß ihr nach vorübergehenden Freuden, vergänglichem Reichtum, vergänglichen gesellschaftlichen Positionen und Luxus trachtet. Es ist nichts dagegen einzuwenden, daß ihr das Glück genießt, das euch im Leben begegnet. Aber vergeßt nie, daß alles im Leben aus ein paar Grundstoffen – den fünf Urelementen – besteht. Solange ihr die Welt für wirklich anseht, müßt ihr für euren Körper, der auch aus diesen fünf Urelementen besteht, sorgen. Solange ihr noch körperbezogene Bindungen habt, werdet ihr euch auch noch an bestimmte Plätze gebunden fühlen. Das Beste wäre aber, mit solchen Erwägungen keine Zeit zu verlieren. Haltet euch stattdessen immer das Ziel vor Augen. Hier ein kleines Beispiel:

Der Palast des reichen Mannes

Es war einmal ein reicher Mann, der die ganze Welt bereist hatte. Dieser Mann beschloß, sich ein palastartiges Haus bauen zu lassen, das seinesgleichen suchte. Das Haus sollte so außergewöhnlich großartig werden, daß es sämtliche Vorstellungen überstieg – etwas, das man sich nicht erträumen oder sonstwo finden konnte. Er beschloß, dieses Haus zu bauen, selbst wenn es ihn zehn Millionen Rupien kosten sollte. Architekten und Ingenieure wurden aus verschiedenen Teilen des Landes gerufen, um das Vorhaben zu verwirklichen. Schließlich stand das wunderschöne Haus. Und es war ein Haus, das die Menschen verschiedenster Ansichten und verschiedenster kultureller Prägung befriedigte. Zehntausende kamen, um es zu bewundern. Der reiche Bauherr traf alle Vorbereitungen zu einer Einweihung im großen Stil. Zuvor rief er aber noch mehrere Sachverständige zu sich und erkundigte sich, ob sie irgendwelche Mängel oder Fehler, und seien sie auch winzig, in dem Gebäude fänden. Sie konnten es nicht. Das Haus schien vollkommen zu sein.

Er lud Menschen aller Herkunft und verschiedenster Geisteshaltung ein, einschließlich vieler wohlhabender Bürger und hoher Würdenträger. Auch einige große Rishis lud er ein, damit sie ihren Segen erteilten. Unter den Geladenen waren auch einige weise Männer, wahre *sthitaprajnas*, und die Vorkehrungen für ihren Aufenthalt wurden bis ins kleinste Detail ausgearbeitet. Als sie alle versammelt waren, bat der Bauherr inständig: „Ich bitte euch demütigst, mich wissen zu lassen, ob dieses Haus Mängel oder sonstige Fehler aufweist.“ Die Ingenieure, die das Gebäude konstruiert hatten, brachten das gleiche Gefühl zum Ausdruck und fragten die Versammelten: „Wer an diesem schönen Gebäude einen einzigen Fehler findet, komme nach vorn und sage es. Es ist absolut makellos und prächtig; es ist perfekt bis ins kleinste Detail; es ist wirklich einzigartig und modern.“

An diesem Punkt trat ein Yogi, der in der Ecke gestanden hatte, vor, richtete das Wort an den reichen Gastgeber und sagte: „Geehrter Herr, ich sehe zwei große Fehler an diesem Gebäude.“ Die Versammelten waren sehr überrascht und neugierig zu hören, was für Fehler das seien. Der Bauherr faltete die Hände und bat den Mahātma flehentlich: „Swami, bitte nenne mir die Fehler, die du soeben angedeutet hast. Wir können die Antwort kaum erwarten.“ Der Yogi sagte: „Reicher Mann, es steht nicht in deiner Macht, diese Fehler zu beheben. Der eine ist, daß das ganze Gebäude vom Zahn der Zeit bedroht ist und irgendwann in Schutt zusammenfallen wird. Diesem Mangel kann nicht abgeholfen werden. Der zweite Fehler ist, daß die Person, die das Gebäude errichtet hat, auch vergehen und in Vergessenheit geraten wird. Auch diesem Mangel kann nicht abgeholfen werden. Obwohl diese letztlichen Folgen eine Weile auf sich warten lassen werden, sind sie doch unausbleiblich. Du erkennst diese Tatsache nicht an und glaubst, du hättest etwas Makelloses und Großes geschaffen, das ewig währt. Aber dem ist nicht so. Die zwei Fehler werden am Ende doch das Sagen haben.“

Dies ist der Zustand der Menschen, die den Tod vergessen und denken, daß ihr Leben ewig währt. Nur wenn ihr das wahre, ewige Sein im Auge behaltet, nur wenn ihr den *ātman* im Brennpunkt behaltet, wird euch Zufriedenheit erfüllen, und ihr werdet immer Freude und Glückseligkeit empfinden. Friede und Genügsamkeit sind das Haus, das niemals zugrunde gerichtet werden kann, denn es ist das Haus des *ātman* selbst. Nichts kann ihm gleichgesetzt werden.

Anders als die Wohnhäuser, die ihr in der Welt findet, ist dieses Haus vollkommen und ewig und frei von Baufehlern. Ihr müßt einsehen, daß alles in dieser oberflächlichen Welt vergänglich ist. Haltet euren Blick und eure Konzentration auf den unvergänglichen *ātman* gerichtet. Übt euch beständig in dieser geistigen Disziplin, um diese Einsicht zu gewinnen.

In diesem Zusammenhang sagte Krishna zu Arjuna: „Arjuna, du denkst, daß du einige Menschen töten wirst, aber das ist falsch. Du bist das ewig Seiende. Diejenigen, von denen du glaubst, daß sie getötet werden, sind dasselbe ewig Seiende. Du bist die Verkörperung des *ātman*. Der *ātman* wird nicht geboren. Der *ātman* stirbt nicht." Nur wenn ihr diese Wahrheit einseht und entsprechend handelt, werdet ihr die Lehren des *sānkhyayoga* wirklich befolgen. Krishna sagte: „Du bist es nicht, der stirbt, und du bist es nicht, der tötet, noch werden diese anderen Recken sterben oder töten. Diese Tatsache solltest du recht verstehen, Arjuna. Erkenne ihre tiefere Bedeutung und tue deine Pflicht. Erfülle sie auf die rechte Weise, solange du lebst."

Das Motiv suchen

Arjuna antwortete darauf: „Krishna, ich habe nicht einen Wunsch mehr. Ich bin nicht einmal am Himmel interessiert." Doch Krishna fragte Arjuna: „Sagst du das, weil du die Wahrheit erkannt hast, die dieser körperlichen Existenz zugrunde liegt, oder weil du ängstlich geworden bist und Schwäche sich deiner bemächtigt hat? Worte, die aus Anhänglichkeit an deine Angehörigen gesprochen werden, aus dem Gefühl, daß du derjenige bist, der sie töten wird, können niemals mit dem *ātman* in Verbindung gebracht werden. Wenn du das Prinzip und die ewige Wesensart des *ātman* richtig verstanden hast und weißt, daß es keinerlei Mängel oder Makel in ihm gibt, so kann nichts mehr dein Denken und deine Gefühle betören und kein Zweifel dein Unterscheidungsvermögen trüben."

All das wird im zweiten Kapitel der Gītā gelehrt und will in seiner tiefen Bedeutung verstanden sein. Die Behauptung, daß der einzelne nicht tötet, noch getötet werden kann, scheint – oberflächlich betrachtet – von den meisten Lesern der Gītā akzeptiert zu werden. Aber sie machen keinen Versuch, die tiefere Bedeutung dieser Behauptung, die auf dem Prinzip der unsterblichen und unveränderlichen Natur des *ātman* beruht, zu verstehen. Wenn ihr euch umseht, wie die Menschen die Lehren der Gītā praktizieren, werdet ihr entdecken, daß sie es nicht im geringsten tun, obwohl sie ohne Schwierigkeit alle Verse hersagen können und sogar Vorlesungen darüber halten. Hier ist ein kleines Beispiel für dieses Verhalten:

Die Ausrede des Mörders

Ein Jäger – ein sehr schlechter Mensch, der schon viele Tiere getötet hatte – ging irgendwann dazu über, auch menschliche Wesen zu töten. Er begann alle Menschen zu erschießen, die ihm im Wald begegneten, um ihnen ihre Habe wegzunehmen. Als er gefaßt und verurteilt wurde, beschloß der Richter, ihn für seine entsetzlichen Verbrechen zum Tode durch den Strang zu verurteilen. Das Urteil sollte am darauffolgenden Tag vor Gericht verlesen werden. Als er vorgeführt wurde, um den Spruch zu vernehmen, brachte der Verurteilte eine Ausgabe der Bhagavad Gītā mit, die er in der Tasche behielt. Der Richter erklärte, daß der Verurteilte am folgenden Morgen um sieben Uhr gehenkt werden sollte. Als dieser das Urteil vernahm, richtete er unvermittelt das Wort an den Richter und fragte ziemlich kühn: „Herr Richter, warum verhängen Sie so eine harte Strafe über mich?" Der Richter antwortete: „Dieses Urteil wird verhängt, weil du unschuldige Menschen getötet hast." An diesem Punkt zog der Verurteilte seine Bhagavad Gītā aus der Tasche, hielt sie dem Richter entgegen und sagte: „Gemäß dieser heiligen Schrift bin ich weder ein Mörder jener Menschen, noch sind diese je getötet worden!" und fügte unverschämt hinzu: „Wie könnt Ihr eine von Gott selbst gemachte Aussage leugnen?" Nun, in Schläue stand der Richter diesem Mann nicht nach. Ohne einen Augenblick zu zögern, antwortete er: „Ja, es ist sicherlich richtig, daß du nicht getötet hast, und auch, daß sie niemals getötet wurden. Und was mein Urteil betrifft, so töte auch ich dich nicht, noch wirst du getötet werden. Aber dein Tod durch den Strang wird trotzdem morgen um sieben Uhr stattfinden."

Ihr könnt die Bhagavad Gītā nicht ändern, damit sie euch genehm wird. Ihr müßt die Wahrheiten, die sie enthält, in die Tat umsetzen, sobald ihr ihren tiefen Sinn erfaßt habt. Die Gītā wurde nicht nur Arjuna gegeben. Durch Arjuna als Mittelsmann wurde dieses heilige *dharma* der gesamten Menschheit geschenkt. Arjuna steht stellvertretend für die Menschheit. Diese Lehren, die dem Stellvertreter der Menschheit gegeben wurden, sind auf die Menschheit selbst gemünzt. Um ihnen zu folgen, müßt ihr graduell eure Wünsche und Begierden verringern und das Prinzip des *ātman* verstehen lernen. Das wird euch zu einem anhaltenden Zustand der Zufriedenheit führen. Prüft eure Lebensweise und seht, ob ihr die Lehren der Gītā im täglichen Leben verwirklicht. Durch bloßes Auswendiglernen der 700 Verse der Gītā werdet ihr die großartigen Wahrheiten, die darin verborgen sind, nicht erfahren. Diese tiefen Wahrheiten werden sich in euren alltäglichen Lebenssituationen erschließen; im unmittelbaren Erleben werden sie sich euch mitteilen. Die Tugenden, die es zu verwirklichen gilt, müssen euch während der Ausübung eurer Pflichten sonnenklar werden. Ihr müßt erkennen, wie diese 26 Charaktereigenschaften euch helfen, das Ziel zu erreichen, und sie dann auch leben!

Das Wichtigste im Leben

Der Hauptpunkt der heutigen Lektion ist, daß ihr eure Wünsche und eure Gier beherrschen lernen müßt und dadurch in einen Zustand der Zufriedenheit eintreten könnt. Dies ist die Art und Weise, wie ihr Gottes Liebe gewinnen werdet. Eure Liebe zu Gott reicht nicht aus. Eure Liebe zu Gott wird von wenig Nutzen sein, wenn ihr nicht auch imstande seid, so zu leben, daß Er euch Seine Liebe zuwendet. Es geht darum, zu lernen, wie ihr Seine Liebe und Seine Gnade gewinnt. Es hat keinen Sinn, herauszuschreien, daß Gott der eure ist: Ihr müßt euch danach sehnen, daß Gott erklärt, daß ihr die Seinen seid. Es ist die wichtigste Errungenschaft in eurem Leben.

Pflegt von diesem Augenblick an die Tugenden, die euch diese unschätzbare Liebeserklärung eures Herrn einbringen, und heiligt dadurch euer Leben.

GEDULD UND DIE TUGEND DES ERTRAGENKÖNNENS SIND DER KERN ALLER SPIRITUELLEN ÜBUNGEN

Die wichtigste aller edlen Eigenschaften, die ein Jünger des Herrn entwickeln muß, ist die Tugend des Ertragenkönnens (kshamā), *jene friedfertige, unter allen Umständen gleichbleibende Grundhaltung, die – gleichgültig was andere einem Gutes oder Schlechtes tun – immer nur mit Gutem erwidert.*

Verkörperungen der Liebe,

ertragen, aushalten zu können ist der Kern aller spirituellen Bemühungen und das eine Wesensmerkmal, das jeder Mensch in seinem Leben erreichen muß. Sie ist der Glanz der aus sich leuchtenden Menschen und die Buße der Büßenden; sie ist die Wahrheit der Wahrhaftigen. Sie ist Opfer. Sie ist Rechte Lebensweise *(dharma)*. Sie ist heiliges Wissen *(veda)*. Und sie ist Liebe. Sie ist Gewaltlosigkeit und Barmherzigkeit und Glücklichsein. Ertragenkönnen ist alles. Ohne diese Tugend ist die Wahrheit des *ātman*, die ewigwährende, ewig leuchtende göttliche Gegenwart, die unversiegbar in euch scheint, nicht zu erreichen.

Solange ihr glaubt, daß euer Körper und nicht das Göttliche wirklich ist, werdet ihr das Prinzip des *ātman* nicht begreifen. Und solange ihr euch mit diesem Körper identifiziert und nicht mit dem *ātman*, werdet ihr keine direkte Erfahrung der euch innewohnenden Göttlichkeit haben können. Es wurde auf vielerlei Art über den *ātman* gesprochen, aber begreifen könnt ihr ihn nur durch direkte Erfahrung. Die Süße des Nektars kann zwar beschrieben werden, aber solange ihr sie nicht unmittelbar gekostet habt, werdet ihr seine einzigartige Süße nicht schätzen können. Wenn aber der Nektar auf eurer Zunge liegt und ihr ihn kosten dürft, wißt ihr, was Nektar bedeutet. Und wenn ihr nicht versucht, den Herrn zu erkennen – nicht die geeigneten geistigen Übungen praktiziert und nicht die edlen Eigenschaften in euch fördert, die der Herr liebt – wird es euch niemals gelingen, den unmanifestierten *ātman* zu erkennen.

Der Weg zur Unsterblichkeit

Welcher ist der Weg zur Unsterblichkeit? Die Beseitigung alles dessen, was nicht sittlich ist. Swami hat oft darüber gesprochen. Wenn ihr Schwächen wie Haß, Eifersucht, Zorn, Stolz und andere Übel, die veranlagungsmäßig in euch sind, ausmerzt, werdet ihr euch an der ständigen Gegenwart des innewohnenden Gottes erfreuen können. Wenn ihr auch nur zwei der 26 Tugenden annehmt, von denen die Gītā spricht, ihre tiefere Bedeutung erkennt, sie praktiziert und sie zu einem Teil eures Alltags werden laßt, wird sich euch das unsterbliche Wesen des *ātman* erschließen. Und *kshamā*, geduldiges Ertragen, ist eine der allerwichtigsten von allen Tugenden, die ein Jünger des Herrn sich aneignen muß. Sie kann nicht aus

Büchern oder von einem Guru erlernt werden und ist in keinem Geschäft zu kaufen. Nur wenn ihr auch unter erschwerten Umständen vertrauensvoll festhaltet an eurer spirituellen Disziplin, werdet ihr euch wahres *kshamā* aneignen können. Die Pflege dieser Tugend findet gerade in schwierigen Situationen statt. Es gibt mehrere Schwächen, die versteckt in den Menschen schlummern. Und in schwierigen Situationen zeigen oder manifestieren sie sich als Zorn, Furcht, Arroganz und Haß. In solchen Zeiten werdet ihr *kshamā* lernen müssen.

Wenn ihr diese Tugend nicht lernt, werdet ihr im Leben eine Menge Mißbehagen und Unfrieden erleben. Wenn ihr nicht zu ertragen lernt, werdet ihr möglicherweise falsche und schlechte Wege einschlagen. Es ist unerläßlich, daß ihr die Wichtigkeit dieser Tugend erkennt. Alle Erziehung, alle Macht und alles Renommee nützen euch ohne diese Tugend nichts. Es gibt eine ganze Reihe von gebildeten Menschen, die durch Bußübungen verschiedene Kräfte entwickeln konnten, und doch war es ihnen nicht möglich, die Früchte ihrer Buße zu genießen, weil ihnen eben diese Fähigkeit, auszuhalten und zu ertragen, fehlte. Aufgrund dieses Mangels haben bedeutende Jünger ihren guten Ruf verloren. Mangel an Geduld ist der häufigste Grund dafür, daß Könige ihr Reich verloren haben. *Kshamā* ziert euch wie ein strahlender Juwel. Wenn diese wichtige Fähigkeit einmal verloren ist, seid ihr unzähligen Schwierigkeiten und Kummer ausgeliefert. Wenn diese Fähigkeit vom Menschen nicht hochgehalten wird, wird seine ganze Menschlichkeit untergraben. Ihr müßt eure Geduld auf die Probe stellen, indem ihr euch den harten Prüfungen schwieriger Situationen aussetzt.

Der Schutzmantel im Leben

Das Ertragenkönnen ist euer lebenswichtiger Schutzmantel. Wenn ihr ihn habt, werdet ihr weder von Kummer noch sonstigen Problemen und unerwarteten Ereignissen belangt werden. Es ist nichts Außergewöhnliches daran, Gutes mit Gutem zu vergelten, aber Schlechtes mit Gutem zu beantworten ist eine außergewöhnliche Fähigkeit, und das Praktizieren dieser Tugend erfordet einige Geschicklichkeit. Verliert nie die Geduld, wie sehr euch andere auch kritisieren mögen, wie sehr sie über euch reden und euch verdammen mögen. Bleibt gelassen und erhaltet euch weiter euren inneren Frieden. Was verliert ihr schon dabei, wenn andere euch rügen? Wenn ihr aber aus Charakterschwäche eure Geduld und eure Gelassenheit verliert, ist bald alles verloren. Ihr müßt lernen, diese Tugend zu üben, und sie unter allen Umständen richtig einzusetzen.

Es gibt drei wichtige Erscheinungen in der Natur, die dem Menschen besonders nützen. Die eine ist der Baum, die zweite der Fluß und die dritte die Kuh. Ohne Bäume, Flüsse und Kühe würde das menschliche Leben nicht gedeihen. Der Baum spendet unablässig Schutz vor Regen und Sonne jedem, der ihn aufsucht. Gleichgültig, wieviel Gewalt gegen ihn angewendet wird, gleich, wie sehr man seine Äste beschneidet – er wird weiterhin versuchen, dem Menschen Freude zu bereiten. Bäume schenken den Menschen Früchte, Blüten und Brennholz, trotzdem sie dafür nur ausgenutzt und beschädigt werden. Ähnlich ist es bei den Flüssen. Wie sehr sie auch durch den Menschen verunreinigt werden, wie sie sie auch ausnützen, ohne dafür Dankbarkeit zu zeigen – sie werden weiterhin stets der Menschheit dienen und gleichzeitig von ihrem Ziel, dem Meer, das ihre Heimat ist, nie abweichen. Wasser schenkt Leben. Es läßt sich durch die Art seiner Verwendung nicht beirren und steht immer zur Verfügung.

Nun zu den Kühen, die dem eigenen Kalb die Milch vorenthalten, um der Menschheit zu dienen. Sie geben freiwillig von ihrer guten, nahrhaften Milch für den Menschen ab. Wie sehr ihr sie auch belästigt – die Milch, die sie verschenken, wird weiterhin süß und nicht bitter sein. Kühe gehören auch zu den Erscheinungen in dieser Welt, die der Menschheit viel Gutes tun, selbst wenn sie dafür Böses in Kauf nehmen müssen. Der Baum, der Fluß und die Kuh sind gute Beispiele für ein geduldiges Wesen.

Prithvirāj und Muhammad Gori

Es gibt aber auch Situationen, in denen *kshamā* nicht angebracht ist. Beim Üben dieser Tugend müßt ihr sehr auf die Bedingungen achten und euer Unterscheidungsvermögen gebrauchen. Es ist in der indischen Geschichte bekannt, daß Muhammad Ghori König Prithvirāj eine Menge Schwierigkeiten bereitete. Nicht weniger als siebzehnmal drang er in Prithvirājs Reich ein, richtete dort große Verwüstungen an und erbeutete viele Güter. Er setzte die gesamte Bevölkerung unsagbaren Leiden und Verlusten aus. Trotzdem verzieh ihm Prithvirāj, als sein Feind eines Tages in seine Hände fiel, und gestattete ihm, nach Hause zurückzukehren. Prithvirāj verzieh Muhammad Ghori, ohne ihn zu bestrafen, weil er ein großes Herz hatte. Und im Mahābhārata wird erzählt, daß, als Arjuna Ashvattama zu Draupadī brachte, nachdem dieser alle ihre Kinder ermordet hatte, Draupadī Arjuna auf die Umstände hinwies, unter denen einem bösen Menschen verziehen werden sollte. Draupadī sagte zu Arjuna, daß es nicht rechtschaffen ist, einen Menschen zu töten, der Angst hat, demütig und bußfertig ist, nicht bei Bewußtsein ist, der betrunken ist oder ein gebrochenes Herz hat oder um Gnade fleht, und daß Frauen grundsätzlich nicht getötet werden sollen, selbst wenn sie diese Strafe verdienten.

Wer nicht mit dem Tode bestraft werden soll

Als Muhammad Ghori sich Prithvirāj ergab und um Verzeihung und um seinen Schutz bat, vergab ihm Prithvirāj und ließ ihn ziehen. Aber Muhammad Ghori zeigte keine Dankbarkeit. Er war ein absolut verderbtes Individuum, das keine Reue zeigte und von seinem Haß gegen Prithvirāj nicht abließ. Sowie er wieder frei und in seinem Land war, rüstete er wieder gegen den König, und dieses Mal gelang es ihm mit einer List, Prithvirāj gefangenzunehmen. Gnadenlos stach er Prithvirājs Augen aus. Menschen, die so undankbar und rachsüchtig sind wie Schlangen, solltet ihr keine Geduld und keine Nachsicht entgegenbringen. In Telugu gibt es ein Sprichwort, wonach man einem dornigen Busch kein Wasser, und einer Schlange keine Milch geben soll. Geduld beziehungsweise Langmut ist gegenüber Undankbaren nicht angebracht. Dies gilt für die weltliche Ebene. Es muß klar verstanden werden, daß Geduld auf spiritueller Ebene eine grundlegende Eigenschaft ist, die man braucht, um den Zustand des Göttlichen zu erreichen, und daß sie unablässig geübt werden muß.

Bei Jesus könnt ihr diese Tugend in einem hohen Maß finden. Zwölf Jünger lebten mit ihm, und er schenkte seine Liebe, seine Barmherzigkeit und seinen Schutz allen. Aber einer von ihnen, Judas, war undankbar und wurde, vom Geld verführt, zum Verräter. Trotz dieser Untreue verzieh ihm

Jesus und zeigte ihm auch weiterhin seine Liebe. Es ist nicht nötig zu Gott zu beten, daß solche Menschen bestraft werden. Wie im Fall von Judas werden es ihre Taten sein, die sie in die Vernichtung treiben. Die Folgen einer verderbten Handlung müssen vom Täter allein getragen werden. Niemand entgeht den Folgen seiner Handlungen. Ihr mögt nicht vorhersehen können, wann und unter welchen Umständen sie den Betreffenden einholen werden, aber früher oder später sind sie ihm gewiß.

Dharmarājas voreiliges Versprechen

Im Rāmāyana wie im Mahābhārata gibt es eine Reihe von Beispielen, die aufzeigen, wie Menschen letztlich leiden müssen, wenn sie sich nicht in Geduld üben. Denkt an das große Leid der Pāndavas, die wegen des voreiligen Versprechens Dharmarājas, ein Würfelspiel anzunehmen, in den Wald gehen und von Wurzeln und Blättern leben mußten. Dharmarāja hatte die Anweisungen Krishnas und den Rat seiner Brüder mißachtet: Er ging voreilig auf das Spiel ein und hatte die Folgen zu tragen. Aufgrund dieses Mangels an Geduld mußten er und seine Brüder im nachhinein viel Schweres erdulden. Nur aufgrund voreiligen Handelns geschehen solche Dinge. Ihr werdet entdecken, daß selbst Rāma nicht genügend Geduld und Nachsicht aufbrachte. Er weinte wie ein gewöhnlicher Mensch, als Sītā von Rāvana entführt wurde, und am Ende des Rāmāyana gibt es den Vorfall, bei dem Rāma, nachdem er die Kritik und den Klatsch einiger unbedeutender Wäscher gehört hatte, beschloß, Sītā aus dem Reich zu verbannen; danach hatte er unter der Qual der Trennung zu leiden. Selbstverständlich gibt es auf der Ebene der Göttlichen Schau eine tiefere Bedeutung für diese Ereignisse. Aber wenn ihr Rāma vom weltlichen Standpunkt erfassen wollt, werdet ihr feststellen, daß es sein Mangel an Geduld beziehungsweise der Fähigkeit des gleichmütigen Ertragenkönnens war, die zur Verbannung Sītās und letztlich zu seinem Unglück führten. Wenn aber Menschen, die nur für das Wohl der Mitmenschen leben, Leiden ausgesetzt werden, nehmen sie dieses dankbar an, um ein Beispiel zu geben und um vorzuleben, wie wertvoll Geduld ist, wenn es darum geht, den Prüfungen der Welt zu begegnen.

Geduld, Nachsicht, Duldsamkeit müssen – je nach den Umständen – unter Anwendung der Unterscheidungskraft praktiziert werden. Ihr alle habt zwar bis zu einem bestimmten Grad Geduld, aber sobald ein Problem gewisse Grenzen überschreitet, verliert ihr sie. Es gibt Situationen, in denen ein rasches Handeln gerechtfertigt ist. Ihr müßt vorausdenken und euch ständig der Folgen eures Tuns bewußt sein. Unter Umständen kann unangebrachte Duldsamkeit euch im nachhinein große Schwierigkeiten bereiten. In den meisten Fällen ist es die Eile, die Schwierigkeiten nach sich zieht, aber auch ungebührliche Langsamkeit kann euch schaden. Es heißt, daß unangemessenes Zögern sogar Nektar in Gift verwandeln kann.

Langsamkeit und Eile sind zwei Extreme. Zu schnelles Handeln kann tödliche Folgen haben, und zu langes Zögern kann Gutes in Gift verwandeln. Ihr müßt also euer Unterscheidungsvermögen einschalten, um Geduld so einzusetzen, daß ihr den Umständen angemessen richtig handelt. Wenn unverzüglich Erste Hilfe nötig ist oder wenn ihr einen Kranken pflegt, der sterben müßte, wenn ihr ihm nicht sofort seine Medizin gebt, müßt ihr schnell handeln. In solchen Situationen darf es kein Zögern geben; es wäre Gift. Ihr müßt schnell handeln und das Richtige tun. Es gibt auch Situationen, in denen ihr es mit unguten Menschen zu tun habt oder den falschen Weg eingeschlagen habt. Dann kann es angemessen sein, auch einmal die Geduld zu verlieren. Es kann notwendig sein, um diese Menschen zu korrigieren oder auf andere Weise mit der Situation fertig zu werden, nämlich indem ihr erkennen laßt, daß euch die Geduld reißt. In solchen Fällen ist es häufig ausreichend, den Ton eurer Stimme etwas zu verändern. Es ist ja nicht so, daß ihr tatsächlich die Geduld verloren habt. Selbst wenn ihr eure Stimme so erhebt, daß es sich anhört, als seiet ihr wirklich zornig, so könnt ihr trotzdem die Heiligkeit in eurem Herzen bewahren und innerlich ruhig bleiben. Wie bereits gesagt wurde, ist für Menschen, die dem Pfad der Wahrheit folgen, Wahrhaftigsein gleichbedeutend mit Geduldigsein. Ihr müßt diesem Pfad der Wahrheit allezeit treu bleiben. Aber manchmal werdet ihr den Ton in eurer Stimme und die Lautstärke erhöhen müssen, um mit einer schwierigen Situation fertig zu werden.

Krishnas List

Es gibt im Mahābhārata die wohlbekannte Geschichte von Ashvatthāman. Ashvatthāman hatte am letzten Abend des Mahābhārata-Krieges den feierlichen und mächtigen Schwur getan, alle Pāndavas umzubringen, bevor die Sonne am nächsten Morgen aufgehen würde. Krishna kannte natürlich Ashvatthāmans mörderischen Vorsatz und unternahm Schritte, um die Pāndavas zu beschützen. Es war schon beinahe Mitternacht, und Ashvatthāman war es noch immer nicht gelungen, die Pāndavas ausfindig zu machen. Krishna wußte, daß Ashvatthāman zu dem allwissenden Weisen Durvāsa gehen würde, um herauszubekommen, wo die Pāndavas seien. Nun ist es so, daß ein großer Weiser wie Durvāsa niemals lügen würde. Durvāsa war zwar für seine Zornesausbrüche bekannt, aber dieser Zorn hatte einzig den Zweck, die Rechtschaffenheit *(dharma)* zu beschützen und die Feuer der Verderbtheit und des Übels zu ersticken. Selbst im Zorn hielt er an der Wahrheit fest und veränderte nur hin und wieder den Ton seiner Stimme, wenn er Wahrheiten aussprach. An jenem Abend ging Krishna zu Durvāsa. Durvāsa war sehr glücklich darüber, daß er Krishna bei sich empfangen durfte. Er brachte zum Ausdruck, wie sehr er sich durch Seinen Besuch geehrt fühlte und bat Krishna: „Herr, bitte nenne mir den Grund für Dein Kommen." Krishna antwortete: „Durvāsa, ich brauche deine Hilfe." Durvāsa war zutiefst beglückt darüber, daß Krishna, der Herr und Meister über alle Welten, zu ihm kam, um seine Hilfe zu erbitten. Aber selbst dieses Glück war nicht uneingeschränkt. Durvāsa, der sehr intelligent war und alles wußte, sagte zu Krishna: „Herr, ich bin bereit, Dir jede Hilfe zu geben, derer ich fähig bin, aber ich bin nicht bereit zu lügen." Krishna antwortete: „Ich bin der Bewohner aller Herzen; Ich werde wieder und wieder geboren, um die Rechtschaffenheit *(dharma)* zu beschützen. Wie könnte Ich je von dir verlangen, eine Lüge zu sagen? *Dharma* bedeutet Wahrheit, ist auf das Fundament der Wahrheit selbst gegründet. Ich würde dich niemals bitten zu lügen." Durvāsa antwortete: „In diesem Fall bin ich bereit zu tun, was immer Du von mir verlangst. Wie lautet Dein Plan, Herr? Ich will ihn in die Tat umsetzen."

Krishna sagte, er solle ein tiefes Loch graben lassen, das fünf Personen aufnehmen konnte. Als die Grube ausgehoben war, wies Krishna die Pāndavas an, hineinzusteigen. Die Öffnung wurde mit Holzbrettern zugedeckt und ein Teppich darüber ausgebreitet. Und auf den Teppich wurde Durvāsas Sessel gestellt. Krishna bat Durvāsa, sich darauf zu setzen und sagte zu ihm: „Ashvatthāman wird kommen und dich fragen, wo die Pāndavas sind. Du wirst ihm die Wahrheit sagen, aber du kannst dabei den Ton deiner Stimme ein bißchen verändern." Wie Krishna vorausgesehen hatte, erschien Ashvatthāman bei Durvāsa. Er entbot dem Weisen seinen Gruß und fragte ihn: „Herr, du weißt über alles in den drei Welten Bescheid. Bitte sag mir, wo ich die Pāndavas finden kann." Durvāsa blieb bei der Wahrheit und spielte seine Rolle gut. Erzürnt brüllte er: „Die Pāndavas, fragst du? Die Pāndavas sind hier! Selbstverständlich sind sie hier! Direkt unter meinen Füßen!"

Bei diesem gespielten Zornesausbruch bekam es Ashvatthāman mit der Angst zu tun, denn Durvāsas Zorn war bekannt und gefürchtet. Ashvatthāman befürchtete nun, daß er selbst, anstatt die Pāndavas zu töten, von Durvāsa getötet würde und suchte schleunigst das Weite. In Erfüllung seiner Pflicht als erleuchteter Seher *(maharshi)* und in Gehorsam gegenüber dem Befehl des Herrn, die Guten zu beschützen, und unter Wahrung seiner Integrität hatte Durvāsa die Wahrheit gesprochen. Aber er hatte die Bedeutung seiner Worte verändert, indem er den Ton seiner Stimme angehoben hatte.

Ihr müßt Geduld haben, aber gleichzeitig wissen, unter welchen Umständen und auf welche Weise ihr diese Tugend einsetzt. Ihr solltet Geduld und Ausharren im Bereich eurer geistigen Disziplinierung und bei der Kontrolle eurer Rede anwenden, wenn euch einem Menschen gegenüber eher nach einem Gefühlsausbruch ist. Ihr müßt lernen auszuhalten, um allen schlechten Eigenschaften, die in euch sind und euch daran hindern, euer spirituelles Ziel zu erreichen, Herr zu werden. Ihr solltet die Fähigkeit, unter bestimmten Umständen auszuharren, als Prüfung annehmen. Geduld und die Tugend des gleichmütigen Ertragens sind lebenswichtige Eigenschaften für einen Jünger des Herrn. Nur wenn ihr diese Fähigkeiten habt, werdet ihr die tiefen Gesetze der Spiritualität und der Göttlichkeit begreifen.

Um diese Tugenden leben zu können, müßt ihr bestimmte Eigenschaften vollständig vermeiden: Keinerlei Anhaftung, kein Haß und keine Eifersucht dürfen in euch sein. Selbst das geringste Maß an Anhaftung, Haß oder Eifersucht würde es euch unmöglich machen, Geduld zu praktizieren. Da diese beiden Tugenden für einen Jünger des Herrn überaus wichtig sind, werden wir uns demnächst mit den Feinden dieser Tugenden – dem Zorn, dem Haß und der Eifersucht – beschäftigen und lernen, wie wir sie ausrotten können.

HASS UND EIFERSUCHT – ZWEI ÜBEL, DIE DEINEN FRIEDEN ZERSTÖREN

Das eine göttliche Prinzip, das ewig, unveränderlich und beständig ist, wohnt in allen Körpern. Als solches, den Körpern innewohnendes Prinzip nennt man es ātman*; als dem Universum innewohnendes Prinzip nennt man es Gott. Insofern kann es als Körper Gottes betrachtet werden.*

Verkörperungen der Liebe,

die unveränderliche ewige Wesenheit, die allen Raum und alle Materie durchdringt und die das Grundelement aller Lebewesen ist, ist das sogenannte „Innewohnende". Der Körper ist vergänglich; er kommt und geht – das Innewohnende bleibt immer gleich. Ein anderes Wort für dieses Innewohnende ist *ātman* oder unsterbliches Selbst; es ist der universelle Geist, der allem zugrundeliegt, das benannt oder über das gesprochen werden kann. *Ātman* und Gott ist ein und dasselbe; es ist dieselbe eine göttliche Wesenheit. Man nennt es darum in Sanskrit *dehin*, oder „das dem Körper *(deha)* Innewohnende".

Die heiligen Schriften liefern uns Richtlinien, damit wir das Innewohnende *(dehin)* erkennen können; schriftliche Anweisungen allein reichen jedoch zur Erkenntnis nicht aus. Ihr könnt den *dehin* nicht erreichen, indem ihr lediglich die Schriften studiert. Ihr müßt die Offenbarungen der Schriften als Grundlage benutzen und mit Entschlossenheit darangehen, die innere Schau zu entwickeln. Die verschiedenen Schriften – Upanishaden, Veden und Purānas – können nur den Weg aufzeigen. Sie sind wie Wegweiser, die die Richtung anzeigen. Gehen müßt ihr selbst, wenn ihr das Ziel erreichen wollt. Sobald ihr einmal die Richtlinien kennt, müßt ihr euch auf die Reise begeben und auch ankommen. Die Bhagavad Gītā weist diesen Weg.

Sinnlose Sorge

Die Richtlinien dafür beginnen in Vers Elf des zweiten Kapitels der Gītā. Es ist der Anfang der Lehren Krishnas, und es beginnt mit dem Wort *ashocya*, was soviel bedeutet wie „jenes, um das man sich nicht sorgen braucht". Wie kann man sich vor Kummer und Sorge schützen? Der Lehrer der Gītā erklärt, daß es keinen Sinn hat, sich um Dinge zu sorgen, die vergänglich und unbeständig sind. Krishna sagte: „Arjuna, du leidest vergeblich."

Alles in diesem manifesten Universum besteht aus den fünf Urelementen. In den Veden: Existenz *(asti)*, Licht *(bhāti)*, Liebreiz *(priya)*, Name *(nāman)* und Form *(rūpa)*. Das bedeutet: Die Dinge existieren; sie scheinen aus einem inneren Licht heraus; sie haben einen Zweck, vermitteln Freude und haben einen Namen und eine Form. Das Sanskrit-Äquivalent für *asti*, *bhāti* und *priya* ist *saccidānanda* oder *sat-cit-ānanda* (Sein-Bewußtsein-

Glückseligkeit). Dieses *sat-cit-ānanda* ist die ewige Wahrheit, die ständig gleichbleibende Wirklichkeit. Für *saccidānanda* gibt es weder Geburt noch Tod. Deshalb können *asthi, bhāti* und *priya* als Kennzeichen oder Merkmal des Göttlichen gelten. Name und Form sind nur vorübergehende Erscheinungen und folglich Illusion. Sie sind tatsächlich nichts als Vorstellungen.

Alle Dinge, die ihr in der Welt beobachten könnt, sind künstliche Gebilde. Sie sind eines Tages in Erscheinung getreten und werden eines Tages wieder verschwinden. Mit anderen Worten, sie sind Geburt und Tod unterworfen. Man könnte sie mit Verwandten vergleichen: Verwandte kommen euch besuchen und bleiben eine Zeitlang, um euch dann wieder zu verlassen. Sie werden nicht ewig bei euch bleiben. Freude und Leid kommen und gehen ebenso wie diese Verwandten. Und genauso ist jede andere Wesenheit mit Namen und Form unbeständig. Um Spiritualität zu verstehen, müßt ihr erkennen, daß alle erschaffenen Dinge vergänglich und zeitgebunden sind. Sie verschwinden von einem Tag zum anderen, sind ununterbrochen dem Wechsel unterworfen. Sich wegen solcher unbeständigen Dinge zu sorgen, ist töricht.

Wenn ihr die drei zugrundeliegenden Wesenszüge *asti, bhāti* und *priya*, die die Merkmale der Beständigkeit haben, verstehen wollt, müßt ihr bestimmte edle Eigenschaften in euch fördern. Wie Krishna in dem Kapitel über *bhaktiyoga* – die Hingabe – erklärt, ist der Jünger, der die 26 edlen Eigenschaften erreicht hat, dem Herrn sehr lieb. Man muß aber nicht alle 26 Eigenschaften haben. Es ist wie mit einer Zündholzschachtel: Ihr braucht nicht alle Zündhölzer anzuzünden, wenn ihr Feuer haben wollt; ein einziges Hölzchen wird euch alles Feuer geben, das ihr wollt. Wenn ihr eine einzige der 26 Tugenden in euch entwickelt, werden sich die anderen auch bald einstellen. Aber sie müssen zu einem unauslöschlichen und integrierenden Bestandteil eures Wesens werden, bevor ihr hoffen könnt, das Prinzip des *ātman* zu begreifen.

Im vorausgegangenen Vortrag sprachen wir über die Tugenden des Ertragenkönnens und der Geduld. Nun wollen wir uns mit den entgegengesetzten Übeln Eifersucht und Haß beschäftigen. Eifersucht und Haß sind ein diebisches Zwillingspaar. Der eine Zwilling kann ohne die Gesellschaft des anderen nicht existieren. Es gibt eine untrennbare Beziehung zwischen den beiden: Der eine sucht unablässig Deckung beim anderen. Haß könnte man mit einer im Untergrund schwelenden Krankheit vergleichen, während die Eifersucht eine Krankheit ist, die an der Oberfläche erscheint. Gemeinsam sind sie so stark, daß sie einen Baum zerstören können. Stellt euch einen wunderbar grünen, blühenden, Früchte hervorbringenden Baum vor. Wenn ihn bestimmte Krankheiten befallen, kann er innerhalb weniger Tage vertrocknen. Die eine Krankheit befällt die Äste und Blätter, die andere die Wurzeln. Die erste ruiniert die Schönheit des Baumes, die andere zerstört das Leben des Baumes selbst. Die beiden Krankheiten treten immer gemeinsam auf.

Wo Eifersucht ist, da ist auch Haß

So ist es auch mit Eifersucht und Haß: Wo immer Eifersucht auftaucht, da ist auch Haß, und wann immer Haß sichtbar wird, werdet ihr die Eifersucht dahinter hervorlugen sehen. Haß nimmt besondere Formen an und zeigt sich auf vielfache Weise. Die Eifersucht dagegen hat keine Gestalt oder Form; sie bleibt unter der Oberfläche verborgen. Es wird gesagt, daß es keinen Menschen in dieser Welt gibt, der nicht in irgendeiner Weise an Eifersucht leidet. Zumindest eine leichte Neigung dazu ist in jedem Menschen zu finden. Um sicher zu gehen, daß diese Eifersucht und dieser Haß eurer nicht habhaft werden, müßt ihr selbstlose Liebe pflegen. Wo selbstlose Liebe ist, da ist kein Platz für Eifersucht und Haß. Wenn diese beiden ferngehalten werden, könnt ihr göttliches Glück in euch erfahren.

Schönheit

Schönheit ist eine Form dieses Glücks. Wo Schönheit ist, da ist auch Freude. Etwas Schönes ist eine fortwährende Freude. Was ist Schönheit? Ist es die Welt, die einer Sache Schönheit verleiht, oder ist diese in der Sache von vornherein angelegt? Wir haben gesehen, wie alle Dinge einem Wechsel unterliegen. Wenn ihr sie einmal näher betrachtet – wie lange mögen sie ihre Schönheit behalten? Nur das, was unvergänglich ist, kann wirklich schön sein. Die einzige unvergängliche Wesenheit ist Gott, und darum ist Gott allein schön. Nichts in der Welt ist schöner als Gott. Die wichtigste Pflicht eines Jüngers des Herrn ist es, den Nektar der Glückseligkeit zu trinken, der von dieser Schönheit ausgeht. Um euch mit diesem Göttlichen, das so voller Schönheit ist, zu sättigen, müßt ihr euch besondere Tugenden aneignen und die Schwächen und Mängel beseitigen, die in euch schwelen. Die Eifersucht ist ein Übel, das sogar zwischen euch und Gott auftreten kann. In jenem großen Krieg saß Arjuna im Streitwagen hinter Krishna, der den Wagen lenkte. Arjuna hatte am Vorabend des großen Kampfes Krishnas Erklärungen und Erläuterungen gehört, war jedoch noch nicht vollkommen bereit, diese in die Tat umzusetzen. Er empfand Krishna als eine hervorragende Persönlichkeit, war aber noch nicht imstande, die volle Göttlichkeit des Herrn zu begreifen. Der große Krieg begann, und es wurden einige der schrecklichsten Waffen auf dem Kampffeld eingesetzt. Eines Tages geschah es, daß Arjuna sich Bhīshma gegenübersah. Während des Kampfes, den die beiden gegeneinander führten, fielen mehrere schwere Geschosse in Arjunas Wagen, doch Arjuna selbst blieb unverletzt. Der Kampf wütete unvermindert den ganzen Tag über, und keine der beiden Seiten konnte die Oberhand gewinnen, bis Bhīshma schließlich die Kräfte verließen und er ohnmächtig in seinem Wagen zusammensank. Daraufhin erklärte sich Arjuna zum Sieger dieses Tages. Er hatte Glauben an das Göttliche, doch in jenem Augenblick, als Bhīshma fiel, kam Selbstgefälligkeit in ihm hoch. Er war sicher, daß *er* es gewesen war, der den Sieg errungen hatte, und daß Krishna nur seinen Wagen gelenkt hatte.

Arjunas Selbstgefälligkeit

Nach Sonnenuntergang wendeten sie den Wagen und steuerten nach Hause zurück. Sowie der Wagen das Lager der Pāndavas erreicht hatte, hielt Krishna ihn in einiger Entfernung von den Zelten an, drehte sich zu Arjuna um und sagte: „Arjuna, bitte steig ab und geh ins Zelt.“ Überheblich wie Arjuna in seiner Selbstgefälligkeit war, dachte er bei sich: „Der Herr bin ich, und Krishna ist mein Wagenlenker. Er sollte vor mir absteigen, mir die Tür öffnen, und dann werde ich aussteigen. Das ist die richtige Reihenfolge.“ Laut sagte er zu Krishna: „Schwager, bitte steigt du zuerst aus.“ Aber Krishna bestand auf Seinem Entschluß und antwortete: „Nein, Arjuna, du steigst vor Mir aus.“ So ging es eine Weile hin und her, bis Arjuna eifersüchtig wurde. Dunkle Gedanken stiegen in ihm hoch, und er sagte sich: „Da habe ich gedacht, Krishna sei eine große Seele, und nun verhält er sich wahrscheinlich nur deshalb so, weil ich ihm meine Bewunderung ausgesprochen habe. Er hält sich für wichtiger als mich. Nun gut, es ist meine eigene Schuld. Aber der Kampf geht weiter; er muß ausgefochten werden, und ich brauche Krishna dazu. Es ist besser, wenn ich keine Feindseligkeit gegen ihn hege. Jetzt mit ihm Streit anzufangen wäre gewiß nicht in meinem Interesse.“ So stieg Arjuna also, wenn auch sehr ungern, als erster aus dem Wagen und wartete. Krishna aber drängte Arjuna weiter: „Bleib nicht da stehen! Geh ins Zelt!“ Arjuna, der keine andere Wahl hatte, ging ins Zelt. Kaum hatte er das getan, sprang Krishna in einem großen Bogen aus dem Wagen. Im nächsten Augenblick ging das Fahrzeug in Flammen auf und fiel in einen Haufen Asche zusammen.

„Niemand versteht Mein Tun“

Dharmarāja und Arjuna, die Ihn aus der Ferne beobachtet hatten, waren verblüfft. Sie fragten Krishna: „Was ist geschehen? Was ist der Sinn dieser Szene?“ Krishna antwortete: „Arjuna, niemand versteht Mein Tun. Das Göttliche kennt nichts Derartiges wie Selbstsucht oder Egoismus. Das Wohl und die Ermunterung Meiner Jünger sind Mein einziges Bestreben. Ich habe die furchtbaren Geschosse, die Bhīshma abgefeuert hatte und die im Wagen gelandet waren, unter Meinem Fuß festgehalten und unschädlich gemacht. Solange Ich Meinen Fuß darauf hielt, konnten sie dir nichts tun. Wenn Ich vor dir aus dem Wagen gestiegen wäre, hätten dich diese Geschosse mitsamt dem Wagen in die Luft gesprengt. Du hättest in Flammen gestanden. Da du dies nicht wußtest, fordertest du Mich auf, zuerst auszusteigen.“ Als Arjuna dies hörte, erkannte er, wie arrogant und unwissend sein Verhalten gewesen war. Er hatte alle Anzeichen der Eifersucht zu erkennen gegeben. An Gott Fehler finden zu wollen und sich selbst höher einzustufen, kann als eine Art Eifersucht betrachtet werden.

Es gibt eine Reihe wichtiger Erkennungszeichen für Eifersucht. Eifersucht tritt auf, wenn jemand sich einen besseren Ruf als ihr verdient hat oder wenn es jemand zu mehr Wohlstand gebracht hat als ihr. Die Eifersucht wird ihr Haupt auch erheben, wenn ihr in die Gegenwart eines Menschen kommt, der schöner und beliebter ist als ihr. Wenn ein Student bessere Noten bekommt als ihr, werdet ihr eifersüchtig. Es ist eine Schwäche des Durchschnittsmenschen, Eifersucht zu entwickeln, sobald er mit anderen Menschen zusammenkommt, die ihn in bezug auf Wohlstand, Rang, Schönheit, Intelligenz und ähnliches übertreffen. Und diese Eifersucht, die in euch lebt, ist nicht harmlos: In dem Augenblick, in dem sie bei euch Einlaß findet, sind alle Tugenden, die ihr lange gehegt habt, alle erhabenen Eigenschaften, die ihr in euch gefördert habt, zunichte gemacht. Eifersucht ruiniert das Menschliche und verstärkt dafür das Animalische und Dämonische. Diese Untugenden fördern das Dämonische im Menschen. Sie kennen keine Skrupel; sie werden nicht vor und nicht hinter sich sehen, keine Vorausschau und keine Nachsicht haben. Sie sind heimtückisch, und

Eifersucht macht alle Tugenden zunichte

ihr müßt sehr darauf achtgeben, daß sie euch nicht vollkommen vereinnahmen. Freut euch am Wohlergehen eurer Mitmenschen. Freut euch über ihr Vorankommen. Freut euch über den Wohlstand, den sie erreicht haben. Das ist wahre Tugend. Das ist eine der wichtigsten Lehren der Bhagavad Gītā. Das Wohl der andern zu wollen ist eine lobenswerte Eigenschaft, die jeder besitzen sollte.

Krishna sagte zu Arjuna: „Arjuna, sei immer so wie jener Anasūya." *Anasūya* bezeichnet denjenigen, der vollkommen frei von Eifersucht und Neid ist. Eine Geschichte erzählt, daß die drei Aspekte des Göttlichen – Brahmā, Vishnu und Maheshvara – einst kamen, um Anasūya zu prüfen. Anasūya konnte gegen alle drei bestehen und die Untugenden fügsam wie kleine Kinder machen. Das bedeutet, daß ihr, wenn ihr frei von Eifersucht und Neid seid, alle drei *gunas* – *rajas*, *sattva* und *tamas*, die durch Brahmā, Vishnu und Maheshvara dargestellt werden, und das Prinzip des Erschaffens, des Erhaltens und des Auflösens verkörpern – besiegen könnt. Tatsächlich könnt ihr alles erreichen, wenn ihr frei von Eifersucht und Neid seid. Aber man kann gar nicht nachdrücklich genug darauf hinweisen, daß die Eifersucht alle eure guten Qualitäten ruiniert. Ihr mögt denken, daß ihr damit andere ruiniert, aber in Wirklichkeit seid ihr es, die dadurch zerstört werdet, nicht die anderen. Es wird euch krank machen. Ihr werdet nicht mehr gut schlafen können. Ihr werdet nicht mehr imstande sein, euer Essen zu genießen. Selbst wenn ihr völlig gesund seid, wird die Eifersucht alle möglichen physischen Leiden in euch erzeugen, wenn ihr sie erst einmal hereingelassen habt. Es ist wie eine innere Auszehrung. So wie sich die Tuberkulose einschleicht und den Menschen auszuzehren beginnt, so schwächt euch die Eifersucht, ohne daß ihr es bemerkt. Sie kann auf vielfältige Weise in euch eindringen und wird euch letztendlich zugrunde richten.

Eifersucht ist eine lasterhafte Krankheit, der ihr nicht erlauben dürft, Fuß zu fassen. Ihr müßt die Empfindung haben, daß Gott euch allzeit mit Seiner Gnade segnet. Auch wenn ihr in einer niedrigeren Stellung lebt, als ihr zu verdienen glaubt, solltet ihr euch über das Glück der anderen freuen können. Ihr solltet froh sein, wenn ihr von ihren Errungenschaften hört und nicht traurig darüber sein, daß sie Dinge besitzen, die ihr nicht habt. Die Eifersucht reicht in diesem *kaliyuga* überall hin. Sie herrscht in jedem Menschen vor, sei er *yogin*, *bhogin* oder *rogin* – wahrheitssuchend, weltlich orientiert oder krank und ausgestoßen. Meist ist Eifersucht die Ursache dafür, wenn Menschen ihren inneren Frieden verlieren und so ihr Leben vergeuden. Dazu eine kleine Geschichte:

Buddha und die bösen Zungen

Als Buddha eines Tages um Almosen betteln ging, kam Er in ein Dorf, in dem einige seiner Jünger lebten. Die Menschen in dem kleinen Dorf liebten Buddha alle sehr. Aber gerade als Er die ersten Häuser des Dorfes erreichte, sahen Ihn ein paar junge Kerle, die anfingen, Ihn zu kritisieren. Etwas überrascht über den eigenartigen Empfang blieb Buddha stehen und setzte sich auf einen Stein. Dann sprach Er die jungen Leute an: „Nun, ihr Leute, was für einen Genuß bereitet es euch, Mich zu kritisieren?" Ohne einen Grund für ihr Verhalten zu nennen, fuhren sie fort, Buddha herunterzumachen. Buddha sagte: „Nur zu, macht weiter, so lange ihr wollt." Die jungen Männer beschimpften Buddha weiter, bis sie ihrer Schmähungen müde wurden und schließlich den Ort verließen.

Bevor sie abzogen, sagte Buddha noch zu ihnen: „Kinder, Ich möchte euch etwas sagen. In dem Dorf, zu dem Ich unterwegs bin, leben Menschen, die Mich sehr lieb haben; wenn diese Menschen erführen, auf welch niederträchtige Art ihr Mich beschimpft, würden sie euch in Stücke reißen. Um das zu verhindern, habe Ich Mich hier aufgehalten und euch erlaubt, Mich zu beschimpfen. Damit habe Ich euch ein großes Geschenk gemacht. Normalerweise müßt ihr Geld ausgeben, wenn ihr jemandem mit einem Geschenk eine Freude machen wollt und eine Reihe von Vorbereitungen dafür treffen. Und Ich habe es, ohne einen einzigen Paisa auszugeben und ohne die geringste Anstrengung geschafft, euch Vergnügen zu bereiten – einfach indem Ich euch habe reden lassen. Da ihr so viel Spaß daran zu haben scheint, kann es nur so sein, daß Ich der Grund für eure Freude bin. Seht, anstatt unglücklich darüber zu sein, daß ihr Mich beschimpft, konnte Ich euch viel Freude machen."

Aber dann erläuterte Buddha ihnen einen weiteren Punkt, und zwar auf eine Weise, die einen unauslöschlichen Eindruck bei ihnen hinterließ. Er sagte: „Nehmen wir an, ein Bettler kommt zu euch um Almosen. Ihr wollt ihm Essen geben, aber das ist nicht, was der Bettler von euch erbeten hat, und er nimmt es nicht an. Was geschieht nun? Da er nicht annimmt, was ihr ihm geben wollt, werdet ihr die Gabe zurücknehmen müssen, und sie wird bei euch bleiben. Genauso ist es mit der Kritik, die ihr Mir gegeben habt, denn die ist das Almosen, das ihr für Mich hattet. Ihr dachtet sicherlich, daß Ich euren Rat brauche und gabt ihn Mir kostenlos. Aber Ich habe ihn nicht angenommen. Wo geht er nun also hin? Er geht direkt zu euch zurück; er bleibt bei euch und gehört euch. Wie ihr seht, dirigiert ihr in Wirklichkeit all diese Schmähungen zu euch selbst hin. Ihr schmäht Mich nicht im geringsten."

Nehmen wir an, ihr schickt einem Freund einen eingeschriebenen Brief. Was macht die Post mit dem Brief, wenn euer Freund den eingeschriebenen Brief nicht annimmt? Sie schickt ihn an den Absender zurück. Wenn ihr jemanden kritisiert, und die Person, die ihr damit treffen wolltet, nimmt eure Kritik nicht an, so kehrt diese Kritik unweigerlich zu euch zurück. Es ist eine kümmerliche Art von Befriedigung, zu glauben, daß ihr durch eure Eifersucht und euren Haß jemandem schaden könnt. In Wahrheit schadet ihr keinem Menschen außer euch selbst.

Der Obstgarten des samnyāsin

Es gab einmal einen *samnyāsin*, der einen Garten voller Blumen und Obstbäume pflegte. Obwohl er als *samnyāsin* lebte, hatte er eine große Portion Egoismus in sich. In dem Augenblick, in dem sich der Egoismus in ihm breitmachte, hatte auch die Eifersucht Zutritt zu ihm. Wenn Egoismus und Eifersucht auf der Bildfläche erscheinen, gesellt sich der Haß ganz automatisch hinzu. Gott sah, daß diese Person in den Kleidern eines *samnyāsin* ihr Herz mit Gift gefüllt hatte und beschloß, sie zu bessern, indem Er ihr eine Lehre erteilte. Er schlüpfte in das Gewand eines alten Brahmanen und trat in den Garten ein. Der Brahmane ging auf einen kürzlich gepflanzten Baum zu und bewunderte dessen Schönheit. Er sagte: „Wer ist es, der diesen herrlichen Baum so schön gepflanzt hat?“ Der *samnyāsin* näherte sich und antwortete: „O Brahmane, ich bin es. Ich bin verantwortlich für das Gedeihen dieses gesamten Gartens. Ich kümmere mich um diesen Baum und alle anderen Bäume hier. Ganz allein habe ich diese hübschen Wege angelegt und diesen schönen Garten zustande gebracht. Ich allein sehe nach dem Rechten hier. Es ist sonst kein Gärtner da. Ich bin es, der die Pflanzen bewässert. Ich dünge sie, jäte das Unkraut und entferne die Insekten. Ich säubere die Wege. Ich sehe zu, daß diese schönen Blumen und die Früchte hier wachsen; und ich tue das alles, weil ich andere damit erfreuen will.“ Und so fuhr er fort, immerzu „ich..., ich..., ich..., ich...“ wiederholend. Bald nachdem der *samnyāsin* geendet hatte, verließ der Brahmane den Garten. Und wieder eine kleine Weile später wankte eine Kuh in den Garten herein. Sie war so abgezehrt und schwach, daß sie nahe am Umfallen war. Der *samnyāsin* sah, daß die Kuh drauf und dran war, seine schönen Beete zu ruinieren, und warf einen Stock nach ihr, um sie zu vertreiben. In dem Augenblick, als der Stock die Kuh berührte, fiel sie hin und verendete. Der *samnyāsin* war entsetzt, weil er nun die Folgen der schweren Sünde des Kuhtötens tragen mußte. Bald darauf erschien der Brahmane wieder. Er schlenderte den Weg entlang, auf dem auch die Kuh gekommen war, entdeckte den Kadaver und fragte: „Wer hat diese Kuh getötet? Wer hat diese Todsünde begangen?“. Der *samnyāsin* antwortete nicht sofort, und so fragte der Brahmane noch direkter: „Sag, weißt du, wer diese Kuh getötet hat?“ Der *samnyāsin* antwortete: „Das war sicher der Wille Gottes. Hätte sie ohne den Willen Gottes auf diese Weise sterben können? Wenn es ihr nicht bestimmt gewesen wäre zu sterben – hätte sie dann so stürzen und ihr Leben aushauchen müssen, bloß weil ein kleiner Stock sie berührte?“ Als der alte Brahmane das hörte, sagte er zum *samnyāsin*: „Du hast mir vorhin erzählt, daß du allein für das Gedeihen dieses Gartens verantwortlich bist und wie du allein alle diese Pflanzen großgezogen und all diese Wege angelegt hast. Du hast dir all die guten Dinge, die hier geschehen sind, selbst zugute gehalten, aber für das Schlechte machst du Gott verantwortlich. Du bist ein Egoist, der selbst Gott noch etwas neidet. Du hältst dir Dinge zugute, die dem Herrn gehören.“ An diesem Punkt enthüllte der Brahmane seine wahre Identität und sagte: „Ich bin der Herr. Ich bin gekommen, um deinem Egoismus ein Ende zu setzen.“

Wir können nicht voraussehen, in welcher Form der Herr erscheint, um ein Wesen, das voller Eifersucht und Egoismus steckt, zu korrigieren. Er kann jede beliebige Form annehmen und in jedem Augenblick erscheinen. Ihr müßt äußerst wachsam sein, damit ihr nicht Egoismus – und in seinem Gefolge Eifersucht und Haß – in euch aufkommen laßt. Wenn diese erst einmal Fuß gefaßt haben, sind sie sehr schwer wieder zu beseitigen. Eifersucht läßt sich nicht durch einfaches Lesen der Schriften ausmerzen. Aber durch eine entschiedene Anstrengung, euer Denken zu transformieren und selbstlose Liebe zu entwickeln, könnt ihr dieses Ungeziefer vernichten und alle schlechten Gedanken dem Herrn zu Füßen legen. Solange ihr

Seid äußerst wachsam

Transformiert euer Denken

Eifersucht in euch habt, könnt ihr nicht leuchten. Alle Tugenden werden euch verlassen. Die Gītā lehrt, daß der Mensch als vordringlichste Übung für den Geist vorbildliche Tugenden entwickeln und im täglichen Leben anwenden muß; auf diese Weise schafft er sich günstige Voraussetzungen. Wenn ihr ein tugendhaftes Leben führt, werdet ihr das Grunderlebnis des *ātman* haben können. Wenn ihr diese erhabenen Eigenschaften aber nicht in euch fördert, wird es euch niemals möglich sein, *ātman*-Bewußtsein zu verwirklichen.

Das Licht des *ātman* ist überall. Es ist nicht auf eine bestimmte Person oder Gestalt beschränkt. Es ist ein großes Leuchten, das den gesamten Kosmos erfüllt. Es kann jede Gestalt und jeden Namen annehmen. Es ist die wahre Grundlage jedes Namens und jeder Gestalt oder Form. Nehmt zum Beispiel das Licht, das eine Glühbirne entsendet, oder den Luftzug, den ein Ventilator erzeugt, oder die Hitze, die eine elektrische Herdplatte erzeugt, oder die Leistung, die ein Elektromotor hat. Die Wirkungen sind unterschiedlich: Die Leistung des Elektromotors ist etwas anderes als der Luftzug, den ihr vom Ventilator bekommt. Das Licht aus der Glühbirne ist etwas anderes als das Essen, das ihr auf der Herdplatte kocht. Die Wirkungen also sind unterschiedlich und die Geräte ebenso, aber durch alle diese Geräte fließt ein und derselbe elektrische Strom. Das gleiche gilt für das Prinzip *ātman*: Es manifestiert sich auf unterschiedliche Weise in unterschiedlichen Körpern, doch das Substrat ist dieselbe Einheit.

Die Leuchtkraft des elektrischen Lichtes ist proportional zu dem Strom, der in den Glühbirnen fließt. Das Licht, das aus den Glühbirnen kommt, kann verglichen werden mit dem Leuchten des *ātman* in den einzelnen Wesen. Das Licht hat keine Umrisse, keine Form, doch die Glühbirnen gibt es in verschiedenen Formen und mit verschiedener Wattleistung. Eine Blitzlichtlampe hat eine andere Form als eine Neonröhre. Die Birne, die sich in der Eßzimmerlampe befindet, mag sehr hell sein, während die eines Nachttischlämpchens eher schwach ist. Ihr mögt euch aus Unwissenheit fragen, warum, wenn es nur eine einzige Art von Strom gibt, Eßzimmerlampe und Nachttischlampe verschieden hell leuchten. Der Unterschied liegt in den Glühbirnen. Und genauso gibt es Unterschiede in der Äußerung von Liebe in den verschiedenen Herzen. Wenn eure Liebe voll, ganz und gesund ist, mögt ihr imstande sein, die Fülle der Leuchtkraft des *ātman* zu manifestieren und hell zu erstrahlen. Wenn eure Liebe eng und selbstsüchtig ist, wird sie etwa wie das Strahlen einer Nachttischlampe sein. Es ist keine Frage des elektrischen Stromes. Das Potential, aus dem jede Menge Strom erzeugt werden kann, steht jedermann zur Verfügung und ist ständig bereit. Ihr müßt die Glühbirne auswechseln, um helleres Licht zu bekommen. Wenn ihr mit Eifersucht und Neid angefüllt seid, wird euer Licht sehr schwach sein. Wenn ihr die Strahlkraft selbstloser Liebe in euch habt, wird die Leistung vergleichbar sein mit einer 100-Wattlampe. Laßt deshalb eure Liebe sich entfalten. Das Göttliche kann nur mit Hilfe der Liebe erkannt werden.

Das Potential steht jedem zur Verfügung

Um den Mond zu sehen, braucht ihr keine Taschenlampe auf ihn zu richten. Sein eigenes Licht reicht aus, um ihn zu sehen. Wenn ihr Gott, der in einem fort immerzu Liebe ist, sehen und wahrnehmen wollt, wird euch das nur kraft der Liebe gelingen. Es ist unmöglich, Ihn zu sehen, wenn ihr von Haß erfüllt seid. Haß ist das genaue Gegenteil von Liebe und so etwas wie Blindheit. Wie stark auch das Licht sein mag, das ihr auf einen Blinden richtet, so wird er das Licht doch nicht sehen können. Solange ihr schlechte Eigenschaften habt, werdet ihr das Göttliche, das euch so nahe ist, nicht wahrnehmen können. Wenn ihr frei seid von Eifersucht, Egoismus und Haß, werdet ihr das Leuchten des Göttlichen unmittelbar erleben. Ein Mensch, der sein Auge der Weisheit geöffnet hat, wird aufgrund der Gottesgegenwart in ihm leuchten. Ein Mensch, dessen Augen in Unwissenheit geschlossen sind, wird des Herrn nicht gewahr werden. Wenn ihr die Augen schließt, werdet ihr stundenlang nach einem Handtuch suchen müssen, das vielleicht direkt über euch im Regal liegt. Macht eure Augen auf, und ihr werdet es mit einem Griff finden. Der Weise, *(jnānin)*, dessen Augen dem Göttlichen geöffnet sind und dessen Sicht nicht von Unwissenheit umnebelt ist, nimmt Gott unmittelbar wahr und erreicht Ihn.

Lieber tot als unwissend

Ihr werdet zum *jnānin*, wenn ihr tugendhaft seid. Aber wenn ihr mit schlechten Eigenschaften vollgestopft seid, mit allen möglichen Zweifeln, Eifersüchteleien und Haß in allen Schattierungen, werdet ihr rein gar nichts begreifen. Darum sagt man auch: „Lieber tot als mit der Blindheit der Unwissenheit geschlagen." Ihr sollt euch von der Unwissenheit befreien, und Eifersucht ist eines der Übel, die die Unwissenheit nähren. Darum sollten Studenten mit ihren jungen, formbaren Herzen und einer lichtvollen Zukunft mit einer großen Entwicklung vor sich niemals der Eifersucht Raum geben. Wenn jemand in eurer Klasse eine besonders gute Note bekommt, solltet ihr nicht gleich eifersüchtig werden. Ihr könntet zum Beispiel darauf hinarbeiten, eine ebenso gute Note zu bekommen. Wenn ihr das nicht geschafft habt und außerdem noch eifersüchtig seid, habt ihr zwei Fehler gemacht: Erstens habt ihr nicht genügend gut gelernt, denn sonst hättet ihr besser abgeschnitten; und zweitens habt ihr euer Herz mit eurer Eifersucht verdunkelt. Darüber zu jammern wäre der dritte Fehler. Alle diese schlechten Eigenschaften, die euch mit Sicherheit viel Schaden zufügen, solltet ihr niemals aufkommen lassen; sie sind imstande, ganze Familien zu zerstören, die einmal glücklich waren und alles Gute dieses Lebens genießen durften.

Als Krishna Arjuna diese Wahrheiten lehrte, sagte Er unter anderem: „Die Kauravas, Dhritarāshtras hundert Söhne, wollen das Glück und die Freude der Pāndavas zerstören. Es sind ihre üblen Eigenschaften, die sie dazu bewegen, all diese schändlichen Taten zu vollbringen. Eifersüchtige Menschen ziehen die Gesellschaft schlechter Menschen an. Die Kauravas werden begleitet von ihrem bösmeinenden Onkel Shakuni, der sie in ihrer Feindseligkeit gegen die Pāndavas unterstützt. Shakuni ist voller Eifersucht; sie alle sind wie blind. So wie ihr Vater im physischen Sinn blind war, sind die Kauravas geistig blind. Sie finden zueinander und verstärken einander. Aber du kannst sicher sein, Arjuna, daß ihre üblen Eigenschaften sie vernichten werden." Und nicht einer von ihnen überlebte, der die Totenfeier für die verstorbenen Eltern hätte abhalten können.

Die Gītā ist ein Wunschbaum

Wenn ihr die Gītā wirklich verstehen wollt, müßt ihr damit beginnen, all die guten Eigenschaften und Tugenden zu entwickeln, über die wir gesprochen haben. Wenn diese ein Teil von euch geworden sind, werdet ihr das Göttliche unmittelbar erleben können. Die Gītā ist ein Wunschbaum: Sie wird euch das Begriffsniveau vermitteln, das euren besonderen Wünschen entspricht. In dieser Ära wird die Gītā von den Menschen deshalb mißverstanden, weil sie so voller falscher Wünsche sind. Und so ist die Gītā für sie nutzlos. Ihr aber sollt eure Tugendhaftigkeit fördern und euch mit Liebe anfüllen; dann wird die hehre Botschaft der Gītā in euch leuchten und euch dazu inspirieren, das Gottsein zu erreichen, das eure niemals vergehende Wirklichkeit ist.

RECHTES TUN UND DIE WAHRHEIT – SO WICHTIG WIE DER HAUCH DES LEBENS SELBST

Krishna sagte: „Wo Rechtschaffenheit (dharma) *ist, wo Heiligkeit ist, wo Pflichttreue und Wahrheit befolgt werden, da ist Sieg. Wer* dharma *beschützt, wird von* dharma *wieder beschützt. Arjuna! Handle immer gemäß der Göttlichen Ordnung* (dharma). *Lebe ein heiliges und ehrbares Leben."*

Verkörperungen der Liebe,

dharma hat sieben Aspekte, so wie der Regenbogen sieben Farben enthält. Der erste Aspekt ist Wahrheit, der zweite ein guter Charakter, der dritte Rechtes Handeln, der vierte die Beherrschung der Sinne, der fünfte Buße oder geregelte, der Disziplin unterworfene Lebensführung, der sechste Verzicht und der siebte Gewaltlosigkeit. Alle diese Facetten des *dharma* sind zum Schutz des einzelnen und zum Wohl der Allgemeinheit niedergelegt worden.

Wahrheit

So wie Brennen das Wesen des Feuers ist, so wie Kälte das Wesen des Eises ist, Duft das Wesen der geöffneten Blüte, Süße das Wesen des Zuckers, so ist Wahrheit das Wesen des Menschen. Wahrheit ist die Grundlage von *dharma* selbst. Wenn ein Mensch die eingeborene Wahrheit erfaßt, die sein tiefinnerstes Wesen ist, dann versteht er die Wirklichkeit, die er ist. Denn Wahrheit und ein guter Charakter sind der Lebensatem selbst.

Für jeden, der Erfolg auf dem Gebiet der Spiritualität anstrebt, sind drei Charakterzüge besonders wichtig. Der erste dieser drei wird am besten mit den Worten „Religiosität, Heiligkeit und Güte" umschrieben, der zweite mit den Worten „Gewährenlassen, Geduld und Duldsamkeit" und der dritte mit den Worten „Entschlußkraft, Entschiedenheit, Tapferkeit". Gleich welche Bildung ihr habt, ob ihr reich seid, wichtige Positionen innehabt, ob ihr ein großer Gelehrter oder Staatsmann seid: Wenn ihr nicht diese drei Charakterzüge habt, seid ihr so gut wie tot. Was ihr auch gelernt oder sonst noch erreicht haben mögt – ohne diese drei Charakterzüge werden alle anderen Errungenschaften wertlos sein. Die Menschen schenken der äußeren Schönheit ihre Aufmerksamkeit, Gott dagegen sieht nur die innere Schönheit. Die Wahrheit ist, daß der untadelige Charakter eines Menschen seine Schönheit ausmacht. Ein Mensch ohne guten Charakter ist nichts als ein Stein. Ihr müßt den sieben Aspekten des *dharma* folgen und jeden einzelnen in euch leuchten lassen, denn jeder von ihnen ist euch ganz und gar wesenseigen.

Der erste Schritt ist Wahrhaftigkeit. Wahrhaftigkeit bedeutet nicht einfach, vom Lügen Abstand nehmen. Ihr müßt die Wahrheit als euren Wesenskern, als die Essenz und Grundlage eures Wesens begreifen. Für die Wahrheit solltet ihr bereit sein, alles zu opfern. Die Welt dreht sich in Ehrfurcht vor der Wahrheit und dient ihr beständig. Wo keine Wahrheit ist, entsteht Angst, und wer voller Angst ist, traut sich kaum zu leben. Umgekehrt ist es so, daß die Wahrheit den Menschen furchtlos macht.

Wahrheit beschützt

Wahrheit ist das, was die gesamte Welt beschützt und in Bewegung hält. Wahrheit beseitigt alle Ängste. Wahrhaftig sein ist eine außerordentlich wichtige Eigenschaft, und nur ein Mensch, der ihr unabweichlich folgt, wird imstande sein, das Gottsein zu erreichen. Charakter ist der Lebensatem der Wahrheit. Wichtig für den Charakter sind Tugendhaftigkeit und gute Lebensführung. Tugenden, gute Eigenschaften, gute Lebensführung – all das verleiht dem Menschsein Glanz.

Um eurem inneren Menschen und der Menschheit zu dienen und um eure eingeborene Göttlichkeit zu verwirklichen, müßt ihr Wahrhaftigkeit, einen einwandfreien Charakter und gute Lebensführung als Grundvoraussetzung betrachten. Ihr müßt von Kindheit an die nötigen Anstrengungen machen, um diese Voraussetzung zu schaffen. Kinder tendieren dazu, bewußt oder unbewußt kleinere Fehler zu begehen. In der Angst, daß den Eltern diese Verfehlungen bekannt werden und daß sie bestraft oder geschimpft werden, versuchen sie, ihre Übertretungen zu verheimlichen.

Das Lügen

Dadurch gewöhnen sich die Kinder bereits im zarten Alter das Lügen an, und diese Gewohnheit kann sie unter Umständen ihre Lebensgrundlage kosten. Die Unwahrheit wird eure Menschlichkeit untergraben. Beschließt deshalb, immer die Wahrheit zu sagen, ungeachtet der Folgen, die sich daraus ergeben mögen – ob sie euch Freude und Gewinn bringt oder ob sie Bestrafung nach sich zieht. So wichtig wie die Grundmauern für ein Haus sind, so wie Wurzeln das „Fundament" eines Baumes sind, so ist die Wahrheit das einzig wahre Fundament eines Lebens als Mensch.

Hariscandras Weg

Wenn ihr in der Wahrheit nicht fest gegründet seid, werdet ihr unsicher und unbeschützt durchs Leben gehen. Ein Beispiel für striktes Anhaften an der Wahrheit kann im Leben von Hariscandra gesehen werden. Um der Wahrheit treu zu bleiben, gab Hariscandra seine Frau, seinen Sohn und sein Königreich auf; Wahrhaftigkeit wurde seine Buße. Letztendlich mußte er, um seine Schuld zu bezahlen, seine Frau als Magd verkaufen, danach seinen Sohn und schließlich sich selbst. Aber auch unter diesen schlimmen Umständen, selbst in dieser aussichtslosen Situation war er nicht bereit, eine Unwahrheit zu sagen oder in anderer Weise vom rechten Handeln *(dharma)* abzuweichen. Als sein Sohn starb, brachte seine Frau den Leichnam zum Einäscherungsgelände (das ihr Mann zu betreuen hatte, d. Übers.). Und obwohl er wußte, daß es seine Frau Candramatī war, die da kam, und daß der Leichnam der seines Sohnes war, fügte er sich doch seiner Pflicht als Feuerbestatter. Auch unter den herausforderndsten Umständen wich Hariscandra nicht von seiner Wahrheit und seiner Pflicht *(dharma)* ab. Er betrachtete Wahrheit und Pflicht als die zwei Augen eines Menschen, als die zwei Räder eines Wagens, als die beiden Flügel eines Vogels, von denen jedes für das andere unentbehrlich ist.

Die Erwachsenen müssen der Jugend von Anfang an beibringen, wie wichtig es ist, die Wahrheit zu sagen. Es war einmal ein Vater, der seinem

Sohn zum Geburtstag ein ganz besonderes Geschenk machen wollte. Er liebte seinen Sohn, und so gab er ihm eine goldene Münze und sagte, er solle damit zur Mutter gehen und sie bitten, ihm vom Goldschmied einen Ring daraus machen zu lassen. Am darauffolgenden Tag mußte der Junge sich für eine Prüfung vorbereiten; das Goldstück hatte er vor sich auf dem Tisch liegen, an dem er lernte. Nun hatte der Junge eine kleine Schwester, die sehr neugierig und unternehmungslustig war. Als sie ins Zimmer hereinkam, sah sie gleich das Goldstück, nahm es in die Hand und fragte: „Bruder, was ist das?" Er antwortete: „Das ist eine Goldmünze." Sie fragte weiter: „Woher hast du sie?" Der Junge antwortete scherzhaft: „Die ist auf einem Baum gewachsen." „Wie konnte diese Goldmünze auf einem Baum wachsen?" wunderte sich die Schwester. Der Junge erfand nun eine ganze Geschichte und erzählte eine Lüge nach der anderen. Er sagte: „Wenn du sie wie einen Samen in die Erde eingräbst und mit Wasser begießt, wird ein Baum daraus. Von diesem Baum bekommst du dann noch mehr solcher Goldstücke." Die Schwester wollte mehr darüber wissen, aber der Junge sagte: „Du, ich habe keine Zeit, mit dir zu reden. Ich muß lernen. Frag mich später." Und als sie sah, wie beschäftigt er war, nahm sie die Gelegenheit wahr und steckte das Goldstück ein. Dann ging sie aus dem Zimmer und schnurstracks in den Garten, um ein kleines Loch in die Erde zu graben. Sie legte das Goldstück in das Loch und bedeckte es mit Erde. Dann schüttete sie Wasser darauf und dachte dabei die ganze Zeit daran, wie ein Bäumchen aus dem Samen wachsen würde.

Der Sohn und die Goldmünze

Das Dienstmädchen, das das kleine Mädchen vom Fenster aus beobachtete, sah, wie es die Münze eingrub, und als die Kleine wieder ins Haus rannte, ging die Magd hinaus und grub die Münze wieder aus. Inzwischen hatte die Mutter ihren Sohn daran erinnert, daß er zur Schule müsse. Der Junge wollte nun der Mutter die Goldmünze übergeben, wie der Vater gesagt hatte, konnte sie aber nirgends finden. Er lief zu seiner kleinen Schwester und fragte sie, ob sie die Goldmünze gesehen hätte. Sie antwortete: „Bruder, ich habe mir gedacht, wenn wir einen Baum daraus wachsen lassen, werden wir eine Menge solcher Münzen haben, und so habe ich sie im Garten in ein Loch getan." Daraufhin gingen alle zu der Stelle, wo das Kind die Münze vergraben hatte, konnten aber keine Münze dort finden.

Der Junge war nun in arger Bedrängnis. Anstatt an seinem Geburtstag glücklich zu sein, weinte er. Er erzählte seiner Mutter einen Teil der Geschichte, und sie fragte ihn: „Aber *warum* hat deine Schwester das Goldstück genommen und im Garten eingegraben, mein Sohn?" Der Junge wußte es anscheinend nicht mehr, und so ließ die Mutter ihr Töchterchen holen und fragte es, warum es das getan habe. Die Kleine antwortete: „Er hat gesagt, daß aus der Münze ein Baum wird, und da habe ich es so gemacht, wie er gesagt hat." Die Mutter wandte sich wieder an ihren Sohn: „Weil du deiner Schwester Lügen erzählt hast, bist du heute an deinem Geburtstag unglücklich, anstatt daß du dich freuen kannst. Du weinst, und nicht nur das: Du hast auch die Goldmünze vom Vater nicht mehr."

Wenn Kindern erlaubt wird zu lügen und so leichtfertig mit der Wahrheit umzugehen, wird die Gewohnheit im Lauf der Jahre zunehmen.

Wenn ihr ihnen dagegen von Anfang an beibringt, die Wahrheit als das Fundament ihres Lebens zu betrachten, wird ihr Charakter gefestigt, und sie werden Großes leisten können.

Der Dieb und der zamindar

Es gab einst einen großen Meister *(jagadguru)*, der vielen Menschen half, in ihrer Spiritualität Fortschritte zu machen. Wenn jemand zu ihm kam und ihn bat, ihn einzuweihen, untersuchte er als erstes das Verhalten und den Charakter des Betreffenden, um herauszufinden, welche Fähigkeiten er besaß. Entsprechend dieser Fähigkeiten und dem Stand seiner Entwicklung gab er dann ein Mantra. Eines Tages kam ein Dieb, der erkannt hatte, was für ein großer Mann der *jagadguru* war, zu ihm und bat um ein Mantra. Der *jagadguru* sagte: „Gut, mein Sohn, was sind deine Eigenschaften? Was für Fehler hast du?" Der Dieb antwortete: „Meine erste schlechte Eigenschaft ist, daß ich nachts von Haus zu Haus gehe, einbreche und stehle. Und weil ich die Nacht mit Stehlen verbringe, betrinke ich mich am Tage und schlafe mich aus. Das Trinken ist meine zweite schlechte Eigenschaft. Damit ich nicht erwischt werde, muß ich manchmal, um meine Haut zu retten, die Polizei auf eine falsche Fährte locken und Lügen erfinden. Das ist meine dritte schlechte Eigenschaft."

Der Meister *(mahātman)* fragte den Dieb: „Gut, mein Kind; du sagst, du stiehlst, trinkst und sagst die Unwahrheit. Könntest du eine dieser schlechten Eigenschaften aufgeben?" Der Dieb überlegte eine Weile hin und her. „Wenn ich nicht stehle", dachte er, „wie soll ich meine Frau und meine Kinder ernähren? Nein, das Stehlen kann ich nicht aufgeben. Und nur wenn ich meinen kräftigen Körper gesund erhalte, kann ich der Polizei immer wieder entkommen. Also brauche ich viel Schlaf, und das Trinken hilft mir, am Tag Schlaf zu bekommen. Aber es ist nicht wahrscheinlich, daß ich oft geschnappt werde; ich werde also das Lügen aufgeben." Laut sagte er: „Ich könnte das Lügen aufgeben." Worauf ihn der Meister fragte: „Versprichst du, daß du von morgen an immer die Wahrheit sagen wirst?" Der Dieb antwortete: „Ganz sicher. Sogar von heute an will ich nur mehr die Wahrheit sprechen." Es war sein fester Entschluß, und tatsächlich machte er es sich von dem Tag an zur Gewohnheit, die Wahrheit zu sagen, wohin er auch ging.

In einer heißen Sommernacht bald darauf beschloß er, in einer nahegelegenen Stadt einzubrechen. Der *zamindar* (Bürgermeister) dieser Stadt, ein sehr wohlhabender Mann, hatte sich zum Schlafen auf das Dach seines Hauses begeben. Damals gab es noch keine Ventilatoren oder Klimaanlagen. Aber er konnte in der stehenden, schwülen Nachtluft keinen Schlaf finden. Inzwischen war es dem Dieb gelungen, auf die Terrasse zu klettern, und kaum hatte er sich hinaufgeschwungen, erspähte ihn der *zamindar*. Der wußte sofort, daß er es mit einem Einbrecher zu tun hatte, und sprach ihn an: „He, du, wer bist du?" Und weil der Dieb nur die Wahrheit sagte, antwortete er: „Ich bin ein Dieb." Der *zamindar* wollte nun die Pläne des Einbrechers erfahren und fragte weiter: „Tatsächlich? Ich bin auch einer!" Also beschlossen sie, gemeinsam in das Haus einzubrechen und die wertvolleren Dinge daraus zu stehlen. Der *zamindar* sagte zum Dieb: „In diesem Haus ist ein Safe, und darin sind wahrscheinlich Wertgegenstände, aber es wird sehr schwierig werden, ihn aufzubekommen, es sei denn, wir kriegen irgendwoher die Schlüssel. Laß mich in das Haus einbrechen und sehen, ob ich die Schlüssel finden kann." Dann fuhr er fort: „Ich hatte vorhin nach jemandem Ausschau gehalten, der für mich Schmiere stehen könnte. Jetzt, wo ich in dir einen Freund gefunden habe, kann ich hinein."

Er verließ den Dieb und tat so, als bräche er in das Haus ein. Er hielt sich eine Weile im Haus auf, kletterte nach einigen Minuten mit den Schlüsseln in der Hand wieder nach oben und tat so, als müsse er dabei vorsichtig sein. Zum Dieb sagte er: „Ich habe die Schlüssel, aber ich kann den Safe nirgends finden; ich habe ihn überall gesucht. Laß mich hier aufpassen, und geh du ins Haus. Sieh zu, daß du den Safe findest, und bring die Wertsachen mit, die der reiche Mann sicherlich darin aufbewahrt." Es stellte sich später heraus, daß der *zamindar* drei große Diamanten in dem Safe aufbewahrt hatte. Der Dieb schlich sich ins Haus, fand den Safe, öffnete ihn und entnahm ihm die drei kostbaren Diamanten. Sofort tauchte in seinen Gedanken das Problem auf, wie sie die drei Diamanten unter sich teilen sollten. Seitdem der Dieb begonnen hatte, dem Pfad der Wahrheit zu folgen, war automatisch auch ein gewisses Maß an Rechtschaffenheit in ihm. Er brachte die drei Diamanten mit aufs Dach und sagte zu seinem Komplizen: „Bruder, du kannst einen Diamanten behalten. Ich behalte den zweiten. Den dritten können wir nicht zerteilen. Ich werde ihn in den Safe zurückbringen, damit der Eigentümer auch noch etwas hat." Nachdem sie dies besprochen hatten, stieg der Dieb noch einmal ins Haus und legte den dritten Diamanten in den Safe zurück. Dann kletterte er wieder aufs Dach.

Als der Dieb nun wieder seiner Wege gehen wollte, fragte ihn der *zamindar*: „Bruder, vielleicht könnten wir diese Art der Zusammenarbeit auch in Zukunft hin und wieder pflegen. Gib mir bitte deine Adresse, damit ich Kontakt mit dir aufnehmen kann." Und weil der Dieb verpflichtet war, die Wahrheit zu sagen, gab er dem reichen Mann seine richtige Anschrift. Am nächsten Morgen zeigte der *zamindar* pflichtgemäß den Verlust zweier Diamanten aus seinem Safe bei der Polizei an. Er wies einige Wachleute an, in die in der Adresse genannte Stadt zu gehen und den Dieb, der dort wohnte, festzunehmen. Der Dieb war in der betreffenden Stadt gut bekannt. Die Polizei ging hin und fand ihn ohne Schwierigkeiten. Sie nahmen ihn fest und brachten ihn zu dem *zamindar*. Der Dieb erkannte bei Tageslicht in ihm nicht seinen Partner der vergangenen Nacht. Der *zamindar* begann Fragen zu stellen: „Nun, wie bist du in dieses Haus hineingekommen? Wie bist du an die Diamanten gekommen?" Und der Dieb erzählte haargenau alle Details seines Abenteuers. Er erzählte, wie er aufs Dach geklettert war, wie es zur Zusammenarbeit mit einer weiteren Person gekommen war, wie er ins Haus eingestiegen war, den Safe geöffnet, die drei Diamanten entnommen hatte, einen seinem Partner gegeben und einen für sich behalten hatte und wieder ins Haus eingestiegen war, erneut den Safe geöffnet und den dritten Diamanten wieder hineingelegt hatte. Jede Einzelheit erzählte er. Der *zamindar* rief nach seinem Wachmann und sagte: „Geh, und sieh nach, ob sich noch ein Diamant im Safe befindet." Der Wachmann nahm die Schlüssel des Safes und dachte bei sich: „Ob ein Dieb einen gestohlenen Diamanten in einen Safe zurücklegt?" Er öffnete den Safe, sah den Diamanten, den der Dieb an seinen Platz zurückgelegt hatte, steckte ihn in seine Tasche und ging zum *zamindar* zurück. Dort berichtete er, daß kein Diamant in dem Safe zu finden gewesen sei. Der *zamindar* aber durchsuchte die Taschen des Wachmanns, fand den Diamanten darin und entließ den Beamten auf der Stelle.

Dann rief er den Dieb zu sich und sagte zu ihm: „Ich weiß, daß du in allem, was du berichtet hast, die Wahrheit gesagt hast. Deshalb will ich dich von heute an in meinem Dienst haben. Nur ein wahrheitsliebender Mensch darf im Gemeindedienst arbeiten. Unglücklicherweise bist du ein Dieb geworden, aber deinem Wesen nach bist du keiner." So konnte dieser Mensch das Stehlen aufgeben und wurde zu einem hohen Beamten. Er fuhr fort, wahrhaftig zu sein, gab nach und nach automatisch auch das Trinken auf und wurde ein ehrlicher und aufrechter Mensch.

Ihr mögt im Anfang einer Menge Schwierigkeiten begegnen, wenn ihr der Wahrheit treu bleibt. Aber schließlich wird euch eure Wahrhaftigkeit Glück und Freude und Erfolg in allen euren Bemühungen schenken. Um das Glück und das Wohlergehen der Menschheit zu fördern, lehrt Krishna in der Gītā, daß der Mensch immer wahrhaftig sein soll. Er erklärte die Wahrheit zum königlichen Weg durchs Leben und daß er der einzige Weg sei, um rechtes Verhalten in der Gesellschaft zu pflegen. Es heißt manchmal, der *dharma* sei untergegangen. Das stimmt nicht. Da *dharma* auf der Wahrheit beruht, wird er niemals einem Wandel unterworfen sein. Die Ausübung des *dharmas* jedoch kann im Verlauf eines Zeitalters einen Wandel erfahren. Deshalb inkarnierte Krishna: um die *Ausübung* des *dharma* wiederaufzubauen, nicht um den *dharma* als solchen (die Göttliche Ordnung) wiederherzustellen. Der *dharma* ist nie verschwunden, noch hat er sich jemals geändert. Er war nur „außer Gebrauch".

Dharma geht nie unter

Die sieben Facetten des *dharmas* sind zu allen Zeiten vorhanden gewesen, sei es im *krita-*, *treta-*, *dvāpara-* oder *kaliyuga*. Jedoch hat jedes Zeitalter besondere, geeignete Übungen gekannt. Im *kritayuga* zum Beispiel war die Meditation die geeignetste Übung oder das geeignetste Opfer, im *dvāparayuga* war es der rituelle Gottesdienst und im *kaliyuga* ist es *nāmasmarana*, die Wiederholung des heiligen Namens. So wie im *kritayuga* auch der Einfluß des *kaliyuga* präsent war, so ist auch in unserem gegenwärtigen *kaliyuga* der Einfluß des *krita-* sowie der anderen Zeitalter bemerkbar. Deshalb gibt es auch in diesem *kaliyuga* Menschen, die den Weg der Meditation einschlagen, solche, die sich mehr Bußübungen hingeben, und solche, die den rituellen Gottesdienst pflegen. Und umgekehrt gab es auch im *kritayuga* Menschen, die als Übung ständig den Namen des Herrn wiederholten. Aber die grundlegenden Übungen hängen vom allgemeinen Charakter und dem Tenor der Zeiten ab.

Die verschiedenen Übungen geben dem *dharma* gewissermaßen verschiedene Gesichtszüge, doch hinter diesen Gesichtszügen lebt dieselbe Göttliche Ordnung *(dharma)* unverändert weiter. Die Wahrheit wird sich nie verändern. Wahrheit ist immer eine, nicht zwei. In allen Zeitformen – Gegenwart, Vergangenheit und Zukunft – und in allen drei Welten – Erde,

Himmel und Unterwelt –, in allen drei Bewußtseinszuständen – Wachen, Träumen und Tiefschlaf – und in allen drei *gunas* – *sattva*, *rajas* und *tamas* – ist die Wahrheit immer eine. Da Wahrheit eins und die Grundlage des *dharma* selbst ist, wankt er nie und unterliegt keiner Veränderlichkeit. Die Pflicht dagegen ist in Abständen dem Wechsel unterworfen. Denkt zum Beispiel an einen Menschen, der einer bestimmten Büroarbeit nachgeht. Wie lange wird diese Arbeit seine Pflicht sein? Solange, bis er sie aufgibt. Bis dahin geht er jeden Tag ins Büro. Sobald er diese Art der Arbeit aufgibt, ändert sich seine Pflicht. Vielleicht beginnt er dann, in eigener Sache Geschäfte zu machen und erklärt nun diese Arbeit zu seiner Pflicht. Er mag dabei versucht sein, auf krummen Wegen einen Extragewinn herauszuschlagen; er könnte versuchen, Geld durch Lügen und Betrügen zu verdienen. Aber er wird immer noch sagen, daß seine Geschäfte seine „Pflicht" sind. Wie kann dies *dharma* genannt werden, wenn sich so viel ändert, was die Pflicht betrifft? Sich verändernde Tätigkeiten sind nichts als „Pflichten" und können nicht *dharma* genannt werden.

Göttliche Ordnung und Pflicht

Das Wort *dharma* hat eine ganz besondere Bedeutung. Alle Tätigkeiten, die den Nächsten nicht behindern und die Freiheit des Nächsten nicht beeinträchtigen, können als *dharmisch* bezeichnet werden. Hier ein kleines Beispiel: Ihr haltet einen langen Stock in der Hand und spielt damit, indem ihr ihn hin- und herschwingt und schlendert damit eine breite, verkehrsreiche Straße entlang. Ihr sagt euch: „Ich habe das Recht, hinzugehen, wohin ich will. Das ist meine Freiheit." Die Person, die aus der entgegengesetzten Richtung kommt, hat jedoch das Recht, sich vor eurem Stock zu schützen. Ihr seid mit einer Tätigkeit beschäftigt, die andere Menschen auf dieser Straße in Gefahr bringt. Euer *dharma* verlangt, daß ihr die Menschen, die euch auf eurem Weg begegnen, nicht behindert. Wenn ihr euch so verhaltet, daß es die Freiheit der anderen nicht beeinträchtigt, handelt ihr gemäß eures eigenen *dharma*. Wenn jeder Mensch das Nichtverletzen des Mitmenschen als seinen *dharma* betrachtet, wird es Frieden, Freude und Gedeihen in der Welt in Fülle geben. Solches Handeln ist wirkliche Pflicht, eine Pflicht, die erfüllt werden muß, um das Ideal der göttlichen Ordnung *(dharma)* aufrechtzuerhalten.

Drei Arten von Pflicht

In eurem täglichen Leben als Mitglied einer Familie gibt es drei Arten von Pflichten, die man als drei Aspekte des *dharma* bezeichnen kann. Da ist die Pflicht gegenüber der Gesellschaft, dann die obligatorische, unerläßliche Pflicht und die Pflicht gegenüber der Familie. Nehmen wir zunächst ein Beispiel für die Pflicht gegenüber der Gesellschaft. Angenommen, morgen ist Sonntag, der für euch ein freier Tag ist, und ihr möchtet einige Bekannte zu euch zum Tee einladen. Aber in der Nacht zuvor bekommt ihr Fieber. Ihr seht ein, daß ihr eure Freunde in diesem Zustand nicht richtig empfangen und bewirten könnt und daß euch die Einladung deshalb nicht glücklich machen würde. Ihr beschließt also, die Teeparty zu verschieben. Aufgrund eures Wunsches und der veränderten Umstände verschiebt ihr die Einladung auf den Sonntag darauf. Das ist euer Recht. Diese Änderung könnt ihr vornehmen; ihr dürft die Einladung verschieben; ihr seid frei, die Vorkehrungen zu treffen, die ihr wollt.

Nehmen wir als nächstes ein Beispiel für eine unerläßliche Pflicht. Im Zusammenhang mit den bevorstehenden Prüfungen hat der Vizekanzler (der Sathya-Sai-Baba-Schulen in Prashānti Nilayam, d. Ü.) eine Versammlung angeordnet, an der alle Lehrer teilnehmen sollen. Da dies eine wichtige Veranstaltung des Prüfungskomitees ist, müssen sie daran teilnehmen. Selbst wenn sie Fieber haben sollten: Sie nehmen ein Aspirin und gehen hin. Das ist unerläßlich, und sie haben kein Recht, abzusagen. Die Terminbestimmung lag nicht in den Händen der Lehrer, aber da das Treffen nun einmal einberufen wurde, wird von ihnen erwartet, daß sie teilnehmen.

Nehmen wir jetzt ein Beispiel für eine Pflicht gegenüber der Familie. Zu Hause entspinnt sich ein kleiner Streit zwischen den Eheleuten. Sie befinden sich im Schlafzimmer, und der Ehemann ermahnt seine Frau ernstlich. Sie ist wütend, und der Ehemann geht ins Wohnzimmer. Dort entdeckt er, daß soeben ein Freund zu Besuch gekommen ist. Sowie er den Freund erblickt, begrüßt er ihn mit einem breiten Lächeln und einem herzlichen „Hallo". Er bietet dem Freund einen Sessel an und setzt eine freundliche Miene auf. Dann geht er in die Küche und findet dort seine Frau, die noch immer wütend auf ihn ist. Er behält wahrscheinlich seinen harten Ton mit ihr bei, aber kaum ist er wieder im Wohnzimmer bei seinem Freund, plaudert er jovial mit ihm weiter. Es ist seine Pflicht, den guten Namen seiner Familie zu schützen, indem er sich so verhält, daß niemand erfährt, daß er mit seiner Frau gestritten hat.

Wenn der Mann, der sich mit seiner Frau im Schlafzimmer zankt, im Wohnzimmer seinem Freund ärgerlich sagen würde, er möge wieder gehen, würde er den Freund verletzen. Zudem würde der Freund denken, der Mann sei verrückt geworden. Es ist wichtig, darauf zu achten, daß die Geheimnisse und Vertraulichkeiten, die in der Familie ausgetauscht werden, nicht auf die Straße hinausgetragen werden. Dies ist eine wichtige Pflicht des Familienoberhauptes. Er muß ständig darauf bedacht sein, die Ehre der Familie zu wahren. Wenn durch eine Indiskretion die Ehre seiner Familie ruiniert wird, wird es für ihn oder seine Familie ein Leben lang kein Glück und keine Zufriedenheit mehr geben.

Sinnesbeherrschung

Um den guten Namen eurer Familie zu beschützen, müßt ihr euch ständig der Bedürfnisse der Familienmitglieder bewußt sein. Das erfordert Sinneskontrolle. Wenn ihr euch nicht in dem Sinne zu beherrschen wißt, wie wir es neulich dargelegt haben, werdet ihr arrogant. Sinneskontrolle heißt im Sanskrit *dama*. Das Wort besteht aus den zwei Silben „*da*" und „*ma*". Wenn die beiden Silben in umgekehrter Reihenfolge gelesen werden, so ergibt das „*mada*", und *mada* heißt Arroganz – eine sehr üble Eigenschaft. Ein Mensch, der gelernt hat, seine Sinne zu beherrschen, bekommt den Beinamen „*sākshara*", was einen Menschen bezeichnet, der ein Führer geworden ist. Wenn dieses Wort ebenso umgedreht wird, wird „*rākshasa*" (Dämon) daraus. Mit anderen Worten: Ein Mensch, der arrogant ist und sich nicht beherrschen kann, ist nichts anderes als ein Dämon. Wenn ihr also *dharma* leben und beschützen wollt, müßt ihr eure Sinne beherrschen können. Sinnesbeherrschung ist sehr wichtig für alles Erstrebenswerte im

Leben. Krishna sagte zu Arjuna: „Arjuna, werde ein Weiser *(sthitaprajna)* und lerne vollkommene Kontrolle über die Sinne. Gehorche nicht ihrem flackernden Verlangen. Sie müssen sich dir unterordnen. Du solltest nicht ihr Sklave werden, sondern sie umgekehrt zu deinen Dienern machen. Du bist *gudākesha*, derjenige, der die Sinne überwunden hat; und nur weil du sie überwunden hast, hast du dir das Recht gesichert, *hrishīkesha*, dem Herrn der Sinne, nahe sein zu dürfen. Ohne Sinneskontrolle kannst du *hrishīkesha* nicht erreichen."

Hauptmerkmal des Weisen

In diesem zweiten Kapitel der Gītā über *sānkhyayoga* werden alle Merkmale eines *sthitaprajna* erläutert. Von all diesen Eigenschaften ist die Sinneskontrolle die wichtigste. Wir haben im Lauf dieses Gesprächs die verschiedenen Aspekte von *dharma* erörtert, die man mit den Sonnenstrahlen vergleichen könnte, die sieben Farben oder Facetten aufweisen. Wie am Anfang gesagt wurde, umfaßt das sonnenhelle Licht des *dharma* die Strahlen der Wahrheit, des guten Charakters, des rechten Verhaltens, der Sinneskontrolle, der Buße, des Verzichts und der Gewaltlosigkeit. Sie alle müßt ihr euch aneignen.

Bevor ihr die Verse der Gītā auswendig lernt, solltet ihr versuchen, ihre Bedeutung zu verstehen und sie in eurem Leben in die Tat umzusetzen. Es ist Swamis Wunsch, daß ihr nun, nachdem ihr so viel Interesse am Auswendiglernen dieser Verse verspürt, das gleiche Interesse auch am Praktizieren ihrer Lehren an den Tag legt und euch dadurch alle guten Eigenschaften aneignet, die sie übermitteln.

HERZENSWÄRME UND ERBARMEN – ZEICHEN WAHRER MENSCHLICHKEIT

Liebt alle Wesen. Gebt keiner Feindseligkeit, keinem Haß gegenüber irgendeinem Wesen Raum. Das Göttliche wohnt in seiner ganzen Fülle im Herzen eines jeden. Dies ist die fundamentale Lehre der Gītā.

Verkörperungen der Liebe,

wenn ihr jemanden haßt, haßt ihr Gott selbst. Wenn ihr irgendjemanden kritisiert oder rügt, ist es derselbe Gott, den ihr sonst so verehrt, der kritisiert und beschimpft wird. Dies ist die Lehre von der Bruderschaft des Menschen, die in den heiligen Schriften Indiens von alters her vermittelt wird.

Doch die Bhagavad Gītā vertritt einen noch höheren Standpunkt als diesen. Sie lehrt nicht nur, daß das Göttliche als universaler Geist überall gegenwärtig ist, sondern auch, daß es eins ist mit dem innewohnenden Selbst, dem *ātman*. Das bedeutet: Die Gītā lehrt über die Existenz der Bruderschaft des Menschen hinaus auch die Einheit des Selbst, den einen, überall vorhandenen *ātman*. Die Gītā zeigt auf, daß der *ātman*, der als das Selbst in euch existiert, als dasselbe Selbst auch in allen anderen menschlichen Wesen sowie in den niederen und höheren Tierformen und allen übrigen Arten von Lebewesen gegenwärtig ist. So wie die Gītā euch anweist, Glück und Elend als gleichwertig zu betrachten, so lehrt sie euch auch zu erkennen, daß der eine *ātman* in allen Wesen gleichermaßen vorhanden ist – seien es Menschen, Tiere oder Pflanzen.

Ihr müßt die Überzeugung haben, daß dieselbe Göttlichkeit, angefangen bei den Insekten und den mikroskopischen Lebewesen bis hin zu Brahmā, dem Schöpfer, überall in gleichem Maße vorhanden ist. Aus dieser Erkenntnis heraus sang der Dichter Tyāgarāja zu Rāma:

Der Schöpfer lebt in allem

„O Herr, Du lebst in den Ameisen ebenso wie in Brahmā; Du bist als Krishna und als Rāma gekommen, aber tatsächlich lebst Du in jeder Erscheinungsform."

Heutzutage ist der Mensch so geartet, daß er, wenn er irgendwo Ameisen sieht, nicht davor zurückschreckt, sie zu töten; aber wenn er vor einem Bild steht, das eine bekannte göttliche Gestalt zeigt, betet er sie an. Sich zu einer Sache bekennen und ihr entgegengesetzt handeln ist ein typisches Merkmal des Menschen von heute. Das ist der Grund, weshalb er, anstatt den Status eines *mahātman* – eines Gottmenschen – zu erreichen, nichts als ein *durātman* – ein Verderbter – geworden ist. Die Bhagavad Gītā aber lehrt, daß das harmonische Vereinigen von Gedanken, Worten und Taten die wahre Natur des Menschen ausmacht; das ist es, was ihn zum großen Menschen *(mahātman)* macht.

Entwickelt euren Glauben und seht die gleiche Göttlichkeit in jedem Lebewesen. Verbreitet eure Liebe, welche der innerste Kern eurer göttlichen Natur ist und die göttliche Natur alles dessen, was Leben hat. Schaut jeden Menschen mit warmem Herzen, mit Liebe an. Solange ihr nicht diesen Ansatz macht im Umgang mit den anderen, wird all euer spirituelles Bemühen umsonst sein. Gott verehren, während ihr euren Mitmenschen Schaden zufügt, kann euch niemals zum Ziel führen. Die Gītā lehrt, daß der Mensch selbst Gott ist und daß Gott Mensch ist. Die Einheit von Gott und Mensch wird in der Gītā wiederholt hervorgehoben: „Nur derjenige, der allen gleich begegnet, ist ein wahrhaft menschliches Wesen", erklärt Krishna. Welche Bildung ihr auch haben mögt – wenn ihr keine menschliche, freundlich-liebe Art zeigt, dann wird alles null und nichtig sein.

Freundlichkeit gegenüber allen Lebewesen ist eine der wichtigsten Tugenden des Menschen. Ihr müßt euer Unterscheidungsvermögen einsetzen und herausfinden, wie ihr Herzenswärme in euren Alltag bringen könnt. *Bhūtadayā* – Warmherzigkeit gegenüber allen Lebewesen – bedeutet, sich um Menschen zu kümmern, die in Not sind, und ihnen zu Hilfe zu eilen. Ihr müßt die Anstrengung machen, die nötig ist, um ihren Schmerz, ihr Leid und ihre sonstigen Schwierigkeiten zu lindern. Es hat keinen Sinn, euch ununterbrochen das Wort „Warmherzigkeit, Warmherzigkeit, Warmherzigkeit" vorzusagen; ihr müßt sie praktizieren und zu einem Teil eures Lebens machen. Ihr müßt davon überzeugt sein, daß Warmherzigkeit eins ist mit Göttlichsein. Ihr müßt davon überzeugt sein, daß das Herz, das warmes Mitgefühl für alles Leben beherbergt, der Tempel Gottes ist.

Es gibt eine ganze Reihe von Schwächen, die in das Wesen des Menschen eingedrungen sind; als Folge davon hat er seine angeborene Herzenswärme verloren und ist grausam geworden. Er benimmt sich wie ein Tier im Dschungel. Krishna lehrt, daß das nicht die wahre Natur des Menschen, sondern das exakte Gegenteil davon ist. Das Wort „menschlich" selbst wird benutzt, um Herzenswärme auszudrücken. Von all den Blumen der Hingabe nimmt Gott die Blume der menschlichen Herzenswärme mit der größten Liebe entgegen. Ihm gewöhnliche Blumen schenken und ihn mit den üblichen Gedanken und Absichten, die sie begleiten, zu verehren, wird keine Liebe in Ihm wecken. Es wird Ihn nicht freuen, noch wird Er solche Opfergaben annehmen. Was nimmt Er denn gerne an? Was billigt Er denn wirklich? Er nimmt die Blumen der Menschlichkeit, die Blumen der Liebe, die Blumen der Barmherzigkeit, die in eurem Herzen blühen. Wie sollt ihr dieses Gefühl „Herzenswärme" ausdrücken? Es ist nicht ausreichend, nur ein paar gute Werke zu tun. Ihr müßt euer Herz verändern. Es muß eine Art Quantensprung in eurem Glauben geschehen. Ihr müßt einen tiefwurzelnden, überzeugten Glauben von der göttlichen Allgegenwart entwickeln. Ihr müßt in der Überzeugung leben, daß in jedem Herzen derselbe Gott wohnt. Dann werdet ihr imstande sein, in den Schmerzen und dem Kummer des anderen euren eigenen Schmerz und Kummer zu erkennen.

Das kleine Mädchen und der alte Mann

In einem kleinen Dorf lebte ein Ehepaar mit einer kleinen Tochter. Sie waren eine nur kleine Familie von drei Mitgliedern und nicht wohlhabend; genauer gesagt, sie waren sehr arm. Aber trotz ihrer Armut hatten die Eltern beschlossen, ihrem Kind eine Schulbildung zu ermöglichen. In dem Dorf, in dem sie lebten, gab es keine Schule, so daß sie ihr Kind in einen Nachbarort schicken mußten. Das kleine Mädchen mußte jeden Tag einen Wald durchqueren, um die Schule dort zu erreichen. Städter fürchten sich vielleicht davor, durch einen Wald gehen zu müssen, aber einem Menschen vom Land macht das nichts aus; es gehört zu seinem Alltag. Also verbrachte das kleine Mädchen seine meiste Zeit mit dem Fußmarsch zur Schule, mit dem Lernen dort und mit dem Nachhauseweg am Abend.

Auf dem Waldweg gab es einen Unterstand, wo sich die Wanderer ausruhen konnten. Eines Tages sah das Mädchen einen alten Mann in dem Unterstand liegen. Er schien leidend zu sein, und das kleine Mädchen erkannte, daß er nicht bis zum Dorf würde gehen können, um ärztliche Hilfe und Versorgung zu bekommen. Sein Körper war schwach vor Hunger, und als das Mädchen näher herankam, sah es, daß er tatsächlich in schlechter Verfassung war. Wie jeden Tag trug es das Mittagessen mit sich, und von diesem Tag an gab das Kind dem alten Mann, den es weiterhin in dem Unterstand liegend vorfand, ein Essen. Jeden Tag stellte es ein Essen neben ihm hin und nahm am Abend auf dem Nachhauseweg das leere Töpfchen wieder mit. Nach zehn Tagen, an denen das kleine Mädchen den alten Mann so versorgt hatte, ging es diesem etwas besser.

Eines Tages, als es unterwegs nach Hause war, nahm er seine Hand und fragte: „Liebes Kind, du hast mir jeden Tag Essen gegeben. Bitte sage mir, woher du es hast. Wissen deine Eltern, daß du mir jeden Tag Essen bringst? Nimmst du es am Ende ohne ihr Wissen? Oder ist dies womöglich dein Mittagessen, das du mir gibst? Bitte, antworte mir." Das kleine Mädchen antwortete: „Lieber Herr, ich bin dazu erzogen worden, niemals Dinge ohne Erlaubnis zu nehmen, und ich kann dir versichern, daß meine Eltern wissen, daß ich dir Essen bringe. Wir sind eine sehr arme Familie und haben sehr wenig Geld, aber wir sind immer noch imstande, das Essen für uns und solche, die in Not sind, zu verdienen. Also konnte ich Essen von meiner Familie auch für dich mitbringen."

Der alte Mann fragte: „Aber wenn ihr so wenig Geld habt, wie könnt ihr dieses Essen kaufen?" Das Kind antwortete: „Hinter dem Wald steht ein Baum, der Früchte trägt. Ich pflücke sie, wenn ich auf dem Schulweg daran vorbeikomme und verkaufe sie unterwegs. Mit dem Geld, das ich dafür bekomme, kaufe ich das Essen für dich. Am nächsten Morgen bereite ich es zu und bringe es dir." Der Kranke war überaus gerührt über den Opfersinn, die Intelligenz und die Geradheit dieses kleinen Mädchens. Er fragte weiter: „Woher hast du deine edle Gesinnung?" Das Kind antwortete: „Alles, was ich kann, kommt von der Schule und von meinen Eltern. Meine Eltern haben mir von Kindheit an gesagt, daß wir mit anderen teilen und ihnen dienen müssen. Wir sind ziemlich arm, aber wir versuchen immer, anderen zu helfen. Ich habe Barmherzigkeit im frühesten Kindesalter gelernt, und es macht mich sehr glücklich und zufrieden." Auf diese Weise erzählte es dem alten Mann nach und nach mehr von seiner Familie und ging dann nach Hause.

Der Mann gewann allmählich seine Gesundheit wieder und konnte in das Dorf gehen, in dem das kleine Mädchen mit seiner Familie lebte. Und was hatte die Barmherzigkeit des Kindes schließlich zur Folge? Der alte Mann suchte die Familie auf und erzählte, wie er zu Gott gebetet hatte: „O Herr, schenke den Eltern dieses Kindes Gesundheit und Wohlergehen. Als ich krank und hilflos war, konnte ich der Welt nicht nützlich sein. Nun fühle ich mich sehr viel besser und kann anderen behilflich sein. Ich bete zu Dir aus einem Herzen voller Dankbarkeit und bitte Dich, diese Familie zu segnen."

Für das, was das Mädchen aus Herzensgüte getan hatte, erwartete es in keiner Weise eine Belohnung. Es hatte in treuem Glauben dem Mann jeden Tag geholfen. Nun schüttete der Herr wohlwollend Seine Gnade über das Mädchen aus. Eines Abends erschien Er vor dem Haus, in dem die Familie wohnte, mit einem Beutel voll Gold und erkundigte sich: „Ist dies das Haus, aus dem ein Kind stammt, das einem Menschen in Not Essen und Wasser gegeben hat?" Und Er fuhr fort: „Ich war es, der in der Gestalt eines kranken Mannes dort in dem Unterstand lag. Ich gebe euch heute dieses Gold, damit das Kind ohne Sorgen groß werden und eine gute Bildung erhalten kann. Ich habe zehn Tage in dem Unterstand verbracht, um euer Kind zu prüfen. Das Herz dieses Kindes ist heilig und rein; es ist voller Herzenswärme; sein Herz ist Meine Wohnung, Mein Tempel." Dann gab Er das Gold den Eltern mit der Anweisung, es für das Glück und das Wohlergehen der Tochter einzusetzen.

Aber die Eltern waren nicht besonders glücklich über die Aussicht, einen solchen Schatz zu besitzen. Sie fielen dem Gott, der sie mit Seinem Erscheinen gesegnet hatte, zu Füßen und antworteten: „O *mahātman*, wir brauchen nicht so viel Reichtum. Reichtum, der das eigene Fassungsvermögen übersteigt, ist schädlich; er kann einem Menschen den Seelenfrieden rauben. Er kann das Ego vergrößern und Gott vergessen lassen. Wir möchten nicht so viel." Aber nachdem Er sie gesegnet hatte, war der Göttliche wieder verschwunden und ließ sie mit dem Beutel Gold zurück. Der Mann, der zu ihnen gekommen war, war nicht bloß eine große Seele. Die Familienmitglieder erkannten in Ihm Gott selbst. Sie behielten das Gold nicht für sich, sondern benutzten es zum Wohl der Gemeinde, in der sie lebten und baten jeden Dorfbewohner, in der Überzeugung zu leben, daß in jedem Lebewesen die volle Manifestation des Göttlichen gegenwärtig ist. Allein durch ihren Lebenswandel – indem sie Liebe, Mitgefühl und Barmherzigkeit gegenüber allen Lebewesen zeigten – bewiesen sie, daß Gott erreicht werden kann.

Ihr solltet euren Glauben nicht dadurch einengen, daß ihr denkt, Gott lebe nur an einem bestimmten Ort. Ihr müßt Gott überall erfahren. Wie könnt ihr dieses Gefühl entwickeln? Wie die Studenten mit ihrem Eröffnungsgebet uns vor ein paar Minuten mitgeteilt haben, wohnt Gott im Inneren wie im Äußeren. Wenn Gott nur innen existierte, wäre die innere Reinheit ausreichend. Aber da Gott auch außerhalb von uns existiert, ist auch äußerlich Reinheit erforderlich. Ihr müßt also innen und außen Reinheit pflegen; nur dann werdet ihr euch der vollen Gegenwart des Herrn bewußt werden. Was bedeutet „äußere Reinheit"? Selbstverständlich bedeutet es zunächst, den Körper rein zu halten und sauber gekleidet zu sein. Aber es bedeutet sehr viel mehr als das. Euer Zimmer muß sauber gehalten werden. Die Bücher, die ihr lest, müssen ebenso sauber gehalten werden. Sei es Körper oder Gemüt: Erlaubt nicht, daß Schmutz und schlechte Eigenschaften sich darin ansammeln. Die Anweisung, daß ihr täglich zweimal ein Bad nehmen solltet, bedeutet, daß jede Unreinheit aus Körper und Seele herausgewaschen werden muß. Wo sich Schmutz ansammelt, bilden sich Bakterien, die Krankheiten mit sich bringen. Erlaubt deshalb keinen Unreinheiten irgendwelcher Art, in euch zu bleiben.

Äußere Sauberkeit

Jeden Morgen solltet ihr eure Zähne mit Bürste und Zahnpaste reinigen und auch eure Zunge säubern. Laßt nicht zu, daß irgendwelche Unreinheiten im Haupteingang eures Körpers bleiben. Wann immer sich irgendwo schmutziges Wasser ansammelt, wimmelt es bald von Moskitos, Würmern und unwillkommenen Bakterien. Genauso ist es mit dem Körper: Wo sich darin Schmutz anhäuft, sammeln sich gern Bakterien. Darüber hinaus müßt ihr auch in der weiteren Umgebung alles sauber halten. Es gibt eine Redensart im Staat Andhra Pradesh: „Schau dir das Haus an, dann kennst du seinen Bewohner". Mit anderen Worten: Die Sauberkeit des Hauses ist ein Spiegel seines Bewohners. Die Maxime der Sauberkeit ist zu eurem eigenen Besten. Wenn Haus und Umgebung sauber gehalten werden, werdet ihr zufrieden sein. Ihr müßt euch und alles um euch herum sauber und ordentlich halten, um euch guter Gesundheit zu erfreuen; wenn ihr gesund seid, wird euch das Glück (der Zufriedenheit) erhalten bleiben. Ihr habt vielleicht nur zwei Anzüge zum Wechseln; achtet darauf, daß der, den ihr gerade nicht tragt, sauber ist. Wenn ihr dann den einen Anzug tragt, reinigt den anderen. Genau genommen braucht ihr nicht einmal zwei Anzüge: Solange ihr euren Anzug immer wieder wascht, könnt ihr ihn jeden Tag anziehen. Alles was ihr besitzt, muß sauber gehalten werden.

Innere Reinheit

Aber das Reinigen der äußeren Dinge und das Tragen sauberer Kleider allein wird euch nicht viel nützen, wenn ihr die Reinheit des Herzens vernachlässigt. Ihr müßt jede erdenkliche Anstrengung machen, um auch innerlich rein zu werden. Zu diesem Zweck müßt ihr eure Gedanken und Gefühle heilig halten. Richtet eure Gedanken auf den Dienst am Nächsten. Erlaubt nicht, daß Haß und Eifersucht in euch eindringen. Versucht, immerzu freudige Gefühle zu haben. Es ist nicht nötig, daß ihr euch über die Angelegenheiten anderer Menschen den Kopf zerbrecht. Denkt immer nur Gutes vom anderen. Dies ist die Art und Weise, in der das „Du" in euch euer Herz verändern soll. Die Veden lehren uns: „Laßt die ganze Welt glücklich sein." Die Freude und das Wohlergehen des Ganzen ist die Grundlage der vedischen Glaubenssätze und der Gegenstand vedischer Praktiken. Deshalb solltet ihr ununterbrochen über den Namen Gottes nachsinnen, denn dies reinigt euer Herz. Nur wenn ihr sorgsam darauf achtet, die innere und äußere Reinheit zu pflegen, werdet ihr imstande sein, dem Eindringen schlechter Gedanken und Eigenschaften wie Eifersucht und

Haß vorzubeugen. Prahlāda erklärte, daß ihr nur dann wahrhaft „groß" genannt werden könnt, wenn ihr imstande seid, die sechs inneren Feinde zu besiegen. Er sagte zu seinem Vater: „Heute bist du nur ein König, aber wenn du die sechs inneren Feinde, die bei dir Einlaß gefunden haben, überwunden hast, kannst du ein Kaiser werden." Diese sechs Feinde sind die Begierde, der Zorn, die Habgier, die Verblendung, der Stolz und die Eifersucht. Diesen sechs Feinden solltet ihr niemals erlauben, euer Herz zu betreten; wenn ihr sie euch fernhalten könnt, werdet ihr frei von allen Schwierigkeiten leben können. Um dies zu erreichen, müßt ihr Freude und Leid, Hitze und Kälte gleichermaßen ertragen können; wenn ihr euch diesen Gleichmut zu eigen macht, werden euch die sechs Feinde nicht belangen. Aber es wird schwierig sein, Freude und Leid, Kummer und Glück gleich zu behandeln, wenn ihr nicht der festen Überzeugung seid, daß Gott in *allen* Herzen wohnt. Sobald ihr das erkennt, werden alle Gegensätze überwunden sein und euren Gleichmut nicht länger stören. Ihr werdet dann mit göttlicher Gnade überschüttet, und das Schicksal wird, gleich wie ungünstig es bis dahin gewesen ist, nicht mehr Hand an euch legen.

Wenn ihr die feste Überzeugung habt, daß ein und dieselbe Gottheit in jedem Herzen wohnt, so ist das Hindernis bereits überwunden. Wenn ihr vollen Glauben an das innewohnende Göttliche habt, wird alles und jedes euch gehören. Der Glaube ist der Schlüssel, die Wurzel des spirituellen Lebens selbst. Greift nach ihm, und laßt ihn nicht los. Das ist euer Ziel. Wenn ihr einen Baum fällen wollt, dürft ihr nicht bei den Ästen und Zweigen beginnen. Wenn ihr ihn über den Wurzeln absägt, fällt der ganze Baum auf einmal. Sobald ihr das Göttliche erfaßt habt, bekommt ihr auch alles andere unter Kontrolle. Um das Göttliche in eurem täglichen Leben zu erfassen, müßt ihr *sādhana* tun und allen Lebewesen Mitgefühl entgegenbringen. Und ihr müßt innere sowie äußere Reinlichkeit praktizieren, indem ihr Körper und Seele blitzsauber haltet. Nur dann werdet ihr das Göttliche, das ständig überall gegenwärtig ist, verwirklichen.

Glaube

Ihr müßt erkennen, daß es, wenn ihr voller Hingabe zu Gott betet und Ihm Gehorsam gelobt, derselbe Gott ist, der in jedem Herzen wohnt. Ihr müßt also sehr darauf achten, niemanden zu kritisieren, ja die feste Überzeugung entwickeln, daß jede Kritik, die ihr gegen irgendjemanden richtet, direkt zu dem Gott gelangt, der in seinem Herzen wohnt. Das Leben kann mit einem Fluß verglichen werden. Wenn ihr diesem Fluß erlaubt, unbewacht und ohne Eindämmung dahinzufließen, werdet ihr wahrscheinlich viele Dörfer vernichten. Ihr müßt alle erforderlichen Maßnahmen ergreifen, damit der Fluß auf seinem Weg zum Meer in seinem Bett bleibt. Nur das Meer hat Platz für den Fluß und kann ihn ganz aufnehmen. Was ist zu tun, damit dieser Fluß das Meer erreichen kann? In der Gītā steht, daß man seine zwei Ufer befestigen muß. Nur so kann der Fluß gesichert seinen Lauf nehmen und das Meer erreichen.

Welche sind diese Ufer des Flusses? Sie sind als zwei kraftvolle Sinnsprüche beschrieben worden. Auf der einen Seite habt ihr den Spruch, der besagt: „Derjenige, der zweifelt, wird untergehen", auf der anderen den, der besagt: „Derjenige, der Glauben hat, wird Weisheit erlangen". Also

Die Ufer des Lebensflusses

haben die beiden Ufer des Lebensflusses mit der Absage an den Zweifel und dem Aufblühen des Glaubens zu tun. Wenn diese beiden Ufer euer Leben kanalisieren, werdet ihr das Ziel erreichen und in das Meer einmünden. Diese Lehre Krishnas ist die Kernsubstanz der Hingabe; sie ermöglicht euch, das Meer *anugraha*, den Ozean der nichtendenden Gnade zu erreichen.

Krishna sagte: „Kind, dieser Ozean göttlicher Gnade ist das Ziel der Menschheit und das letztliche Ziel alles Lebens. Vergiß das nicht. Glaube nicht an die Welt und fürchte dich nicht vor dem Tod, sondern denke immer an das Göttliche, um dessentwillen du geboren bist. Dies sind die drei wichtigsten Richtlinien, die Ich dir gebe:

Vergiß Gott niemals,
Glaube niemals an die Welt, und
Fürchte dich niemals vor dem Tod.

Nimm diese drei Gebote an und graviere sie in dein Herz ein. Denk immer an sie, denn sie werden dein Leben heiligen und dich zu Mir führen."

FURCHTLOS LEBEN – DAS EINE SELBST IN ALLEN SEHEN

Wenn ihr in der festen Überzeugung lebt, daß jeder Name und jede Form, die es im Universum gibt, nur eine Kombination der fünf Urelemente ist, und daß die Grundsubstanz dieser Urelemente Gott ist, wird die Furcht sich nicht bei euch einnisten können. Wenn ihr wißt, daß die eine Gottheit die Grundlage aller Verschiedenheit ist, die ihr um euch herum seht, werdet ihr für immer frei sein von Furcht. Aber wenn ihr alles als getrennt von Gott anseht, kann die Furcht in euch hochkommen.

Verkörperungen der Liebe,

alles, ohne Ausnahme, besteht aus den fünf Urelementen. Etwas anderes gibt es nicht in dieser manifesten Schöpfung; da ist kein sechster Faktor. Hier ist ein Tisch, hier ein Stuhl und dort ein Podium; da drüben ist ein Fenster und dort eine Tür. Für alle diese verschiedenen Gegenstände bestehen Unterschiede lediglich in Name und Form; der Stoff, aus dem sie sich zusammensetzen – nämlich das Holz – ist für alle diese Dinge derselbe. Ähnlich ist es mit dem Berg, der aus Felsgestein besteht; Bäume sind aus Holz, die Erde besteht aus Schlamm, der Körper aus Fleisch, der Ozean aus Wasser. In der Zusammensetzung sind sie jeweils nur Kombinationen der fünf Urelemente. Diese fünf Elemente sind fünf Aspekte oder Spiegelbilder des Göttlichen; etwas anderes werdet ihr in der Welt nicht finden. In allen fünfen ist das Göttliche ein und dasselbe. Es gibt kein Zweites jenseits davon. Wenn ihr dies zweifelsfrei erkannt habt, werdet ihr keine Furcht und keine Ängste mehr haben.

Unter allen großen Tugenden nimmt die Furchtlosigkeit den ersten Rang ein. Sie ist die Tugend aller Tugenden. Wenn ihr nicht furchtlos seid, werdet ihr niemals angenehm leben können. Im weltlichen Bereich – im Kampffeld des Lebens – wie in eurem Streben auf dem geistigen Gebiet dürft ihr der Furcht niemals Einlaß gewähren; sie darf einfach keinen Platz in eurem Leben haben. Wenn Angst und Furcht euch belagern, werdet ihr übermäßig schüchtern. Nicht einmal die kleinste Aufgabe werdet ihr erfüllen können. Das ist der Grund, weshalb die Bhagavad Gītā sagt, ihr sollt vollkommen furchtlos werden. Furchtlosigkeit – *abhaya* – kann nicht als bloße Abwesenheit von Furcht betrachtet werden. Abwesenheit von Furcht ist *nirbhaya*. *Abhaya* und *nirbhaya* sind nicht dasselbe.

Vorübergehende Abwesenheit von Furcht

Furcht und vorübergehende Abwesenheit von Furcht sind gleichermaßen mit Körperbewußtsein verbunden. Abwesenheit von Furcht kann unter Umständen dumm sein, zum Beispiel, wenn der Körper in Gefahr ist. Absolute Furchtlosigkeit – das Freisein von Furcht – dagegen ist jenseits des Körperbewußtseins. Sie kann nur erfahren werden, wenn man die

Wahrheit des Einen-Göttlichen-ohne-ein-Zweites erkennt, das in seinem ganzen Ausmaß in jedem Herzen vorhanden ist.

Es heißt, daß ein furchtsamer Mensch tausend Tode stirbt, während der Furchtlose nur einmal stirbt. „Darum", so sprach Krishna zu Arjuna, „sollst du deine Furcht loslassen. Werde ganz und gar frei davon." Nur der Furchtlose kann in großen Unternehmungen siegreich sein. Ein wahrhaft furchtloser Mensch hat innere Distanz zu den Dingen der Welt und ist allzeit erfüllt von der Liebe zu Gott. Dagegen ist derjenige, der egoistisch an seinem Körper und an seinen Fertigkeiten hängt, voller Ängste. Ein furchtloser Mensch wird nie zulassen, daß Bindungen an weltliche Dinge und Egoismus an ihn herankommen.

Da ist die Geschichte des Dämonenkönigs Hiranyakasipu, der ein angstgeplagtes Wesen war. Sein Sohn Prahlāda dagegen kannte nichts dergleichen. Hiranyakasipu hatte bei (weltlichen) Namen und Formen Zuflucht gesucht und auf sie vertraut. Prahlāda hatte seine Zuflucht zu Füßen des Herrn genommen und sein Vertrauen Gott geschenkt. Canda und Amarka, die Lehrer Prahlādas, gingen zum König und berichteten ihm: „Durchlaucht, euer Sohn fürchtet sich kein bißchen. Wie sehr wir ihm auch zusetzen, er weint nicht und beschwert sich nie. Lieber als eine einzige Träne zu weinen, wenn er verletzt wird, singt er fortwährend das Lob Gottes und preist Seine Herrlichkeit. Er ruft ständig: „Nārāyana!"; die Überzeugtheit, die er hat, verleiht ihm unerschütterliche Furchtlosigkeit." In der Brihadāranyaka-Upanishad finden wir Yajnavalkya, der ebenfalls über die Furchtlosigkeit spricht. Zu Janaka sagte er: „O Janaka, du bist frei von Furcht, deshalb brauchst du dich auch sonst um nichts zu sorgen. Du hast dein Herz ganz mit Gott angefüllt. Du lebst nur als Werkzeug des Herrn in dieser Welt und dienst Ihm mit allem, was du tust. Du hast keine Bindungen an die Dinge der Welt. Du bist der festen Überzeugung, daß alles in der Welt Gottes Gestalt ist und von Ihm durchdrungen. Wo du auch hinschaust, siehst du nur Einheit in all der Verschiedenheit; diese Sichtweise hat dich furchtlos gemacht."

Die Angst vor dem Tod

Von allen Ängsten, die dem Menschen zusetzen, ist die Angst vor dem Tod die herausragendste. Gleichgültig, wie tapfer und mutig ein Mensch sein mag, wie gebildet und wie sehr mit Reichtum gesegnet, wie viele Talente und Fähigkeiten er besitzt – die Angst vor dem Tod befällt jeden Menschen, macht seine sämtlichen Fähigkeiten zunichte und zerstört sein Selbstvertrauen. Er wird ein Opfer der Verzweiflung, wenn er Menschen sterben sieht; kaum erfährt er vom Tod eines Menschen, betrachtet er dies als schlechtes Omen und würde sich am liebsten die Ohren zuhalten. Auch wenn er über hundert Jahre alt ist, fürchtet er sich noch beim Gedanken ans Sterben. Er will immer noch ein bißchen länger leben. Aber wie sehr er sich das auch wünscht – der Tod ist ihm doch gewiß. Alle Dinge der Welt und alle Menschen werden von der Welle des Todes weggespült. Was für einen Sinn hat es für einen Menschen, bei einem anderen Zuflucht zu suchen, der ebenfalls von dieser Welle weggetragen wird? Der Mensch, der Zuflucht sucht und derjenige, bei dem sie gesucht wird, werden beide von dieser Welle mitgerissen. Nur wenn ihr an den Füßen des Herrn, der das feste Ufer ist, festhaltet, könnt ihr hoffen, gerettet zu werden.

Den Tod zu fürchten und euren Gedanken zu erlauben, bei den vergänglichen Freuden der Welt zu verweilen, hat letztlich keinen Sinn. Furchtlosigkeit kann mit einem großen Berg, dem Berg Meru, verglichen werden und die Angst mit eurem feinsten Atemhauch. Ob diese winzige Brise einen so gewaltigen Berg jemals erschüttert? Natürlich nicht. Der winzige Windhauch der Angst kann den Berg der Furchtlosigkeit niemals erschüttern. Wenn sich dieser standfeste, unerschütterbare Berg eurer Furchtlosigkeit mit dem Geist der Illusionslosigkeit und der Seligkeit in euch verbindet und von einer Intelligenz begleitet wird, die rein und sauber gehalten wird, werdet ihr das Göttliche, das immer in euch ist, erkennen können und sicherlich gerettet werden.

Ihr werdet nur dann furchtlos, wenn ihr in der Tiefe eures Herzens die Wahrheit bewahrt, daß es nur eine einzige Wirklichkeit gibt, die überall vorhanden ist, und dieses Eine ist die allesdurchdringende Göttlichkeit. Warum sollte euch irgendetwas jemals erschrecken? Der Tod ist in Wirklichkeit nur so etwas wie ein Scherz in diesem Spiel, genannt Leben. Wenn die Rolle von euch verlangt, auf der Bühne tot umzufallen, wird euch, als Schauspieler, das berühren? Was ist so tief erschütternd am Tod eines Körpers, der geboren wird, um zu sterben? Der Körper, der aus den fünf Urelementen zusammengesetzt ist, muß eines Tages verderben. Warum solltet ihr euch um so etwas Vergängliches sorgen? „Arjuna, du bist es nicht, der getötet wird, noch werden die, welche du bekämpfst, getötet werden. Das Du-Selbst ist der *ātman* und nicht der Körper." Dies ist die Wahrheit, die Krishna Arjuna lehrte und die ihn furchtlos werden ließ. Furchtlosigkeit ist eine Eigenschaft, die so lebenswichtig ist wie der Hauch des Lebens selbst. Sie ist die vordringlichste aller Tugenden, die die Gītā lehrt. Der Herr befiehlt: „Sei furchtlos! Überlaß alles Mir! Dann werde ich Mich um den Rest kümmern."

Der Tod ist ein Scherz

Die Wahrheit ist: Der Mensch ist göttlich, und Furchtlosigkeit gehört zu seiner wahren Natur. Diese göttliche Charakteristik wird mit dem Sanskritwort *mānava* ausgedrückt, das benutzt wird, um den Begriff „Mensch" zu definieren. Es gibt eine Geschichte dazu:

Die große Konferenz der Tiere

Es war einmal ein beängstigend düsterer Wald, in dem viele Tiere lebten. In den meisten Wäldern, in denen Löwen leben, gibt es keine Elefanten, und wenn Elefanten umherstreifen, sind keine Löwen zu sehen. Aber in jenem Wald gab es alle Arten von Tieren: Löwen, Elefanten, Schakale, Hunde – das gesamte Tierreich war vertreten. Eines Tages dachte der kluge Fuchs bei sich: „Die menschlichen Wesen brüsten sich damit, etwas Besonderes, Einzigartiges zu sein. Sie behaupten, es sei nahezu unmöglich, eine Geburt als Mensch zu bekommen. Aber die menschlichen Wesen werden auf genau dieselbe Art geboren wie wir Tiere. Das Wort ‚*jantu*' – Kreatur – ist der Name, der allen Lebewesen gegeben wird, die aus dem Schoß einer Mutter geboren werden. Die Frage ist: Warum hat der Mensch den Namen *mānava* bekommen, anstatt *jantu*? Inwiefern sind wir geringer als er?"

Der Fuchs dachte über die verschiedenen Für und Wider zu dieser Frage nach und beschloß zu beweisen, daß es keinen Unterschied zwischen Mensch und Tier gibt. Von diesem Tag an begann er allen Tieren im Wald sein Problem vorzutragen. Er suchte sich ein paar Tiere aus und sagte zu ihnen: „Warum sollten wir den jetzigen Stand der Dinge so hinnehmen? Die Leute betrachten das Tierleben als minderwertig im Vergleich zum Menschenleben. Wir sollten Schritte unternehmen, um diesen falschen Glauben richtigzustellen.“ Auf diese Weise begann er, alle Tiere um sich herum aufzustacheln. Er zeigte ihnen, wie die falschen Vorstellungen den Tieren beigebracht und von diesen übernommen worden waren – selbst vom mächtigen Elefanten, der der stärkste von allen war, und dem unerschrockenen Löwen, der ihr König war. Der Fuchs beschloß, eine große Versammlung aller Tiere einzuberufen, um diese Punkte zu besprechen und eine Resolution zu erarbeiten, bei der alle übereinstimmen konnten. Der Name, der für diese Versammlung vorgeschlagen wurde, war *„catushpada mahāsabhā“*. Das bedeutet: „Große Versammlung der Vierbeiner“. Es wurde beschlossen, daß an einem bestimmten Tag alle an einem großen Platz zusammenkommen sollten.

Anfangs einigte man sich auf drei Verhandlungspunkte. Der erste war, daß die Menschen wie die Tiere aus dem Schoß einer Mutter geboren werden und es deshalb für Menschen wie für Tiere nur einen einheitlichen Namen geben sollte. Und, um es klarzustellen: Der Name sollte *„jantu“* – „Der aus dem Schoß einer Mutter Geborene“ – sein. Entweder sollte der Mensch *jantu* heißen oder die Tiere „Menschen“; aber es sollte nicht zwei Namen und Anreden geben. Der zweite Verhandlungspunkt war, daß die Tiere unweise genannt werden, während die Menschen für sich beanspruchen, Weisheit zu besitzen. Die Tiere sollten dies nicht so hinnehmen. In welcher Weise hatten die Menschen denn höhere Weisheit als die Tiere? Der Fuchs betonte diesen Punkt ganz besonders. Er fragte: „Was ist das für eine Weisheit, die der Mensch hat und wir nicht? Wir müssen entschieden feststellen, daß im Menschen wie in den Tieren die gleiche Weisheit ist.“

Der dritte Verhandlungspunkt, den der Fuchs vorschlug, war: „Der Mensch wird als sprechendes Tier angesehen, während wir sprachunkundig sein sollen; das wird uns als großer Nachteil angekreidet und stellt nach Meinung der Menschen einen großen Unterschied dar. Aber selbst wenn es so ist – was fehlt uns schon? Was ist schon außergewöhnlich an der Fähigkeit, sprechen zu können? Laßt uns vorschlagen, daß Sprechen und Nicht-Sprechen als mehr oder weniger gleichwertig anzusehen sind.“

„Da ist auch noch ein vierter Punkt, den wir berücksichtigen sollten“, fügte der Fuchs hinzu. „Die menschlichen Wesen glauben, wir seien rajasisch, während sie sich selbst für sattvisch halten. Keiner von uns sollte dem zustimmen. Die sattvische Natur, die wir haben, hat nicht einmal der Mensch. Uns gebührt der Ruf und die Anerkennung, daß wir, was sattvische Wesensart betrifft, den Menschen überlegen sind.“ Alle stimmten überein, daß diese vier Punkte besprochen werden sollten. Aber dann tauchte die Frage auf, wen sie um den Vorsitz bei der Konferenz bitten sollten.

Der Fuchs wies darauf hin, daß es einige *rishis* und *mahātmas* gebe, die im Wald Buße taten. „Wir sollten einen sehr hochentwickelten Weisen als Vorsitzenden wählen", schlug er vor. Alle stimmten zu und beschlossen, den Fuchs nach einem *mahātman* auszuschicken und diesen um den Vorsitz zu bitten. Der Fuchs kam zu einer Höhle und sah dort einen Weisen sitzen, der in sein *sādhana* versenkt war. Er näherte sich ihm ehrerbietig und bat ihn: „Swami, wir vom Königreich der Tiere haben beschlossen, eine sehr wichtige Versammlung – eine *catushpada mahāsabhā* – abzuhalten, und wir bitten dich, den Vorsitz zu übernehmen." Der Rishi, der als Gottverwirklichter alles wußte, sagte: „Gut, ich werde gern kommen und den Vorsitz übernehmen." Und so hielten sie auf einem weiten, offenen Feld ihre Versammlung ab.

Jedes Tier des Waldes, vom kleinsten bis zum größten, kam mit allen seinen Kindern, und viele brachten auch ihre Enkel mit. Sie waren alle hochgestimmt und ungeheuer glücklich darüber, bei so einem bedeutenden Treffen dabeizusein. Und alle zeigten einen gewaltigen Respekt vor ihrem Vorsitzenden. Es wurde ein hohes Podium für ihn errichtet. Neben dem Stuhl des Präsidenten stand ein Stuhl für den Löwen. Der Maharshi, der dem Treffen vorstand, war ebenfalls sehr guter Laune und hatte kein bißchen Angst vor dem Löwen, der neben ihm saß. Der Maharshi wußte, daß Gott in jedem Lebewesen gegenwärtig ist, und war deshalb furchtlos. Als sich alle Tiere gesetzt hatten, sollte der Maharshi in ihrer Mitte gebührend willkommen geheißen werden. Da der Fuchs auf dieser wichtigen Konferenz der Sekretär war, begann er mit der Willkommensansprache.

„Geehrter Präsident, eure Exzellenz, unser König, geehrte Minister, liebe Brüder und Schwestern! Dies ist ein Tag, der mit goldenen Lettern in die Annalen dieses großen Waldes und seiner Bewohner eingehen wird. Dies ist ein Tag, der im gesamten Tierreich unvergessen bleiben wird, denn heute werden wir einen großen Erfolg zu verzeichnen haben. Ihr habt beachtliche Opfer auf euch genommen, um hierher zu kommen. Ihr habt eure Arbeit liegen und stehen lassen und habt euch in eurem so geschäftigen Leben die Zeit genommen, um an dieser Konferenz teilzunehmen. Laßt mich also an erster Stelle euch allen meinen tiefempfundenen Dank aussprechen." Dann fuhr der Sekretär fort mit dem Erläutern der Tagesordnung. Sowie dies geschehen war, stand der Löwe auf und wandte sich an das riesige Publikum.

Er sagte: „Ihr habt alle gehört, was mein Bruder zu euch gesagt hat. Ich möchte, daß ihr wißt, daß der Mensch die großartigen Fähigkeiten, die ihr habt – wie Tapferkeit und Mut – nicht wirklich besitzt. Ich selbst bin der direkte Beweis dafür. Wenn ihr den Mut und die Tapferkeit, die wunderbare Kraft und die Verwegenheit, die ich habe, betrachtet – wo findet ihr dergleichen in einem Menschen? Obschon ich der König des Reichs der Tiere bin, unternehme ich nie falsche oder ungerechtfertigte Handlungen. Ich töte kein anderes Tier ohne Grund. Nur wenn ich hungrig bin, nehme ich etwas Essen zu mir. Ich töte kein Tier zum Scherz; ich lasse kein Essen verkommen. Betrachtet einmal unseren Mut, unseren Ehrenkodex, unser hohes ethisches Niveau; gibt es so erhabene Fähigkeiten in den menschlichen Wesen? Nein – nicht im geringsten! Warum sollten wir uns also vor ihnen fürchten? Warum sollten wir als minderwertig gelten? Laßt uns an diesem heutigen Tag diesen Schandfleck von unserer Ehre abwaschen!"

Der Elefant, der neben dem Löwen saß, stand auf und sagte: „Der Mensch ist nicht halb so groß wie eines meiner Beine. Ich bin zweifellos gewaltig und mächtig an Gestalt. Ich habe sprichwörtliche Intelligenz erworben. Könige, Kaiser, hervorragende Führer – alle haben großes Vertrauen zu mir. Wann immer eine Krönung vollzogen werden sollte, bei der ich nicht anwesend sein konnte, mußte diese verschoben werden. Wer könnte in Anbetracht solcher Größe behaupten, der Mensch sei mir überlegen? Selbst wenn ihr nur diese beiden Faktoren – meine Intelligenz und meine physische Größe – berücksichtigt, müßt ihr zu dem Schluß kommen, daß ein Mensch niemals an mich heranreichen wird."

Der Fuchs stand auf und sagte: „Der Löwe, unser Mahārāja, hat vorhin zu euch gesprochen, und der große Elefant, unser hervorragender Minister, hat auch sein Votum abgegeben. Nun würden wir gern einen Vertreter der kleineren Tiere bitten, vorzutreten und zu sprechen." Ein wilder Hund kam an die Reihe. Er entbot dem Präsidenten, dem König, dem Minister, dem Sekretär und all den anderen in der großen Versammlung demütig seine Ehrerbietung und begann: „Obwohl ich sehr klein und schwach bin, gibt es keinen, der mir an Treue und Glauben gleichkommt. Ich habe unerschütterliches Vertrauen und unbegrenzte Treue der Person gegenüber, die mich großgezogen hat und für mich sorgt. Ich werde ihr immer dankbar sein und ihr vertrauen, selbst wenn ich dabei mein Leben lassen sollte. Auch wenn ich verletzt oder von meinem Herrn geschlagen werde, vergelte ich ihm die Schläge in keiner Weise. Jedermann weiß, daß die Menschenwesen keine solche Treue kennen. In dieser Beziehung kann ich niemals als dem Menschen unterlegen gelten. Der Mensch beschließt oft, demjenigen Schwierigkeiten zu bereiten, der ihn liebevoll umsorgt und ihn geleitet hat – seinen Lehrern oder seinen Eltern beispielsweise. Der Mensch schreckt nicht davor zurück, Gutes mit Bösem zu vergelten. Er kritisiert und schmiedet Ränke, um zu betrügen und denjenigen zu verletzen, der sich liebevoll um ihn gekümmert hat. Der Mensch kennt wirklich keine Dankbarkeit und keine Treue. Er tut so, als sei er gehorsam, solange es seinen Zwecken dient. In dem Augenblick, in dem seine selbstsüchtigen Interessen befriedigt sind, beginnt er seinem eigenen Herrn und Meister Unannehmlichkeiten zu bereiten. Da der Mensch nun so ist – wie könnten wir als ihm unterlegen gelten?"

Eines nach dem anderen traten die Tiere vor und sagten ihre Meinung. Entsprechend ihrer Rangordnung und ihrer Erfahrung hielten sie Reden, in denen sie die vielen hervorragenden Eigenschaften der Tiere aufzählten, die die Menschen nicht besaßen. Schließlich kam die Rede des Vorsitzenden. Der Rishi sprach also zu der Menge: „Liebe Tiere! Alles, was ihr gesagt habt, ist wahr. Wann immer ein Meister uns Menschen etwas sagt oder etwas für uns tut, ist es zu unserem Besten. Es soll bezwecken, daß Freundschaft und gutes Einvernehmen wachsen können. Aber sowie die Freundschaft zu blühen beginnt und die Erkenntnis heraufdämmert, wird der Mensch mißtrauisch und denkt, daß man etwas Übles mit ihm im Schilde führt. Ins Gesicht sagt er dem anderen Freundlichkeiten, aber hinter seinem Rücken kritisiert und verlacht er ihn. Indem er sich mit solchen Widerwärtigkeiten wie diesen und mit niedriger Tücke anfüllt, vergeudet er seine Intelligenz und sein Leben. Alle Mängel, die bisher dargelegt wurden, sind wahr und im Menschen tatsächlich vorhanden. Was das Essen, den Schlaf, das Atmen und diese Dinge betrifft, gibt es absolut keinen Unterschied zwischen menschlichen Wesen und Tieren."

Der Rishi fuhr fort: „Ich möchte aber hervorheben, daß es tatsächlich eine Eigenart in den menschlichen Wesen gibt, die einzigartig ist und keiner tierischen vergleichbar ist: Die Tiere mögen eine Portion Grausamkeit geerbt haben, und wenn sie sie einmal haben, können sie nichts mehr daran ändern. Ein Tiger wird, wie hungrig er auch sein mag, keinen Reis mit Curry essen. Er will nur Fleisch und wird sich nicht mit Tee und ein paar Keksen begnügen. Wie sehr er sich auch bemühen mag, seine Gewohnheiten zu ändern, so wird er doch keinen Erfolg damit haben. Wenn aber ein *Mensch* sich genügend anstrengt, kann er seine grausame Wesensart und jede andere schlechte Gewohnheit ändern. Der wichtigste Unterschied zwischen Menschen und Tieren ist der, daß die Menschen – kraft ihrer Bemühung – eine vollständige Verwandlung bei sich bewirken können, während die Tiere dazu nicht imstande sind. Diese besonderen Fähigkeiten und Fertigkeiten der Selbstverwandlung sind nur menschlichen Wesen vorbehalten."

Der Fuchs stand auf und sagte: „Swami, wir räumen ein, daß die Menschenwesen besondere Fähigkeiten haben, sich zu ändern, aber wenn sie davon keinen Gebrauch machen – verdienen sie dann den hohen Rang, den sie heute genießen?" Der Präsident erklärte dazu: „Wenn jeder die Fähigkeit hat, sich zu ändern, sie aber nicht nutzt, dann steht er sogar unter dem Tier." An diesem Punkt applaudierten die Tiere laut. Der Maharshi wiederholte die wesentliche Aussage, daß der Mensch, der die Möglichkeit hat, Gutes zu tun, sie aber nicht nutzt, um sein Verhalten zu bessern und das Gute in sich zu fördern, zweifellos weit unter dem Tier stünde. Er fügte hinzu: „Was für einen Sinn hat all das Wissen, das der Mensch ansammelt? Ändert es seinen Glauben? Sowie ein schlechter Gedanke in seinem Kopf entsteht, stumpft sein Unterscheidungsvermögen ab, und er wird zum Idioten. Die Menschen haben, was Bildung und Fertigkeiten betrifft, einen hohen Grad erlangt. Aber diese ganze Bildung dient ihnen nur zum Brotverdienen: um ihre Bäuche zu füllen und ihren Lebensstandard zu sichern."

An diesem Punkt stand der Fuchs auf und fügte den Worten des Präsidenten hinzu: „In dem Bemühen um seinen Lebensunterhalt benutzt der Mensch alle möglichen unethischen Mittel. Es ist klar, daß wir Tiere in dieser Hinsicht viel besser sind als die Menschen." Der Fuchs ließ sich von seiner Redegewandtheit hinreißen und fuhr noch eine Weile mit diesem Thema fort: „Wir bleiben in unserem Überlebenskampf immer fair. Wenn man uns mit dem Menschen vergleicht, so sind wir in jeder Hinsicht viel besser als er. Tatsächlich ist es so, daß wir die Besten überhaupt sind!“ Das brachte ihm eine begeisterte Ovation der gesamten vierbeinigen Versammlung ein. Aber nun hatte der Fuchs seine Grenzen überschritten, so daß der Präsident mit dem Hammer klopfte und ihn zur Ordnung rief. Er ergriff wieder das Wort und sprach über den zweiten Unterschied, der die menschlichen Wesen zu etwas Einzigartigem machte, und sagte: „Der Mensch ist imstande gewesen, *māyā*, die Täuschung zu besiegen. Und wenn er dazu fähig war, so kann er auch den *ātman* erfahren und damit den Zustand des *nirvāna* erreichen. Dies ist ein fundamentaler Unterschied zwischen Mensch und Tier.

Die menschlichen Wesen haben die Kraft und die Autorität, *māyā* zu besiegen. Wenn der Mensch sich die Mühe macht und die Anstrengung auf sich nimmt, wird er den *ātman* unmittelbar erleben können. Mit Hilfe geistiger Übungen kann er das *nirvāna* erreichen. All das habt ihr Tiere nicht.“ Und er fügte hinzu: „Liebe Kinder, in der englischen Sprache werden die menschlichen Wesen kollektiv ‚mankind‘, oder kurz ‚man‘ genannt. Das gleiche findet sich im Sanskrit als *mānava*. Der tiefere Sinn von ‚man‘ ist, daß die menschlichen Wesen unterscheiden und die Illusion – *(māyā)* – beseitigen können. Sie sind imstande, eine Vision des *ātman* zu bekommen und sich in den Zustand der Freude und der Weisheit zu versetzen, der *nirvāna* genannt wird. Das ist der Sinn des Dreibuchstabenwortes ‚man‘. Das ‚m‘ steht für *māyā*, die beseitigt wurde, das ‚a‘ für *ātman*, der gesehen wird, und ‚n‘ für *nirvāna*, das erlangt wurde. *Nirvāna* erlangen heißt für den Menschen, eins zu werden mit Freude und Glückseligkeit. Ein wahrhaft menschliches Wesen, ein wahrer ‚man‘ (engl. Mensch) ist also einer, der die Unwissenheit der *māyā* beseitigt, eine Vision des *ātman* gehabt und den höchsten Zustand der Seligkeit erlangt hat.“

Bedeutung des Menschseins

Als der Rishi geendet hatte, senkten alle Tiere ihre Köpfe und stimmten überein, daß dies Dinge seien, die sie nicht erreichen könnten. Aber dann erhob sich die Frage: „Sind alle menschlichen Wesen in der Lage, diesen Zustand zu erreichen?“ „Nein!“ kam die Antwort zurück. „Nur sehr wenige.“ „Die Menschen, die keine Anstrengungen machen in dieser Richtung, sind nicht anders als wir, und es gibt absolut keinen Grund, sie vom Tier zu unterscheiden“, beschlossen sie. Der Maharshi stimmte dem zu. Er sagte: „Obwohl die Menschen diese großartige Fähigkeit zur Glückseligkeit und zur Weisheit besitzen, haben sie sich nicht in diese Richtung entwickelt und sind deshalb nicht imstande, viel Freude an ihrem Leben zu finden.“

Persönlicher werdend erklärte der Präsident dann den Grund, weshalb er sich in den Wald zurückgezogen hatte. Er sagte: „Die Menschen kümmern sich wenig um diese edlen Fähigkeiten. Tiere greifen nur diejenigen an, die sie ihrerseits angegriffen haben; im übrigen leben sie in Frieden miteinander. Der Mensch dagegen verletzt auch jemanden, der ihm überhaupt nichts getan hat. Er beschuldigt seinen Mitmenschen grundlos und schürt Zwietracht, belangt Menschen, die ohne Makel sind und ihn gar nicht herausgefordert haben. Der Mensch befaßt sich außerdem mit allen möglichen Werken, zu denen er nicht das Recht hat,“ und schloß mit den Worten: „Aus diesen Gründen haben die Rishis die Gesellschaft der

Menschen verlassen und sich zum Leben in den Wald zurückgezogen. Was der Mensch sagt, tut und denkt, ist voller Selbstsucht. Tiere haben keine solche Selbstsucht. Sie bekriegen sich nicht, um sich das Hab und Gut des anderen anzueignen. Der Mensch verhält sich in vieler Beziehung also in niedrigerer Weise als das Tier."

Mit bezug hierauf sagte Krishna: „Arjuna! Sei ein wahrhaft menschliches Wesen, nicht wie eine Kreatur, die unter dem Tier steht. Erhebe dich über die tierische Natur zu deinem wahren menschlichen Wesen. Es gibt zwei Eigenschaften im Menschen, die du niemals haben darfst: Du bist weder ein Schaf, das immer scheu und ängstlich ist, noch ein Tiger, der immer grausam zu den anderen ist. Du bist ein Mensch. Du bist zu Höherem bestimmt. Sei ohne Furcht! Gestatte dir nicht, Opfer der Angst zu werden." Daraufhin faltete Arjuna die Hände und sagte: „Geliebter Herr, ich werde Dir bedingungslos gehorchen."

Die Macht eines menschlichen Herzens ist unbegrenzt. Aber trotz dieser Macht hat der Mensch kein Selbstvertrauen. Aus welchem Grund? Weil er sich getrennt fühlt und glaubt, daß er etwas anderes sei als das Göttliche, das in Wahrheit immer in seinem Innersten vorhanden ist. Und dasselbe Göttliche durchzieht das gesamte Universum. Wenn ihr starken Glauben an Gott entwickelt, werdet ihr niemals Furcht verspüren; ihr werdet erkennen, daß der Gott, den ihr verehrt, der Eine ist, der überall und in allem – auch in euch – ist. Diese Erkenntnis wird alle Spuren der Angst aus eurem Herzen vertreiben. Aber wenn ihr keinen Glauben habt, wird euch die Angst beherrschen. Jeder Augenblick und jeder Schritt wird euch schrecken. Wenn ihr in eine Prüfung geht, werdet ihr Angst haben. Im Flugzeug werdet ihr Angst haben. Wenn euch ein Lastwagen auf der Straße entgegenprescht, werdet ihr Angst haben. Vom Augenblick, in dem ihr vom Bett aufsteht, bis zum Schlafengehen werdet ihr euch fürchten. Und auch da werdet ihr noch Angst haben, daß Einbrecher kommen und euer Hab und Gut mitnehmen könnten. Ihr werdet eure gesamte Zeit damit verbringen, euch zu fürchten. Das ist nicht recht. Ihr sollt frei werden von Angst.

Glaube vertreibt die Angst

Euer Vertrauen in die Allgegenwart Gottes ist der Schlüssel zum Erwerben von Furchtlosigkeit. Nur wenn ihr den Glauben verliert, wird sich die Angst in euch breitmachen können; nur wenn ihr euer wahres Selbst vergeßt, wird sie aufkommen. Ihr habt eure wahre Natur, den *ātman*, vergessen. Ihr betrachtet euch als diesen kleinen fünf Fuß großen Körper, aber die Wahrheit ist, daß eure Form unendlich und eure Macht unbegrenzt ist. Wenn ihr die Anstrengung unternehmt, die Täuschung zu beseitigen und eine Vision des *ātman* zu bekommen, werdet ihr ins *nirvāna* eingehen. Dann könnt ihr euch wahrhaft menschliche Wesen nennen. Wenn ihr diese Anstrengung auf eurem geistigen Weg nicht macht, seid ihr kein „man", sondern ein „nam": ein Mensch nur dem „Namen" nach. Ein Mensch mit Selbstvertrauen – mit anderen Worten: wer zu seinem Selbst erwacht ist – heißt *sākshara.* Ein solcher Mensch hat vollkommene Herrschaft über seine Sinne; dies ist die Bedeutung des Wortes *sākshara.* Das Wort *sākshara* besteht aus den drei Sanskritsilben *sā, kshā* und *ra.* Das Gegenstück einer solchen edlen Seele ist derjenige, der keine Kontrolle über seine Sinne hat, der *rā-ksha-sa* (Dämon). Entsprechend der umgekehrten Lesart habt ihr auch zwei entgegengesetzte Menschentypen: Diejenigen, die mit Frieden *(shānti)* erfüllt sind, und diejenigen, die nichts als Aufruhr *(ashānti)* in sich haben; diejenigen, die sich wirklich „man" nennen können, und jene, die „nam" sind und nur dem Namen nach „Mensch" heißen. Ihr müßt euer Leben also so leben, daß ihr euch wahrhaft menschliche Wesen nennen und den hohen Idealen gerecht werden könnt, die das große Geschenk der menschlichen Geburt beinhaltet.

Einer der Namen, die Krishna als Anrede für Arjuna benutzte, war *kurunandana*, was soviel bedeutet wie „der, der sich darin ergeht, Werke zu verrichten". Die meisten von euch verlieren bald das Interesse an der Arbeit, die man ihnen gibt. Wenn der Sonntag kommt und ihr frei habt, seid ihr glücklich. Wenn Arjuna einmal einen Tag nichts zu tun hatte, war er sehr unglücklich. Arjuna fühlte immer große Freude bei der Arbeit. Er hatte den Namen *kurunandana* bekommen, weil ihm Arbeit sehr viel Freude bereitete.

Freude an der Arbeit

Die verschiedenen Beinamen, mit denen Krishna Arjuna anredete, beziehen sich auf verschiedene Tugenden. Ihr werdet das Wesen des Göttlichen erfahren, wenn ihr jeden Tag eine Tugend aufnehmt und sie in euer Leben integriert.

Geduld, Leidensfähigkeit, Barmherzigkeit und Gewaltlosigkeit sind einige der Eigenschaften, die im Laufe dieser Gespräche bereits erwähnt wurden. Jetzt habt ihr auch von der Furchtlosigkeit gehört. Aber es gibt noch eine Reihe anderer wichtiger Tugenden. Nur wenn ihr sie alle in euren täglichen Handlungen beweisen könnt, werdet ihr die Gnade des Herrn erringen. Ohne das Wachsen dieser edlen Eigenschaften werdet ihr keinen Platz im Haus des Herrn bekommen, ungeachtet eurer Bildung, eurer Position und des Reichtums, den ihr euch erworben habt. Man kann nicht ohne Paß in ein fremdes Land reisen; und eure guten Eigenschaften sind der Paß, den ihr braucht, um die Gnade Gottes zu verdienen. Solche Eigenschaften sollt ihr pflegen. Außer eurer Schulbildung solltet ihr euch gute Qualitäten und einen einwandfreien Charakter aneignen. Ohne das wird eure Bildung wertlos sein. Das Wissen und die Ausbildung, denen ihr jetzt nachgeht, sind nur für das Leben in der physischen Welt von Nutzen. Zu Gott werden sie euch nicht führen. Es ist den Wissenschaftlern gelungen, der Natur eine Reihe von Geheimnissen zu entlocken. Aber waren sie imstande, ihren eigenen Seelenfrieden zu finden? Ist es ihnen gelungen, mit den Maschinen, die sie entwickelt haben, Freude und Glück zu ernten? Glück und Freude können nicht aus Maschinen kommen. Friede kommt nur aus dem Göttlichen.

Das weltliche Glück und der weltliche Friede bestehen im Augenblick und vergehen. Sie können euch keinen dauerhaften Zustand der Freude vermitteln. Im Kapitel über *sānkhyayoga* in der Gītā wird das Wort *sānkhya* als Weisheit verstanden. *Sānkhyayoga* bezieht sich auf das Erlangen des Göttlichen durch Weisheit. *Sānkhya* ist das Prinzip, das euch dazu verhilft, das eine Göttliche zu erkennen, das alldurchdringend und euch immer nahe ist. Das Kapitel *sānkhyayoga* ist sehr lang: Es beinhaltet 72 Verse. Aber ihr werdet eure Sorgen nicht loswerden, wenn ihr diese Verse nur einfach auswendig lernt und jeden Tag hersagt. Das wird euch nicht viel nützen. Ihr werdet große Anstrengungen machen müssen, damit ihr ihren tiefen Sinn umzusetzen und in eurem täglichen Leben anzuwenden lernt. Nur wenn ihr sie täglich übt und euch zu eigen macht, werdet ihr Gottes Gnade gewinnen und für immer mit Ihm verbunden sein.

WENDE DICH GOTT ZU, UND GOTT WIRD ZU DIR SCHAUEN

Schärfe dein Unterscheidungsvermögen und werde dir des innewohnenden Göttlichen voll bewußt, dann wird es keinen Kummer und keine Angst mehr für dich geben. Solange du am Körper und an Dingen hängst, wird dich das Leid immer begleiten. Darum ermahnte Krishna Arjuna, sein Unterscheidungsvermögen einzusetzen und sich vom Körperbewußtsein zu befreien; das würde ihm die ganzheitliche Schau verleihen.

Verkörperungen der Liebe,

Drei Arten zu sehen

der Ausdruck, der im Sanskrit für „ganzheitliche Schau" benutzt wird, ist *sudharshana*, was wörtlich „Gutes sehen" bedeutet. Die Menschen haben heutzutage drei verschiedene Arten zu sehen. Die erste ist die körperorientierte Sicht, die sehr oberflächlich ist. Wenn ihr diese Sichtweise habt, seht ihr nur die äußere Erscheinung des anderen, wie Kleider und Schmuck, Gesichtszüge, typische Körpermerkmale, Eigenarten des Sprechens und ähnliches. Diese Art zu sehen ist ausschließlich auf die Erscheinungswelt gerichtet.

Die zweite Art zu sehen ist die mentale. Anstatt auf die äußeren Wesensmerkmale gerichtet zu sein, konzentriert ihr euch auf die Gefühle im Innern der Menschen, so wie sie von ihrem äußeren Verhalten und ihrer Ausdrucksweise widergespiegelt werden. Ihr schätzt in dem Fall die Gedanken und Gefühle des Menschen aufgrund dessen ein, was sie sagen und tun. Ihr habt dann den Eindruck, daß die Menschen immer so sprechen und handeln, wie sie denken und fühlen. Die dritte Art zu sehen ist die des *ātman*. Bei der atmischen Sehweise beschränkt ihr eure Wahrnehmung nicht auf die äußeren Merkmale der Mitmenschen oder die durch ihr Verhalten geoffenbarten Gefühle, sondern entwickelt die ganzheitliche Schau. Wenn ihr eine solche integrale Sichtweise erlangt habt, seht ihr die innere Einheit, das göttliche Bewußtsein, von dem jedes Wesen, ungeachtet körperlicher Unterschiede – wie Ausdrucksweise und Verhalten – durchdrungen ist. Ihr erkennt, daß Gefühle, Gedanken und verhaltensbedingte Charakteristika alle dem Wechsel und der Veränderung unterworfen sind. Aus diesem Grund entwickelt ihr keinerlei Interesse, Vorliebe oder Abneigung für die körperlichen Merkmale, Ausdrucksweisen oder sonstigen Eigenarten, die sich im Lauf der Zeit verändern. Mit der atmischen Sichtweise seid ihr vollständig auf das unveränderliche innewohnende Göttliche ausgerichtet. Eine solche tief verinnerlichte Sichtweise ist heilig in ihrer Art. Wenn ihr sie erlangt habt, seid ihr in Gottes Hand. Und nicht nur das: Ihr seid in der Tat Gott selbst.

Die Upanishaden erklären, daß derjenige, der das Allumfassende – *brahman* – kennt, selbst zu *brahman* wird. So daß ihr, sobald ihr eine solche geheiligte Sichtweise erlangt, die Wesensart des Göttlichen selbst annehmt. So wie ihr wahrnehmt, so werdet ihr werden. Um ein *sthitaprajna*, ein Wesen höchster Weisheit zu werden, müßt ihr diese integrale Sichtweise *(sudharshana)* in euch fördern und stets in der inneren Einheit, die in der äußeren Verschiedenheit vorhanden ist, verweilen. Krishnas Gebot für Arjuna lautete deshalb, seine Sicht ständig nach innen auf den *ātman* gerichtet zu halten und diese ganzheitliche Schau unter allen Umständen beizubehalten.

Die Prozession

In Indien gibt es seit urdenklichen Zeiten die Tradition, an Festtagen in Dörfern und Städten von den Tempeln aus Wagenzüge zu veranstalten. Während dieser Feste wird das Bild der Tempelgottheit in einer Prozession umhergefahren. Als erstes kommt ein großer Wagen, der für diesen Zweck gebaut und aufwendig verziert wird und in dem ein Thron für die Gottheit aufgestellt wird. An dem glückverheißenden Festtag wird das Bild oder die Statue der Gottheit mit den entsprechenden Ritualen und Gesängen aus dem Tempel getragen und in den Wagen gehoben. Der Wagen wird anschließend in einer farbenprächtigen Prozession von Gläubigen durch die Straßen gefahren. Ihm voran gehen Gruppen von Tänzern, Musikern und Sängern. Entlang der Prozession opfern viele Menschen der Gottheit, indem sie geweihte Lichter anzünden und vor dem Wagen Lichter schwenken, sobald dieser an ihnen vorbeikommt.

Während solcher Festtage versammeln sich Tausende von Menschen, die aus allen umliegenden Dörfern zusammenkommen. Sie lassen sich in drei Arten von Menschen unterteilen: Die ersten, die den größten Teil der Teilnehmer ausmachen, richten ihre ganze Aufmerksamkeit auf den Wagen und seine äußere Erscheinung. Andere konzentrieren sich mehr auf den Gesichtsausdruck und das Tun derjenigen, die den Wagen ziehen, die Tänze und Spiele aufführen, und die Priester und Gläubigen, die ihre Opfergaben darbringen. Die dritten sind jene wenigen, die den wahren Sinn und Zweck der Prozession erkennen. Nur diese kleine Handvoll Menschen sehnt sich danach, eine Vision des Innewohnenden, der geheiligten Person, die im Wagen thront, zu bekommen.

Die tiefere Bedeutung des Festes liegt in der Einsetzung der Statue in den Wagen. Ohne die Statue oder das Bild wäre die Prozession bedeutungslos. Die Statue steht sinnbildlich für den Innewohnenden, der Gott selbst ist. Aber nur ganz selten gibt es den einzelnen, der seine volle Aufmerksamkeit diesem Gott schenkt. Die meisten Menschen sehen nur die physische Erscheinungsform des Wagens, seinen Schmuck und ähnliches, etwa das Kleid, das der Statue angezogen wurde und die Kostüme der Tänzer und Musiker, ihre Possen, den Radau und die Farbenpracht des Festes. Diejenigen, die sich auf diese Äußerlichkeiten konzentrieren, machen den größten Teil der Teilnehmer aus. Aber es gibt auch einige Menschen, die ganz mit den Opfern und Ritualen – dem Zerbrechen von Kokosnüssen, dem Schwenken von Lichtern und Räucherstäbchen – und der Hingabe, die diese Rituale hervorrufen, beschäftigt sind. Die Zahl der Menschen mit einer solchen Sichtweise ist sehr viel kleiner.

Die göttliche Person aber, die in diesem Wagen aufgebaut wurde, die den Wagen lenkt und die das Innenwohnende dieses Wagens ist, wird nur von einer sehr kleinen Zahl ergebenster Gläubiger, die sich danach sehnen, den heiligen Anblick der Gottheit zu erhalten, geschaut werden. Diese Menschen kann man in der großen Menge, die sich an einem solchen Fest beteiligt, an den Fingern einer Hand abzählen. Für sie sind all der festliche Prunk und Putz und die Aufregung, die mit der Prozession verbunden sind, bei ihrem Bemühen um eine echte Vision des herrlichen Gottes im Wagen nur ein Hindernis.

Was für eine tiefere Bedeutung hat dieser Wagen? Wieviele solcher Wagen gibt es denn? Der Wagen, von dem wir sprechen, ist der menschliche Körper. Das heißt, es handelt sich nicht nur um *einen* Wagen, sondern um Millionen und nochmals Millionen Wagen. Jeden Tag bewegen sich diese Wagen von Straße zu Straße und von Haus zu Haus, wobei sie den innewohnenden Herrn in einer Prozession umherfahren. Ihr habt eure Sichtweise so trainiert, daß ihr nur den Körper und seine äußeren Merkmale oder den Gesichtsausdruck wahrnehmt, der von dem jeweiligen Gemütszustand einer Person herrührt. Ihr habt nicht gelernt, die innere Schau zu fördern, die Schau, welche die innewohnende Person in ihrem körperlichen Wagen wahrnimmt und weiß und versteht, wer sie wirklich ist. Selten gibt es einen, der den Versuch macht, tiefer – jenseits des äußerlichen und oberflächlichen Aspekts des Körpers und jenseits der emotionalen und gedanklichen Wesenszüge der Menschen – zu blicken und das heilige Prinzip des *ātman*, der dort drinnen wohnt, zu entdecken.

Körper sind Fahrzeuge

Die Körper der menschlichen Wesen sind nicht die einzigen „Wagen“. Die Körper von Tieren wie Hunden, Tigern oder Elefanten sind ebensolche Fahrzeuge. Tatsächlich ist der Körper eines jeden Lebewesens ein Fahrzeug. So wird Shiva zum Beispiel auf Nandi, dem Stier, reitend dargestellt. Der Stier ist Shivas „Wagen“. Trotzdem denkt ihr nicht an Lord Shiva, wenn ihr einen Stier seht; aber Er ist da. Wenn ihr eine Ratte seht, denkt ihr auch nicht an Lord Ganesha, und doch ist er da und reitet auf dieser Ratte. Die Ratte ist Ganeshas Fahrzeug und folglich ein „Wagen“, in dem Gott reist. Ebenso werden Löwen, Krähen, Hunde, Schlangen, Adler, Vierbeiner und geflügelte Tiere als Fahrzeuge für verschiedene Aspekte des Göttlichen benutzt. Es ist tatsächlich jedes Lebewesen ein Wagen, der Gott in einer Prozession „umherfährt“. Heutzutage habt ihr euch eine Sichtweise angeeignet, die nur den Wagen sieht. Ihr konzentriert euch nur auf äußeres Machwerk. Nahezu eure gesamte Zeit wird in unserem Zeitalter dem Schmücken des Gefährts, das heißt der körperlichen Bequemlichkeit und dem Vergnügen gewidmet. Die Folge davon ist, daß ihr nur den äußerlichen Unterschieden eure Aufmerksamkeit schenkt und keine Zeit damit verbringt, den inneren Bewohner zu suchen.

„Wisse deshalb, Arjuna“, sagte Krishna, „daß alle diese Menschen, um die du dich so sorgst, nur Gefährte sind. Großväter, Brüder, Vettern – sie sind alle nur Fahrzeuge. Was du wirklich siehst, das sind Fahrzeuge in der Gestalt von Verwandten. Dein Blick war getrübt, solange du nur die Körper gesehen hast. Aber ein Geweihter wie du sollte sich nicht so sehr um Äußerlichkeiten kümmern. Du mußt deinen Geist auf das richten, was jedem Körper innewohnt. Nur dann wird dein Blick geheiligt sein. Nur eine solche geheiligte Sichtweise kann die Grundlage für deinen Sieg bilden. Nur ein Mensch, der diese heilige Sichtweise besitzt, kann in großen Unternehmungen erfolgreich sein. Arjuna, die Menschen geben dem Schatten dieselbe Bedeutung, die sie demjenigen beimessen, der den Schatten wirft; sie messen dem Abbild denselben Wert bei wie demjenigen, welcher das Bild, das sie sehen, erzeugt. Das ist nicht gut. Die unveränderliche, heilige Ursache, die der Anlaß für all diese Schatten und Abbilder war, ist der *ātman*. Sein Wert ist grenzenlos und jenseits allen Ermessens, während die äußere Schönheit dieser Körper und aller Gedanken, Gefühle und Verhaltensweisen, die in diesen Körpern manifestiert sind, nichts als ein Abbild ist. Sie sind nur Schatten ohne jede wirkliche Substanz oder bleibenden Wert."

Solange Arjuna dem bloßen Abglanz so viel Beachtung schenkte, handelte er sehr töricht. Aber Arjuna war nicht wirklich töricht. Im zweiten Kapitel der Gītā nannte Krishna Arjuna *kripana*. Die landläufige Bedeutung von *kripana* ist „einer, der arm und elend ist". Aber diese Worte treffen auf Arjuna nicht wirklich zu. Arjuna war gewiß nicht arm und auch nicht elend – im weltlichen Sinn des Wortes. Was materielle Güter betrifft, so hatte er einen bedeutenden Teil des gesamten Vermögens der zehn bekannten Welten angehäuft; an Gütern hat es ihm nie gefehlt. Eine weitere Bedeutung des Wortes *kripana* ist „geizig". Aber Arjuna war auch nicht geizig; tatsächlich war es so, daß er auf alles, was er besaß, verzichtet hatte. Er sagte zu Krishna: „Ich will dieses Königreich nicht. Selbst wenn mir die Herrschaft über die ganze Welt angetragen würde, würde ich sie nicht annehmen. Ich bin bereit, eher betteln zu gehen, um mein Auskommen zu haben, als diese Menschen zu töten." So hoch war das Maß des Verzichts, den Arjuna erlangt hatte. Das Wort „geizig" paßt also in keiner Weise auf ihn.

Aber welche ist dann die rechte Deutung des Wortes *kripana* in Bezug auf Arjuna? *Kripana* steht für einen, der kein Urteilsvermögen besitzt, der nicht imstande ist, zwischen dem, was wirklich und was unwirklich ist, zu unterscheiden. Wie Swami vorhin gesagt hat, bedeutet *kripana* in diesem Zusammenhang „unwissend". Arjuna hatte sich unwissend gezeigt – nicht unwissend im weltlichen Sinn, sondern in bezug auf geistige Dinge. Arjuna hatte keine innere Schau entwickelt. Und um ihn vor den Mißverständnissen und der Verwirrung zu retten, die sich daraus unweigerlich ergeben, begann Krishna Arjuna das heilige Wissen um den *ātman* zu lehren und ihn in den spirituellen Übungen zu unterweisen, die ihn zur Erlangung der höchsten Weisheit führen sollten.

Vorbereiten des Feldes

Bevor ein Bauer auf einem Feld aussäen kann, bedarf es ziemlich anstrengender Vorbereitungen: Das Erdreich muß von Stoppeln, Steinen und Unkraut gesäubert und durch Pflügen und Bewässern aufgeweicht werden. Die Samen, die auf diesem Stück Land am besten gedeihen, und die Nährstoffe zum Düngen des Bodens müssen ausgewählt werden. Wenn alle diese Vorbereitungen getroffen sind, streut der Bauer schließlich die Saat aus. Bevor eine Saat also aufgehen kann, muß das gesamte Feld für sie vorbereitet werden. Steine müssen entfernt und nutzloses Unkraut muß gejätet werden. Erst dann können die geeigneten Saaten ausgestreut werden, erst dann wird eine gute Ernte gewährleistet sein. Auf ähnliche Weise muß auch der Jünger auf dem geistigen Weg sorgsam darauf bedacht sein, das Feld seines Herzens vorzubereiten. Für dieses Feld gelten ähnliche Vorbereitungen.

Als erstes müßt ihr alle unerwünschten Gedanken und nutzlosen Angewohnheiten ablegen. Sie müssen ausgehackt und weggeräumt werden. Danach müßt ihr das Feld des Herzens bewässern mit dem Wasser der Liebe; das Wasser der Liebe macht das Herz weich und kultivierbar. Mit Hilfe spiritueller Übungen, das heißt mit *sādhana*, müßt ihr das Feld eures Herzens pflügen und den Dünger des Glaubens daraufstreuen, damit der Boden für die Saat fruchtbar und nahrhaft gemacht wird. Erst wenn all dies geschehen ist, wird das gesamte Feld des Herzens zum Aussäen bereit sein. Solange ein Herz mit dem Unkraut niedriger Gedanken überzogen ist, solange es dürr, hart, trocken, unfruchtbar ist – wie können da gute Samen aufgehen und je eine Chance bekommen, zu einer schönen Ernte heranzuwachsen?

In diesem Zusammenhang hatte Krishna zu Arjuna gesagt: „Arjuna, du mußt das Feld deines Herzens umpflügen und bebauen. Du mußt deine nach außen gerichtete Sichtweise verändern. Pflege einen reinen und starken Strom der Liebe zu Gott. Säe die Samen des Gottesnamens in dein Herz, und du wirst dort die reiche Ernte des Einheitsbewußtseins einbringen, denn das ist es, was auf diesem Feld am besten wächst; das ist sein wahres Wesen. So wirst du ein *sthitaprajna*, ein Mann von unbeirrbarer Weisheit; so wirst du dein spirituelles Ziel erreichen. Im Garten deines Herzens wirst du die heiligen Früchte der Befreiung kosten; wenn du sie erst einmal hast, kann dich keine Furcht je wieder belangen.

Wenn du einen festen Glauben und eine ganzheitliche Schau der Dinge entwickelt hast und immer an das innewohnende Göttliche denkst, wird kein Lob dich mehr zum Jubeln veranlassen und kein Tadel dich in Kummer stürzen. Nur dann wirst du gänzlich frei von Ängsten sein. Dies ist *abhaya*. Das Sanskritwort *abhaya* bedeutet „absolut furchtlos". Und es gibt ein anderes Sanskritwort, *nirbhaya*, das Abwesenheit von Furcht bedeutet. Obwohl die beiden das gleiche zu bedeuten scheinen, gibt es einen großen Unterschied zwischen ihnen. *Nirbhaya* steht für das Beseitigen von Angst und Furcht.

Die Furcht vor der Schlange

Ein Beispiel dafür ist, wenn ihr in der Dämmerung ein Seil am Boden liegen seht und denkt, es sei eine Schlange. Aus Furcht, die Schlange könnte euch etwas antun, richtet ihr eure Taschenlampe auf den Gegenstand, um zu sehen, ob es wirklich eine giftige Schlange ist. Kaum fällt das Licht auf den Gegenstand, erkennt ihr, daß es gar keine Schlange, sondern ein Stück Seil ist. Mit dieser Erkenntnis ist eure Furcht auch schon verflogen. Ein Opfer der Furcht zu werden und von ihr befreit zu werden, sind plötzliche Erfahrungen. Sie kommen und gehen. Die Furcht ist nur eine Täuschung, die der menschliche Geist erschafft. Das Fehlen von Furcht ist ebenso eine gedankliche Täuschung. Eine Sache für eine andere zu halten als sie ist, führt zu Angst; den Fehler zu erkennen und zu berichtigen, führt zur Befreiung aus dieser Angst. *Abhaya* und *nirbhaya* sind im Zusammenhang mit Angst und Freisein von Angst zu sehen. *Abhaya* hat mit diesen beiden Begriffen nicht das geringste zu tun, denn *abhaya* bedeutet absolute Furchtlosigkeit; sie ist ein permanenter Zustand, in dem die Frage nach der Angst gar nicht auftritt. Ein Mensch mit *abhaya* ist sich ständig seiner wahren Realität bewußt; es wäre ihm gar nicht möglich, Furcht zu haben. Betrachtet dieses *abhaya* nicht als bloße Abwesenheit von Furcht oder Angst. In der echten Furchtlosigkeit ist man sich keines zweiten Seinszustandes bewußt. Man bekommt nur Angst, wenn da ein Zweites ist. Für jemanden, der *abhaya* hat, gibt es niemals ein solches Zweites. Furchtlosigkeit ist deshalb an Einheitsbewußtsein gekoppelt. Es bezieht sich auf *advaita*, den Zustand, in dem es nicht zwei, sondern nur das Eine geben kann. Nur wenn ihr euch im Zustand des *advaita* befindet, werdet ihr wahrhaft furchtlos sein.

Furcht ist nur, wo noch ein Zweites ist

Wenn ihr euer Selbst, den *ātman* vergeßt, werdet ihr unter Furcht leiden. Wenn ihr nur an die Welt und nicht an Gott denkt, werdet ihr unter Furcht leiden. Wenn ihr voller Wünsche und Anhaftungen seid, werdet ihr unter Furcht leiden. Wenn ihr euch von den Dingen täuschen laßt, werdet ihr unter Furcht leiden. Wenn ihr dagegen in die transzendente Wirklichkeit vertieft seid, werdet ihr vollkommen frei von Angst sein. Ihr werdet dann überhaupt niemals vor irgendetwas Angst haben. Krishna sagte: „Arjuna, es gibt nur eines, was du lernen mußt: Nicht die Sicht der gegenständlichen Welt sollst du erweitern. Auch im Geistigen brauchst du dich nicht weiter zu entwickeln. Nur den Blick für das Eine, das überall und in allen Wesen existiert, sollst du schärfen. Wenn du das Eine kennst und es immer bedenkst, wirst du diesem andauernden Hin und Her zwischen Furcht und Beseitigen der Furcht – zwischen *bhaya* und *nirbhaya* – nicht mehr unterworfen sein. Solange du die falsche Perspektive hast, daß die Welt wirklich und aus verschiedenen Dingen gemacht ist, wird dein Blick getrübt sein, und du wirst Angst haben. Wenn du aber die Wahrheit des Einsseins der ganzen Schöpfung erkannt hast, wirst du *abhaya*, für immer frei von Angst sein. Ein Mensch wie du sollte weise, ein *sthitaprajna* werden und niemals wieder Furcht und Ängste erfahren müssen."

Ihr werdet lernen müssen, eure Neigung zu beherrschen, den Blick weder nach außen, auf den Körper und seine Handlungen, noch auf das Psychische mit seinen Gedanken und Gefühlen zu richten. Fördert stattdessen die innere Schau des heiligen *ātman*. Dies ist die rechte Sichtweise, die integrale Sehweise *(sudarshana)*. Es gibt ein schönes Beispiel dafür im Shrīmad Bhāgavatam. Es ist die Geschichte von Gajendra, dem Elefanten, der von einem Krokodil gepackt wurde. Dieser Elefant Gajendra besaß ein starkes Ego und war überzeugt, daß er sich aus seiner eigenen großen Kraft heraus von dem Krokodil befreien könnte. Dazu muß man zwei Dinge wissen: erstens, daß Elefanten auf dem Land sehr stark sind, und zweitens, daß Krokodile im Wasser sehr stark sind. Wenn ein Elefant sich ins Wasser begibt, ist er nicht mehr so mächtig wie auf dem Land, und ein Krokodil ist seinerseits am Land nicht mehr ganz so souverän wie im Wasser, das seine natürliche Umgebung ist. Im Falle dieser Geschichte

Gajendra und das Krokodil

war das Krokodil in seinem Element und in der Lage, seine gesamte Kraft anzuwenden. Gajendra, der Elefant, benahm sich dagegen sehr arrogant; voller Ego wie er war, dachte er, daß kein Krokodil je an einen Elefanten, den Herrn des Dschungels, heranreichen würde. Er wußte nicht, daß ein Krokodil im Wasser jedem Elefant des Festlandes mehr als ebenbürtig ist.

Die beiden kämpften eine Weile unnachgiebig miteinander. Schließlich wurde der Elefant müde und verlor seine physischen und geistigen Kräfte. Er hatte sein ganzes Vertrauen in sie gesetzt, aber nun waren sie verbraucht, und er mußte sich an Gott wenden. Solange sein Blick auf den Körper gerichtet gewesen war, hatte er nicht nach Gott geschaut. Solange er sein Vertrauen in seine eigenen körperlichen und geistigen Kräfte gesetzt hatte, war der Gedanke an Gott nicht erwacht, und Gottes Gnade war nicht auf ihn herabgekommen. Als sich der Elefant am Ende seiner Kraft an Gott wandte, sandte Lord Vishnu sofort seine *sudarshana*-Scheibe und befreite Gajendra aus seiner Not. Das *sudarshana*, von dem hier die Rede ist, besteht nicht einfach aus der Wurfscheibe, die der Herr (Vishnu) als Waffe trägt. Mit *sudarshana* ist die göttliche Sichtweise gemeint. Sobald ihr euren Blick auf den Herrn richtet, wendet Er seinen Blick zu euch. *Sudarshana* hat mit dem Erwecken der Gnade und dem Erlangen der Zuwendung des Herrn zu tun. Wann geschieht es, daß ihr die Zuwendung des Herrn gewinnt, so daß ihr euch in Seiner Gnade sonnen könnt? Sobald ihr alle eure egozentrischen Vorstellungen von eurer eigenen Kraft des Körpers und des Geistes aufgebt. Ihr gewinnt die Gnade des Herrn, sobald ihr euren Blick auf Gott richtet, euch ganz in Seine Hand gebt und genau wie Gajendra, der Elefant, euch Seinem Willen völlig ergebt.

Nur wenn ihr euren Blick ganz auf Swami richtet, wird Swami Seinen Blick auf euch richten. Angenommen, Swami sieht euch an: Ihr könnt diesen Seinen segenspendenden Blick gar nicht wahrnehmen, wenn ihr nicht gleichzeitig zu Ihm schaut. Im Augenblick ist eure gesamte Aufmerksamkeit auf den Körper gerichtet. Die Helligkeit der Sonne mag um euch sein, aber ihr Licht ist nicht bis in euer Innerstes eingedrungen. Worin liegt der Grund dafür? Ihr habt Vorhänge und Rolläden an den Fenstern angebracht und die warmen Sonnenstrahlen draußen gelassen. Nur wenn ihr die dunkeln Vorhänge aufreißt, kann die Helligkeit des Sonnenlichts in den Raum in eurem Innern eindringen. Auf die gleiche Weise habt ihr euren Blick mit den Rolläden des Zweifels und des Egos und mit den dicken Vorhängen des Körperbewußtseins verdunkelt, so daß die Strahlen der Gnade nicht bis in euer Herz vordringen. Ihr sagt vielleicht: „Ich war nicht imstande, die Gnade des Herrn zu erreichen". Aber wie solltet ihr auch, wenn ihr euren Blick nicht auf Ihn richtet?

Die Strahlen Seiner Gnade

Hier eine kleine Episode, die sich vor ein paar Tagen ereignete: In einem bestimmten Haus starb ein älterer Mann. Die Frau und die Kinder des Toten waren vom Schmerz überwältigt. Sie haderten mit Gott: „O Gott, warum bist Du so grausam? Warum schüttest Du so wenig Gnade über uns aus? Hast Du uns vergessen? Swami, nur weil die Strahlen Deiner Gnade nicht auf uns gefallen sind, hat dieses grausame Schicksal unsere Familie überfallen." Da hörten sie plötzlich eine göttliche Stimme, die sagte:

„Warum habt *ihr* Mich vergessen? Ihr sagt, Gott habe euch vergessen, aber habt ihr an Mich gedacht? Ihr sagt, Gottes Blick sei nicht auf euch gefallen, aber habt ihr denn euren Blick auf Mich gerichtet?"

Wenn ihr nicht zu Gott schaut, werdet ihr Ihn sicherlich nicht zu sehen bekommen. Wenn Ich direkt vor euch stehe und ihr Mir direkt gegenüber, und wir uns gegenseitig anschauen, was sehen wir? Wen würdet ihr in Meinen Augen sehen, und wen würde Ich in euren Augen sehen? Ich würde Mich in euch sehen und ihr euch in Mir. Aber wie kann ich Mich in euch sehen oder ihr euch in Mir, wenn ihr hinter Mir steht? Es wäre unmöglich. Kommt also, stellt euch direkt vor Mich hin und richtet euren Blick auf Mich. Als Gajendra seinen Blick auf Gott richtete, trafen sich ihre Blicke, weil Gott Seinerseits auf ihn sah. Wenn dies geschieht, sind alle Probleme mit einem Schlag gelöst.

Wer ist dieser Elefant? Er heißt „Arroganz" und „Stolz". Ein Mensch, der voller Arroganz und Stolz ist, entwickelt Wünsche. Und diese können mit dem Durst verglichen werden. Wenn der stolze Mensch Durst bekommt, geht er an die Wasser der Welt, um zu trinken; er steigt in die Fluten des endlosen Wandels und der Wiederkehr *(samsāra)*. Und noch bevor er ganz im Wasser steht, schnappt die Anhaftung nach ihm. Anhaftung und Besitzgier sind das mächtige Krokodil, das euch alle Kraft nimmt und euch so erbärmlich aufschreien macht. Bevor ihr in die Fluten des *samsāra* gestiegen seid, das heißt, bevor ihr euch eure vielen seelischen Verhaftungen eingehandelt habt, habt ihr nur selten geweint. Ein junger Mann fühlt sich vor seiner Hochzeit frei und ungehindert. Danach wachsen seine Bindungen ständig. Er muß für seine Frau, seine Kinder, Eltern, Schwäger und weitere Verwandte sorgen und fühlt sich bald so, als hätte sich die ganze Welt an ihn gehängt und zöge ihn unter Wasser.

Egoismus, Stolz und Wünsche

Wenn ihr erst einmal Egoismus entwickelt habt, folgen Stolz und Wünsche und bald darauf die geistige Anhaftung, und aus dieser entstehen handfeste Bindungen. Wenn die Bindungen sich mehren, wird es nicht mehr möglich sein, euch Gott zuzuwenden und Ihn zu sehen. „Werde darum nicht zum Opfer von Bindungen", sagte Krishna zu Arjuna, „halte dein Denken und deine Gefühle klar und rein, und schau immer nur auf den *ātman*, den Ursprung der Schöpfung, das eine Göttliche, das in allen Dingen lebt. Pflege diese innere Schau. Erlaube dem Unkraut des Egos und des Körperbewußtseins nicht, sich in deinem Herzen auszubreiten. Wende deinen Blick auf Gott. Mach Ihn zu deinem Sinn und Zweck. Laß Ihn dein Ziel sein."

WILLST DU FREI WERDEN, ÜBERGIB DEINEN GEIST DEM HERRN

Die ganze Welt ist eine Ausgestaltung der drei Grundeigenschaften (gunas). *Solange diese drei Grundeigenschaften oder -stimmungen in eurem Herzen wohnen und euer Unterscheidungsvermögen verhüllen, bleibt ihr in Ketten.*

Verkörperungen der Liebe,

rajoguna (Leidenschaftlichkeit, Ruhelosigkeit) und *tamoguna* (Trägheit) stecken hinter all eurem Leid und euren Problemen. Immer wenn Furcht, Trägheit oder Müdigkeit auftreten, werdet ihr von *tamoguna* beherrscht. Wenn dagegen *rajoguna* seinen Einfluß geltend macht, ist eure wahre Natur vergessen. *Rajoguna* bringt die animalischen und dämonischen Züge zum Vorschein. Ein Bauer, der auf die Ernte bedacht ist, muß als erstes das Unkraut auf dem Feld beseitigen. Solange Unkraut das Feld bedeckt und dem Boden seine Nährstoffe und seine Kraft entzieht, werden die Saaten sich nicht durchsetzen können. Das Beseitigen des unerwünschten Wachstums ist eine wesentliche Voraussetzung für das Emporkommen einer guten Ernte. Auf die gleiche Weise muß der Jünger des Herrn, der Erleuchtung sucht – das heißt die Glückseligkeit des reinen Selbstseins *(ātmānanda)* verwirklichen will – aus dem Acker seines Herzens alle Merkmale der Leidenschaftlichkeit und der Trägheit – *rajoguna* und *tamoguna* – die dort in Form von Begierde, Zorn, Neid, Täuschung, Stolz und Eifersucht Fuß gefaßt haben, beseitigen. Diese sechs Todfeinde des Menschen sind Kinder von *rajas* und *tamas*. Ihr werdet das Glück des *ātman* nicht finden, solange dieses Unkraut in euch ist.

Das erste Kapitel der Gītā ist erfüllt von Arjunas Kummer und Klagen. Und verantwortlich für Arjunas Kummer waren *rajoguna* und *tamoguna*, die er im Herzen hatte. Da er diese *gunas* in sein Herz gelassen hatte, mußte er leiden. Krishna lehrte Arjuna, daß er zuallererst *tamoguna* und *rajoguna* aus seinem Herzen ausrotten müsse. „Opfere Mir alle drei *gunas*", sagte Krishna, „dann wirst du frei sein von Kummer und Ängstlichkeit und siegreich in der Welt." Hier ein kleines Beispiel dafür:

Wenn ihr eine große Persönlichkeit – einen Weisen oder einen Gelehrten – in euer Haus einladet, müßt ihr dafür bestimmte Vorbereitungen treffen, wie Putzen und das Haus schmücken. Ihr müßt innen und außen alles sauber machen und auch um das Haus herum alles in Ordnung bringen, bevor der Gast zu euch kommen kann. Große Persönlichkeiten betreten kein Haus, das voller Schmutz ist und der Heiligkeit entbehrt. Und wenn ihr einen Gouverneur oder einen Minister in euer Dorf einladen solltet, würdet ihr eure Straßen sauberfegen und die Gehwege schmücken, so daß alles aufs Beste vorbereitet ist. Auch wenn der Betreffende nur vorübergehend ein hohes Amt bekleidet, so werdet ihr euch trotzdem die größte Mühe geben, euer Haus sauber zu haben und noch vieles andere für seinen Besuch bereitzuhalten.

Wieviel mehr Mühe werdet ihr euch geben, damit ihr den Schöpfer und Beschützer der ganzen Welt in eurem Haus willkommenheißen könnt! Wenn ihr Ihn in euer Herz aufnehmen wollt, müßt ihr dieses sorgfältig reinigen. Nur dann wird Gott gerne eintreten. Krishna sagte: „Arjuna, bisher hast du Mich lediglich als den Lenker deines Streitwagens betrachtet, aber du mußt Mich zum Lenker deines Lebenswagens machen! Der Thron, auf dem Ich in diesem Wagen sitze, ist sauber und schön geschmückt. Bedenke nun, wie rein und groß dein Herz sein muß, um daraus eine Wohnung zu machen, in der du Mich als Lenker deines Lebenswagens beherbergen kannst."

Wenn ihr euch da draußen hinsetzen wollt, legt ihr zuerst eine Matte, Zeitungspapier oder ein Taschentuch auf den Boden und setzt euch dann darauf. Wenn ihr eurem Körper, den ihr letztlich nur vorübergehend habt und der voller Unreinheiten steckt, so viel Aufmerksamkeit widmet – wieviel mehr Sorgfalt solltet ihr verwenden, wenn ihr Gott ins Allerheiligste eures Herzens einladet.

Solange die beiden *gunas rajas* und *tamas* in eurem Herzen leben, ist das Herz unrein. Diese beiden Grundeigenschaften verunreinigen das Herz in einem fort. Solange das Herz schmutzig ist, wird das Göttliche nicht eintreten. Ihr werdet nicht imstande sein, Seine Anwesenheit darin wahrzunehmen. Deshalb müßt ihr zuvor *tamoguna* beseitigen, und wenn dies geschehen ist, müßt ihr auch *rajoguna* aus ihm vertreiben. Dann wird Reinheit, das sattvische Element, aus ihm leuchten. Fangt jetzt gleich damit an, euch die allergrößte Mühe zu geben, jedes bißchen Schmutz, das sich in eurem Herzen angesammelt hat, zu beseitigen. Dazu ein kleines Beispiel:

Wenn ihr Frauen oder Mädchen heutzutage zu einem Picknick fahrt oder einen Ausflug macht, nehmt ihr einen Spiegel, einen Kamm und ein Taschentuch mit. Warum? Weil euer Haar während des Ausflugs in Unordnung gerät; um es zu frisieren, braucht ihr einen Kamm, und um zu sehen, ob es auch sitzt, einen Spiegel. Und um das Gesicht abzuwischen, habt ihr ein Taschentuch bei euch. Wenn ihr einen dieser drei Gegenstände zu Hause laßt, wird eure Erscheinung nicht perfekt sein. Kamm, Spiegel und Taschentuch sind notwendig, um euch ein sauberes und adrettes Aussehen zu geben.

Das Maß eurer Hingabe

Wenn ihr die gestörte Schönheit eures Herzens verbessern wollt, müßt ihr ebenfalls bestimmte Hilfsmittel anwenden. Ob euer Haar in Ordnung ist oder nicht, zeigt euch der Spiegel. Ob euer Herz im Ungleichgewicht ist oder nicht, zeigt euch das Maß eurer Hingabe, die wie ein Spiegel wirkt. Dieser Spiegel muß sauber sein, dann werdet ihr sehen, ob Herz und Verstand rein sind oder ob sie von Unreinheiten bedeckt sind. Sobald ihr merkt, daß sich etwas Störendes in eurem Herzen befindet, müßt ihr das ändern. Dafür braucht ihr den „Kamm" der Weisheit. Weisheit klärt das Herz und bringt es zurück in einen Zustand der Ordnung und der Schönheit. Und so wie ihr ein Stück Stoff benutzt, um den Staub wegzuwischen, der sich in eurem Gesicht festgesetzt hat, müßt ihr den Schmutz, der sich in euren Gedanken und Gefühlen festgesetzt hat, mit dem Tuch des inneren Abstandnehmens entfernen. Mit Hilfe dieses inneren Abstandnehmens könnt ihr jeden Schmutz aus euren Gedanken entfernen. So wie ihr diese drei Dinge – den Spiegel, den Kamm und das Taschentuch – auf jede Reise mitnehmt, müßt ihr auf die Reise des Lebens Hingabe, Weisheit und Losgelöstheit mitnehmen, um Herz und Verstand sauber zu halten.

Merkmale von rajoguna

Wir haben bereits über *tamoguna* gesprochen. Laßt uns nun die Merkmale von *rajoguna* betrachten. Ein Mensch, der mit *rajoguna* behaftet ist, übereilt immer alles. Er hat keine Geduld, kann nicht gelassen hinnehmen und keinen Augenblick ruhig sein. Und er wird eine ziemliche Portion Zorn zu erkennen geben. Aber nicht nur das. Er ist auch mit grenzenlosem Wünschen behaftet. Das wird deutlich, wenn ihr euch die Tiere im Zoo anseht. Gepard, Tiger, Fuchs – keiner kann einen Augenblick ruhig stehen. Der Grund dafür ist *rajoguna* in ihnen. Wenn *rajoguna* erst einmal Einlaß in das Herz des Menschen findet, macht es ihn unstet in Körper und Geist. Aber das ist nicht alles: Es bewirkt auch Irrtümer in ihm. Und sobald er dem Irrtum aufgesessen ist, entwickelt er starke Wünsche bezüglich weltlicher Dinge. Sowie sich diese Wünsche in seinem Herzen manifestieren, beginnt er sich diese Dinge dadurch zu besorgen, daß er Aktivität entwickelt. Ihr seht dann, daß Irrtum – oder Täuschung – Wünsche und Aktivität *(karma)* die drei mächtigen Faktoren sind, welche die charakteristischen Merkmale von *rajoguna* ausmachen. *Rajoguna* ist der Grund für euer ständiges Hin und Her. Wenn ihr (in Meditation) sitzt, habt ihr das Gefühl, daß ihr nicht lange so sitzen könnt. Irgendein Körperteil ist immer in Bewegung – wie beim Pipali-Baum: Selbst wenn kein Windhauch weht, bewegen sich seine Blätter ständig. Mit dem Pferd ist es das gleiche. Das Sanskritwort für „Pferd“ bedeutet soviel wie „das, was unstet ist“. Wo ihr ein Pferd auch seht, es bewegt immer entweder den Kopf, den Schweif oder die Beine. Darum wurde das uralte Ritual des Pferdeopfers *(ashvamedha yāga)* als ein Mittel angesehen, um den Geist zu bezähmen und zur Ruhe zu bringen.

Das Ursinnbild für *rajoguna* ist Rāvana, der König der Dämonen. Das Ursinnbild für *tamoguna* ist Kumbhakarna, der Dämon, der die meiste Zeit schlief. Vibhīshana ist das Ursinnbild für *sattvaguna*. Er gehörte zwar auch zu jener Dämonenfamilie, ergab sich aber schließlich zu Rāmas Füßen, nachdem er sich für die Seite der Guten entschieden hatte. Alle drei, Rāvana, Khumbhakarna und Vibhīshana sind Brüder. Wenn ihr Rāvana und Khumbhakarna in euer Herz laßt, werden sie euch endlos Kummer und Schaden zufügen. Wenn ihr ins Königreich der Befreiung eintreten wollt, müßt ihr alle drei *gunas* aus eurem Herzen entfernen. Sie gehören alle der gleichen Familie an, und es besteht ein Verhältnis der Brüderlichkeit zwischen ihnen. Das ist der Grund, weshalb der Vedanta lehrt, daß ihr alle drei *gunas* transzendieren und sie Lord Shiva opfern müßt, der mit Seinen drei Augen über sie wachen und sie mit Seinem dreigezackten Speer unschädlich machen wird.

Wie können die drei *gunas* am besten beseitigt werden? Wenn ihr euch einen Dorn am Fuß einzieht, braucht ihr kein großes, scharfes Messer, um ihn zu entfernen. Es genügt ein zweiter Dorn, um den ersten herauszubefördern. Wenn das geschehen ist, macht ihr keinen Unterschied mehr zwischen den beiden und werft sie weg. Genauso müßt ihr *tamoguna* mit Hilfe von *rajoguna* entfernen und dann *rajoguna* mit Hilfe von *sattvaguna*. Schließlich laßt ihr auch *sattvaguna* fallen. Wenn eine von den dreien bleiben sollte, würde euch das vom Königreich der Befreiung fernhalten. Darum forderte Krishna Arjuna auf, alle Anstrengungen zu unternehmen und große Sorgfalt darauf zu verwenden, um sich dauerhaft von den drei *gunas* zu befreien. Nachdem Er ihm die verschiedenen Merkmale der *gunas* erklärt hatte, zeigte Er ihm, wie er jenseits der *gunas* gelangen könnte und verhalf Arjuna damit zu wahrer menschlicher Größe. Die wesentlichen Ursachen dieser drei *gunas* sind das Denken und die Gefühle. Es ist unmöglich, die menschliche Natur zu transzendieren und die göttliche zu verwirklichen, bevor eure Psyche nicht ihre wankelmütige Art verloren hat und es still wird in ihr. Euer erster Schritt muß daher sein, euer Denken und Fühlen dem Herrn zu übergeben. Wenn ihr es Ihm ganz und gar darbringt, wird sich Gott in jeder Hinsicht um euch kümmern. Hier ist eine kleine Geschichte dazu:

Ein Dorn entfernt den anderen

König Janaka sandte eines Tages eine Botschaft an sein Volk, in der es hieß: „Wenn sich unter euch ein großer Pandit, ein Mahātma, ein Yogi, ein Rishi, ein Mahārishi oder sonst ein Wissender befindet, laßt ihn zu mir kommen und mich das Wissen vom *ātman* lehren." In dieser Botschaft stand auch, daß er hoffe, Selbsterkenntnis *(ātmajnāna)* innerhalb weniger Augenblicke zu erreichen, wenn er nur richtig initiiert würde. Noch beim Besteigen seines Pferdes, also noch bevor er fest im Sattel säße, wollte er *ātmajnāna* erreicht haben. „Wenn derjenige, der mich *ātmajnāna* lehrt, nicht imstande ist, mir ein sofortiges Erleuchtungserlebnis zu verschaffen", so lautete Janakas Spruch, „wird er aus meinem Königreich verbannt, selbst wenn er der größte Gelehrte oder der gebildetste Mensch im Land wäre." Nun, alle Pandits und Rischis erschraken ein bißchen, als sie das hörten. Sie erkannten, daß ihre Gelehrsamkeit und ihre Bildung auf eine harte Probe gestellt werden sollten, und so traute sich keiner vorzutreten und sich anzubieten, den König zu unterrichten und die Bedingungen, die er gestellt hatte, anzunehmen.

Janakas Initiation

Zu diesem Zeitpunkt betrat jener Junge, Ashtavakra, das Königreich. Während er unterwegs auf der Straße nach Mithilapura war, traf er eine Reihe von Menschen – darunter Gelehrte – mit kummervollen, langen Gesichtern. Ashtavakra fragte sie, was für einen Grund es gäbe für ihre Sorgen. Die Menschen erklärten ihm, was geschehen war. Aber Ashtavakra konnte nicht begreifen, warum sie sich wegen einer so unbedeutenden Sache so sehr fürchteten und fügte hinzu: „Ich will dieses Problem für den König gerne lösen" und ging schnurstracks zum Königspalast. Dort wendete er sich an den König mit den Worten: „Lieber König, ich bin bereit, dich das Wissen vom *ātman* zu lehren. Aber dieses heilige Wissen kann nicht so einfach vermittelt werden. Dieser Palast ist voller *rajoguna* und *tamoguna*.

Wir müssen von hier weggehen und einen Ort mit reiner, ‚sattvischer' Atmosphäre aufsuchen." Also verließen sie den Palast und gingen aus der Stadt hinaus in Richtung Wald. Sie nahmen einige Pferde mit, und wie es üblich war, wenn der Herrscher den Palastbezirk verließ, folgte ihm ein Teil seiner Soldaten. Aber Janaka wies sie an, ihm nicht in den Wald zu folgen.

Ashtavakra und Janaka betraten den Wald. Ashtavakra sagte zum König: „Ich werde dich das Wissen vom *ātman* nicht lehren, wenn du meine Bedingungen nicht annimmst. Ich bin zwar nur ein Kind, aber da ich dich lehren soll, habe ich die Position eines Vormundes; du bist zwar ein allmächtiger Herrscher, aber da du von mir lernen wirst, bist du jetzt in der Position des Schülers. Bist du bereit, diese Art von Beziehung anzunehmen? Wenn du einverstanden bist, mußt du deinem Guru das traditionelle Geschenk, das der Schüler *(shishya)* dem Meister gibt *(gurudakshinā)*, darbringen. Wenn das geschehen ist, werde ich mit meinen Anweisungen beginnen." König Janaka sagte zu Ashtavakra: „Gott zu erreichen ist mir das wichtigste, ich bin also bereit, dir absolut alles zu geben, was du von mir forderst." Aber Ashtavakra antwortete: „Ich will nichts Materielles von dir; alles was ich will, ist dein Geist. Du mußt mir deinen Geist geben." Der König erwiderte: „In Ordnung, ich gebe dir meinen Geist. Bisher habe ich geglaubt, daß mein Geist mir gehört, aber von jetzt an wird er dir gehören."

Nun befahl Ashtavakra dem König, vom Pferd zu steigen und es neben sich stehen zu heißen. Darauf gebot er dem König, sich mitten auf dem Weg hinzusetzen. Ashtavakra selbst ging tiefer in den Wald hinein und setzte sich still unter einen Baum. Die Soldaten warteten lange Zeit. Weder der König noch Ashtavakra kamen aus dem Wald zurück. Die Soldaten wollten wissen, was mit den beiden geschehen war und machten sich einer nach dem anderen auf, sie zu suchen. Im Wald fanden sie den König, der auf dem Weg am Boden saß. Sein Pferd stand neben ihm. Der König hatte die Augen geschlossen und saß regungslos da. Ashtavakra war nicht zu sehen. Die Soldaten hatten nun Angst, daß Ashtavakra den König womöglich verzaubert und ihm sein Bewußtsein geraubt hatte. Sie gingen den Ersten Minister suchen.

Der Minister kam und wandte sich an den König: „O König! König! König!", aber der König öffnete seine Augen nicht. Er rührte sich auch nicht. Der Minister bekam Angst und alle anderen Würdenträger ebenfalls, denn die Zeit, zu der der König immer seine Mahlzeit einnahm, war verstrichen, und der König hatte sich immer noch nicht bewegt. So verging der Tag, und der Abend kam, aber der König veränderte seine Position nicht. Da er keinen anderen Ausweg sah, sandte der Minister den Wagen zurück in die Stadt, damit er die Königinnen herhole. Er nahm an, daß der König sicherlich antworten würde, wenn die Königinnen kämen. Diese kamen tatsächlich und versuchten, mit dem König zu sprechen: *„Rāja! Rāja! Rāja!"* riefen sie. Der König gab nicht das geringste Zeichen von sich. Inzwischen hatten die Soldaten den ganzen Wald nach Ashtavakra abgesucht. Sie fanden ihn friedlich unter einem Baum sitzend, vollkommen gelassen und heiter.

Die Soldaten näherten sich ihm und forderten ihn auf, zum König mitzukommen. Ashtavakra fragte sie: „Warum seid ihr so besorgt? Der König ist in Sicherheit, und alles ist in bester Ordnung." Aber sie gaben nicht nach und brachten ihn zum König, der nach wie vor mit geschlossenen Augen regungslos dasaß. Einer der Soldaten sagte: „Hier, sieh selbst! Sieh, was mit dem König geschehen ist!" Weder dem Ersten Minister noch den Königinnen, noch den anderen Würdenträgern, noch den Leuten aus seinem Volk antwortete der König auch nur mit einem Blick oder einem Wort des Erkennens. Aber nun kam Ashtavakra und sprach zu ihm. Sofort öffnete König Janaka seine Augen und sagte: „Herr!" Ashtavakra fragte den König: „Nun, die Minister, die Soldaten und viele andere sind gekommen. Warum hast du nicht auf ihre Rufe reagiert?" Janaka antwortete: „Gedanken, Worte und Taten gehören zum Geist, und den hatte ich vollkommen dir befohlen. Ohne deine Erlaubnis und deine Aufforderung werde ich nichts tun." Ashtavakra sagte daraufhin: „Du hast den Stand der Gotteserkenntnis erreicht."

Ashtavakra wies Janaka an, aufzustehen, einen Fuß in den Steigbügel zu heben und aufs Pferd zu steigen. Und in der Zeit, die er brauchte, um aufzusteigen, sich zu setzen und den zweiten Fuß in den Steigbügel zu heben, hatte er den *ātman* erfahren. Sobald ein Mensch seinen Geist geopfert hat, und zwar mit allen Gedanken, Worten und Taten, hat er nicht mehr die Befugnis oder Macht, irgendetwas ohne die Erlaubnis desjenigen, dem er seinen Willen überantwortet hat, zu tun. So war es auch, als Krishna zu Arjuna sagte: „Opfere Mir alles. Übergib alle deine Pflichten *(dharma)* Mir. Ich werde Mich deiner annehmen, dich befreien und dich hinübertragen." Krishna sagte zu Arjuna, er solle alle seine physischen, mentalen, spirituellen und weltlichen Pflichten und all sein Handeln, Denken und Tun Ihm übergeben. Nun könntet ihr euch fragen, was denn zu tun übrig bleibt, wenn ihr alle Pflichten *(dharma)* aufgebt und dem Herrn opfert. Selbst der Wunsch nach Befreiung ist ein *dharma*. Ihr könntet denken: „Wenn ich dem Herrn alles gebe, ist dann nicht auch der Wunsch nach Befreiung nicht mehr vorhanden?" Was wirklich gemeint ist, ist, daß der Herr alle eure Lasten aus dem Weg räumt, damit ihr Befreiung *(moksha)* erlangen könnt. Alle Bildung, die ihr haben mögt, alles Wissen, dem ihr nachgeht, ist mit den drei *gunas* verbunden. Nur wenn ihr diese transzendiert, werdet ihr *ātmajnāna* erreichen können. Wenn eine Hochzeit stattfindet, wird das Paar gesegnet, damit es in *dharma*, *artha* und *kāma*, den ersten dreien der vier Grundziele des Menschen, gemeinsam gehen möge. *Dharma* bezieht sich auf die Pflichten und Verantwortungen und den Stand im Leben eines Menschen, *artha* auf das Ansammeln von Gütern und *kāma* auf den Wunsch nach Nachkommenschaft und Fortbestand der Familie. Diese Ziele haben weltlichen Charakter. Das vierte Lebensziel ist *moksha*, die Befreiung, und bezieht sich auf das Leben des Geistes. Zusammen werden diese vier Ziele *purushārthas* genannt. Die ersten drei *purushārthas* zusammengenommen können nicht als gleichwertig mit dem vierten betrachtet werden. Opfert Ihm alle unwesentlichen Handlungen, die im Bereich der drei ersten *purushārthas* getan werden; gebt sie dem Herrn und tauscht sie ein gegen den einen unbezahlbaren Schatz, den Er euch dafür schenkt, nämlich den vierten *purushārtha* – die Befreiung. Denkt einmal über folgendes Beispiel nach:

Wechselt eure 10.000 Pflichten um

Hundert Paisa sind gleich einer Rupie; hundert Rupien sind gleich 10.000 Paisa. Wenn ihr diese 10.000 Paisa mit euch herumtragen müßtet, wäre das ein sehr großes, unhandliches „Paket". Es ist sehr schwierig, einen so großen Haufen Münzen zu verbergen und vor Dieben zu schützen. Das Tragen allein wäre schon umständlich. Wenn ihr die 10.000 Paisa alle in ein Stück Stoff binden wolltet, wäre es bald zerrissen, und die Münzen würden herausfallen. Das meinte Krishna, als Er zu Arjuna sagte: „Arjuna, Ich gebe dir einen Schein über 100 Rupien, und du gibst Mir den ganzen Haufen Kleingeld über 10.000 Paisa dafür. Dieser eine Hundertrupienschein und die 10.000 Paisa sind gleich in ihrem Wert; der große Unterschied liegt in der Last, die du mit dir herumtragen mußt. Das trifft auch auf die vielen Pflichten und Bürden zu, die dich belasten. Gib Mir diese 10.000 Pflichten; Ich werde dir einen einzigen Schein dafür geben und dich von deiner Bürde befreien." Euer vieles Denken, Wünschen und Wollen, alle diese kleinen Begierden sind mit kleinen Geldmünzen vergleichbar. Wenn man so viel Kleingeld hat, werden die Münzen, einzeln für sich genommen, nie zu einer Rupie, es sei denn, man legt sie alle zusammen. Krishna sagte: „Arjuna, alle diese kleinen Wünsche können niemals die Gnade aufwiegen, die Ich über dir ausschütten kann. Gib sie lieber Mir." Und so konnte auch Janaka die Befreiung erst erlangen, nachdem er sein gesamtes Denken, Fühlen, Tun und Sprechen Ashtavakra überantwortet hatte.

Die Summe und die Substanz aus all dem Gesagten ist, daß ihr *amanaska*, das heißt „gedankenfrei", werden solltet. Nur wenn ihr *denkt*, werden Freude und Schmerz, Glück und Leid und alle anderen Gegensätze für euch gegenwärtig sein. Wenn ihr von diesen Gegensätzen frei sein und alles mit Gleichmut erleben wollt, müßt ihr euer Denken und Fühlen dem Herrn übergeben. Darum lehrt der Vedanta, daß der menschliche Geist für Freisein ebenso wie für Gebundensein verantwortlich ist. Solange ihr nicht euren Geist aufgebt, werden *rajoguna* und *tamoguna* euch nicht verlassen. Solange ihr *rajoguna* und *tamoguna* habt, werdet ihr nicht stetig werden. Warum ist der Geist wohl so unstet, daß er andauernd von einem „Ort" zum anderen springt? Aufgrund eurer Wünsche. Alle Wünsche gehören in den Bereich des Körperlichen.

Der Körper ist wie ein Gefäß

Stellt euch einen Augenblick vor, was geschieht, wenn ihr Wasser in ein Gefäß schüttet. Wird das Gefäß bewegt, so bewegt sich auch das Wasser darin. Wird das Gefäß nicht bewegt, so bleibt das Wasser auch unbewegt. In einem unbewegten Wasserspiegel könnt ihr euer Spiegelbild sehen. In bewegtem Wasser wird auch euer Bild ständig bewegt und folglich verzerrt wiedergegeben. Das bedeutet: Wenn ihr in den Zustand der Meditation eintreten und eine Vision eures wahren Selbst haben wollt, müßt ihr euren Körper ruhig halten.

Der Körper ist wie ein Gefäß und euer Geist wie das Wasser darin. Wenn der Körper bewegt wird, ist das wie die Bewegung des Gefäßes: Der Geist darin wird genauso unruhig. Wenn ihr euren Geist zur Ruhe kommen lassen wollt, müßt ihr den Körper ruhig stellen. Und nun denkt einmal daran, wie viel ihr euren Körper bewegt! Stellt euch vor, um wieviel mehr sich der Geist dabei bewegt!

Wenn ihr einen Stein ins Wasser werft, kräuseln sich Wellen an der Oberfläche. Diese Wellen, die vom Aufprall des Steines auf der Wasserfläche herrühren, breiten sich im Nu bis an den Rand der Wasserfläche aus. So ist es auch, wenn ihr einen Gedanken auf die Wasserfläche eures Geistes werft: Er breitet sich im gesamten Körper aus, und was immer ihr gedacht habt, wird im Nachhinein euer Tun beeinflussen. Ihr dürft also immer nur gute Gedanken in eurem Geist zulassen. Wenn ihr gute Gedanken nährt, werdet ihr auch gute Gefühle in eurem Herzen haben. Wenn schlechte Gedanken in euren Geist eindringen, werden euch diese in allem, was ihr seht, hört, sprecht und wo ihr auch hingeht, zu schlechtem Tun verführen und zu traurigen Ergebnissen führen.

Gerade Haltung während der Meditation

Wenn ihr sitzt, sollte eure Haltung gerade sein und nicht die eines alten, gebeugten Menschen. Ihr solltet ausdauernd und gerade sitzen, aber nicht zum anderen Extrem übergehen und euren Kopf zu hoch heben. Auch solltet ihr euren Kopf nicht seitlich neigen. Es ist für die Meditation sehr wichtig, gerade zu sitzen. Wenn ihr einen sehr langen Nagel durch euren Kopf nach unten schlagen würdet, sollte er direkt ins *mūlādhāra cakra*, das unterste Energiezentrum am Ende eures Rückgrats gehen. Das heißt, das Rückgrat sollte eine völlig gerade Linie darstellen. Dann kann die Kraft der *kundalinī* ungehindert vom *mūlādhāra cakra* bis zum obersten Zentrum auf dem Scheitelpunkt des Kopfes *(sahasrara)* aufsteigen. Haltet euren Körper also ruhig und gerade. Wenn er von Jugend an gekrümmt ist, wird er im Alter vollkommen vornübergebeugt sein. Kopf, Nacken und Oberkörper – da sollte keine Krümmung sein. Das ist für Studenten und für Devotees gleichermaßen wichtig. Deshalb werde Ich euch das noch öfter sagen.

Warum studiert ihr überhaupt? Was ist das Ziel eures Lernens? Ihr lernt tatsächlich, um euren Körper und euren Geist zur Ruhe zu bringen. Mit Ausnahme der Zeiten, in denen ihr spielt, solltet ihr euch nicht viel bewegen. Auch wenn ihr sprecht oder singt, solltet ihr ruhig sein. Ihr könnt euren Körper von Kindheit an zu beherrschen lernen, was euch zum Üben der Meditation sehr helfen wird. Krishna gab Arjuna jene Anweisungen, damit er zu einem Idealbild eines menschlichen Wesens, einem Vorbild für die ganze Menschheit werden konnte. Er sagte: „Arjuna, Ich nehme dich als Werkzeug, so daß du zu einem Beispiel für die gesamte Menschheit wirst."

Arjuna wurde es. Da sein unsteter Geist voller *rajoguna* und *tamoguna* war, riet ihm Krishna, sich von diesen beiden Eigenschaften schrittweise zu befreien. Im zweiten Kapitel der Gītā, dem Kapitel über *sānkhyayoga* erklärt Krishna auf mehrfache Weise, wie die *gunas* besiegt werden können und ihr euch zum *sthitaprajna*, zu einem Menschen, der in die höchste Weisheit vertieft ist, verändern könnt.

DER WEG
DES RECHTEN HANDELNS

ERFÜLLE IMMER DEINE PFLICHT – DEIN TUN SOLL GEHEILIGT SEIN

Krishna sagte: „Arjuna, du hast Werke zu verrichten. Handle! Aber lasse die Früchte deiner Arbeit außer acht.“ Krishna sagte nicht, daß es keine Früchte geben würde. Gewiß wird es solche geben, aber sie sind nicht eure Sache; ihr solltet nicht nach ihnen trachten. Der Kern der Lehre Krishnas ist, daß ihr zwar eure Pflicht erfüllen, dabei aber nicht nach dem möglichen Gewinn schielen sollt.

Verkörperungen der Liebe,

jede Handlung zeitigt ein Ergebnis; mit anderen Worten: Es gibt eine Frucht für alles Tun. In der Folge wird diese Frucht dann Anlaß für weitere Handlung. Dieser Kreislauf von Handlung und Ergebnis, Ergebnis und Handlung gleicht in gewisser Weise dem Zyklus von Samen und Baum. Der Samen entwickelt sich zum Baum, und der Baum entwickelt wiederum Samen. Ohne Samen kein Baum und ohne Baum kein Samen. Wenn also immer eins auf das andere folgt, warum solltet ihr dann den Früchten so viel Interesse schenken? Eure Pflicht ist es, die richtige Handlung durchzuführen; aber kümmert euch nicht um das Ergebnis. Krishna sagte zu Arjuna: „Du solltest in diesem Kampf gleichgültig demgegenüber bleiben, was mit deinen Leuten geschieht oder was dir zustoßen könnte. Tu deine Pflicht, ohne deinen Verstand mit dem zu beschäftigen, was dabei herauskommt.“

Samen und Baum

Krieger gehen mit Schild und Rüstung in den Kampf. Das gibt ihnen einigen Schutz gegen das scharfe Geschütz der Feinde. Im geistigen Kampf, den ihr führen müßt, braucht ihr auch eine Art Schild und eine Rüstung. In diesem Fall ist der Schild die Hingabe und die Liebe zu Gott, und die Rüstung ist die Weisheit. In einem gewöhnlichen, weltlichen Krieg mag der Kampf nur einen oder zwei Tage dauern oder sich ein paar Monate oder gar mehrere Jahre hinziehen. Der geistige Kampf ist ein kontinuierlicher; er endet nie. Er wird von der Menschheit unablässig geführt. Seit eh und je gibt es den Kampf zwischen Gut und Böse, zwischen Tugend und Sünde, zwischen Bindung und Loslösung. Der Mensch hat sich in einen nichtendenden Krieg verwickelt – gegen seine Ich- und Meingefühle, seinen Haß und seine Eifersucht und andere üble Eigenschaften, die sich bei ihm eingenistet haben. Insbesondere die Ichsucht und das Festhalten (an geistigen wie materiellen Dingen) haben eine ungeheure Macht und wirken zerstörerisch. Verglichen mit diesen Eigenschaften ist der Mensch, der sich mit ihnen einläßt, ziemlich schwach. Wenn dieser schwache Mensch den Versuch macht, so starke Feinde zu bekämpfen, muß er einen sehr starken Schild und eine ebenso starke Rüstung tragen, nämlich Hingabe

Der innere Kampf endet nie

Schild und Rüstung

und Weisheit. Diese beiden Tugenden werden euch vor der Übermacht der Feinde schützen. Wenn ihr einen Schirm habt, wird euch die heiße Sonne nicht sehr zu schaffen machen. Wenn ihr Sandalen oder Schuhe tragt, wird es euch nichts ausmachen, auf einen Dorn zu treten. Wenn ihr Schild und Rüstung tragt, werden euch die Geschosse, die auf euch abgefeuert werden, nichts anhaben können. Darum sagte Krishna zu Arjuna: „Du mußt für deinen inneren Kampf gut geschützt und gerüstet sein." Im *sānkhyayoga* gibt Krishna Arjuna das Rüstzeug der Weisheit. Es ist die erste Lehre, die Er Arjuna erteilt. Er sagte zu ihm: „Die Anhaftungen, die du im Augenblick hast, alle diese Wünsche, Dinge zu besitzen, sind nicht Neigungen, die du dir erst gestern oder vorgestern angeeignet hast. Sie sind seit unzähligen Inkarnationen in dir, und sie sind verantwortlich für den Schmerz, den du jetzt empfindest. Du kannst nicht wissen, wann du dich schließlich davon wirst befreien können. Aber sorge dich nicht zu sehr darum. Es ist viel besser, wenn du dich auf die Mittel konzentrierst, die dir helfen werden, jeden Schmerz zu überwinden, den die Zukunft bringen könnte.

Es ist ganz natürlich, einen Arzt aufzusuchen, wenn du krank und leidend bist, aber noch wichtiger ist es zuzusehen, daß du gar nicht erst krank wirst. Vorbeugen ist besser als heilen, sagt man. Du hast dich für den Kampf, in den du bald gehen wirst, mit irdischen Waffen gerüstet. Sie werden dir helfen, dich vor den äußeren Feinden zu schützen. Aber wie wirst du dich vor den Feinden, die in deinem Inneren kämpfen, schützen? Um dich vor ihnen zu bewahren, mußt du dich mit Weisheit wappnen. Du fürchtest dich vor den äußeren Feinden und denkst gar nicht an die inneren. Wenn du diesen inneren Feinden erliegst, wirst du die äußeren niemals besiegen. Besiege also erst deine inneren Feinde."

Von frühester Zeit an haben die inneren Feinde den Mensch unterjocht und mit Leid erfüllt. Solange ihr ichbezogen denkt und nicht loslassen könnt, wird es euch nicht gelingen, sorgenfrei zu leben. Ihr habt die falschen Dinge getan, und das ist der Grund für euer Leiden. Heißt das nun, daß ihr überhaupt nicht handeln sollt? Nein. Ihr habt keine andere Wahl, als zu handeln; ihr müßt handeln, und ihr könnt euch auch daran freuen, aber ihr müßt alles in der richtigen Weise tun. Es ist darum sehr wichtig, daß ihr die Prinzipien versteht, die dem rechten Handeln zugrundeliegen.

Handeln heißt im Sanskrit *karma*. Jeder Mensch wird in *karma* geboren, wächst auf in *karma* und stirbt in *karma*. *Karma* ist verantwortlich für Gut und Böse, Sünde oder Tugend, Gewinn oder Verlust, Freude oder Kummer. *Karma* ist das, welches den Menschen in die Welt kommen läßt.

Karma ist der „Erschaffer" des Menschen

Karma ist im Grunde der „Erschaffer" des Menschen. Daraus folgt, daß ihr bei eurem Tun nicht achtlos sein dürft. Euer ganzes Leben ist an Handeln gebunden. Erkennt deshalb die Wichtigkeit des Handelns und führt es richtig durch. Denkt nicht, daß Handeln etwas Geringes ist. Es mag als kleiner Sämling beginnen, wächst dann aber zu einem großen Baum heran. Bevor ein Same ein Baum werden kann, muß er erst einmal den Boden durchbrechen, in den er gesät wurde. Wenn er ein großer Baum geworden ist, schenkt er euch seine Früchte. Ob diese Früchte euch Freude oder Kummer bringen, hängt von der Art des Samens ab, den ihr gesät habt.

Um die besten aller Früchte zu bekommen, muß der Same der Werke, die ihr verrichtet habt, den Boden der Ichsucht durchbrechen, damit *yoga* – die Vereinigung mit Gott – daraus entstehen kann. Dann könnt ihr die Frucht der Weisheit ernten.

Was ist die Hauptursache der Ichsucht oder Ichhaftigkeit? Warum überhaupt ichbezogene Gefühle haben? Ichhaftigkeit kommt aus der Unwissenheit, die im Menschen angelegt ist. Jeder Mensch muß für sich selbst herausfinden, woher seine Ichhaftigkeit kommt und wohin sie ihn treibt. Betrachten wir ein paar Beispiele: Das Licht reist mit einer Geschwindigkeit von 670 Millionen Meilen pro Stunde; damit legt es im Jahr eine Trillion Meilen zurück. Wir glauben, die Sonne sei sehr nah, aber die Entfernung zwischen der Erde und der Sonne beträgt ungefähr 90 Millionen Meilen. Das Sonnenlicht scheint uns ungeheuer hell zu sein, aber es ist nur das Licht dieser einen Sonne. Es gibt Milliarden Sonnen und Sterne; die Entfernung des nächsten Sterns beträgt nahezu 4 Lichtjahre oder so etwas wie 23 bis 24 Trillionen Meilen.

Die Sterne sehen aus, als seien sie einander nahe, aber die Entfernung zwischen je zweien beträgt 10 Trillionen Meilen. Es sieht aus, als hätte man Milch über dem Himmel ausgeschüttet. Die Sterne, die der Mensch mit dem Teleskop sehen kann, gehen in die Abermilliarden. Es gibt noch mehr, die er nicht sehen kann. Wie „groß" ist die Erde im Vergleich zu einem Universum, in dem es Milliarden und Abermilliarden Sterne gibt, die Milliarden und Abermilliarden Meilen voneinander entfernt sind? Wo ist der Platz der Erde in einem Sonnensystem mit dieser Sonne, die nur eine ist in der riesigen Sternenmenge? Wie groß ist Indien auf dieser Erde? Wie groß ist darin dieser Staat Andhra Pradesh? Und wie groß der Distrikt, in dem wir uns hier befinden? Und um wieviel kleiner dieses Dorf? Um wievieles kleiner seid nun ihr in diesem Dorf? Wenn das Universum so groß ist und ihr so klein seid – wie könnt ihr da noch am Ego hängen? Wenn ihr euch der wahren Größe des Kosmos bewußt wäret, könntet ihr nicht egoistisch sein. Nur wenn ihr die Kenntnis vom Ausmaß des Universums im Vergleich zu eurer Winzigkeit außer acht laßt, könnt ihr euch so töricht gebärden.

Ihr seid vielleicht stolz auf euren Körper. Aber der Körper besteht aus ganzen fünf Elementen. Eines Tages wird er vergehen. Nur das Innewohnende ist ewig und kennt weder Geburt noch Tod. Es wächst nicht und verdirbt nicht. Es scheint überall. Dieses Eine leuchtet durch den ganzen Kosmos. Man hat gesagt, daß selbst in der Abwesenheit von Frieden noch so etwas wie Frieden zu finden ist, denn hinter allem ist dieses Leuchten. Dieses Leuchten ist die ewige Flamme *(paramajyotis)*, die in eurem Innern leuchtet. Sie ist der Bewohner dieses an sich leblosen Körpers. Wendet euren Blick diesem Innewohnenden zu, und ihr werdet von Stolz und Ichsucht nicht getäuscht. Wendet euch dem Unvergänglichen zu; nehmt Zuflucht zu den Lotosfüßen des Herrn. Schaut nicht mehr voller Stolz auf den Körper. Der Körper fällt Krankheiten zum Opfer; er unterliegt manchem Wechsel. Er schafft es nicht einmal, auf der Reise über das Meer der weltlichen Existenz zu überleben. Der Körper ist an sich leblos; er ist nicht mehr als das Wasser von sieben Eimern, das Eisen von 4 mittelgroßen Nägeln, der Phosphor von 1.100 Zündhölzern, die Kohle von vier Bleistiften und 2 Stück Seife. Wenn ihr diese paar Dinge mit noch einigen anderen Substanzen mischt, wird ein Körper daraus. Der Körper besteht also nur aus toter Materie; sich bewegen und lebendig erscheinen kann er nur wegen des Bewohners in seinem Innern.

Die Zeiger der Uhr

Nehmt die Wanduhr dort. Sie hat drei Zeiger: Minuten-, Sekunden- und Stundenzeiger. Sowie ihr die Uhr aufzieht, beginnen sich alle drei Zeiger entsprechend ihrer jeweils vorgegebenen Geschwindigkeit zu bewegen. Wie lange werden sie diese Bewegungen ausführen? Solange Spannung in der Feder ist, von der sie angetrieben werden. Sobald die Energie verbraucht ist, bleiben sie stehen, wo sie gerade sind. Euer Körper kann mit so einer Uhr verglichen werden, und der Atem mit der Feder. Eure Handlungen sind der Sekundenzeiger, eure Gefühle der Minutenzeiger und eure Freude der Stundenzeiger. Es ist die göttliche Energie in euch, die alles mit Kraft versorgt und belebt. Im Zusammenhang mit diesem Beispiel der Uhr könnt ihr euch die Antwort selbst geben, warum ihr überhaupt handeln sollt. Ihr seht, daß der Sekundenzeiger, der eure Handlungen symbolisiert, sich sehr schnell bewegt und die ganze Umdrehung der sechzig Sekunden bald zurückgelegt hat. An diesem Punkt hat der Minutenzeiger – eure Gefühle – ein Sechzigstel seiner Umdrehung zurückgelegt. Und erst, wenn der Sekundenzeiger sechzig volle Umdrehungen zu je sechzig Sekunden gemacht hat und der Minutenzeiger eine ganze Umdrehung gemacht hat, wird der Stundenzeiger, der eine Erfahrung der reinen, göttlichen Freude symbolisiert, um einen Grad vorrücken. Der Stundenzeiger bewegt sich so langsam, daß ihr seine Bewegung nicht sehen könnt, während die Bewegungen des Sekunden- und des Minutenzeigers sichtbar sind. Hier liegt ein geheimer Sinn verborgen: Zu jeder vollen Stunde treffen alle drei Zeiger zusammen. Wenn die Handlung, die mit dem Körper und der Natur verbunden ist, das Gefühl, das mit dem inneren Menschen verbunden ist und die Freude, die mit dem Göttlichen verbunden ist, zusammenkommen, ist es ein Zusammentreffen von Mensch, Natur und Gott.

60 gute Werke ergeben 1 gutes Gefühl

Die Natur ist als Aktionsfeld beschrieben worden. Es gibt dem Menschen die Gelegenheit, sein Tun zu heiligen und sein Ziel zu erreichen. Wenn ihr 60 gute Werke verrichtet, entsteht daraus ein gutes Gefühl. Um dieses eine gute Gefühl zu bekommen, müßt ihr so viele gute Werke verrichten. Und erst 60 gute Gefühle machen eine kleine Bewegung eures Stundenzeigers aus, nämlich ein Erlebnis göttlicher Freude. Aus diesem Grund sagte Krishna zu Arjuna, er solle gute Werke verrichten. Wenn ihr unzählige gute Dinge tut, werdet ihr ein oder zwei tief beglückende und dauerhafte gute Gefühle ernten. Und nur, wenn ihr unzählige gute Gefühle habt, werdet ihr die ewige Freude erreichen, die der permanente Zustand des *ātman* ist. Tut also viele gute Werke. Der Körper ist dem Menschen zum spezifischen Zweck des Tätigseins gegeben worden. Es ist unmöglich, auch nur einen Augenblick ohne Tätigkeit zu verbringen. Das ist der Grund, weshalb *karmakānda*, – dem Verrichten heiliger Werke, die zeremoniellen und rituellen Gottesdienst beinhalten – in den heiligen Schriften, den Veden, so viel Bedeutung beigemessen wird. Aber *karmakānda* bezieht sich nicht nur auf Almosengeben, Bußetun und Opferriten *(yagna)*. Es gehören auch viele Tätigkeiten dazu, von denen ihr keine Früchte erwarten sollt. Das ist der Weg des Handelns *(karmayoga)*, das nicht auf Belohnung hofft.

Wenn etwas ohne Verlangen und ohne egobezogene Gefühle getan wird, kann es *karmayoga* genannt werden. Gebt eure Ichsucht auf. Jagt sie davon! Schiebt euer Verlangen nach dem Gewinn aus euren Handlungen beiseite. Wenn ihr mit dieser Einstellung handelt, wird daraus Arbeit im Geiste eines echten Opfers *(yagna)*; es wird zur Bußübung *(tapas)* und zu *yoga*. Alle drei Handlungsweisen *(yagna*, *tapas* und *yoga)* vermitteln den gleichen Grundgedanken. Jede Handlung, die der Mensch vollbringt, sollte auf diese Weise geheiligt werden. Auch Einatmen und Ausatmen sind Tätigkeiten. Der Mensch kann nicht einen Augenblick leben, ohne tätig zu sein, ohne *karma* also. *Karma*, das mit Ego einhergeht, ist immer begrenzt und schädlich. Tut also alles nur mit der Geisteshaltung des Darbringenden. Ob die Ergebnisse gut oder schlecht sind, wohltätig oder schädlich, hängt ab von dem, was ihr tut. Die Taten ihrerseits hängen ab von den Gefühlen, die ihr habt. Die Gefühle hängen wiederum von den Gedanken ab, die ihr habt. Und die Gedanken hängen ab von dem Essen, das ihr zu euch nehmt. Es gibt also eine natürliche Folge, die beim Essen beginnt, übergeht zu den Gedanken, von da zu den Gefühlen und weiter zu den Handlungen, die schlußendlich zu Ergebnissen führen. In diesem Zusammenhang seht ihr, wie notwendig es ist, reines, sattvisches Essen zu euch zu nehmen. Hier ein weiteres Beispiel:

Nehmt an, ihr habt ein kleines Feuer für eine vedische Opferhandlung angezündet. Der Rauch, der davon aufsteigt, hängt ab von der Art des Feuers, das ihr gemacht habt. Als Ergebnis des Rauchs bildet sich eine Wolke. Darin kondensiert Wasserdampf, und schließlich entstehen Regentropfen. Die Ernte hängt vom Regen ab, und so ist die Nahrung, die verdaut wird, von der Ernte abhängig. Schließlich ist euer Körper, der mit der Nahrung identisch ist, abhängig von der Nahrung, die ihr zu euch nehmt. Auch das Essen kann also bis zu euren Werken zurückverfolgt werden – in diesem Fall zu dem Feuer, das ihr angezündet habt, und zu der Opferhandlung, die ihr durchgeführt habt. Wenn eure Werke gut sind, wird auch eure Geburt eine gute sein. Eure Handlungen sind die erste Ursache, und eure Geburt ist das Endergebnis. In diesem Zusammenhang ist zu sehen, was Krishna sagte: „Richte dein ganzes Augenmerk auf die Durchführung guter Handlungen und nicht auf die Früchte dieses Tuns." Die Früchte werden sich von selbst einstellen, aber eure Konzentration sollte eurem Handeln gelten.

Konzentriert euch darauf, Gutes zu tun

Ihr habt euch in der Vergangenheit mit gutem und schlechtem Tun abgegeben mit der Folge, daß ihr euch jetzt über das Ergebnis freuen könnt, beziehungsweise deswegen leidet. Wie könnt ihr euch von diesem Kummer befreien, der das Ergebnis eurer schlechten früheren Handlungen ist? Nur, indem ihr gute Werke tut. Darum wird dem Handeln in den Veden eine so vorrangige Stellung eingeräumt. Schlechte Taten müssen durch gute ersetzt werden, welche dann zu völlig selbstlosen Handlungen werden – zu Handlungen, bei denen kein persönliches Interesse an dem Ergebnis vorhanden ist. Sie werden dann zu *karmayoga* und führen euch zur Vereinigung mit dem Göttlichen. Wenn ihr nicht auf eure Handlungen achtgebt und eure Zeit mit nutzlosem oder falschem Tun vergeudet, wird euer ganzes Leben vergeudet sein. Das Leben ist euch gegeben, damit ihr euch mit gutem *karma*, das heißt mit vorbildlichem Tun beschäftigt. *Karma* bedeutet nicht nur das Ausführen körperbedingter Handlungen. *Karma* ist auch ein anderer Name für den Körper selbst. Da der Körper ein Ergebnis der Werke ist, die ihr in vorherigen Leben verrichtet habt, ist eine der Bedeutungen von *karma* auch „Körper".

Der Körper ist die Folge der Tat. Er ist gebunden an Zeit, Umstände und Kausalität. Aber das bezieht sich nur auf den Wachzustand. Im Traumzustand, in dem der Köper inaktiv ist, gibt es nur die von *māyā* bedingte Täuschung. Während des Träumens sind alle Sinne still und ruhig. Im Tiefschlaf, der auch kausaler Zustand genannt wird, ist nicht einmal mehr das Vorstellungsvermögen vorhanden. Jenseits dieser Zustände ist der große Urgrund *(mahākārana)*, der den kausalen Zustand überschreitet. Das ist Göttliches Sein. Hier ein kleines Beispiel, um diesen Zustand zu beschreiben:

Die Studenten unter euch kommen vom Wohnheim, das etwa einen Kilometer entfernt ist, hierher. Um 4.15 Uhr nachmittags verlaßt ihr das Wohnheim, und ungefähr um 4.30 Uhr seid ihr in Prashānti Nilayam. Euer Körper braucht also etwa 15 Minuten, um vom Wohnheim nach Prashānti Nilayam zu gelangen. Der Zweck eures Kommens ist, Swamis Vortrag zu hören. In jeder Handlung, die ihr unternehmt, gibt es diese vier Faktoren – Zeit, Tätigkeit, Ursache und Ergebnis. Die Zeit betrug, wie ihr gesehen habt, 15 Minuten. Die Tätigkeit bestand im Gehen vom Wohnheim nach Prashānti Nilayam. Der Zweck war, den Vortrag über die Bhagavad Gītā zu hören. Das Ergebnis ist, daß ihr dadurch euer Leben heilig macht. Auf solche Weise kann der Wachzustand für die spirituelle Entwicklung des Menschen genutzt werden.

Überlegt auch, daß ihr nach diesem Vortrag zum Wohnheim zurückkehren werdet, dort euer Abendessen einnehmen und anschließend zu Bett gehen werdet. Ihr schlaft ein und habt nun einen Traum, und in diesem Traum befindet ihr euch auf einer Straße in Madras. Wann habt ihr dafür das Wohnheim verlassen, und wie lange habt ihr gebraucht, um nach Madras zu kommen? Diese Frage kann nicht beantwortet werden. Es ist kein besonderer Zeitablauf mit im Spiel. Wie seid ihr dorthin gelangt? Im Auto, im Bus oder im Flugzeug? Auch das kann nicht beantwortet werden. Es ist keine besondere Tätigkeit dabei. Warum seid ihr nach Madras gereist? Ihr wißt es nicht; es gab keinen spezifischen Grund für euren Aufenthalt dort. Was habt ihr in Madras gemacht? Auch das könnt ihr nicht beantworten. Es lag kein (meßbarer) Gewinn in eurer Handlung. Es gab also weder einen Zeitablauf noch eine Handlung; weder Zweck noch Nutzen war bei dem Erleben. Nicht eines dieser Elemente war vorhanden.

Die Trickspiele des Geistes

Nehmt nun an, daß gleich, nachdem ihr eingeschlafen wart, jemand kam und euch aufweckte. Ihr seid aufgestanden und habt festgestellt, daß ihr nur fünf Minuten geschlafen habt. Während dieser fünf Minuten hattet ihr euren Traum, in dem ihr in Madras wart. Wie war das möglich? Ihr konntet nicht wirklich nach Madras gefahren sein. Es war nur ein mentales Erlebnis. Ihr habt keine Handlung vollzogen – weder mit eurem Körper noch mit euren Sinnen. Dieses mentale Erlebnis hängt mit eurem feinstofflichen Körper zusammen. Nur der grobstoffliche Körper ist den vier Faktoren Zeit, Tätigkeit, Kausalität und Umstände unterworfen. Ihr habt gesehen, daß keiner dieser Faktoren im feinstofflichen oder mentalen Erleben des Traumzustandes vorhanden war. Nur aufgrund der Trickspiele eures Geistes wart ihr imstande, im Traum eine Welt zu erschaffen. Der Geist hat auf der Straße in Madras viele Menschen, Verkehr und die unterschiedlichsten Gegenstände erschaffen. Er hat diese außerordentliche Fähigkeit, alles mögliche zu erschaffen oder zu zerstören. Für alle eure Handlungen ist euer Geist verantwortlich. Wenn ihr diesen mächtigen Geist dem Herrn hingebt, wird alles, was ihr tut, dem Herr geopfert sein. Wenn ihr euren Geist dazu benutzt, ständig an den Herrn zu denken, so werden alle eure Handlungen geheiligt sein.

Die Öllampe

Ein großer Weiser sagte: „Wenn ihr dem Herrn Loblieder singt und Ihm ein Licht opfert, wird die ganze Welt im Glanz dieses Lichtes erstrahlen." Wenn ihr die Öllampe schwenkt, opfert ihr dem Herrn dieses Licht. Eure Gedanken und Gefühle können mit dem Öl verglichen werden, der Docht mit der Weisheit, die ihr erlangt habt. Wenn ihr diese beiden miteinander verbindet, indem ihr eure Weisheit dazu benutzt, eure Wünsche auf Gott zu richten, so werdet ihr den hellen Lichtschein sehen, der von dieser Flamme ausgeht. Der Körper kann als das Gefäß betrachtet werden, in dem das Öl der Wünsche und der Docht der Weisheit enthalten sind. Die Freude und die Wohltat, die ihr erfahren werdet, sind der Lichtschein dieser heiligen Lampe. Wenn nur der Docht allein darin wäre und ihr ihn anzünden wolltet, so würde er nicht brennen. Es wäre euch auch nicht möglich, das Öl allein – ohne Docht – anzuzünden. Aber laßt Öl und Docht zusammen brennen, und ihr werdet Licht haben.

Das Tätigsein kann auch mit dem Öl verglichen werden; es steht in Beziehung zum Gemüt und seinen Wünschen. Der Intellekt *(buddhi)* – das Unterscheidungsvermögen – kann als der Docht betrachtet werden; es steht in Beziehung zur Weisheit. Wenn *buddhi* und Tätigsein zusammenkommen – das heißt, wenn ihr alle eure Tätigkeiten zu heiligem Tun werden laßt, indem ihr dem Unterscheidungsvermögen folgt – werdet ihr Licht haben. Nun hat die Lampe eine Reihe von individuellen Merkmalen. Diese Merkmale gehören zur Lampe, aber nicht zum Lichtschein, der von ihr ausgeht. Dem Lichtschein ist nur ein einziges Merkmal eigen, nämlich das, alles im Umkreis zu erleuchten. Die Flamme weist ihrerseits auch bestimmte Merkmale auf. Wenn ein Lufthauch weht, flackert sie. Wenn man Wasser auf sie spritzt, so zischt sie. Wenn das Öl nicht rein ist, rußt sie. Wenn ihr euren Finger hineinhaltet, wird sie ihn verbrennen. Der Lichtschein des *ātman* aber hat nur ein charakteristisches Merkmal, nämlich allen Licht zu geben. Dieses Licht gehört allen Menschen gleichermaßen und wird als unsterbliches inneres Licht *(ātmajyotis)* bezeichnet. Es hat keine anderen Merkmale, als eben jenes reine Licht zu sein, das in jedermann gleich ist. Für die Flamme des menschlichen Lebens dagegen gibt es viele charakteristische Merkmale und viele Veränderungen.

Drei Arten von Tätigkeit

Es gibt drei Arten von Tätigkeit, nämlich *karman*, *vikarman* und *akarman*. *Karman* ist wie eine ruhige Flamme. Wenn die Flamme flackert, so ist das *vikarman*. Das reine Licht, der Glanz des *ātmajyotis*, ist *akarman*. *Akarman* führt zu keinen Früchten. *Akarman* bedeutet „kein *karman*". Aber das bezieht sich nicht etwa auf einen Zustand, in dem keine Tätigkeiten ausgeübt würden. Ihr seid im *akarman*, wenn ihr eure Tätigkeiten so ausführt, daß ihr alle Menschen gleich behandelt, wenn ihr euch keinerlei Früchte daraus erhofft und alles Gott opfert. Das trifft für weltliche Pflichten ebenso zu wie für religiöse Handlungen wie *yagna* und andere Opferriten. Die Veden erklären, daß die verschiedenen Opferhandlungen, die aus Interesse an dem entstehenden Gewinn durchgeführt werden, euch nur bis in den Himmel tragen können. Glaubt nicht, daß der Himmel euch Unsterblichkeit verleiht. Die Veden selbst erklären, daß ihr, sobald die Verdienste eurer Werke aufgebraucht sind, wieder auf die Erde zurückkommen müßt. Ihr mögt mit diesem vedischen Lehrsatz vom *karman* nicht ganz einverstanden sein, aber ihr solltet euch darüber nicht den Kopf zerbrechen. Nehmt einfach die Tatsache hin, daß, wenn ihr nur nach den Früchten eurer Werke trachtet, diese bald verbraucht sein werden und daß ihr in endloser Wiederholung immer wieder neue Werke tun müßt.

Das Guthaben

Nehmt als Beispiel ein Mitglied des Parlaments, das vor Neuwahlen steht. Wenn der Betreffende Erfolg hat und gewählt wird, kann er fünf Jahre lang ein Amt bekleiden. Seine Zeit ist irgendwann um, und am Ende der fünf Jahre muß er nach Hause zurückkehren. Genauso können auch die Verdienste, die ihr euch bei euren Tätigkeiten erwerbt, mit einem begrenzten Fünfjahrestermin verglichen werden. Wenn die Zeit abgelaufen ist, müßt ihr auf die Erde zurückkehren. Solange euer „Verdienstguthaben" wirksam ist, erfreut ihr euch des Himmels, aber sowie dieses Guthaben aufgebraucht ist, fallt ihr von diesem Himmel herunter. Das ist der Grund, weshalb Krishna, als Er Arjuna die Lehre vom *karman* erklärte, sagte: „Anstatt nach den vorübergehenden Ergebnissen einer Handlung zu trachten, solltest du nach der Höchsten Kosmischen Person streben; wenn du Sie erreicht hast, wirst du nie wiederkommen müssen. Wenn dein Leben ein einziges Kommen und Gehen ist – wann willst du dann dein ewiges Ziel erreichen?" Hier eine kleine Geschichte, die dies veranschaulicht.

Der Dieb kommt wieder und wieder ins Gefängnis

Ein Dieb wurde beim Stehlen erwischt und ins Gefängnis gebracht. Das Gerichtsurteil lautete auf sechs Monate Haft. Die sechs Monate vergingen, und es kam der Tag, da der Dieb wieder entlassen werden sollte. Der Gefängniswärter kam und sagte zum Häftling: „Nun, morgen abend ist deine Zeit hier um, und du hast deine Strafe abgesessen. Du kannst deine Vorbereitungen treffen. Pack deine Sachen zusammen, die wir für dich aufbewahrt haben, und mach dich fertig zum Gehen." Der Dieb war nicht übermäßig erfreut, das zu hören, aber auch nicht unglücklich. Er war einfach gleichgültig, denn er wußte, was geschehen würde. „Meine Sachen können hierbleiben", sagte er. Der Wärter fragte ihn: „Warum willst du sie denn nicht mitnehmen?“ Der Dieb antwortete: „Es hat keinen Sinn, sie mitzunehmen. Ich werde in ein, zwei Tagen ohnehin wieder zurück sein. Ihr werdet mich ziemlich bald hier im Gefängnis wiedersehen. Und da es sich nur um ein paar Tage handelt – warum sollte ich mich mit diesen Sachen belasten?“ Der Dieb wußte also, daß er wieder stehlen gehen würde, daß er wieder gefaßt und bestraft werden und zweifellos auch wieder im selben Gefängnis landen würde.

Eure Handlungen können mit dem Kommen und Gehen dieses Diebes verglichen werden. Ihr übt in der Welt Tätigkeiten aus und geht dann in den Himmel. Wenn eure Frist dort abgelaufen ist, kommt ihr wieder auf die Erde herunter. Krishna sagte: „Dieser Vorgang des Aufsteigens und Herabsteigens ist nicht gut.“ Dann gab Er Arjuna das heilige Wissen: Er wies ihn an, den Ort ausfindig zu machen, der von Dauer ist, und am Ort der ewigen Wahrheit, von dem es keine Wiederkehr gibt, wohnen zu bleiben.

DER YOGA DES HANDELNS – VERZICHT AUF DEN LOHN

Krishna sagte zu Arjuna wiederholt: „Arjuna, tue deine Pflicht. Beschäftige dich mit rechtem Tun. Aber trachte nicht nach seinen Früchten."

Verkörperungen der Liebe,

in dieser Welt werden alle Handlungen unternommen, damit sie etwas fruchten, oder, mit anderen Worten, wegen des Lohns, der daraus erwächst. Wenn das Tätigsein keine Früchte brächte, würde der Mensch überhaupt nichts tun. Was meint Krishna mit seinem Einwand gegen Arjunas Trachten nach den Früchten seines Handelns? Was für ein tiefer Sinn kann – da es ja um etwas geht, das alle Menschen gleichermaßen betrifft – in Krishnas Ermahnung liegen? Krishnas einziges Bestreben war es, Arjunas gesamtes Tun und Wirken *(karma)* in *yoga* zu verwandeln, damit es ihn zur Einheit mit Gott führen könnte. Krishnas Anweisung zufolge sollten Arjunas Handlungen nicht die üblichen Wirkungen nach sich ziehen *(karma)*, sondern dazu beitragen, Arjuna an sein spirituelles Ziel heranzuführen; mit anderen Worten: Sie sollten zu selbstlosem Tun *(karmayoga)* werden.

Wenn ihr im Körperbewußtsein handelt, das heißt, wenn ihr euch mit dem Handelnden (und Veranlasser eures Handelns) identifiziert, kann diese Handlung nicht als selbstlos betrachtet werden. Jedes Tun, das mit einem Ichgefühl – dem Gefühl, daß „ich" dieses Werk getan habe – oder mit dem Gefühl der Verbundenheit – nämlich daß es „mein" Werk ist – durchgeführt wird, zieht Kummer nach sich. Solche Handlungen führen nur zu weiteren Bindungen. Wenn ihr aber euer Handeln in eine Disziplin verwandelt, die zur Vereinigung mit Gott führt *(yoga)*, so seid ihr frei von der Bindung an dieses Tun. Wie wird aus einer Handlung *yoga*? Alle Tätigkeiten, die als Opfergaben für den Herrn ausgeführt werden, das heißt ohne jedes Gefühl, selbst der Handelnde zu sein und ohne nach dem Gewinn zu schielen, werden in *yoga* verwandelt.

Es stellen sich viele Schwierigkeiten ein, wenn man mit Ichgefühl handelt. Ichgefühl ist, wenn ihr tief innen das Gefühl habt, daß diese oder jene Handlung von „euch selbst" durchgeführt wurde und daß ihr auch den Nutzen daraus haben solltet. „Ich habe gearbeitet, also verdiene ich auch, bezahlt zu werden. Ich bin gewiß dazu befugt, den Lohn, den diese Werke einbringen, zu ernten." Solche Einstellungen dienen nur dazu, das Ego, das Gefühl von „Ich" und „Mein" weiter zu stärken. In dem Maße, wie dieses „Ich" und „Mein" sich vergrößert, schwindet die Freude des *ātman*. Damit diese Ichsucht vollkommen zerstört werden konnte, forderte Krishna Arjuna auf, sein gesamtes Tun in *yoga* zu verwandeln.

Unpersönlich handeln

Welche Methode müßt ihr anwenden, damit euer Tun zu *yoga* werden kann? Ihr müßt unpersönlich werden, euch ganz auf die Tätigkeit konzentrieren und dem Ergebnis gegenüber gleichgültig bleiben – euch um den Gewinn daraus nicht im geringsten kümmern. Mit dieser Art von „Desinteresse" könnt ihr jede Aufgabe bewältigen. Da ist das Beispiel von König Janaka, der durch seine Lebensführung bewies, daß man, wenn man ohne Wünsche nach dem Gewinn und ohne jegliches persönliches Interesse an der ausgeübten Tätigkeit handelt, Großes erreichen kann. Er regierte ein Königreich mit aller Verantwortung, die damit verbunden ist, und führte alle seine Handlungen in der Haltung des Beobachters aus. Und da er ohne jede Anhaftung an das Ergebnis handelte, wurde er zum *rājayogin*, einem heiligen König, also *rāja* und *yogin* zugleich. Alles, was dem Herrn ohne jedes persönliche Interesse geopfert wird, verwandelt sich in ein Weiheopfer *(yagna)* und kann deshalb als *yoga* bezeichnet werden. Wenn eine Handlung hingegen mit persönlichem Interesse an dem Tun und seinem Resultat durchgeführt wird, ist sie nichts als Krankheit und Kummer *(roga)*. Die Hauptursache aller Krankheiten ist das Bindungsstreben. Daraus entstehen Zorn und Ärger, jene Dämonen, die eure wahren menschlichen Eigenschaften verdecken.

Dies gilt für alle: Sobald Bindungsstreben und Zorn (*rāga* und *dvesha*) sich in euch zu zeigen beginnen, beschwören sie alle anderen dämonischen Neigungen herauf, und ihr vergeßt eure menschliche Wesensart. Darum befahl Krishna Arjuna: „Tue alles, was du tust, ohne Bindung daran. Sei unpersönlich. Wenn du frei von persönlichem Interesse handelst, werden dich die Früchte dieses Wirkens nicht belangen. So regiere Ich die drei Welten. Kannst du nicht wenigstens eine Familie so regieren? Fördere in dir den festen Glauben, daß du, wenn du frei von Interesse an dem Lohn daraus bleibst, viele große, ja unerhörte Aufgaben bewältigen kannst. Wenn du stattdessen vom Ertrag einer Sache nicht losläßt, wirst du enttäuscht werden. Wenn du die Früchte erntest, die du erwartet hast, wirst du außer dir sein vor Freude. Wenn du einen Mißerfolg erntest, wirst du bekümmert sein. Versuche solche Hochgefühle und solche Tiefen zu beherrschen. Werde ein wahrhaft weiser, von den Wogen der Gefühle unbewegter Mensch *(sthitaprajna)*. Erlaube dir nicht, dich von Stimmungsschwankungen knechten zu lassen."

Es gibt kein menschliches Wesen, das nicht handeln müßte. Jeder Mensch hat seinen Körper ausdrücklich zu dem Zweck bekommen, aktiv tätig zu sein. Um den Körper zu heiligen, ist es notwendig, daß ihr nur gute Handlungen durchführt. Auf jede Handlung folgt zwar ein Resultat, aber ihr solltet erkennen, daß die Freude, die ihr aus eurem Wirken zieht, viel größer ist als die Freude, die sich aus dem Ernten der Früchte ergibt. Nehmen wir als Beispiel eine Familie, die ein bestimmtes segenbringendes Ritual *(pūjā)* feiert. Solange diese Menschen mit der Durchführung dieser heiligen Handlung beschäftigt sind, spüren sie keine Müdigkeit. Auch wenn einer von ihnen Fieber hätte, würde es ihm nichts ausmachen, weil er so sehr in das Ritual vertieft ist. Keiner von ihnen ist während der heiligen Handlung müde. Aber wenn ihr die Familie nach Beendigung der *pūjā* besucht, werdet ihr finden, daß alle müde und erschöpft aussehen. Ihr habt Freude beim Durchführen der Handlung, aber nach Beendigung derselben ist die Freude nicht mehr so groß. Ihr laßt euch von dem Gefühl beirren, daß die Freude aus dem Ernten der Früchte kommt. In Wirklichkeit gibt es überhaupt keine Freude beim Ernten beziehungsweise im Lohn selbst. Die Freude, die ihr aus dem Lohn zu ziehen glaubt, ist nur eine Spiegelung, ein Schatten der wahren Freude – nichts als ein Phantom. Die dauerhafte, ewige Freude sucht ihr nicht. Wie könnte das Ergebnis einer Handlung etwas anderes sein als ein flüchtiger Schatten, wenn die Handlung selbst zeitgebunden und vergänglich ist?

Vielleicht habt ihr das Gefühl, daß ihr euch durch Almosengeben oder Teilnahme an rituellen Handlungen oder durch Bußetun den Himmel verdient. Krishna hat aber erklärt, daß der Himmel etwas zeitlich Begrenztes ist. Er sagte: „Arjuna, es gibt etwas, das größer ist als der Himmel. Ich sage nicht, daß du mit dem Opferbringen, mit deinen Bußübungen, religiösen Handlungen und ähnlichem aufhören sollst. Du mußt diese Art von Gottesdienst als Teil deiner Pflichten beibehalten. Aber tue alles, was du tust, zum Wohl der Menschheit. Handle nicht aus selbstsüchtigem Motiv. Führe jede Handlung selbstlos, uneigennützig und mit dem einzigen Bestreben aus, dem Frieden, dem Wohl und dem Gedeihen der ganzen Welt zu dienen. Sorge dich nicht darum, wie du den Himmel erreichst; setze dein Ziel viel höher, jenseits des Himmels an. Der Himmel wird nur so lange währen, wie es die Verdienste deiner guten Werke erlauben. Sobald sie aufgebraucht sind, wirst du auf die Erde zurückkommen müssen. Gib also deine Sehnsucht nach dem Himmel, der vergänglich ist, auf. Pflege vielmehr die Nähe und die Liebe zum Herrn. Werde eins mit Ihm; das ist wirklich wichtig. Das Prinzip des Göttlichen ist größer als der Himmel. Wenn du das Geheimnis des wahren Handelns entdeckt hast und dein ganzes Handeln vom richtigen Standpunkt aus durchführst, wirst du sogar Gott selbst erreichen können."

Größer als der Himmel

Die Bhagavad Gītā verlangt von euch nicht, daß ihr alle weltlichen Aktivitäten aufgebt und zum einsam lebenden Entsagenden *(samnyāsin)* werdet. Einige Menschen meinen, daß Kinder die Gītā nicht gelehrt werden dürfe, weil die jungen Menschen durch sie eine Neigung zur Abkehr von der Welt entwickeln und in die Einsamkeit gehen könnten. Es sind nicht wenige, die unter solchen falschen Vorstellungen leiden. Aber denkt einmal an die vielen Menschen, die die Lehren der Gītā empfangen haben. Sind sie deshalb gleich *samnyāsins* geworden? Haben sie allem Weltlichen entsagt? Wurde Arjuna, der die Bhagavad Gītā direkt, von Krishna selbst, gehört hatte, ein *samnyāsin*? Der tiefere Sinn der Gītā muß im Zusammenhang mit der Eingebundenheit des Menschseins in diese Welt, das heißt in den Alltag des Menschen, verstanden werden. Der Hauptzweck der Gītā besteht darin, den unsagbaren Schatz uralter Weisheit auf die Ebene der heutigen Welt herabzubringen und das weltliche Leben auf die Ebene der höchsten Weisheit anzuheben. Die Bhagavad Gītā bringt den *vedānta* ins tägliche Leben und hebt dieses auf die Ebene des *vedānta* an; sie führt Philosophie und Spiritualität in den Alltag ein, bringt aber auch Lebensnähe in die

Philosophie und die Spiritualität und versöhnt somit Spiritualität und weltliches Leben.

Die menschliche Existenz beinhaltet nicht nur die üblichen weltlichen Tätigkeiten. Sie ist beileibe nicht nur dazu da, den eigenen Lebensunterhalt zu bestreiten. Die Bhagavad Gītā lehrt die Heiligkeit des menschlichen Lebens; sie führt den Menschen an sein letztliches Ziel heran. Sie lehrt ihn, wie er sein Leben gestalten kann, um die menschliche Eingebundenheit in diese Welt in einer Weise zu transzendieren, daß weiteres Geborenwerden verhindert wird. Ihr werdet an eure Handlungen nicht gebunden sein, wenn ihr sie in selbstloser Weise, ohne Interesse an ihren Früchten durchführt. Die Bhagavad Gītā lehrt die Übung des *anāsakti*, was soviel heißt wie „Nichtanhaften an Tätigkeit, Pflicht und Besitz". Was wirklich geschieht, wenn ihr *anāsakti* habt, ist, daß eure Tätigkeit geheiligt wird. Die Gītā ermuntert euch nicht dazu, auf Arbeit zu verzichten; im Gegenteil: Sie fordert euch dazu auf, eure Pflicht zu tun und alle die Tätigkeiten, die eurem Stand im Leben angemessen sind, durchzuführen. Aber ihr müßt alle diese Tätigkeiten in heilige Handlungen verwandeln, indem ihr sie dem Herrn als Opfer darbringt.

Erfüllt eure standesgemäßen Pflichten

Denkt zum Beispiel an einen Koch. Er tut seine Pflicht auf rechte Weise, wenn er mit dem Kopf beim Kochen bleibt. Wenn er stattdessen alles nur im Hinblick auf seine Lohntüte tut, so ist sein Interesse an der Arbeit selbst nicht sehr groß, und das, was er kocht, wird nicht gut sein. Wenn er dagegen mit *anāsakti* kocht, wird sein Kochen zum reinen Dienen, das heil macht und wahrhaft nährt. Wenn ihr die euch zugeteilten Pflichten – was es auch sei – mit ganzer Konzentration auf die Arbeit tut und sie Gott weiht, ohne irgendein persönliches Interesse an den Früchten, die sie mit sich bringt, mit *anāsakti* also, so werden eure Handlungen geheiligt und erhaben sein. In dem Maße eures Desinteresses an den Früchten wird eure Arbeit stetig, und ebenso stetig werdet ihr dadurch eurem Ziel näherkommen. Wo ein persönliches Interesse an der Arbeit entsteht, wird es Wankelmütigkeit geben; Unbeständigkeit wird vorherrschen, und die Wünsche werden sich schnell vervielfältigen. Krishna stellte Janaka als den idealen Menschen vor, weil er sein Königreich mit *anāsakti* und Losgelöstheit regierte und dadurch Vollkommenheit erreichte. Es gibt Menschen, die den Blick nur nach außen gerichtet haben und solche, die sich darin üben, nach innen zu gehen. Derjenige, der nur nach außen schaut, sieht nur die Erscheinungswelt. Die innere Schau verwandelt den menschlichen Geist und erfüllt das Herz mit heiligen Gefühlen. Um die innere Schau zu erlangen, muß *anāsakti* erworben werden. Wie, das veranschaulicht die folgende Geschichte:

König Janaka und Shuka

Es gab einmal eine Zeit, da der noch jugendliche Weise Shuka in die Nähe von Mithilapura reiste. König Janaka hörte, daß Shuka sein Reich betreten hatte, wußte aber nicht, wo er sein Lager aufschlagen würde. Um es herauszufinden, sandte er Kundschafter aus. Die Kundschafter brauchten eine Woche, bis sie den Weisen ausfindig machen konnten, der in einem Wald nahe der Hauptstadt Mithilapura lagerte. Also brach Janaka mit seinen Ministern auf, um Shuka zu besuchen. Er kam nicht als König oder Herrscher. Er kam als Diener des Herrn, denn er hatte seit langem alle Spuren seines Egos getilgt. Er kam als demütiger Sucher. Am Ort angelangt, fand er Shuka, der gerade dabei war, seine Schüler in einer spirituellen Frage zu unterrichten. Er blieb stehen und lauschte seinen Worten mit ganzer Konzentration. Es wurde Abend. Bevor er wieder ging, trat Janaka vor und fragte Shuka: „Herr, darf ich jeden Tag kommen und den göttlichen Worten lauschen?“ Shuka antwortete: „Janaka, Spiritualität und Philosophie sind nicht Privateigentum irgendeines Wesens. Jeder, der Interesse hat; jeder, der die Lehren gerne hört, jeder, der daran glaubt, daß er das Ziel erreichen kann, hat ein Recht auf dieses Wissen. Natürlich darfst du kommen. Du bist sehr willkommen.“ Janaka kehrte in seinen Palast zurück und ging von da an jeden Tag zu Shukas Ansprachen.

Shuka aber wollte vor der Welt beweisen, daß Janaka die innere Schau besaß, während die meisten Menschen nur das Äußere wahrnehmen. Mit diesem Plan begab er sich zu einem höhergelegenen Ort in der Nähe von Mithilapura, von dem aus man die ganze Stadt überblicken konnte und baute sich dort eine Hütte. Von diesem Platz aus begann Shuka über *vedānta* zu lehren. Eines Tages kam Janaka aufgrund dringender Verwaltungsangelegenheiten viel später als sonst. Shuka wartete mit seinem Vortrag absichtlich, bis Janaka anwesend war und nahm keine Notiz von den vielen Menschen, die sich bereits eingefunden hatten und darauf warteten, daß er anfinge. Um besonders interessiert zu wirken, fragte er diesen und jenen Schüler, warum Janaka noch nicht eingetroffen sei. Einigen sagte er sogar, sie sollten gehen und sich erkundigen, was den König aufgehalten habe. Er selbst stellte sich an die Straße und wartete dort auf den König und sein Gefolge.

Ein Raunen ging durch die Menge. Shukas Schüler und die übrigen Versammelten flüsterten sich zu: „Seht euch Shuka an. Er wird für einen großen Weisen gehalten, der allem entsagt hat, aber etwas scheint daran nicht zu stimmen. Er wartet auf den König Janaka! Bloß weil Janaka ein Herrscher ist, schenkt er uns keine Aufmerksamkeit mehr. Er scheint auch nicht anfangen zu wollen.“ – „Seht euch dieses seltsame Verhalten an. Warum zeigt Shuka so viel Interesse für einen König? Darf denn ein Weiser Unterschiede machen in seinen Gefühlen für einen König und einen gewöhnlichen Menschen?“ Shuka bemerkte dieses Geflüster sehr wohl; er verhielt sich ja so auffällig eben wegen der Lektion, die er den Anwesenden erteilen wollte. Es verging eine halbe Stunde. Es vergingen zwei Stunden. Shuka wartete immer noch auf Janaka und machte keine Anstalten, mit seinem Vortrag zu beginnen.

Inzwischen fingen die Menschen, deren Herzen ein bißchen schmutzig waren, an, ihrer Eifersucht und ihrem Ärger Luft zu machen. Alle unreinen Gefühle, die in ihnen verborgen waren, kamen an die Oberfläche. Genau das hatte Shuka beabsichtigt; denn erst, wenn das Gift aus dem Herzen herausgeflossen ist, kann *vedānta* darin Einlaß finden. Erst wenn ein Kopf leer ist, kann er mit heiligen Lehren gefüllt werden. Wenn er bereits mit allem möglichen unreinen Zeug gefüllt ist – wie kann er da etwas Reines und Heiliges in sich aufnehmen? Wenn er nicht von allem Schlechten entleert wird, kann Gutes nicht in ihn hineingetan werden.

Shukas Absicht war es also, alle schlechten Gefühle an die Oberfläche kommen zu lassen. Er wollte, daß seine Schüler allen Unrat, der sich in ihren Gemütern angesammelt hatte, von sich geben konnten. Er wußte, daß seine Lehren nicht greifen würden, solange ihre Herzen gebunden („attached") waren und negative Gefühle beherbergten. Er hatte sie also einem Reinigungsprozeß unterworfen.

Zur gleichen Zeit war Janaka mit einiger Beklemmung im Herzen eilig unterwegs zum Vortragsort. Shuka bemerkte, daß Janaka sich näherte. Janaka war schon von weitem leicht zu erkennen, weil er für gewöhnlich nicht allein kam. Er war zwar nicht daran interessiert, Minister und Diener mitzubringen, aber diese begleiteten ihn grundsätzlich, aus Sicherheitsgründen. Bald wußten alle, daß Janaka kam. Als König Janaka das Gelände betreten hatte, warf er sich sogleich vor dem Meister nieder und bat demütig um Vergebung für seine Verspätung. Dann breitete er seine Dharbagrasmatte aus und setzte sich. Unverzüglich begann Shuka mit seinem Vortrag. Nun brach der Haß vollends aus seinen jungen Schülern hervor. Ihre Mienen verdüsterten sich infolge der Gefühle, die sie Shuka und Janaka entgegenbrachten. „Seht euch diesen Shuka an!", dachten sie bei sich, „er will nur dem König gefallen. So weit ist es also her mit seinem *vedānta*." Aber Shuka war dabei, allen Anwesenden für ihre üblen Gefühle eine Lektion zu erteilen. Nach einer Weile unterbrach er seinen Vortrag plötzlich und sagte: „Janaka, sieh dein Königreich! Es steht in Flammen!" König Janaka, der mit geschlossenen Augen dasaß und ganz in die Heiligkeit der Sache versunken war, beachtete diese Worte nicht. Sein Geist war vollkommen auf *vedānta* konzentriert und nicht aus der Fassung zu bringen. Alle Versammelten sahen die Flammen und den Rauch, der über der Stadt emporstieg. Einige der Schüler, die an ihre Verwandten und ihre Habe dachten, rannten in Richtung Mithilapura fort. Alle Anhaftung und alle Bindungen, die tief in ihren Herzen verborgen waren, traten nun in vollem Ausmaß in Erscheinung. Nach ein paar Minuten sagte Shuka zum König: „Janaka, das Feuer hat sich auf deinen Palast ausgeweitet." Auch jetzt nahm Janaka keine Notiz von Shukas Aussage und bewegte sich nicht. Er hatte wahrhaft *anāsakti*, völlige Gleichgültigkeit und Gleichmut gegenüber allen weltlichen Dingen. Seine ganze Aufmerksamkeit galt dem *ātman*; neben diesem Aufgehen im *ātman* kannte er keine Gefühle.

Unter den Menschen, die dem Vortrag lauschten, waren auch einige berühmte Pandits und weltweit renommierte Schriftgelehrte. Ihnen wollte Shuka zeigen, daß sie zwar viel Wissen haben mochten, ihre Anhaftungen aber noch nicht vernichtet hatten. Als diese Gelehrten die Flammen aufsteigen sahen, gerieten sie in Besorgnis. Sie wandten sich an König Janaka und flehten: „O König! König!" Aber Janaka befand sich in einem *samādhi*-ähnlichen Zustand und genoß die Seligkeit des *ātman*. Tränen des Glücks rannen über seine Wangen, und er wich nicht einen Augenblick von seiner Betrachtung ab. Shuka beobachtete Janakas Zustand und war sehr zufrieden. Nach einiger Zeit kamen die Schüler, die nach Mithilapura gerannt waren, zurück und berichteten, daß dort gar kein

Feuer ausgebrochen sei. Nun erklärte Shuka den Schülern die Bedeutung dieser Vorgänge.

Der wahre Schüler

Er sagte: „Meine Kinder! Ich habe mit meinem Vortrag nicht deshalb gewartet, weil Janaka ein König und somit eine wichtige Persönlichkeit ist. Ich wartete, weil er ein verdienstvoller Mensch ist – ein wahrer Schüler des Geistes, ein *shishya*; und ich vertraue einem solchen Menschen. Er hat sich von Ego und Stolz gereinigt, er hat wahre Demut, Hingabe und Abstand von den Dingen, und deshalb steht es ihm zu, diesen Vortrag aufzuhalten. Ihr hört zwar auch zu, aber ihr nehmt nicht wirklich auf, was gesagt wird und setzt es auch nicht in die Tat um. Deshalb habt ihr kein solches Recht. Ich ziehe es vor, einen einzigen Menschen zu lehren, der wahrhaftig das Recht besitzt, zu lernen, weil er diese heiligen Richtlinien lebt, als Hunderte, die keine solchen Anstrengungen machen. Was für einen Sinn hat es, Menschen voller Anhaftungen und Selbstsucht zu lehren? Es ist, wie wenn man einen Stein ins Wasser wirft. Der Stein mag jahrelang im Wasser liegen und wird doch nicht einen einzigen Tropfen davon aufnehmen. Wenn ich auch nur einen Schüler wie Janaka habe, kann ich in meiner Arbeit fortfahren. Was soll ich mit vielen nutzlosen, glänzenden Kieselsteinen? Es genügt mir, wenn darunter auch nur ein einziger Edelstein ist. Wozu 10 Hektar unfruchtbares Land besitzen, wenn ein kleines, fruchtbares Fleckchen Erde reich ist in seinem Ertrag? Wenn ein König wie Janaka zum Heiligen wird, so kann er sein gesamtes Königreich verwandeln und es zu einem Ort der Heiligkeit machen, der als Beispiel für die ganze Welt dient.“ Shukas Absicht war, Janaka zu einem König nach Gottes Sinn, zu einem *rājayogin*, zu machen und gleichzeitig seinen eingebildeten Schülern eine wichtige Lehre zu erteilen.

Krishna hatte etwas Ähnliches vor, als Er Arjuna die Gītā lehrte. Auch Arjuna war ein Geweihter und hatte sich die Eignung zur Aufnahme Seiner Lehren durch seinen Charakter und seine hohen Ideale erworben. Arjuna besaß Selbstbeherrschung; er hatte nicht unerhebliche spirituelle Kraft aus seinen Bußübungen gezogen und seine weltlichen Bindungen weitgehend unterjocht. Er besaß einen hochentwickelten Intellekt und war in vielen Künsten bewandert. Und er hatte sich Krishna in wahrer Demut ergeben. Krishna sah, daß Arjuna für das Wissen bereit war und beschloß, ihn in den Stand der Weisheit zu erheben. Er lehrte Arjuna mit Vorbedacht, da Er wußte, daß, wenn Arjuna zur wahren Erkenntnis käme, die ganze Welt Nutzen daraus ziehen würde. Arjuna hatte sowohl die Fähigkeit als auch die Kraft des Tugendhaften, die es ihm erlaubte, spirituelle Höhen zu erreichen, denn er war unter allen Umständen Herr seiner Sinne. Dies ist auch der Grund, weshalb ihm so viele ehrenvolle Beinamen gegeben wurden.

Der Weise nützt der ganzen Welt

Arjuna heißt „der Reine“; ein anderer Name ist „derjenige, welcher heilig in seinem Herzen ist“, ein weiterer „Juwel unter den Menschen“. Arjuna war so mächtig, daß er, wenn er es gewollt hätte, Taten hätte vollbringen können, die die ganze Welt in Schrecken versetzt hätten. Stattdessen handelte er ausschließlich im Einklang mit der göttlichen Ordnung *(dharma)*. Er verdiente sich das Recht, eine Waffe zu benutzen, die kein anderer seiner Zeitgenossen zu führen vermocht hätte. Ursprünglich –

zu Rāmas Zeit *(tretāyuga)* – befand sich diese Waffe bei Shiva. Später führte sie Janaka, und zu Krishnas Zeiten *(dvāparayuga)* wurde sie zum Gandiva-Bogen. Dank Shivas Gnade war Arjuna imstande, diese außergewöhnliche Waffe zu erringen. Krishna hatte sich also einen hervorragenden Helden erwählt, und es war Sein Wunsch und Wille, daß durch die Lehren, die Er ihm gab, der ganzen Welt gedient würde.

Das Essen, das ihr dem Magen anbietet, wandert durch den Mund. Der Magen seinerseits gibt die Nahrung weiter an den ganzen Körper. So wie die Nahrung alle Teile des Körpers erreicht, nachdem sie an den Magen weitergegeben wurde, wurde die Gītā einem reinen, selbstlosen Menschen gegeben, wie Arjuna einer war, damit sie die gesamte Welt erreichen konnte. Ein Beiname Arjunas ist *„partha"*, was „Sohn der Erde" bedeutet. Ihr alle seid „Söhne der Erde". Arjuna kann als hervorragender Vertreter der Menschheit betrachtet werden, und Krishna wußte, daß die Welt sich mit der Zeit verändern würde, wenn Er ihn zum Geweihten machte.

Gemessen an den gewöhnlichen Handlungen, bei denen ihr euch als die Ausführenden betrachtet, sind Handlungen, die ihr frei von der Vorstellung der Täterschaft und ohne Begehren der Früchte ausführt *(nishkāmakarman)*, viel wertvoller. Handeln ohne das geringste Begehren – unpersönliches, ohne Eigeninteresse ausgeführtes Handeln *(anāsaktikarman)* – ist noch wertvoller als *nishkāmakarman*. Aber wenn die Handlung vollständig dem Herrn übergeben wird, verwandelt sie sich in Opfer *(yagna)*, und dies ist noch wertvoller als beide zusammen. Deshalb forderte Krishna Arjuna auf, *alle* seine Handlungen dem Herrn zu opfern. Als Arjuna jenes Stadium in seiner Entwicklung erreicht hatte – als er begann, sein gesamtes Tun dem Herrn zu opfern, gab Krishna ihm die Gītā.

Im Anfangsstadium muß jeder Mensch *karman* vollbringen und aktiv die Aufgaben erfüllen, für die er geeignet ist. Man muß handeln, damit man nicht faul wird. Ein fauler Mensch ist für die Welt absolut nutzlos. Swami ermutigt niemanden zum Müßiggang. Tut vorerst gewöhnliches *karman* und tretet dann ein in das Stadium des *nishkāmakarman*. Ihr werdet es schrittweise in *yoga* verwandeln. Und schließlich wird euer *yoga* zum *yagna*. Sobald es *yagna* geworden ist, habt ihr jede Bindung vollständig aufgegeben. Die Verwandlung von *karman* in *yagna* – von Arbeit in Gottesdienst – ist Sinn und Zweck der Gītā.

Die Gītā hat die Wahrheit auf so unterschiedliche Weise dargelegt, damit Selbstsucht, Ego, Anmaßung, Stolz, Besitzsucht, Anhaftung, Haß und andere ähnlich vergiftende Eigenschaften vollständig ausgerottet werden können. Das bringt mit sich, daß viele Menschen verschiedener Prägung in die Lage versetzt wurden, ihr heiliges Wesen zu entwickeln. Die Gītā kann mit einem Wunschbaum verglichen werden: Was ihr euch von ihr wünscht, gibt sie euch. Die Tiefe der Bedeutung ihrer Lehren hängt von eurem Blickwinkel und dem Grad eurer spirituellen Reife ab. Niemand kann von sich sagen, daß er die einzig richtige Erklärung eines bestimmten Verses kennt. Niemand hat die Befugnis zu sagen, daß seine Erklärung die einzig richtige sei. Die Lehren der Gītā sind auf jeder spirituellen Ebene anwendbar.

Die Gītā: das Herz des vedānta

Darum kann die Gītā als das Herz des *vedānta* bezeichnet werden – sie ist sein wahrer Wesenskern. Die Gītā ist ein goldenes Schatzkästchen. Die Gītā ist ein blumenbestreuter Pfad; sie ist die Stütze jedes ernsthaften Suchers und des Adepten auf dem spirituellen Weg. Ihnen allen erlaubt die Gītā, in diesem Ozean des weltlichen Lebens über Wasser zu bleiben und zu bestehen. Die Gītā hilft ihnen, alle Hindernisse zu überwinden und das Ziel zu erreichen. Ein Mensch, der sich nicht für die Gītā interessiert, verfehlt den Sinn und den Zweck des Lebens.

Gleich welcher Gesinnung ein Mensch sein mag: Die Bedeutung, die er der Gītā entnimmt, wird dem Grad seiner spirituellen Entwicklung entsprechen. Bevor dieser Vortrag begann, sang der Pandit den Mantra „*shuklāmbaradharam vishnum*" („an den Herrn im weißen Gewand)". „*Vishnu*" bedeutet „der Alldurchdringende, Allgegenwärtige". Er wird auch als „der Aschfarbene" und „der Mondfarbene" bezeichnet, da der Mond hell und blaß aussieht – was etwa dasselbe ausdrückt wie das Wort „aschfarben". Vishnu wird auch als „der Vierarmige" beschrieben und als der mit freundlichem, ehrwürdigem Antlitz, welches weder die Gefühlsregungen der Freude noch des Leidens zur Schau trägt. So malten ihn sich gläubige Menschen aus, und als so beschaffenen beten sie den Herrn an. Nichtgläubige mögen dieselben Worte benutzen, und doch wird das Bild, das sie damit beschreiben, völlig anders aussehen.

Das Wort „*shuklāmbaradharam*" bedeutet also auch „der, welcher weiße Kleidung trägt". Wenn ihr nun einem Wesen im weißen Kleid begegnet, das keine Gemütsregungen offenbart, aschfarben ist und vier „Arme", beziehungsweise Extremitäten hat, könntet ihr es auch mit einem Esel zu tun haben, der auf seinem Rücken einen Packen weißer Kleider vom Wäscher bringt: Er hat einen aschfarbenen Körper und ein sehr geduldiges Gesicht. Er ist an keinen Ort gebunden. Ihr findet ihn in den Straßen, vor dem Haus, überall. Das ist der „*shuklāmbaradharam*" der Nichtgläubigen. Ob es sich um den Herrn selbst handelt oder um einen Esel, hängt davon ab, wie ihr etwas betrachtet – ob ihr ein Anhänger des Herrn seid oder ein Nichtgläubiger, und ob ihr an spirituellen Dingen interessiert seid oder nicht.

So ist es auch mit der Gītā, die den Menschen je nach ihrer Prägung verschiedene Bedeutungen vermittelt. Jeder von euch wird der Gītā aufgrund seiner Gesinnung die Bedeutung entnehmen, die dem Grad seiner Spiritualität entspricht. Die Gītā ist also ein Baum, der Wünsche erfüllt; sie ist eine Art Himmelskuh, die freigebig ihre Milch abgibt. Ihr könnt ihr die Bedeutung entnehmen, die ihr wollt, und die Lehre, die ihr aufzunehmen bereit seid. Es ist viel Wasser im Meer, aber die Menge, die ihr ihm entnehmen könnt, hängt vom Fassungsvermögen des Gefäßes ab, das ihr zum Füllen mitgebracht habt. Das Wasser ist immer das gleiche; der Unterschied liegt nur in der Größe des Gefäßes. Ebenso gibt es Unterschiede in der Gesinnung und in der Wesensart der Menschen, doch die Bhagavad Gītā bleibt dieselbe. Ihr Wesen ist für alle dasselbe, und ihr heiliger Zweck ist es,

So viel ihr fassen könnt

das Menschsein in Gottsein zu verwandeln. Nehmt ein so heiliges Buch nicht leichtfertig hin. Nähert euch der Gītā mit Hingabe und mit tiefer Ehrfurcht. Sprecht die Verse der Gītā, indem ihr in sie eintaucht und versucht, sie zu erfühlen und zu verstehen. Und ihr solltet jeden Tag wenigstens eine oder zwei ihrer Anweisungen in die Tat umsetzen. Nur so werdet ihr Erfüllung in eurem Leben finden.

NACH INNEN SCHAUEN

Ob ihr in der Welt aktiv tätig seid oder ob ihr euch von ihr zurückgezogen habt – es zählt nicht so sehr, was ihr tut oder nicht tut, sondern wie erfolgreich ihr mit dem Ausmerzen und Vernichten jener tief eingeprägten Muster und Neigungen seid, die in eurem Herzen verborgen liegen.

Verkörperungen der Liebe,

das Beseitigen jener unvollkommenen Muster und unreinen Neigungen *(vāsanās)*, die sich euch so tief eingegraben haben, ist das wichtigste Ziel bei allen euren spirituellen Übungen *(sādhana)*. Es ist auch das Ziel von *yoga* allgemein, und es bedeutet, daß ihr euch aller Spuren der Zwillingsübel Zuneigung, beziehungsweise übermäßiger Anhaftung *(rāga)* und Abneigung, beziehungsweise Mißgunst und Haß *(dvesha)*, die sich in euch versteckt halten, entledigen müßt. Wenn ihr einfach davonlauft und euch in den Wald oder in eine Höhle zurückzieht, ohne die geeigneten Übungen zur Beseitigung der inneren Feinde durchzuführen, werden diese Tendenzen, ob es euch gefällt oder nicht, weiterhin Gedanken und Taten fördern, die euch binden. Diese Unreinheiten werden wie Samen in eurem Herzen liegen und einen Gedankenfluß hervorrufen, der von Vorlieben und Abneigungen, Wünschen und Vorstellungen nur so überquillt. Die Folge davon ist, daß ihr eure wahre menschliche Natur vergeßt.

Die Gītā zeigt, daß ihr, wenn ihr imstande seid, die tiefsitzenden Neigungen in eurem Herzen auszurotten, frei sein werdet und jede Handlung ohne Sorge um das Ergebnis durchführen könnt. Ab diesem Augenblick wird euch kein *karma*, mit dem ihr euch beschäftigt, mehr binden. Mit anderen Worten: Ihr werdet von den Früchten eures Handelns vollständig befreit sein. Diejenigen, die diese Wahrheit nicht begreifen und alle äußere Tätigkeit aufgeben, enden in dem Sumpf des Müßiggangs und der Faulheit. In der Gītā wird wiederholt davor gewarnt und gesagt, daß in der Welt der Spiritualität kein Platz für Müßiggang ist. Was die Gītā lehrt, ist das Praktizieren von desinteressiertem, unpersönlichem Handeln *(anāsaktiyoga)*, bei dem ihr jedem eigenen Interesse an eurer Arbeit und an den Ergebnissen, die sie bringt, entsagt. Das bedeutet, die Arbeit so gut wie möglich, mit voller Konzentration und unter vollem Einsatz eurer Fähigkeiten zu tun, aber gleichzeitig alles Tun als Dienst für den Herrn zu betrachten und im Bewußtsein des Gottseins verankert zu bleiben.

Kein Platz für Müßiggang

Anāsaktiyoga geht sogar über das Praktizieren von *nishkāmakarman*, das im zweiten Kapitel der Gītā besonders hervorgehoben wird, hinaus. *Nishkāmakarman* ist das Stadium, in dem alle eure Handlungen ohne Wünschen und ohne Erwarten der Früchte durchgeführt werden. Ihr werdet das Stadium des *nishkāmakarman* nicht erreichen, solange eure Neigungen, die aus vergangenen Handlungen stammen, eurem spirituellen Fortschritt entgegenwirken. Erst müßt ihr die üblen Eigenschaften, die mit üblen Taten verknüpft sind, beseitigen und sie durch gute Eigenschaften, die mit guten Taten einhergehen, ersetzen. Sobald ihr dann im Stadium des selbstlosen Dienens, in dem ihr nur noch Gutes tut, festen Stand habt, könnt ihr ins *nishkāmakarman* fortschreiten. In diesem Stadium entsagt ihr den Früchten eurer Handlungen. Von diesem Punkt aus werdet ihr auf natürliche Weise in das Stadium des *anāsaktiyoga* aufsteigen.

Worin liegt das Geheimnis des aktiven Tätigseins? Die Gītā erklärt, daß üble Prägungen und Neigungen nur durch gute Werke *(satkarman)* beseitigt werden können. Sie weist euch an, euch ausschließlich mit guten Werken zu beschäftigen, damit euer Herz gereinigt werden kann. Aber sie will noch mehr. Die Gītā betont, daß wahre Reinheit nur erzielt werden kann, wenn *alle* Handlungen dem Herrn geweiht werden. *Jede* Tätigkeit, die ihr ausführt, muß dem Herrn als Opfer dargebracht werden; nur so kann euer Herz vollkommen gereinigt werden.

Wenn ihr euer Essen einnehmt, nachdem es gekocht und zubereitet wurde, ist es ganz gewöhnliches Nahrungsmittel, und ihr seid seinen guten und schlechten Auswirkungen ausgesetzt. Wenn ihr aber die Nahrung vor dem Essen Gott weiht, wird sie zu gesegneter Speise *(prasādam)*, die ein heiliges Geschenk Gottes ist. Genauso fallen eure vielen routinemäßigen Aktivitäten in die Kategorie der gewöhnlichen Arbeit *karman*. Aber wenn ihr diese gleichen Handlungen – auch wenn es sich um ganz geringfügige Tätigkeiten handelt – mit der Absicht ausführt, sie Gott darzubringen, indem ihr ihre Ergebnisse nicht zu eurem eigenen Vergnügen verwendet, sondern um Gott Freude zu bereiten, dann wird dieses *karman* zu *karmayoga*, es wird auch ein heiliges Opfer, ein *yajna*. Nur durch diese Art von *yoga* werdet ihr euch eurer üblen Neigungen und Prägungen entledigen und euer Herz reinigen können.

Wie sollten die Handlungen, die ihr den Lotosfüßen des Herrn opfert, beschaffen sein? Wie heilig müssen sie sein? Bevor ihr einem gewöhnlichen Sterblichen etwas anbietet, achtet ihr darauf, daß es nützlich, wertvoll und rein ist und daß es in Ehren gehalten wird, mit anderen Worten: daß es mit Freuden aufgenommen wird. Wenn dies beim Geschenk für einen Menschen zutrifft, wieviel sorgfältiger müßt ihr damit umgehen, wenn ihr dem Herrn selbst etwas darbringen wollt! Wie rein und wie heilig muß es da sein! Wie außerordentlich erfüllend muß es da sein! Man darf dem Herrn nicht jeden Gegenstand und nicht jede Art von Tun darbringen. Bevor ihr dem Herrn irgendetwas opfert, müßt ihr es rein und heilig und zu etwas Erhabenem machen. Dann wird es ein geeignetes Geschenk für den Herrn sein.

Reinheit des Opfers

Wenn ihr Ihm zum Beispiel eine Rose schenken wollt, sucht ihr zunächst nach einer schönen, duftenden und voll erblühten Rose. Dann entfernt ihr die Insekten, die sich in der Blüte befinden mögen, die Dornen und alle unvollkommenen Blätter am Stiel und macht sie rundherum zu einer möglichst schönen und reinen Opfergabe. Erst dann legt ihr sie Ihm zu Füßen. Jede Handlung, die ihr durchführt, sollte sein wie dieses Blumenopfer. So wie der zarte Duft zu der Blume gehört, die ihr dem

Herrn opfert, so müssen eure Handlungen mit dem Duft der Liebe und der Heiligkeit durchdrungen sein. So schön und rein wie die Blume, die ihr Ihm schenkt, muß eure Handlung sein. Dies ist das Kennzeichen des wahren *yoga* des Handelns. Die Bhagavad Gītā fordert euch dazu auf, nur solche Handlungen dem Herrn zu weihen.

Ihr müßt lernen, zwischen weisem und unweisem Handeln zu unterscheiden, und dazu müßt ihr den Unterschied zwischen wahrem Wissen und Unwissenheit verstehen. *Sānkhya* bezieht sich auf das Einswerden von Weisheit mit Weisheit, das heißt, die eigene, individuelle Weisheit hervorbringen und sie mit der kosmischen Weisheit verschmelzen lassen. Jeder, der den Herrn unmittelbar erfahren will, muß diese Weisheit entwickeln und mit ihr eine Reihe anderer wichtiger Eigenschaften. Die Merkmale eines mit spiritueller Weisheit gesegneten Menschen (des *sthitaprajna)* sind Geduld, Entschlußkraft, Reinheit des Körpers und des Geistes, selbstlose Liebe, ein beständiges Gewahrsein des Herrn und die Sehnsucht nach Ihm. Die sechs Eigenschaften, die als die spirituellen Kostbarkeiten bekannt sind, heißen: Beherrschung der Gedanken *(sama)*, Beherrschung der Sinne *(dama)* – das heilige Gefühl, das aus dem Verzicht auf Wünsche kommt *(uparati)* – sowie Duldsamkeit und Gleichmut gegenüber allen Gegensätzen wie Freude und Leid *(titikshā)*, unbeirrbarer Glaube *(shraddhā)* und die nichtabweichende Konzentration und die Zufriedenheit, die von einem Gemüt in Gleichgewicht *(samādhāna)* herrühren. Beschäftigen wir uns mit dem ersten dieser Merkmale.

Geduld oder Duldsamkeit ist eine der wichtigsten Charaktereigenschaften, die jeder Mensch üben und besitzen sollte. Viele Herrscher sind untergegangen, weil sie die Tugend des Geduldübens, Ausharrens und Ertragenkönnens aufgegeben haben. Selbst große Rishis haben alle spirituelle Kraft verloren, weil sie diese Qualität vernachlässigt haben. Ungezählte Schriftgelehrte haben versagt, weil sie diese unschätzbar wertvolle Eigenschaft übersehen haben. Geduld kann als die wichtigste Rüstung und Waffe im Kampf des täglichen Lebens betrachtet werden. Die Menschen verlieren sehr schnell ihre menschlichen Qualitäten, wenn sie die Geduld verlieren. Wie ihr bereits gesehen habt, ist die Tugend der Geduld ein besonders wichtiges Anzeichen eines *sthitaprajna*, der Großen Seele, die mit Weisheit gesegnet ist. Ohne Geduld kann man weder ein *sthitaprajna* werden noch ein solcher bleiben.

Entschlußkraft

Eine entschlossene Wesensart oder, anders gesagt, die Qualität der Entschlossenheit und das Ausgestattetsein mit fester Entschlußkraft sind die Voraussetzung für das Entwickeln von Geduld. Aber man sollte eine entschlußfreudige Wesensart nicht mit Dickköpfigkeit und Dummheit verwechseln. In heiligen Aufgaben, in Dingen des Geistes, kann die Standfestigkeit eines Menschen und seine entschlußfreudige Wesensart als eine Eigenschaft beschrieben werden, die frei von Illusionen und Wankelmütigkeit ist. Wie das Hindernis, dem er begegnet, auch beschaffen sei, welche Probleme sich ihm auch in den Weg stellen – ein Mensch von entschlossener Wesensart bleibt fest bei den Aufgaben, die er sich gestellt hat, bis das letzte Ziel erreicht ist. Wenn ihr keine Entschlußkraft besitzt, hat die Geduld keine Grundlage und kann nicht an Stärke zunehmen. Geduld und Entschlossenheit sind Zwillinge, das heißt, sie können nicht getrennt voneinander existieren. Ohne Entschlossenheit kann sich Geduld nicht einstellen, und ohne Geduld degeneriert Entschlossenheit zur Arroganz.

Laßt uns als nächstes die Reinheit untersuchen. So wie ihr verschiedenes unternehmt, um euren Körper sauber zu halten, so müßt ihr verschiedene gute Werke tun, um euren Geist zu reinigen. Durch diese Handlungen könnt ihr die Vorlieben und Abneigungen – und die entsprechenden Bindungen, die euer Denken mit Egoismus beschmutzt haben – beseitigen. Erst wenn diese negativen Eigenschaften ausgemerzt sind, werdet ihr imstande sein, es bis zur Selbstbeherrschung zu bringen. So wie eine Schildkröte ihren Kopf und ihre Beine nach Bedarf aus ihrem Panzer herausstrecken oder sich ganz in ihn zurückziehen kann, so solltet auch ihr imstande sein, eure Sinne zu beherrschen und diese nur dann benutzen, wenn ihr sie wirklich braucht. Die Gītā betont, daß dies sehr wichtige Eigenschaften für einen *sthitaprajna* sind.

Seid wie die Schildkröte

Ein Mensch zeigt durch sein Handeln *(karman)* am deutlichsten, wes Geistes Kind er ist und was für einen Charakter er hat. Das ist der Grund, weshalb *nishkāmakarman* so viel Bedeutung beigemessen wird. So wie ein Spiegel euch zeigen kann, wie euer Gesicht aussieht, so verraten eure Taten die Gefühle, die ihr hegt. Wenn ihr mit jemandem in einer bestimmten Sache näher zu tun habt, könnt ihr leicht herausfinden, was für ein Mensch er ist, indem ihr seine Handlungen beobachtet. Er mag äußerlich sattvisch erscheinen und ein ausgeglichenes, mildes Wesen und auch viel Opferbereitschaft besitzen. Ihr mögt ihn deshalb für einen Menschen mit reinem, heiligem Herzen halten, aber seine Taten beweisen euch möglicherweise das Gegenteil, nämlich eine animalische, wenn nicht sogar dämonische Wesensart. Die Handlung eines Menschen verrät seine Wesensart. Ein anderer Mensch mag zum Beispiel grausam erscheinen. Ihr mögt den Eindruck haben, er sei barsch und kurz angebunden und daß ihm Kultiviertheit und gute Manieren fehlen; aber wenn er durch sein Tun Barmherzigkeit und andere hohe Tugenden erkennen läßt, so müßt ihr daraus schließen, daß sein Wesen sattvisch ist. Wenn ihr wissen wollt, ob ein Mensch sattvisch, rajasisch oder tamasisch veranlagt ist, braucht ihr nur sein Tun zu beobachten. Es wird seine Wesensart unweigerlich offenlegen.

Die Handlung verrät den Menschen

Die Gītā zeigt klar die Handlungsweise auf, die man im täglichen Leben haben sollte. Sie sagt euch nicht, daß ihr allem entsagen, ein *samnyāsin* werden und in die Einsamkeit gehen sollt. Sie zeigt vielmehr auf, daß es für jeden Menschen eine wichtige Pflicht und Verantwortung ist, in der Welt nützliche Dinge zu tun. Die Gītā sagt weiterhin, daß das Geheimnis des menschlichen Lebens darin liegt, die wahre Pflicht *(dharma)* zu erkennen und zu befolgen; das heißt, sich mit selbstlosen und heiligen Taten zu beschäftigen, die das Wohlergehen eurer Mitbrüder und -schwestern fördern. Die Gītā erklärt, daß das menschliche Leben im Tätigsein besteht. Nicht einmal euren Körper könntet ihr am Leben erhalten, wenn ihr aller Aktivität entsagen würdet. Deshalb sollte jeder Adept auf dem geistigen

Weg ebenso wie der gewöhnliche Sterbliche sich an die Arbeit machen und im rechten Sinne tätig werden. Euer Tun muß heilig sein; eure Handlungen müssen dem Prinzip des *dharma* entsprechen.

Ihr müßt eure Tätigkeit in Arbeit *(karman)* verwandeln, die anderen nützt. Ihr müßt vorbildlich handeln, und dieses Tun muß ohne das geringste selbstsüchtige Motiv geschehen. Nur dann können eure Handlungen sattvisch genannt werden. Wenn euer Tun sattvisch geworden ist, kann es als *nishkāmakarman* gelten. Kein Mensch wird normalerweise völlig ohne persönliches Begehren handeln. Ihr werdet euer Tun und euer Begehren auf den Zweck, nämlich das Suchen und Erfahren des Göttlichen richten müssen. Wenn diese geheiligte Zielrichtung zur Grundlage aller eurer Aktivitäten wird, so gehört euer *karman* in den Bereich des *anāsaktiyoga*. Dies ist die höchste Ebene, auf der Aktivität stattfinden kann, und sie führt euch geradewegs zu eurem Ziel. Aber darin ist *māyā*, die Zauberin „Täuschungskraft", mitzuberücksichtigen. *Māyā* ist aus zwei machtvollen Kräften zusammengesetzt: Die eine ist *āvarana*, die Kraft der Verschleierung, und die andere ist *vikshepa*, die Projektionskraft. Diese beiden Faktoren haben keine eigene Form.

Die Macht der māyā

Betrachtet zunächst *āvarana*. *Āvarana* bedeutet „verhüllen", „bedecken". Auf welche Weise bedeckt es? Und womit? Wie könnt ihr das, was *āvarana* bedeckt, enthüllen? Wenn die Verschleierungskraft doch selbst keine Form hat, womit bedeckt sie dann? Wie kann sie weggenommen werden? Diese Fragen kann man nicht beantworten. *Māyā* ist geheimnisvoll und unerklärlich. Täuschung und Verwirrung gehören zu ihrem Wesen. Denkt an das Stück Seil, das auf der Straße liegt. Ihr laßt euch in der Dunkelheit täuschen und haltet es für eine Schlange. Womit ist das Seil bedeckt? Versucht zu verstehen, was da vorgeht: Ihr bekommt plötzlich Angst, weil ihr euch *vorstellt*, daß vor euch auf dem Boden eine Schlange liegt. Die Verdeckung des Seils durch eine „Schlange" geht also in eurer Gedanken- und Gefühlswelt (mind) vor sich, und aus diesem Grund fürchtet ihr euch. Gibt es diese Schlange dort wirklich? Nein. Wie also kann ein Seil in etwas verwandelt werden, das nicht existiert und nie existiert hat? Das erklärt, was Täuschung ist.

Unter welchen Umständen übt die Täuschung Einfluß auf euch aus? Es geschieht während der Dämmerung oder in der Dunkelheit, daß ihr die Vorstellung habt, eine Schlange zu sehen, wo nur ein Seil ist. Die Täuschung kommt durch die Dunkelheit zu euch und hüllt euch ein. In Wirklichkeit ist da keine Schlange, die an die Stelle des Seils getreten ist, sondern die Täuschungskraft umwölkt den menschlichen Verstand und verdunkelt die Klarheit seiner Wahrnehmung. Diese Täuschungskraft – oder Illusion – ist *māyā*. Wenn ihr eure Taschenlampe auf den Boden vor euch richtet, werdet ihr entdecken, daß keine Schlange, sondern nur ein Stück Seil vor euch liegt. Das heißt: Im Licht schwindet die Illusion dahin, und der Gegenstand wird erkannt als das, was er wirklich ist. Er bleibt für immer unveränderlich. Was ist, wird immer sein und nie aufhören zu sein. Es kann auch nicht die geringsten Abänderungen in seinem Sein geben. Es ist nur die Täuschung, mit der er behaftet ist, welche kommt und geht. Die Form, die

Im Licht schwindet die Illusion

die Täuschung im Geiste annimmt, ist *vikshepa*, die zweite mächtige Kraft der *māyā*. *Vikshepa* ist die Projektionskraft, welche dem unveränderlichen Grund überlagert ist. In unserem Fall ist die Projektion die Schlange, ein andermal etwas anderes.

Stimmungen, Schmerzen, Freuden – sie kommen und gehen. Diese Zustände sind so etwas wie Verwandte, die euch besuchen kommen, aber nicht ständig bei euch bleiben. Genauso ist es mit *māyā*, die für menschliche Wesen als Täuschung kommt und geht. Die Täuschung, die in eurer Gedanken- und Gefühlswelt stattfindet und das Seil bedeckt und dieses vor eurem Blick verbirgt, ist die Kraft der Verschleierung – *āvarana*. Das Trugbild, das von eurem Denken und Fühlen auf das Seil projiziert wurde, ist die Projektionskraft – *vikshepa*. Mit Hilfe des Lichts seht ihr das Seil als Seil, und die Schlange verschwindet. Diese beiden Aspekte der *māyā* kommen also mit der Dunkelheit und verschwinden im Licht. Kommen *āvarana* und *vikshepa* nun immer zur selben Zeit, gemeinsam, oder auch getrennt voneinander vor? Die Verschleierungskraft und die Projektionskraft können zur gleichen Zeit auftreten, müssen es aber nicht – wie im Tiefschlaf, wo nur die Verschleierungskraft besteht. *Māyā* ist unerklärlich. Sie hat keinen Anfang, aber sie kann dauerhaft beseitigt werden. Wenn das Licht der Weisheit auf sie scheint, wird *māyā* schließlich schwinden; dann wird die eine unveränderliche Wirklichkeit unverhüllt dastehen. Indem Krishna Arjuna diese große Wahrheit lehrte, befreite Er ihn von der Macht der Täuschung und bewirkte so, daß Arjuna aus seinem inneren Selbst heraus leuchten konnte.

Damals wie heute entwickelt ihr nur oberflächliches Wissen und eine aufs Äußere gerichtete Sicht der Dinge. Wichtig ist aber die innere Schau; sie allein ist wahr und heilig. Ihr verliert die einzige Wahrheit, die Wahrheit eures wirklichen Seins, aus den Augen, weil ihr euch nur auf den äußeren, unbeständigen Aspekt der Dinge konzentriert und die Fähigkeit, nach innen zu schauen, vernachlässigt. Die Aufgabe Gottes ist es, diese heilige innere Schau wiederherzustellen. Das ist, was Er bewirkt, wenn Er als Avatar erscheint. Krishna sagte: „Kind, was für Werke du während deiner Zeit hier auf Erden auch vollbringst, wisse, daß sie alle vergehen werden. Du wirst entdecken, daß alles in dieser Welt vergänglich ist – deine Verwandten und Beziehungen, deine Bindungen, deine Errungenschaften, das Empfinden der Individualität, das du dir aufgebaut hast – alles wird vergehen. Alles wird vom Strom der Zeit weggeschwemmt. Wenn du Dinge festzuhalten versuchst und dich an diese Dinge hängst, die selbst vom Strom der Zeit mitgerissen werden – was für eine Chance hast du dann, gerettet zu werden und die Vollkommenheit zu erreichen, die nicht nur für alle Zeiten von diesem Strom unbehelligt bleibt, die nicht nur ihm niemals unterworfen ist, sondern im Gegenteil sein Meister ist? Arjuna, die Dinge, die du festhältst, werden alle fortgeschwemmt werden. Entwickle in dir die feste Überzeugung, daß du im Bemühen, an vergänglichen Dingen festzuhalten, dein Leben vergeudest, daß du die heilige Gelegenheit, die dir gegeben ist, damit du jenen ewigwährenden Zustand des wahren Seins erreichst, verschenkst. Ergib dich dem Göttlichen; halte nur fest an Seiner unvergänglichen Wesenheit, und du wirst sicher die ewige Freude erlangen, welche die göttliche Glückseligkeit ist."

Mit solchen Worten drängte Krishna Arjuna, sich von den Anhaftungen und Illusionen zu befreien, die ihn verwirrten. Krishna sagte: „Arjuna, du selber mußt dein Herz befreien und den Schleier der Unwissenheit entfernen, der dich umhüllt. Entscheide dich für den Weg des Rechten Handelns, arbeite für das Wohl der Menschheit und weihe Mir jedes Werk, das du tust, ja dein innerstes Selbst, das in deinem Herzen wohnt." Es gibt keinen anderen ebenso königlichen Weg für das Leben eines Menschen, wie den des *karmayoga*, den Weg des Handelns. Ihr könnt den Weg der Hingabe erst dann beschreiten, wenn ihr durch gute Werke ein solides Fundament dafür gelegt habt. Und erst, wenn ihr eure Gefühle gereinigt und Hingabe gelernt habt, werdet ihr euch auf den Weg der Weisheit begeben und zur höchsten Ebene der Gottverwirklichung fortschreiten können. Es ist das Gebiet des Handelns, in dem der Mensch die Basisarbeit für das Erreichen der höchsten Höhen des Geistes legen oder aber in die tiefsten Tiefen des Kummers hinabstürzen kann. Die günstigen Bedingungen im Leben eines Menschen sind unverbrüchlich an seine Taten gebunden.

Das Fundament der Hingabe

Ein Teil eurer Handlungen mag in *yagna* und *yaga*, den verschiedenen, in den Schriften vorgeschriebenen Riten und Opfern bestehen; aber, wie wir vorhin sagten: Sie werden euch nur bis zum Himmel tragen. Krishna setzte Arjuna in Kenntnis davon, daß es einen Zustand gibt, der weit jenseits und weit heiliger ist als der Himmel. „Glaube nicht, daß der Himmel ein Platz für die Ewigkeit ist", sagte Krishna. „Wenn deine Verdienste aufgebraucht sind, wirst du ihn wieder verlassen und auf die Erde zurückkehren müssen. Der Himmel ist nur ein vorübergehender Aufenthaltsort; du wirst nicht immer dort bleiben können. Du denkst vielleicht, daß du im Himmel viele körperlich und geistig erfahrbare Freuden genießen kannst. In Wirklichkeit sind die Freuden, die du dort findest, nur ein kleines bißchen größer als die, welche du hier auf der Erde haben kannst. Es gibt einen Zustand, der weit, weit jenseits liegt und der viel heiliger ist. Dieser Zustand kann erreicht werden, indem du dich selbst mit Gott identifizierst, indem du dich mit dem *ātman* verbindest, indem du dich mit *brahman* vereinigst. Um diesen Zustand zu erreichen, mußt du vollständig wunsch- und selbstlos werden. Dazu mußt du alle Handlungen ohne Erwartung jeglicher Früchte durchführen."

Wann immer ihr eine Tätigkeit ausübt, wird eine Frucht, ein Ergebnis aus dieser Bemühung hervorgehen. Aber es gibt kein Gesetz, das besagt, daß ihr allein die Nutznießer der Früchte eures Handelns sein sollt. Nehmen wir an, ein Großvater hat im Garten einen Schößling gepflanzt, der zu einem Obstbaum geworden ist. Vielleicht ist er gestorben, noch bevor der Baum Früchte getragen hat. Die Früchte haben einige Zeit später seine Enkelkinder erfreut. Das ist ein Fall, bei dem die handelnde Person die Früchte nicht selbst genießen kann und andere die Gelegenheit dazu bekommen. Als der Großvater den Schößling für den Baum pflanzte, wußte er möglicherweise, daß er die Früchte nicht ernten würde und erwartete keine für sich; er nahm seine Aufgabe wahr mit jener Weitsicht, daß der

Der Obstbaum des Großvaters

Baum im Garten den kommenden Generationen seine Früchte schenken würde – Früchte, die sie sehr zu schätzen wissen würden. Und so konnten die Früchte dieser vorausschauenden Tat von vielen Nachkommen der Familie geerntet werden.

Was für ein Motiv hatte der Großvater, als er den Baum pflanzte? Er mochte es mit der geringfügig selbstsüchtigen Absicht getan haben, daß die Mitglieder seiner Familie Freude an den Früchten haben sollten. Die Selbstsucht, die aus dem Handeln zum alleinigen eigenen Nutzen kommt, ist weitaus schwerwiegender und minderwertig im Vergleich zu diesem Hauch von Selbstsucht des Großvaters. Das Gefühl, das einen Menschen dazu bringt, Dinge zu tun, die hauptsächlich dem Wohl der anderen dienen, ist immer größer und edler als das Gefühl, das einen Menschen zum völlig selbstsüchtigen Handeln und zu der Erwartungshaltung treibt, daß er allein den Nutzen aus seinen Handlungen ziehen wird. In diesem Sinn ist die Tat des Großvaters weit edler als die des Individualisten, der nur für sich selbst handelt. Aber es gibt eine noch höher einzustufende Handlungsweise – eine, die weit jenseits jeder Art von selbstsüchtiger Erwägung liegt. Sie tritt ein, wenn ihr etwas als Opfergabe für den Herrn tut. Das ist die höchste aller Handlungsweisen, und danach solltet ihr trachten. Ihr solltet euch bemühen, alle eure Handlungen völlig selbstlos und desinteressiert durchzuführen und sie Gott als Opfer darzubringen, ohne für euch Früchte davon zu erwarten. Das ist *anāsaktiyoga*.

Das Anwenden des Unterscheidungsvermögens, um eine Handlung zu planen, deren Früchte jemand anderem zugute kommen – wie bei dem Großvater, der einen Baum für seine Nachkommen pflanzte – kann man als *buddhiyoga* bezeichnen. Das ist jener *yoga*, bei dem ihr die Folgen eurer Handlung bedenkt und eure Handlungen auf die Kraft eures Unterscheidungsvermögens gründet. Dieses reicht viel weiter als das engstirnige, selbstsüchtige Überlegen des niederen Geistes und der Sinne. Aber sogar im *buddhiyoga* sind noch Spuren von Selbstsucht enthalten. Wenn ihr von aller Selbstsucht vollkommen befreit und dem Ergebnis gegenüber gleichmütig, wirkungsvoll und konzentriert, aber bindungslos und ohne Verlangen handelt und dieses Tun Gott weiht, praktiziert ihr *anāsaktiyoga*. Dies ist dem *buddhiyoga* weit überlegen.

Anāsaktiyoga ist dem Durchschnittsmenschen nicht leicht zugänglich. Aber das heißt nicht, daß ihr nicht versuchen solltet, es euch zu eigen zu machen. Wenn ihr es nach besten Kräften versucht und wenn Gottes Gnade hinzukommt, können selbst unmöglich scheinende Dinge erreicht werden. Wenn ihr nicht nachlaßt in eurem Bemühen, werdet ihr selbst das hohe Niveau des *anāsaktiyoga* in allem eurem Tun erreichen. Und dazu braucht ihr die innere Schau. Um in dieser inneren Schau gefestigt zu werden, müßt ihr euch eines besonderen Prinzips ständig gewärtig sein. Gleichgültig, wie intensiv ihr – in der physischen Welt, in euren Träumen oder in euren Vorstellungen oder sonst einer Welt – danach sucht: Alles was ihr sehen werdet, wohin ihr auch schaut, ist ein Zusammenspiel und eine Kombination der fünf Urelemente – im grobstofflichen wie im feinstofflichen Bereich. Diese fünf Urelemente sind Abbilder des unbegrenzten Glanzes des Herrn – Erscheinungen Seines Seins. Ihr Ursprung ist das eine, einzige Göttliche Prinzip. Indem ihr alle Handlungen gewissenhaft durchführt und alles in der Welt als heilige Erscheinungen des Göttlichen anseht, wird euer Tun automatisch zu einer Opfergabe für den Herrn. Wenn sich eure Vorstellungen immer in solchen lichten Höhen bewegen, während ihr tut, was ihr zu tun habt, verwandelt sich euer Blick von der begrenzten äußeren Sichtweise zur befreienden inneren Schau. So werdet ihr zu einem heiligen, wahrhaft menschlichen Wesen. Die beste Methode zur Entwicklung dieser nach innen gerichteten Sichtweise, die euch in *anāsaktiyoga* festigen wird, ist, ununterbrochen an die allgegenwärtige Gottheit zu denken. Dieses innere Sehen ist bei den Menschen sehr selten. Selbst die größten Pandits und Schriftgelehrten sind der äußeren Sichtweise stark verhaftet. Das erläutert die folgende kleine Geschichte:

König Janakas Gelehrtentreffen

König Janaka berief eines Tages eine Versammlung für große Gelehrte ein. Bekannte Akademiker nahmen daran teil. Aus allen Teilen des Reiches kamen berühmte Pandits und Logiker. Die redegewandtesten aller renommierten Schriftgelehrten strömten herbei. Hochbegabte Menschen, die die ganze Welt mit ihren intellektuellen und sprachlichen Fähigkeiten zu fesseln verstanden, kamen zur großen Palasthalle, wo die Versammlung stattfand. Die Halle war mit so vielen Giganten des Geistes gefüllt, daß für das einfache Publikum kein Platz mehr war. Die täglichen Sitzungen wurden von König Janaka selbst geleitet, und nur die hervorragendsten, verdientesten Persönlichkeiten aus dieser hochqualifizierten Gruppe bekamen die Gelegenheit, zu sprechen. Auch der Junge Ashtavakra suchte Zugang zu dieser erlauchten Versammlung. Aber wer sollte schon Ashtavakra hereinlassen? Er besaß keine Empfehlungsschreiben oder sonstige Referenzen, auch nicht die Unterstützung eines großen Meisters oder Gönners. Die einzige Hilfe, die er hatte, war sein tiefer Glaube an Gott.

Wer unerschütterlichen Glauben an Gott hat, wird nicht auf unüberwindliche Schwierigkeiten stoßen. Es mag zeitweilig ein paar Hindernisse geben, aber am Ende wird er gewiß Erfolg haben. Ashtavakra wartete drei Tage lang vor dem Tor des Königspalastes, durch das die Teilnehmer eingelassen wurden und beobachtete währenddessen die Gelehrten, die ein- und ausgingen. Obwohl nur anerkannte Größen in die Halle durften, war Ashtavakra nicht bereit, seinen Entschluß, an der Versammlung und ihren Resolutionen teilzunehmen, aufzugeben. „Auch ich habe eine Chance", sagte er sich im stillen und wartete weiterhin geduldig am Tor, Tag für Tag. Ein mitfühlender älterer Schriftgelehrter bemerkte, daß Ashtavakra am Tor stand, sooft er morgens und abends ein- und ausging, und berichtete König Janaka von der Anwesenheit dieses Jungen. Er erzählte ihm, daß da draußen jemand stünde, der seit Tagen darauf warte, eingelassen zu werden, obwohl er dafür nicht die nötige Qualifikation zu besitzen schien. Er sagte ihm auch, daß es sich um keine ältere Person handele, auch nicht um eine Person mittleren Alters, sondern um einen sehr jungen Menschen, der nicht allzu viel Erfahrung haben konnte und weder die anerkannten Insignien der Gelehrsamkeit trug noch irgendwelche Empfehlungen anwesender Pandits aufweisen könne. Kurz, man wisse nichts über ihn oder seine Befähigung, außer daß er beharrlich draußen warte.

König Janaka beauftragte seine Wachen, den Jungen am Tor ausfindig zu machen und ihn in die Halle zu führen. König Janaka hatte soeben Platz genommen, und die Sitzung hatte in einer feierlichen und weihevollen Atmosphäre begonnen, als Ashtavakra den Raum betrat. In dem Augenblick, als sie den Jungen mit seinem verkrüppelten Körper sahen und erkannten, daß er an der Sitzung teilnehmen wollte, fingen die meisten an zu lachen. König Janaka, der Ashtavakra aufmerksam beobachtete, lachte nicht. Ashtavakra sah sich interessiert in der Halle um und begann dann unerklärlicherweise noch lauter zu lachen als die anderen. Diese überlaute Lachsalve Ashtavakras war völlig unzulässig und überraschte die Gelehrten sehr. „Warum lacht der Knirps über uns?“, fragten sie sich; er wurde ein richtiger Problemfall für sie. „Es gibt Grund genug für uns, zu lachen, weil er wirklich komisch aussieht, aber an uns ist beileibe nichts Merkwürdiges. Was für einen Grund hat er also, so zu lachen?“ Das, was ihnen wie eine Frechheit dieses Jungen erschien, verwirrte sie beträchtlich.

Ihr werdet in der Welt häufig finden, daß die Leute geneigt sind, einen Menschen mit einem physischen Mangel, der ihn verunstaltet und häßlich aussehen läßt, zu belächeln. Ein so hartherziges Verhalten kann man nur als Zeichen der Unwissenheit betrachten. Es ist grundlegend verschieden von dem süßen Lächeln eines unschuldigen Kindes. Stellen wir uns ein kleines Kind auf dem Arm der Mutter vor. Es lächelt über ihre Schulter die anderen an, und sowie das Kind lächelt, lächeln die Menschen, die es anschauen, zurück. Ein solches ansteckendes Kinderlächeln kommt aus der Heiligkeit der Unschuld. Das Lachen, das Ashtavakra dagegen empfing, war etwas anderes. Jene Halle war vollgepackt mit großen Gelehrten, die zwar Persönlichkeiten von außergewöhnlichem Rang und Namen waren, denen aber die kindliche Unschuld fehlte.

Die erlauchte Versammlung konnte es also kaum erwarten, herauszufinden, warum dieser seltsame junge Mensch, der soeben erst gekommen war, so schallend gelacht hatte. Einer der Gelehrten fragte Ashtavakra dreist: „Fremder, wer bist du? Wir kennen dich nicht. Als du hereinkamst, mußten wir über deine Gestalt lachen. Als Antwort darauf lachst du noch lauter als wir. Was ist so lächerlich an den berühmten Schriftgelehrten, die hier sitzen, daß du gar nicht aufhören kannst zu lachen?“ Ashtavakra antwortete: „Nun, mein Herr, ich kam herein in dem Glauben, daß ich mich hier in einer heiligen Gesellschaft befinden würde, die der ruhmreiche König Janaka einberufen hat, um über die heiligen Schriften zu diskutieren. Wenn ich geahnt hätte, was für eine Art Menschen hier versammelt ist, hätte ich mich nicht so sehr darum bemüht hereinzukommen. Ich habe geduldig viele Tage gewartet und kam dann herein in dem Glauben, daß ich hier die größten Gelehrten unserer Zeit antreffen würde. Ich freute mich auf die Gesellschaft heiliger Seelen. Aber leider finde ich nur Flickschuster hier, Schuhmacher, die Sandalen nähen und Leder verarbeiten.“

Flickschuster anstatt Gelehrte

Als die Gelehrten das hörten, wurden sie wütend. Sie fühlten sich von Ashtavakra zutiefst beleidigt. Doch Ashtavakra fuhr unbeirrt fort:

„Flickschuster ist der richtige Ausdruck für euch. Nur Flickschuster, Leute, die Tierhäute verarbeiten, würden sich im Geiste mit dem Wert einer bestimmten Haut befassen; andere Menschen würden sich gar nicht darum kümmern. Ihr lacht alle über meine Haut und habt offensichtlich entschieden, daß sie nicht viel wert ist. Aber nicht einer von euch hat versucht herauszubekommen, wie es um meine Weisheit steht. Ein Pandit sollte die Fähigkeit haben, das Innere zu sehen, ihr aber scheint euch nur für das Drumherum zu interessieren. Wenn ihr keine innere Schau entwickelt habt und euch nur mit dem oberflächlichen Hinschauen abgebt, könnt ihr nicht Gelehrte genannt werden. Dann seid ihr lediglich Flickschuster, Schuhmacher, Spezialisten für Häute."

Dies waren Ashtavakras Worte. Die Gelehrten senkten ihre Köpfe und schämten sich. König Janaka, der Ashtavakra sehr wohl verstanden hatte, lud ihn ein, einen Platz in der Versammlung einzunehmen und verlieh ihm zahlreiche Würden. Solche Szenen ereignen sich auch heute überall in der Welt. Ihr kümmert euch nicht darum, die tiefere, innere Sichtweise zu entwickeln. Ihr beachtet an einem Menschen seinen Körper, seinen Reichtum, seine Position, seine Erziehung, seine Titel und so weiter. Wenn aber Gott einen Menschen ins Auge faßt, so schaut Er auf die Reinheit seines Herzens und betrachtet, ob Frieden in ihm wohnt. Auch ihr solltet eine solche innere Schau und solchen inneren Frieden entwickeln. Gleich, in welcher Situation ihr euch befindet: Laßt euch nicht zu voreiligem Enthusiasmus hinreißen. Gestattet der Zeit, edlere Gefühle in euch hochkommen und sich manifestieren zu lassen.

Voreiliger Enthusiasmus

Nehmt an, jemand beleidigt euch. Was verliert ihr schon dabei? Ihr solltet auf solche Beleidigungen nicht mit Empörung oder Aufregung reagieren. Wenn ihr friedvoll bleibt, kann der Zorn des anderen sich seinen Weg nach draußen bahnen. Wenn ihr aber den Gefühlsausbruch des anderen zu unterbinden sucht, kann das zu gefährlichen Situationen führen. Betrachtet als Beispiel, daß jemandem übel wird, daß ihm schwindelig ist und er sich erbrechen muß. Worin liegt der Grund für seine Übelkeit? Er liegt in den Unreinheiten, in giftigen Substanzen, die in seinen Magen gelangt sind. Wo immer Unreinheiten sind, werden sich bald Bakterien ansammeln, und mit ihnen kommen Unwohlsein und Beeinträchtigung der Gesundheit. Aus diesem Grund ist es äußerst wichtig, daß keine Unreinheiten in euren Organismus gelangen. Der Körper ist wohlorganisiert und darauf eingerichtet, jedes Gift, das in ihn einzudringen sucht, sofort nach draußen zu befördern. Wenn der Körper eine solche natürliche Reaktion zeigt, ist es nicht ratsam, das Erbrechen mit Medikamenten zu beenden. Sie würden nur verhindern, daß die Toxine wieder hinausbefördert werden; diese würden im Magen bleiben und bald den ganzen Organismus vergiften. Man sollte darum allen Unreinheiten gestatten, hochzukommen und nicht versuchen, ihnen mit Medikamenten den Weg zu versperren. Wenn das Unreine ausgespien ist, kann man mit Arzneimitteln kommen.

Nach einem solchen Würgen und Erbrechen fühlt sich der Mensch sehr schwach und wird alles tun, was man von ihm verlangt: Das ist der Augenblick, da er fügsam wird. Es ist also das Beste, ihn erbrechen zu lassen. Dasselbe gilt für einen Menschen, der wütend wird und ein Gift anderer Art hochwürgt. Laßt ihn gewähren; unterbrecht ihn nicht. Laßt ihn sagen, was er sagen will und solange er will. Ihr solltet friedvoll und geduldig warten, bis sein Ausbruch vorüber ist. Warum solltet ihr euch aufregen und aus dem Gleichgewicht bringen lassen? Anstatt euch zu ärgern, wird die Geduld, die ihr an den Tag legt, der Zufriedenheit in euch Raum geben. Das ist selbst schon die Erfahrung des Himmels; und warum solltet ihr euch die Freude solch himmlischer Gefühle verwehren?

Geduld ist eine sehr wichtige Tugend. Von allen guten Eigenschaften, die ein Mensch haben kann, nehmen Geduld und Nachsicht den höchsten Rang ein. Swami hat oft gesagt, daß Nachsicht oder die Fähigkeit des Ertragenkönnens selbst Wahrheit ist; Nachsicht ist Rechtschaffenheit, ist Glück. Diese Fähigkeit wiegt im Wert tatsächlich alles auf, was ihr in den drei Welten finden könnt. Ein geduldiger Mensch kann sämtliche anderen wichtigen Eigenschaften wie Gedankenkontrolle, Sinneskontrolle, Verzicht, Tapferkeit, Glauben und Gleichmut erringen. In Sanskrit heißen diese Tugenden *shama*, *dama*, *uparati*, *titikshā*, *shraddhā* und *samādhāna*. Zusammen ergeben sie den Zustand innerer Reinheit. Ihr benützt Seife und Wasser und Puder und Parfüms, um euch äußerlich sauber zu halten. Und ihr fördert in euch diese sechs geistigen Schätze und setzt sie im täglichen Leben ein, um euch innerlich sauber und rein zu halten. Innere Reinheit ist extrem wichtig – noch wichtiger als die äußerliche. Der Herr ist innen wie außen immer gegenwärtig. Der gesamte Umkreis, in dem der Herr gefunden wird – das Außen wie das Innen – muß gereinigt und geheiligt werden. Dann wird euch der Herr in eurem Inneren beschützen, wohin ihr auch geht.

Krishna lehrt die Eigenschaften, die einen vorbildlich lebenden, in der Weisheit gefestigten Menschen ausmachen, im *sānkhyayoga*. Swami hat sie vorhin aufgezählt, wiederholt sie aber noch einmal. Es sind dies:

shama (Frieden des Geistes),

dama (Sinneskontrolle),

uparati (Verzicht auf Wünsche),

titikshā (Geduld und Standfestigkeit unter allen Umständen),

shraddhā (fester Glaube an die Lehren der Heiligen Schriften als auch in die Worte des Meisters und der großen Heiligen, die euch den spirituellen Weg vorgezeichnet haben) und

samādhāna (unter allen Bedingungen gewahrte Zufriedenheit – Seelenfrieden).

Nur wenn ihr diese Ausgeglichenheit *(samādhāna)* besitzt, könnt ihr Standfestigkeit und Geduld *(titikshā)* erlangen. Nur wenn ihr tapfer seid, könnt ihr auch festen Glauben *(shraddhā)* entwickeln. Nur wenn ihr tiefen Glauben habt, werdet ihr auch heilige Gefühle haben und auf Wünsche verzichten können – *uparati*. Nur wenn ihr die Dinge der Welt geringschätzt, werdet ihr die Sinne beherrschen können – *dama*. Und wenn ihr Sinneskontrolle erlangt habt, werdet ihr Seelenfrieden *(samādhāna)* finden. Wo Seelenfrieden herrscht, ist innere und äußere Reinheit. Und wo innere und äußere Reinheit ist, wird Geduldigsein zu eurer zweiten Natur, und ihr werdet euch in diesem friedvollen Zustand wie selbstverständlich wohlfühlen. Ihr müßt euch anstrengen und euch diese Grundtugenden aneignen, denn sie sind lebenswichtige Voraussetzungen, wenn ihr auf dem spirituellen Weg Fortschritte machen wollt.

Das Auswendiglernen der Gītā-Verse wird euch nicht viel bringen. Neben dem Auswendiglernen müßt ihr auch eine oder zwei der Bedingungen, die in den Versen genannt werden, in die Praxis umsetzen. Nur dann wird der Duft, die Süße der Gītā in euer Herz eindringen. Es ist Swamis Wunsch, daß die großartigen Lehren, die ihr hier jeden Tag vernommen und genossen habt, von euch auch praktiziert werden, damit sie wahrhaft euer Eigentum und dadurch ein integrierender Bestandteil eures täglichen Lebens werden.

LÖSE DICH VON DER IDENTIFIKATION MIT DEM KÖRPER – WISSE, DASS DU GOTT BIST

Die Welt ist erfüllt von Gott. So wie sie von Göttlichkeit durchdrungen ist, ist die Welt auch voll von karman *oder Handlung.* Karman *ist die Schöpfungskraft, die Lebenskraft – es ist eine Kraft, die direkt von Gott kommt.*

Verkörperungen der Liebe,

wenn die Lebenskraft sich manifestiert, wird ein Körper geboren. Das Leben, das sich verschiedene Körper wie Kleider anzieht, wird auch *karman* genannt. Körper entstehen auf der Grundlage der Handlungen aus früheren Inkarnationen. Ihr nehmt einen Körper an, damit ihr die Früchte eurer früheren Handlungen genießen könnt. So geschieht es, daß ihr an das Rad von Sterben und Geborenwerden gebunden seid. Nun fragt ihr euch vielleicht, ob ihr, wenn ihr aus dieser Gebundenheit befreit werden wollt, tätig oder untätig sein sollt. Die Bhagavad Gītā gibt dazu eine klare, eindeutige Antwort: Der Weg führt über das Tätigsein *(karman)*.

Wie Ich vorhin sagte, bekommt ihr den Körper, damit ihr die Früchte eurer früheren Handlungen genießen könnt. Der Körper ist unmittelbar an *karman* gebunden und hat jenseits von *karman* keinen Sinn. Körper bedeutet *karman*, und *karman* bedeutet Körper. Der Körper ist das Aktionsfeld aller Arten des Handelns *(karmakshetra)*; doch Gott ist das Aktionsfeld des heiligen und rechten Handelns *(dharmakshetra)*. Die Zeit und der Ort für eine bestimmte Handlung werden von der Natur bestimmt. Das Zusammentreffen von Gott, Mensch und Natur geschieht im Handeln. Alles in der Welt ist das Ergebnis von Arbeit beziehungsweise aktiver Tätigkeit. Darum bekräftigen die Upanishaden: „Verneige dich tief vor dem Prinzip des aktiven Handelns“. Ob gut oder schlecht, tugendhaft oder sündhaft – alles *karman*, alle Tätigkeiten sind Äußerungen der Macht Gottes. Aus diesem Grund nimmt der Yogi alles, was ihm geschieht, sei es gut oder böse, als den Willen Gottes an und betrachtet rechtschaffenes Tun als seine vorrangige Pflicht.

Die vorrangige Pflicht des Yogi

Der Zweck aller eurer Aktivitäten sollte es sein, euer Leben zu heiligen. Nur durch Gottes Gnade erhaltet ihr das Privileg dazu. Und durch die Lehren des Herrn erhaltet ihr dazu die heilige Gelegenheit und die nötige Führung. Aus diesem Grunde – weil ihr euer Leben heiligen sollt – heißt diese heilige Schrift „Bhagavad Gītā“. Gītā bedeutet „Gesang“. Um wessen Gesang geht es aber? Um den Gesang des Herrn. Alle, die diesem Gesang lauschen, werden dem Kummer und der Sorge Herr werden. Ob auf dem Schlachtfeld oder auf anderem Gebiet: Wo dieser heilige Gesang erklingt, werden Kummer und Sorge schwinden. Wenn das Tun dem Herrn geopfert wird, verwandelt es sich in *yoga*. Das wird offenbar in dem Gebet eines Heiligen, der sang: „Geliebter Herr, Du bist der *ātman*, mein wahres Selbst. Mein Verstehen (engl.: intellect) ist Deine Braut. Mein Körper ist Dein Haus. Meine täglichen Pflichten sind meine Opfergaben für Dich. Mein Atmen dient Deinem Lobpreis. Wo ich gehe, umwandle ich Dich. Jedes Wort, das ich spreche, ist ein *mantra* zu Deinem Lobe. Alles, was ich tue, ist Dienst für Dich." Dieser Mann war ein großer Yogi. Er brachte dem Herrn jede Handlung, die er mit Hilfe seiner Sinnesorgane durchführte, dar. So wurden alle seine Handlungen zum Gottesdienst.

Wenn ihr euer Tun in heilige Handlungen, in Handlungen verwandelt, die sich als Opfergaben für den Herrn eignen, so werden sie zu *anāsaktiyoga*. Die Yogis haben die Größe von *anāsaktiyoga* erkannt und deshalb danach gestrebt, alles Tun dem Herrn zu widmen. Am Vorabend des großen Krieges gebot Krishna Arjuna: „Arjuna, du mußt in diesen Krieg ziehen. Aber denke während des Kämpfens ständig an Mich und mache aus jeder Tat eine Tat für Mich. Das ist es, was Mich erfreut." Arjuna folgte dem Befehl des Herrn und behielt Krishna auf dem Schlachtfeld ständig im Sinn.

Um euer Ziel zu erreichen, müßt ihr die Liebe Gottes gewinnen. Tatsächlich ist das Erfreuen des Herrn selbst schon das Ziel eines Jüngers. Es ist seine wichtigste Pflicht. Er muß sicher sein, daß jede Tat, die er durchführt, den Herrn zufriedenstellen wird. Krishna lehrte: „Befolge Meine Gebote und tue deine Pflicht." Indem Arjuna dieser Aufforderung nachkam und seinen Kampf ausfocht, wurde sein Tun zum Weiheopfer *(yagna)*. Was das Gegenteil eines Weiheopfers ist, erläutert eine Geschichte aus dem Bhāgavatam. Es ist die Geschichte von Daksha, der ein solches Opfer darbringen wollte. Aber er folgte seinem Herrn Shiva nicht, mißachtete Ihn stattdessen und verletzte obendrein die Gebote der Weisen und der Heiligen. Er ging mit Egoismus und Bindung an das Opfer heran. Und so wurde aus seinem Opfer ein Kampf.

Arjunas Kampf wird zum Opfer

Dagegen wurde Arjunas Kampf zu einem Weiheopfer, weil er Krishnas Gebote befolgte. Was ist nun Kampf, und was ist Opfer? Alle Handlungen, die als Opfergaben für den Herrn durchgeführt werden, sind *yagna*. Handlungen, die in Übertretung der Gesetze des Herrn durchgeführt werden, den heiligen Schriften entgegengesetzt sind, mit Selbstsucht und Pomp begangen werden und nur Haß und Verstrickungen schüren, werden zum Kampf und zum Krieg, selbst wenn die Handlung an sich wie ein Opfer aussieht. Wenn der Haß und die Wut in einem Menschen sich in seinen Worten ausdrücken und diese Worte zu Diskussionen führen, wird daraus bald ein Kampf. Die Wurzel alles dessen sind die Bindungen und die Wünsche, die aus der Identifikation mit dem Körper entstehen.

Krishna sagte: „Arjuna, folge Meinem Gebot. Distanziere dich ganz von dem Standpunkt des Körperbewußtseins. Du mußt aufhören, dich mit dem Körper zu identifizieren. Der Körper ist voller Schleim und Schmutz. Du bist nicht dieser Körper; der Körper ist zeitgebunden und vergänglich. Du bist der Zeuge, der Innewohnende, der *ātman* in diesem Körper. Dieses sechs Fuß große Gehäuse ist nicht das „Du". Du bist die kosmische Person: Du bist ungebunden. Dein Körper ist Geburt und Tod unterworfen. Aber du selbst bist der geburtlose und todlose *ātman*. Du bist kein begrenztes, individuelles, dem Vergehen der Zeit unterworfenes Wesen. Du bist die strahlende Lichtgestalt, welche die Zeit bereits besiegt hat. Unterscheide zwischen Unvergänglichem und Vergänglichem! Dringe tiefer ein in das Wesen der Weisheit und der Unwissenheit! Unterscheide zwischen Wahrem und Unwahrem! Erkenne deine wahre Natur! Lob und Tadel gelten dem Körper und sind nicht ewig. Gewinn und Verlust gehören zum Wesen des Tätigseins und nicht zum *ātman*. Verhalte dich gleichmütig gegenüber diesen Gegensätzen. Behandle Freude und Leid mit Gleichmut. Nur wenn du dir Gleichmut angeeignet hast, wirst du erkennen, was wahre Erfüllung ist und zum *sthitaprajna* werden.“ Mit solchen Worten lehrte Krishna Arjuna die höchste Weisheit, das Unterscheiden zwischen Wahrheit und Unwahrheit, Vergänglichem und Unvergänglichem.

Gott ist überall. Er ist allwissend, alldurchdringend, allmächtig. Er ist nicht auf einen Körper beschränkt. Seine Macht ist nicht auf ein durch Körper ausgeführtes *karman* beschränkt. Das Göttliche ist nicht nur jener Körper, der im *tretāyuga* den Namen Rāma trug, oder jener, der im *dvāparayuga* Krishna hieß. Jene Inkarnationen dienten der Menschheit als ideale Vorbilder. Aber das göttliche Prinzip selbst ist nicht auf einen angenommenen Körper beschränkt, sondern allgegenwärtig und allwissend. Diese Wahrheit ist den Menschen wieder und wieder nahegebracht worden. Auch Krishna sprach davon zu Arjuna. Er sagte: „Arjuna, Ich habe diesen Gesang der Gottheit in uralter Zeit – vor Äonen – Sūrya, den Sonnengott, gelehrt. Ikshvāku erhielt die Gītā von seinem Vater Manu. Ikshvāku gab sie weiter an die königlichen Weisen. Dann verschwand dieses Wissen allmählich und geriet im Lauf der Zeit ganz in Vergessenheit. Aber es ist dasselbe heilige Wissen, das Ich dich heute lehre.“ Als Arjuna das hörte, meldeten sich Zweifel bei ihm, und er dachte: „Die Sonne ist eine sehr alte Wesenheit. Krishna wurde erst vor kurzem im gegenwärtigen Zeitalter geboren. Wie kann Krishna die Sonne belehrt haben, die so alt ist?“ Kaum hatte Arjuna das gedacht, sprach Krishna, der die Gedanken und die Gefühle aller Wesen kannte, wieder zu ihm. Er sagte: „Arjuna, Ich kenne deine Zweifel.“ Mit einem Lächeln fuhr Er fort: „Schau, Arjuna, Ich bin nicht dieser Körper hier. Ich bin das Eine, das nie geboren wurde. Ich bin jenseits von Zeit und Raum. Ich bin nicht an Bedingungen gebunden. Ich existiere in allen Zeitaltern, immer. Du leitest deine Vorstellungen über Mich aus Meinem Körper ab und glaubst, daß Ich zu diesem *dvāpara*-Zeitalter gehöre. Stattdessen sind alle Zeitalter in Mir aufgehoben.“ Krishna fuhr fort: „Arjuna, versuche nicht, Mich auf diesen Körper und auf eine bestimmte Zeit zu begrenzen. Die Körper ändern sich, doch Ich ändere Mich niemals. Ich nehme verschiedene Körper an, um *karman* zu vollbringen und eine bestimmte Aufgabe zu erfüllen.“

Du leitest deine Vorstellungen aus Meinem Körper ab

Als Arjuna das hörte, dämmerte in ihm das Verstehen der Geistigen Welt herauf, und er nahm das zeitlose, unveränderliche Prinzip des Göttlichen wahr. Nicht jeder Mensch ist imstande, die Allwissenheit Gottes zu begreifen. Selbst spirituell orientierte Menschen gründen ihre Ansichten nur auf die äußerlich sichtbaren Werke des Herrn und halten Ihn für eine an eine gegebene Gestalt gebundene individuelle Wesenheit. Sie identifizieren Ihn mit einer bestimmten Form oder Gestalt, weil sie sich selbst mit der ihren identifizieren. Sie spekulieren über die Zukunft jener bestimmten göttlichen Inkarnation und verkennen die Allgegenwart und die Allwissenheit des Herrn. Das ist nicht recht. Krishna gebot Arjuna: „Werde großherzig; weite deinen Horizont. Du darfst mit der Vorstellung von Gott als einer individuellen Persönlichkeit beginnen; aber bleibe nicht stecken darin. Vergeude deine Zeit nicht damit, nur in der Kategorie der Einzelheit zu denken. Vom Einzelnen mußt du übergehen zum Konzept der Gesellschaft, welche über das Individuelle hinausgeht. Individualität und Persönlichkeit sind an begrenzte Namen und Formen gebunden. Laß deinen Geist hoch aufsteigen, jenseits von Namen und Formen. Erreiche und erfahre jenes Prinzip, das gesättigt ist mit *dharma*. Noch siehst du alles unter dem Blickwinkel der Dualität *(dvaita)*, und als Folge davon manifestiert dein Leben nur Dualität. Du bist in Namen und Formen, in Subjekt-Objekt-Beziehungen verstrickt. Mache die Anstrengung, von *dvaita* nach *vishishtādvaita* – von der Dualität zur bedingten Dualität – zu reisen und dabei die höchste Weisheit der reinen Nicht-Dualität, des reinen *advaita* als dein höchstes Ziel im Auge zu behalten. Mache die Anstrengung, dasselbe göttliche Prinzip überall und in allem zu sehen, bis du die höchste Wahrheit erkennst, daß einzig der *ātman* wirklich, daß nur das Selbst real ist."

Dieselbe große Wahrheit lehrte Buddha, wenn er sich auch nicht auf die Veden bezogen, oder die vedische Terminologie benutzt haben mag. Aber er hatte erfahren, worin der Wesenskern des vedischen Geistes besteht, und lebte ihn auch. Zuerst hieß es für ihn: „*buddham sharanam gaccami*", was bedeutet: „Ich nehme Zuflucht bei meinem Unterscheidungsvermögen *(buddhi)*". Dieser Ausspruch bezieht sich auf das einzelne Erleben; er zeugt von einer begrenzten Persönlichkeit. Schrittweise gelangte Buddha dann zu dem Zusatz: „*sangham sharanam gaccami*", das heißt: „Ich nehme Zuflucht bei der Gemeinschaft der Menschen – in der Gesellschaft." Er erkannte, daß Gefühle, die sich mit persönlichen, individualistischen Betrachtungen aufhalten, selbstsüchtig und engstirnig sind und einen nicht weit tragen werden.

Ich nehme Zuflucht bei der Gemeinschaft der Menschen...

Ihr solltet das individualisierte Selbst nicht als euer Ein und Alles betrachten; es ist nur ein Tropfen im Meer. In diesem Sinne sprach Krishna zu Arjuna, als Er ihm gebot: „Arjuna, weite dein Herz. Denke großherzig. Schließe die gesamte menschliche Gesellschaft in deinen Blickwinkel ein." Die Gesellschaft hat keine eigene Form; sie besteht aus Einzelwesen. Wenn sich eine große Anzahl von Einzelwesen zusammenfindet, werden diese zur Gesellschaft. Swami sagt oft: „Mein Leben ist Weitwerden, Ausdehnung (Expansion is My life)". Wenn ihr individualisiertes Leben zum Unendlichen ausweitet, wird es Göttlichkeit; oder anders: Laßt zu, daß sich das individualisierte Leben vervielfältigt und ausbreitet, so wird es schließlich zum Göttlichen. Darum sagte Krishna zu Arjuna: „Lebe in der Gesellschaft; diene der Gesellschaft; und mach weit dein Herz und deinen Blickwinkel." Die Bedeutung dessen, was „Gesellschaft" ist, mag von Land zu Land variieren, und eine Gemeinschaft oder Gesellschaft, die in einem bestimmten Land einen bestimmten Namen hat, mag mit einer anderen Gesellschaft oder Gemeinschaft mit einem anderen Namen nichts gemein haben. Das heißt, ihr werdet entdecken, daß es selbst für das Gemeinwesen Begrenzungen gibt und daß die Gesellschaft an sich euch nicht den ganzen Weg bis zur Unendlichkeit tragen wird. Aus diesem Grunde fügte Buddha noch einen weiteren Schritt hinzu, nämlich: „*dharmam sharanam gaccami*", was bedeutet: „Ich nehme Zuflucht bei der göttlichen Ordnung; Ich nehme Zuflucht bei Wahrheit und rechtschaffenem Handeln." „*Dharma*" hat, so wie das Wort hier gebraucht wird, eine sehr weitgefaßte Bedeutung; es bezeichnet das Eine, das die gesamte Welt hochhält. Wenn ihr der allgemeinen Bedeutung des Wortes „*dharma*" nachgeht, werdet ihr entdecken, daß es sich auf das einer Sache zugrundeliegende Wesen, auf ihren innersten Kern bezieht. Die „Sache", um die es in diesem Fall geht, ist der unsterbliche *ātman*, das innewohnende Göttliche. Die tiefere Bedeutung des Wortes „*dharma*" ist also im Wesen des Göttlichen selbst zu suchen. Beim *dharma* Zuflucht zu suchen bedeutet, eins zu werden mit den Wesensmerkmalen des Göttlichen. Man sagt, daß *māyā* der Körper des Göttlichen sei, aber richtiger wäre es, *dharma* als den Körper des Göttlichen zu bezeichnen. *Dharma* ist seine ureigene Form. Aus diesem Grunde sagte Krishna: „Ich komme wieder und wieder, um *dharma* zu festigen." *Dharma* enthüllt das breite Spektrum der göttlichen Wesensart in seiner ganzen Herrlichkeit.

...und bei der göttlichen Ordnung

Krishna wies Arjuna an: „Verlaß die Ebene der kurzsichtigen Vorstellung, dieser besondere Körper zu sein. Betrachte ihn nicht als deine einzige Lebensgrundlage. Er ist nur eine Hülle, ein Werkzeug – das, was du mit deinen sterblichen Augen siehst. Weite dein Gesichtsfeld. Entwickle das innere Sehen; schreite fort zur göttlichen inneren Schau. Wenn dein Blick mit Gott erfüllt ist, wird die gesamte Schöpfung für dich Gott. Rücke *dharma* in den Brennpunkt deiner Betrachtung, und sie wird zur göttlichen Schau. Du wirst dann die gesamte Schöpfung als Gott sehen. Du als Person bist ein Prinz aus der Kaste der Krieger. Das Kämpfen zum Schutz der Rechtschaffenheit und das Rüsten zum Kampf sind deine Pflichten. Aber du brauchst nicht hinauszugehen und zum Kampf aufzurufen. Die Kauravas waren es, die dir den Krieg erklärt haben. Meine einzige Anweisung für dich ist, daß du deine Pflicht in Ehren hältst und im Erfüllen dieser Pflicht Meine Gebote befolgst. So wird deine Pflicht mit *dharma* durchtränkt."

Krishnas Anweisungen enthüllen die Urform dessen, was *dharma* ist. „Arjuna", sagte Krishna, „es ist natürlich für das Feuer zu brennen; wenn es das nicht kann, ist es kein Feuer. Auf ähnliche Weise ist es natürlich für Eis zu kühlen. Wenn Eis nicht kühlen würde, könntest du es nicht als Eis bezeichnen. Und Süße ist natürlich für den Zucker. Wenn keine Süße in der betreffenden Substanz ist, mag es sich um Salz oder Mehl handeln, aber nicht um Zucker. Ebenso ist der Tod für den menschlichen Körper etwas Natürliches.

Warum sich also grämen, wenn der menschliche Körper an sein natürliches Ende gelangt? So wie Brennen zur Natur des Feuers gehört,

Kälte zur Natur des Eises und Süße zur Natur des Zuckers, so gehört der Tod zur Natur jedes menschlichen Körpers. Tritt in den Kampf, und sorge dich nicht übermäßig um die Körper deiner Verwandten. Aber kämpfe im Geiste eines *sthitaprajna*. Wenn du Frieden willst, mußt du dein Ichdenken und deine Anhaftungen beseitigen und deine Illusionen aufgeben. Aber gib Gott nicht auf! Gehorche allen Seinen Geboten, und du wirst das wahre Wesen des Menschseins erkennen."

Dharma, die göttliche Qualität, die dem Menschen natürlich und angeboren ist, wird *māyā* selbst auflösen. Swami sagte gestern, daß in dem Wort „man" das „m" für „*māyā*, die beseitigt wurde", „a" für „*ātman*, der gesehen wird" und „n" für „*nirvāna*, das erreicht wird" steht. Mit anderen Worten: Entfernt das egobeladene Ich, erhaltet den *darshan* des Herrn und werdet eins mit der Seligkeit des *ātman* – das ist die erste und wichtigste Pflicht des Menschen. Ihr solltet wieder und wieder über diesen Satz nachsinnen. Friede ist keine Ware, die man auf dem Markt kaufen kann. Er ist nichts, das man kaufen kann oder das man wie ein Königreich erobern könnte. Es ist auch kein Geschenk, das ihr von euren Verwandten bekommen könntet. Friede ist eurem Wesen angeboren; er ist in euch. Nur wenn ihr ihn in euch selbst sucht, werdet ihr ihn finden. Laßt also los von dem nach außen gerichteten Sehen und geht nach innen. Die äußere Sehweise ist für ein Tier angemessen, nicht für einen Menschen. Der wahre Mensch besitzt die innere Schau. „Heilige also dein Leben", so wies Krishna Arjuna an, „indem du dieses einzigartige Potential des menschlichen Wesens entwickelst, und wende deine Aufmerksamkeit (mind) nach innen."

Friede ist euch angeboren

Nārada und Sanāth Kumār

Es gibt die Geschichte, wie der Weise Nārada am Anfang seines Weges einen Kummer nach dem anderen zu bewältigen hatte. Nārada hatte einiges gelernt im Leben. Er war Meister auf allen 64 Gebieten der Gelehrsamkeit und hatte alle 64 Fertigkeiten auch ausgeübt und immer noch keinen inneren Frieden gefunden. Er begann sich zu fragen, worin der Grund für seine Probleme und seinen Mangel an innerem Frieden lag: „Ich habe alle Arten der Gelehrsamkeit gemeistert. Ich kenne mich in allen Sparten des menschlichen Wissens aus, aber es ist mir noch nicht gelungen, meinen Kummer zu beseitigen." Er ging zu Sanāth Kumār und fragte ihn nach dem Grund für seine Probleme. Das erste, was Sanāth Kumār Nārada fragte, war: „Was kannst du alles?" Nārada antwortete: „Ich bin auf allen Wissensgebieten bewandert und habe es in allen zur Meisterschaft gebracht. Es gibt kein Gebiet, auf dem ich unbedarft wäre." Sanāth Kumār antwortete: „Gut, sehr gut. Dann hast du auch vom Selbst gelernt und *ātmavidyā* erlangt?" Nārada sagte darauf: „Nein, ich habe alles gelernt, aber nicht *ātmavidyā*." Worauf Sanāth Kumār erwiderte: „Seelenfrieden kannst du nur durch das Wissen vom *ātman* erlangen. Nur wenn du diese Sache zu fassen bekommst, kannst du auch alles andere erreichen. Kraft dieses Wissens wirst auch du alles andere wissen. Nur dann wird man von dir sagen können, daß du wahrhaft gebildet bist. Wenn du es nicht erwirbst, wirst du unwissend bleiben, gleichgültig, wieviele Wissensgebiete du gemeistert hast. Wozu so viel lernen, wenn man das Eine nicht kennt, das wirklich zählt?" Dazu ein kleines Beispiel:

In einem kleinen Dorf sollte eine Hochzeit gefeiert werden. Die Frau des Hauses, in dem die Hochzeit stattfinden sollte, sagte zur Nachbarin: „*Amma* (Mutter), wir möchten die Hochzeit in großem Stil feiern. Wir haben eine berühmte *music band* aus Bombay und viele bekannte Sänger engagiert. Es kommen ausgezeichnete Köche, um das Mahl zu bereiten. Und wir stellen ein großes Zelt dafür auf. Es wird eine Schau. *Amma*, bitte komm, es wird dir sehr gefallen. Es wird einzigartig." Die Nachbarin hörte es und sagte: „Oh, wunderbar! Ich werde kommen." Dann fragte sie: „Sag, wer ist der Bräutigam?" Die Frau antwortete: „Nun, das ist noch nicht entschieden."

Die Hochzeit

Der Bräutigam ist eine sehr wichtige Person bei einer Hochzeit. Wenn er noch nicht feststeht, was soll dann das Hochzeitszelt? Wozu die berühmte Musikkapelle und der Koch und die Sänger und Priester, wenn keiner da ist, der verheiratet wird? Als erstes muß der Bräutigam gewählt werden; erst dann bekommen all die anderen Dinge einen Sinn. Genauso hat alle Bildung keinen Sinn, wenn wir keinen Frieden in uns haben. Sanāth Kumār sagte zu Nārada: „Nur durch das Erkennen des *ātman* wirst du Seelenfrieden bekommen." Der Mensch ist heutzutage eine leichte Beute von *rāga* und *dvesha* – Bindungen und Haß. Er ist der Sklave seiner besitzergreifenden Natur und voller Selbstsucht. Seht, in was für einem Zustand er sich befindet und was er tut! Er betrachtet sich als das wichtigste Wesen des Universums. Er betrügt sich selbst mit dem Gefühl, daß es niemanden gibt, der größer sei als er. Aufgrund dieser Täuschung hat er sein Unterscheidungsvermögen verloren und ist nicht mehr imstande, über seinen eigenen verwirrten Zustand nachzudenken. Er denkt, er sei derjenige, der alles zuwege bringt. Er glaubt, er könne die ganze Welt für sich in Anspruch nehmen und mit ihr machen, was er will. Aber die Welt regiert nicht er. Diese Macht hat er nicht – weder im Guten noch im Bösen. Der Schöpfer der Welt, derjenige, der sie beschützt und ihr Vater, ihre Mutter und der Herr ist, ist *in* dieser Welt. Nur Er hat die Macht und die Befugnis, sie zu regieren. Es gibt nur einen Meister in dieser bewegten und unbewegten Welt. Das ist eine unumstößliche Wahrheit, die jedes menschliche Wesen erkennen muß. Gebt euren vorübergehenden Aufregungen und eurem Zorn nicht Raum; es kostet euch euren inneren Frieden.

Kummer, Verlust, Sorgen – alle diese Erscheinungen sind Prüfungen, die euch helfen, aus euren Schwächen herauszukommen. Sie verraten euch, inwiefern ihr euren Glauben vertieft und die Geduld entwickelt habt, Schweres auszuhalten und euch nicht davon beeindrucken zu lassen. Es nützt nichts, nur die Prüfungen zu bestehen, die an Schulen abgehalten werden; ihr müßt die Prüfungen bestehen, die das Leben euch stellt. Man sagt, wer alles mögliche gelernt hat und sich selbst nicht kennt, ist dumm. Ein niedrig denkender Mensch wird seiner Schulbildung nichts Gutes abgewinnen. Wozu sollte sie dann noch gut sein? Er hat aus seinem nutzlosen Wissen nur die Fähigkeit zum Argumentieren und Gegenargumentieren gewonnen. Warum Dinge lernen, die keinen Wert haben? Gebt euch die allergrößte Mühe, das zu erfahren, was keinen Tod kennt – das ist Wissen von bleibendem Wert. Was für ein Wissen ist es, das euch

Wer alles mögliche gelernt hat und sich selbst nicht kennt, ist dumm

gestattet, das zu erkennen, was keinen Tod kennt? Es ist das Wissen vom *ātman*, und die entsprechende Schule ist die Schule des *ātman*, der weder Sterben noch Geborenwerden kennt. Alles, was geboren wird, ist der Veränderung unterworfen und muß schließlich sterben. Diese gesamte Welt und alle Dinge in ihr haben eine bestimmte Gestalt und sind deshalb der Veränderung unterworfen. Ihr solltet versuchen, den Zustand zu erreichen, in dem es keine Veränderung gibt. Damit dies möglich wird, müßt ihr Selbsterkenntnis, *ātmavidyā*, erlangen.

Das Gepäck

Es war einmal ein alter, unwissender Dorfbewohner, der seinen Heimatort verließ, um eine lange Reise anzutreten. Er war nie zuvor in einen Zug gestiegen; genauer gesagt, er hatte noch nie zuvor einen Zug gesehen. Nun stand er am Bahnhof und wartete auf den Zug. Bald fuhr ein langer Zug mit vielen Waggons in den Bahnhof ein. Der Dorfbewohner war überwältigt. „So viele Wagen", dachte er, „und wie schnell der Zug fährt. Wie leicht er sich auf den engen Schienen bewegt. Ein Mensch könnte kaum darauf laufen." Hunderte von Passagieren warteten am Bahnsteig darauf, in den Zug einzusteigen. Sie hatten sehr viel Gepäck bei sich. Der Mann aus dem Dorf saß da und brütete über seinen Gedanken: „Wie kann dieser Zug nur so viele Passagiere und so viel Gepäck transportieren?", fragte er sich. „Warum haben diese Menschen so viel Gepäck bei sich?" Dann stieg er zusammen mit den anderen in den Zug ein. Drinnen verstaute jeder seinen Koffer auf der Gepäckablage oder stellte ihn auf den Boden und setzte sich. Alles entspannte sich, und eine Plauderei kam in Gang. Der Dorfbewohner dachte: „Wie grausam diese Menschen sind! Warum beladen sie diesen armen Zug noch mehr, indem sie einfach ihr Gepäck abstellen, anstatt es selber zu tragen?" Der alte Mann saß also da und behielt sein Gepäck auf dem Kopf. Es war schon viel, daß der Zug ihn befördern sollte; das mindeste, was er tun konnte, war, sein Gepäck selber zu tragen und es nicht auf den Boden dieses ohnehin überladenen Zuges zu stellen! Ein Mitreisender fragte ihn: „Mann, warum trägst du dein Gepäck auf dem Kopf? Warum stellst du es nicht einfach hin und machst es dir bequem?" Der alte Mann antwortete: „Der Zug trägt doch schon so viel Gepäck. Ich möchte ihm nicht auch noch meines aufbürden." Aber was ihr mit eurem Gepäck auch anstellt – der Zug wird so oder so beides befördern – euch und eure Last. Ihr helft dem Zug nicht im geringsten, wenn ihr euer Gepäck auf dem Kopf behaltet. Ihr könnt es getrost hinstellen und die Reise genießen. Dieser naive alte Mann hatte zwar ein gutes Herz, aber nicht sehr viel Unterscheidungsvermögen.

Krishna sagte zu Arjuna: „Obwohl du sehr gebildet bist und obwohl du deine Sinne unter Kontrolle gebracht und Großes geleistet hast und viele Fertigkeiten besitzest, hast du viele Zwiespälte in dir. Der Grund dafür ist, daß du nicht imstande warst zu verstehen, was göttlich ist. Solange du das Göttliche nicht kennst, wirst du vom Leiden nicht befreit. Wenn du vom Leid befreit werden und die Gnade des Herrn erringen willst, mußt du Meine Gebote befolgen. Lerne zuallererst, daß du nicht der Körper bist. Die Sinne haben nichts mit dir zu tun; sie gehören zum Körper.

Benutze den Körper zur Arbeit

Benutze den Körper zur Arbeit, aber identifiziere dich weder mit ihm noch mit der Arbeit. Du hast diesen Körper aufgrund deiner vergangenen Handlungen, deines *karman* angenommen, und du mußt ihn nutzen, um *karman* durchzuführen. Steh also auf! Erhebe dich! Tu deine Pflicht. Verrichte deine Werke, und weihe sie Mir. Überlaß Mir die Folgen deiner Handlungen. Meide Selbstsucht, halte die Gerechtigkeit hoch, sei fest im Glauben! Das ist *dharma*, durch alle Zeitalter hindurch gleichbleibende rechte Lebensweise. Wenn du Meinen Geboten gehorchst, werde Ich für dich sorgen.

Noch etwas will Ich dir sagen: Dhritarāshtra, der blinde König der Kauravas, hat hundert Söhne, doch am Ende bleibt nicht einer, der sich um seine Bestattung kümmert. Warum? Alle seine Söhne sind Gottes Kinder, aber Dhritarāshtra betrachtet sie als seine eigenen. Arjuna, du bist dabei, zu seinem Bruder zu werden! Du täuschst dich, wenn du glaubst, daß dieser Körper dir gehört. Wenn du bei diesem Glauben bleibst, wirst du die blinde Sehweise eines Dhritarāshtra entwickeln. Das ist völlige Unwissenheit. Wenn du diese Unwissenheit nicht abschüttelst, wirst du die Weisheit nicht erlangen. Du mußt Unterscheidungsvermögen und Selbsterforschung üben, damit die Weisheit zu dir kommen kann.

In deinem Körper befindet sich das spirituelle Herz, und in diesem Herzen lebt Gott. In deinem Körper befindet sich auch die individualisierte Seele, der *jīva*. Diese beiden – Gott und *jīva* – die im Körper getrennt zu existieren scheinen, spielen miteinander. Sie spielen ihre Rollen in einem großartigen Schauspiel. Sie kommen zusammen und trennen sich wieder, wie es der Autor des Stückes bestimmt hat. Er ist es, der die Rollen des Guten und des Bösen, des Tugendhaften und des Sündigen verteilt. Doch im Grunde gibt es nur das Göttliche, und das spielt alle diese Rollen. Vom Standpunkt des Körpers gibt es einen individualisierten *jīva* und den Gott im Herzen. Solange du die Vorstellung vom Körper-Sein hast, bleiben die beiden getrennte Wesenheiten, die ihr Spiel genießen. Sowie der Irrtum schwindet, werden sie eins im allesdurchdringenden göttlichen Prinzip. Wenn du dich von der falschen Vorstellung des Körper-Seins löst, führst du die Vereinigung von *jīva* und Gott herbei. Dann bist du im göttlichen Bewußtsein verankert und genießt das ewige Seligsein."

Werde weise

Auf diese Weise konnte Krishna Arjuna das Wissen vermitteln, wie man zum *sthitaprajna* wird, und die Mittel, um die Seligkeit der Nicht-Dualität zu erreichen. Er sagte: „Arjuna, lebe immer in dem Gefühl, daß alles, was existiert, ein und dieselbe Wesenheit ist. Erlaube den Sinnen nicht, dich von diesem Gefühl der Einheit und des Gleichmuts zu trennen. Mach dein Herz frei von Sorgen und Freuden, Bindungen und Haßgefühlen. Bleibe unberührt von Lob und Tadel. Begegne allen Menschen gleich."

Und Krishna sagte zu Arjuna: „Wenn du der festen Überzeugung bist, daß alles in der Schöpfung eine Äußerung des Göttlichen ist, wirst du zum *sthitaprajna* und wirst die höchste Weisheit erlangt haben. Arjuna, folge Meinen Geboten und werde ein *sthitaprajna*."

abhaya	Furchtlosigkeit.
abhyāsa	Stetige Übung.
abhyāsayoga	Der Weg der systematischen, stetigen Übung.
advaita	Nicht-Dualität. Monistisches Philosophiesystem, das auf der Einheit von Schöpfung und Schöpfer beruht. Das Universum ist *brahman* und existiert als solches nur durch *māyā*.
advaitajyoti	Das eine Licht ohne ein Zweites.
adveshtā sarvabhūtānām	Ohne Haß gegenüber irgendeinem Wesen.
Agastya	Der Weise, der das Meer austrank.
aham	Ich; ich bin; der Wissende.
aham brahmāsmi	„Ich bin *brahman*". Ich bin Du, Du bist ich, wir sind eins.
aham dehāsmi	„Ich bin der Körper". Ich bin getrennt von Dir; nicht Seele.
aham jīvāsmi	„Ich bin diese einzelne Seele".
aham vaishvānaro...	Gītāvers XV/14, der vor den Mahlzeiten gebetet wird.
ahamkāra	Ego, Ichhaftigkeit, Selbstsucht, Stolz; entscheidet sich stets für oder gegen etwas.
ahimsā	Gewaltlosigkeit in Gedanken, Wort und Tat.
akhandajyotis	Vollkommenes, unveränderliches Licht.
akarman	Tatenlosigkeit, Müßiggang; ohne Bewußtsein für die Folgen des Tuns.
ākāsha	Raum, Äther, Kosmos.
alam	Genügend, ausreichend.
amanaska	Losgelöst von Denken und Fühlen; meditativer Zustand.
anāsakti	Loslassen des Verlangens nach Dingen; Abwesenheit von Wünschen.
anāsaktikarman	Unpersönliches Handeln ohne das geringste Eigeninteresse
anāsaktiyoga	Der Weg der Wunschlosigkeit; Handeln ohne Bindung.
anala	Feuer, Unbefriedigtheit.
anārya	Nicht-*ārya*.
anasūya	Frei von jeder Spur von Eifersucht, Haß, Egoismus, Eitelkeit.
anātman	Nicht-Selbst, Nichtwirklichkeit.
antarātma	Das innewohnende Sein.
anugraha	Gnade Gottes; Gnade, die Er gewährt.
anurakti	Bindung an Gott, Zuneigung, Liebe zu Gott.
Arjuna	*(arjuna)* Wörtl.: weiß, rein, unbefleckt. Anführer der Pāndavas; Schüler Krishnas; Held des Mahābhārata.
artha	Wohlstand, Überfluß, der auf rechtschaffene Weise erlangt wird; Bedeutung, Absicht.
arthārthin	Jemand, der um Wohlstand betet, in den Kampf um Reichtum, Besitz und Macht verstrickt ist und darunter leidet.
ārthin	Leidender, Bedürftiger.

ārūdha	aufgestiegen, erhoben zur Ebene der Gottverwirklichung.
ārya	Derjenige, der dem edlen, rechten Weg folgt.
asato mā	Allumfassendes Gebet um Erleuchtung.
ashocya	Nicht wert, betrauert zu werden.
ashānti	Unfriede.
Ashtāvakra	König Janakas jugendlicher Lehrer.
ashvamedha yāga	Pferdeopfer im alten Indien.
Ashvatthāman	Krieger des Mahābhārata, der seinen Vaters rächte, indem er dessen Mörder erschlug, während sie schliefen.
asti	(zeitunabhängige) Existenz.
āstika	Religiöser Mensch; glaubt an Gott, Pflicht, Karma, Liebe.
ātmajnāna	Selbsterkenntnis; Wissen um den *ātman* als der zugrundeliegenden Wahrheit.
ātmajyotis	Glanz des *ātman*.
ātman	Das wahre, unsterbliche Selbst; der Funke Gottes; die innerste Wirklichkeit, die antreibende Kraft hinter den äußerlichen Dingen, die sich keines „Ichs" oder „Mein" bewußt ist; der Zeuge.
ātmānanda	Glückseligkeit des Selbstverwirklichten.
ātmavidyā	(Durch Sinneskontrolle erlangte) Erkenntnis der Wirklichkeit des *ātman* als dem wahren Selbst.
āvarana	Erhöhung des Vergänglichen über das Ewige, des Ichs über das All *(ātman)*.
avatār	Inkarnation Gottes, die auf die Erde „herabsteigt", um *dharma* zu schützen und wieder aufzurichten. Das Formlose nimmt Form an, um den Menschen durch das eigene Beispiel „den Weg nach oben" zu zeigen.
Ayodhyā	Wörtl.: „Die Uneinnehmbare"; Hauptstadt des Königreiches von König Dasharatha, Rāmas Vater.
bhagavān	Der Herr, Gott. Er, der die sechs göttlichen Eigenschaften besitzt: Allmacht, Rechtschaffenheit, Herrlichkeit, Gnade, Wissen, Losgelöstheit.
Bhagavad Gītā	Wörtl.: „Der Gesang des Erhabenen"; Teil des Mahābhārata, lehrt in Dialogen zwischen Krishna und Arjuna die Hingabe an Gott (*bhakti*) als Erlösungsweg.
Bhāgavatam	Kurzform für Bhāgavatapurāna; Name einer heiligen Schrift, die sich auf den „Erhabenen" (Vishnu) bezieht. Erläutert religiöse Wahrheiten durch Geschichten von Heiligen, Sehern und Königen.
Bhagirata	Der König, der den Ganges auf die Erde herabholte.
bhajana	Lobpreisung Gottes durch Gesang.
bhakti	Hingabe an Gott. Glaube, Beständigkeit, Liebe zu Gott, Festhalten am Herrn unter allen Umständen.
bhaktiyoga	Der Weg der Hingabe an Gott.
Bharata	Bruder Ramas, Sohn von Kaikeyi und Dasaratha.
bhārata	„Der in Gott wohnt".
bhāti	Licht.
bhāva	Liebevolle Anrede für „Schwager".
bhāvaroga	Der Zyklus von Geburt und Tod. Die Krankheit oder das Leiden aufgrund der Bindung an die wechselhafte Natur *(bhava)* des begrenzten Geistes (mind).

bhaya	Furcht vor etwas Unliebsamem, Unerwünschten.
Bhīma	Einer der Brüder Arjunas, Held des Mahābhārata.
Bhīshma	Großvater der Pāndavas.
bhogin	Derjenige, der die weltlichen Freuden genießt.
bhūtadayā	Warmherzigkeit gegenüber allen Lebewesen.
bhūtākāsha	Das grobstoffliche, physische Universum.
Brahmā	Der Schöpfergott in der Hindu-Trinität. Das personifizierte Absolute, die ewige Wahrheit.
brahmānanda	Ewige Freude, die eine Emanation der himmlischen Sphäre Brahmās, des Schöpfers ist.
brahmajnāna	Das Wissen von Gott.
brahman	Das Allumfassende; das formlose, ewige Prinzip jenseits der Begriffs- und Vorstellungswelt.
brahmānanda	Seligkeit, die *brahman* eigen ist.
brahmarishi	Gottverwirklichter Weiser.
brahmārpanam	Gītāvers IV/24, der vor den Mahlzeiten gebetet wird.
brahmāsmi	„Ich bin *brahman*", ich bin all dies und mehr. Ich bin, was ist, war und sein wird.
brahmatattva	Zustand der Gottverwirklichung, Wesen des *brahman*.
Brihadarānyaka Upanishad	Älteste der Upanishaden.
buddhi	Unterscheidungsvermögen, Intellekt.
buddhiyoga	Übung des Unterscheidungsvermögens.
caitanya	Zur Spiritualität erwachtes Bewußtsein.
cidākāsha	Subtilste, kausale Ebene des Universums.
citta	Sitz der Gefühle; das Herz; das reine Bewußtsein.
cittākāsha	Das Universum des Geistes.
daksha	Der, welcher Shiva schmähte.
Dakshināmūrti	Name eines großen Weisen.
dama	Sinneskontrolle, Selbstbeherrschung.
darshan	Der Anblick des Herrn.
Dasharatha	Name von Rāmas Vater.
dāso' ham	„Ich bin der Diener des Herrn."
deha	Körper.
dehin	Die dem Körper innewohnende Person.
deva	Göttliches Wesen, Gott.
Dīpāvalī	Lichterfest.
Dhanamjaya	Anrede für Arjuna, die „Erringer von Wohlstand" bedeutet.
dhanus	Bogen.
dharma	Rechtes Handeln, rechte Lebensführung, Pflicht, gottgewollte Ordnung.
dharmakshetra	Geweihtes Kampffeld, Austragungsort des pflichtgemäßen Handelns.
Dharmarāja	„König der Rechtschaffenheit". Arjunas ältester Bruder, König der Pāndavas.
dhyāna	Meditation.
Draupadī	Gemahlin der Pāndavas; Symbol für Tugendhaftigkeit.
drashtum	Unmittelbares Gott-Schauen, Erfahrungszustand.
Dhritarāshtra	Name des blinden Vaters der Kauravas.
durātman	Verderbter; der, welcher der Erkenntnis fern ist.
Durvāsa	Weiser, der wegen seines Zornes bekannt wurde.
dvaita	Dualität.

dvāparayuga	Bronzenes Zeitalter; das Zeitalter Krishnas.
Dvārakā	Hafenstadt an Indiens Westküste; Krishnas Wohnsitz; Symbol für den Körper.
Gāndiva	Name von Arjunas Bogen; Geschenk Shivas.
Ganesha	Der elefantengesichtige Gott und Sohn Shivas; Beseitiger der Hindernisse.
Garuda	Vishnus Gefährt, der Adler.
Gītā	Siehe Bhagavad Gītā.
Govinda	Beiname für Krishna: „Der, welcher die Tiere (das Tierische) beherrscht".
gudākesha	Beiname für Arjuna: „Der, welcher die Sinne beherrscht".
guna	Grundeigenschaft, Grundhaltung bzw. -stimmung; siehe *tamas*, *rajas*, *sattva*.
guru	(Guru) Lehrer.
gurudakshinā	Geschenk des Schülers an seinen *guru*.
Hanuman	Affengestaltiger Gott; Diener und Jünger Rāmas.
Harishcandra	Name eines Königs der Sonnendynastie.
Hastināpura	Name einer Stadt nordöstlich von Delhi; Symbol für den Körper.
Hiranyakashipu	Dämonenkönig; Prahlādas Vater.
hrishīkesha	Meister der Sinne; Herr über die Welt der Sinne.
indriya	Sinnesorgan.
jagadguru	Weltenlehrer.
Janaka	König von Mithilapura; Vater von Rāmas Gattin Sītā.
jantu	Alles aus dem Schoß einer Mutter lebend Geborene; Geschöpf, Kreatur.
japa	Wiederholung des Namens Gottes.
jijnāsu	Schüler auf dem geistigen Weg, Weisheitssuchender.
jīva	Seele eines Einzelwesens.
jīvanjyotis	Das (innere) Licht der Seele.
jīvātman	Das individuelle Selbst, der *ātman*, der sich in einer Verkörperung manifestiert.
jnānendriya	(jnāna-indriya) Die feinstofflichen inneren Wahrnehmungsorgane.
jnāna	Weisheit.
jnānayoga	Der Weg der Weisheit.
jnānin	Ein weiser Mensch.
jnātum	Erkennen; wissen, daß Gott ist.
Kaikeyī	Zweite Ehefrau König Dasharathas; Mutter Bharatas.
kālakāla	Herr über die Zeit.
kali	Wörtl.: Eisen (s. *kaliyuga*).
kaliyuga	Wörtl.: Eisernes Zeitalter. Das letzte der vier Zeitalter, in dem *dharma* auf ein Viertel seines ursprünglichen Maßes zurückgeht; das Zeitalter Sais.
kāma	Wunsch, Verlangen.
kāmakrodha	Verlangen und Zorn.
kārana	Kausalkörper, Ursache, Instrument.
karmakshetra	„Aktionsfeld des Handelns" – der Körper.
karman	Arbeit, Handeln, Tätigsein; notwendige Folgen des eigenen Tuns; Werk; unentrinnbares Schicksal.
karmendriya	(karma-indriya) Die grobstofflichen Sinnesorgane.
karmayoga	Der Weg des Rechten Handelns, der zur Selbstverwirklichung führt.

karmakānda	Werkteil der Veden, der sich mit den rituellen Opferhandlungen und Zeremonien beschäftigt.
Kauravas	Die hundert bösen Vettern der Pāndavas.
kīrtan	Gemeinsames Singen, Rezitieren und Tanzen.
ko 'ham	„Wer bin ich?".
kosha	Hülle. Es gibt fünf Hüllen, die zusammen mit dem von ihnen umhüllten *ātman* das menschliche Wesen ausmachen.
kripana	Unwissender.
Krishna	Wörtl.: schwarz, dunkelblau; Voll-Avatar, der vor ca. 5000 Jahren lebte; unterweist Arjuna in der Bhagavad Gītā im Wissen um die Höchste Wahrheit.
Krishna Caitanya	Name eines großen Weisen aus Bengalen (16. Jhdt.).
kritayuga	Goldenes Zeitalter.
krodha	Zorn, Ärger.
kshamā	Duldsamkeit, Tugend der Geduld.
kshaya	Zerstörung.
kshetra	Feld.
kshetrajna	Der Kenner des Feldes *(kshetra)*.
Kumbhakarna	Der Dämon, der *tamoguna* symbolisiert.
kundalinī	Die subtile, geistige Energie oder „Schlangenkraft" im Menschen.
kurukshetra	Kampffeld; Austragungsort des Kampfes zwischen Pāndavas und Kauravas. bzw. zwischen Gut und Böse.
kurunandana	Nachkomme der Kurus; Name für Arjuna: der, welcher mit Freuden Arbeit leistet.
Lakshmana	Name von Rāmas zweitgeborenem Bruder; von Rāma unzertrennlich.
līlā	Das göttliche Spiel; auch: Wunder.
lobha	Geiz, Gier.
mada	Laster; Überheblichkeit, aber auch: Intensität.
Mādhava	Anrede für Krishna: „Der Herr Lakshmis".
Mahābhārata	Heldenepos um den Kampf zwischen Pāndavas und Kauravas. Enthält das Lehrgedicht Bhagavad Gītā.
mahākārana	Wörtl.: große Ursache; das göttliche Prinzip.
maharāja	Wörtl.: Großer König (Kaiser).
maharshi	(Maharshi) großer Seher, Weiser.
mahātman	(Mahātma) Wörtl.: große Seele; ehrenvoller Beiname.
Maitreyī	Gattin von Yajnavalkya; diejenige, die von *brahman* zu reden wußte, während die andere Frau, Katyāyanī, rein materiell ausgerichteten Verstand hatte.
manas	Der niedrige, noch nicht geläuterte Geist; Gemüt; Region der Wünsche und Gedanken (engl.: mind); Denkvermögen.
mānava	Wörtl.: der von Manu kommt; der Mensch.
mantra	Heilige Worte oder Gesänge zum Anheben der Spiritualität; Gebetsformel zur ständigen Wiederholung.
mama	Mein.
mamadharma	„Mein *dharma*".
matbhakta	„Mir ergeben".
matkarmakrit	„Tue dein Werk nur für Mich".
matparamo	„Nur Mir zuliebe".
mātra	Eingrenzung; Maß für die Sinne.
mātsarya	Eifersucht, Neid.

māyā	Illusion, Täuschung; das Nichtwirkliche.
mithyā	Verkehrt, falsch.
moha	Verzauberung; Verblendung.
moksha	Befreiung, Entkommen, Rettung.
mūlādhāra cakra	Unterstes Energiezentrum des Menschen.
nadī	Fluß; stetiges Fließen.
Nala	König aus alter Zeit, der die gesamte Welt regierte.
nāman	Name.
nāmasmarana	Wiederholung des heiligen Namens Gottes.
nandi	Stier; Reittier Shivas.
nara	Bezeichnung für „Mensch"; Held; Person.
Nārada	Einer der sieben großen Rishis und Urväter des Geistes; Söhne Brāhmas.
Nārāyana	Beiname für Vishnu, den Erhalter der Welt.
nāstika	Ein Mensch ohne Selbstvertrauen; Atheist.
neti	*„neti, neti"*. Weder dies, noch das: Der Mensch ist weder Körper, noch Intellekt, noch Denken.
nirbhaya	Beseitigen der Angst; frei sein von Angst.
nirmāyā	Frei von Illusion.
nirvāna	Die schöpferische, allumfassende Leere – Gott –, in die die aus dem ewigen Kreislauf der Wiedergeburt erlöste Seele eingeht.
nirvikalpa	Jenseits der drei *gunas*; frei von Sinnestätigkeit.
nishkāmakarman	uneigennütziges Handeln; Tätigsein im Sinne der Entsagung, ohne auf das Ergebnis zu schauen.
Pāndavas	Nachkommen des Königs Pandu; Name der fünf Brüder, die im Mahābhārata-Epos gegen die verderbten Kauravas kämpfen.
pandit	(Pandit); Schriftgelehrter.
parabhakti	Höchste Form der Hingabe.
paramahamsa	Selbstverwirklichtes, heiliges Wesen; höchste (*parama*) Seele (*hamsa*: Schwan = Symbol der Seele).
paramātman	Universeller Geist; Allseeele.
paramajyotis	Höchstes Licht.
pārtha	Beiname Arjunas: „Sohn der Erde".
Prahlāda	Sohn des Dämonenkönigs Hiranyakashipu; Vorbild des wahren Jüngers.
prāna	Lebensenergie.
prasādam	Gesegnete, geweihte Nahrung.
prashānti	Wörtl.: „Höchster Frieden".
praveshtum	das Eingehen in Gott; dritte Erfahrungsstufe.
prema	Liebe (göttliche, bedingungslose Liebe).
priya	Liebreiz; geliebt.
pūjā	Anbetungsritual.
purānas	Sammlung von Schriften mit Begebenheiten um den Herrn.
purushārthas	Die vier Ziele des Lebens.
rāga und *dvesha*	Anziehung und Abstoßung.
rāja	König.
rājayogin	Ein heiliger König.
rajas	Aktivität, Erregtheit, Überschwang, Leidenschaft.
rajoguna	Eine der drei Grundeigenschaften (s. *rajas*).
rākshasa	Dämon.

Rāma	Wörtl.: jubeln; die Quelle aller Freude *(ānanda)*; Avatar, der vor ca. 15000 Jahren lebte; Held des Rāmāyana-Epos.
Rāmakrishna	Einer der größten Heiligen des letzten Jahrhunderts. Lehrer Vivekānandas.
Ramāyāna	Epos über das Leben Rāmas; von Valmiki verfaßt.
Rāvana	Dämonenkönig aus Lanka.
rishi	(Rishi) Weiser; Seher.
roga	Krankheit.
rogin	Eine kranke Person; derjenige, der ein Opfer seines ausschweifenden Lebens wird.
rūpa	Form.
saccidānanda	Wörtl.: „Sein-Bewußtsein-Glückseligkeit". Die Wirklichkeit.
sādhaka	Derjenige, der sich spirituellen Übungen widmet.
sādhana	Spirituelle Übungen.
sahasrara	Scheitelpunkt des Kopfes.
sākshara	Führer; Kontrolle Ausübender.
sama	Beherrschung der Gedanken.
samādhāna	Übung zur Erlangung der Stille des Geistes durch Gleichmaß; Versenkung in das Höchste.
samādhi	Stille des Geistes; höchstes Stadium des unerschütterlichen Gleichmuts.
samdhyā	Vereinigung; Dämmerung; Zusammentreffen zweier Zeitkomponenten.
samkīrtan	Gemeinsames Lobpreisen des Herrn.
samnyāsin	Mönch;
samsāra	Kreislauf; Flut des Wandels; das Meer der weltlichen Existenz.
sandhyā	Übergangszustand zwischen zwei zeitlich gebundenen Phasen (z. B. Tag/Nacht, Kummer/Freude).
sānkhya	Das Wissen vom innewohnenden *ātman*.
sānkhyayoga	Weg der Weisheit.
santripti	Wahre Freude.
sat-asat	Gemeinsames Auftreten von Wahrheit und Unwahrheit.
sat-cit-ānanda	Sein-Bewußtsein-Glückseligkeit.
satkarman	Handeln in Reinheit.
satsangha	Die Gesellschaft guter Menschen.
sattva	Harmonie, Reinheit.
sattvaguna	Eine der drei Grundeigenschaften (s. *sattva*)
satya(m)	Wahrheit.
savikalpa	Durch die drei *gunas* geprägter Seinszustand.
shama	Wörtl.: gleichmäßig, leidenschaftslos; auch: Beherrschung des Denkens.
shānti	Friede.
sharīra	Der Körper, „das, was verdirbt".
sharīrin	Das Göttliche. das im vergänglichen Körper wohnt.
Shiva	Einer der drei Aspekte Gottes; Gott als Zerstörer, der auflöst, um Neues zu erschaffen.
shivam	Güte.
shishya	Schüler, der bestrebt ist, den Geist nach innen zu lenken.
shivo 'ham	„Ich bin Shiva".
shraddhā	Unerschütterlicher Glaube.

Shrīmad bhāgavatam	Name der Bhāgavata Purāna.
shuklāmbaradharam vishnum	Das Mantra des weißgewandeten Herrn (Vishnu).
Sītā	Gattin Rāmas und Tochter König Janakas; Symbol der Illusion.
sloka	Vers (der Gītā).
so 'ham	(Er, ich), „Ich bin Er".
sthitaprajna	Im Zustand der Weisheit Lebender.
sudharshana	Inneres Bild; Gott mit dem inneren Auge sehen.
Sugrīva	Name des Oberbefehlshabers von Rāmas Heer.
sundaram	Schönheit.
Sūrya	Der Sonnengott.
sushupti	Schlafzustand; Tiefschlaf.
sūtra	Wörtl.: verbinden; Leitfaden, Regel, Aphorismus.
svadharma	Die Pflicht des Selbst, des *ātman*.
svāmī	(Swami) Herr, Meister.
tamas	Trägheit, Unbeweglichkeit; Dumpfheit.
tamoguna	Eine der drei Grundeigenschaften (s. *tamas*).
tapas	Bußübung: physische, sprachliche und mentale Disziplin; „Hitze", welche die Fähigkeit hat, Karma zu Asche zu reduzieren.
tat	„Das". Die letzte, unbeschreibbare Wirklichkeit. Gott.
tat tvam asi	„Das bist Du"; „Du bist Gott." Dieser Satz deutet auf die Identität der individuellen mit der universalen Seele hin.
titikshā	Ausharren, ertragen können; sich nicht beirren lassen durch Worte oder Umstände.
tretāyuga	Silbernes Zeitalter; das Zeitalter Rāmas.
trikārana	Die drei *gunas*: Instrumente der Handlung, Ursachen für *karman*.
tripti	Zufriedenheit.
turīya	Stadium des Überbewußtseins.
tvam	„Du"; du selbst; dies; das Selbst des einzelnen.
tvam eva mātā...	Arjunas Gesang der Hingabe an Krishna.
upanishad	(Upanishaden) Mit dem Thema der Weisheit befaßter Abschnitt der Veden.
uparati	Das Erlebnis des Ganzseins, das aus dem Verzicht auf das Wünschen entsteht; das Stillwerden; Aufhören.
upāsana	Neben dem Herrn sitzen; Verehrung.
vairāgin	Jemand, der innere Loslösung, Gelassenheit praktiziert.
vairāgya	Innere Loslösung, Gelassenheit.
vaidhabhakti	vaidhabhakti vidhi: Anweisung; die Stufe der *bhakti*, in der man den Regeln folgt, Disziplinen, die zur Reinigung führen.
Vālmīki	Der Weise und Autor des Rāmāyana, der zuvor Ratnākara, der Dieb gewesen war.
vāsanā	Tiefwurzelnde Neigungen; Wunsch; Charakterzug; Prägung; Veranlagung.
Vasishta	Großer Weiser aus Rāmas Zeit.
veda	(Veden) Wissen, heilige Lehre; Bezeichnung für die Gesamtheit der ältesten indischen Texte, die nichtmenschlicher (göttlicher) Abstammung sind.
vedānta	(Vedanta) Wörtl.: „Schluß der *vedas*". Enthält eine Zusammenfassung der höchsten Erkenntnisse.

Vibhīshana	Bruder Rāvanas; Urvater der *sattv*ischen Eigenschaften.
vicarana	Erforschung des Inneren; stetige Selbstprüfung.
videha	Körperlos; derjenige, der das Körperbewußtsein transzendiert hat.
vidyā	Wissen.
vidyāranya	Großer Weiser.
vikarman	Unerlaubte Handlung; auch: Freisein von Tun.
vikshepa	Die Projektionskraft der *māyā*; Verwirrung.
vishishtādvaita	Bedingte Nicht-Dualität.
Vishnu	Einer der drei Aspekte Gottes; Gott als Bewahrer der Schöpfung.
Vishvāmitra	Names eines Königs, der zum Weisen wurde.
vishvasvarūpa	Universale Form Gottes.
Vivekānanda	Einer der größten Heiligen des letzten Jahrhunderts;setzte sich für die Einheit der Religionen *(sarvadharma)* ein.
Vyāsa	Autor des Māhabhārata.
yaga	Nach außen gerichtete Aktivität; Opferritual, das in einem Umzug von Ort zu Ort wandert.
yagna	Opfer; alle üblen Eigenschaften den Opferflammen übergeben.
yajna	Spirituelle Übung, Opfer; Opfer im Geiste der Demut und Reinheit.
Yajnavalkya	Name eines vedischen Heiligen, der u. a. König Janaka unterrichtete.
Yama	Gott des Todes.
yoga	Vereinigung mit Gott; alle Übungen und Praktiken, die zu diesem Ziel führen, Yoga.
yogasūtra	Aphorismensammlung des Weisen Patanjali.
yogi(n)	Ein nach Vereinigung mit Gott Strebender, Yogi.
yogīshvara	Der „Meister der Yogis“, Gott.
yuga	Zeitalter; Die Geschichte verläuft nach hinduistischer Auffassung zyklisch. In ihr wiederholen sich *krita-*, *treta-*, *dvāpara-* und *kaliyuga*, die sich dadurch auszeichnen, daß sich *dharma* jeweils um „ein Viertel“ reduziert. Gegenwärtig erleben wir das auslaufende *kaliyuga* mit all seinen Schrecken, in dem *dharma* nur noch zu einem Viertel vorhanden ist. Das *kritayuga* (goldene Zeitalter) wirft aber bereits seine Lichtstrahlen voraus.
zamindar	Dorfoberster, „Bürgermeister“.